SV

Sonderdruck
edition suhrkamp

Simon Schaupp

Stoffwechselpolitik

Arbeit, Natur und die Zukunft des Planeten

Suhrkamp

2. Auflage 2024

Erste Auflage 2024
edition suhrkamp
Sonderdruck
Originalausgabe

Umschlaggestaltung nach einem Konzept
von Willy Fleckhaus: Rolf Staudt
Umschlagabbildung: Charles Rascher, Die Great Union Stock Yards in Chicago, um 1878
Satz: Satz-Offizin Hümmer GmbH, Waldbüttelbrunn
Druck: CPI books GmbH, Leck
Printed in Germany
ISBN 978-3-518-02986-2

www.suhrkamp.de

Inhalt

Für Ravi

Einleitung

Es ist noch dunkel, als am frühen Morgen des 1. November 2022 rund hundert Bauarbeiter mit Gewerkschaftsfahnen das Gelände stürmen, auf dem in Aarau das neue Kantonsspital errichtet wird. Sie durchbrechen die Absperrungen, ziehen durch alle Ecken des Areals und fordern die Beschäftigten auf, die Arbeit niederzulegen. Danach fahren sie nach Basel, wo sie auf über tausend weitere Kollegen treffen, von denen viele von ähnlichen Aktionen kommen. Gemeinsam protestieren sie gegen einen Vorstoß der Arbeitgeber, die auf Schweizer Baustellen den Zwölfstundentag und die 58-Stunden-Woche ermöglichen wollen. Die Unternehmen erklären, infolge des Klimawandels habe die Branche zunehmend mit Unsicherheiten zu kämpfen. Insbesondere würden die Projekte immer häufiger durch Extremwetter wie Hitzewellen oder Stürme unterbrochen. Das erfordere eine flexiblere Organisation und vor allem eine Ausweitung der Arbeitszeit an den Tagen, an denen die Baustellen normal betrieben werden können. Der Konflikt dreht sich also darum, wie das Gewerbe auf die Auswirkungen der Erderwärmung reagieren soll. Aus Sicht der Unternehmen sollen die Beschäftigten die Kosten für die Krise tragen, indem sie flexibler und länger arbeiten. Die Beschäftigten wiederum pochen darauf, dass ihnen an Tagen, an denen nicht gearbeitet werden kann, bezahlte Freistellungen zustehen. »Am Schluss geht es um die Frage, wer zahlt den Klimawandel bei uns auf dem Bau: wir oder die Meister«, stellt einer der Demonstrierenden trocken fest.

Solche Konflikte zeigen, dass die Erderwärmung und die breitere ökologische Krise[1] immense Auswirkungen auf die Arbeitswelt haben. Klimaschutzmaßnahmen spielen hier natürlich ebenfalls eine Rolle. Die Umstellung auf erneuerbare Energien beispielsweise bedeutet zunächst eine Deindustrialisierung: Arbeitsplätze in fossilen

Branchen wie der Kohleförderung und der herkömmlichen Automobilindustrie sollen aufgegeben und durch neue Jobs in Bereichen wie Elektromobilität oder im Dienstleistungssektor ersetzt werden.

Andersherum ist die Arbeitswelt eine der wichtigsten Ursachen der ökologischen Krise. So sind etwa die sechs Schweizer Zementwerke für über fünf Prozent der nationalen CO_2-Emissionen verantwortlich. Weltweit setzt die Zementproduktion ungefähr dreimal mehr CO_2 frei wie der Flugverkehr. In Deutschland entstehen zwei Drittel aller Emissionen in der Arbeitswelt. Aber auch die privat konsumierten Güter und Dienstleistungen, die das letzte Drittel ausmachen, müssen zuvor – durch Arbeit – hergestellt werden.

Über die weithin bekannten umweltschädlichen Auswirkungen der modernen Arbeitswelt hinaus ist das, was wir als »Natur« bezeichnen, wesentlich Produkt unserer Arbeit. Das gilt nicht nur für symmetrisch bepflanzte Parks, sondern auch für fast alle Wälder und Wiesen, die durch land- und forstwirtschaftliche Eingriffe gestaltet und erhalten werden. Es gilt für die Ozeane und ihre Ökosysteme, die wir durch Fischerei, Abfallentsorgung und viele andere Prozesse in ihrer Zusammensetzung radikal verändert haben. Es gilt für all die Pflanzen und Tiere, deren Evolution wir durch Zucht der Verwertbarkeit angepasst oder deren Existenzbedingungen wir durch unsere Arbeit zerstört haben.

In diesem Sinne können wir von *ökologischer Arbeit* sprechen. Damit ist freilich keine »nachhaltige« Form der Arbeit gemeint, sondern ihr inhärenter Naturbezug und damit ihre umweltpolitische Zentralität. Bei vielen Tätigkeiten geht es unmittelbar um eine Transformation von Natur – nicht nur in der Landwirtschaft, sondern überall da, wo natürliche Rohstoffe verbraucht oder umgewandelt werden. Auch die Arbeit mit Menschen, etwa im Gesundheits- oder Bildungssystem, kann als eine Transformation des menschlichen Körpers und Geistes und damit im weiteren Sinne als eine Transformation von Natur verstanden werden. Sogar die scheinbar »immateriellen« Formen der digitalisierten Büroarbeit sind auf Naturstoffe angewiesen, wie jüngst der Mangel an Halbleitern deutlich machte. Und schließlich können alle Menschen ihr Überleben nur mit natürlichen Ressourcen sichern. Beschäftigte greifen mit ihrem Einkommen auf diese Ressourcen zu, etwa beim Kauf von Lebensmitteln. Die Güter und Dienstleistungen, die in den Arbeitsprozess einfließen, verursachen ebenfalls Abfälle oder Emissionen, sowohl bei der Produktion als auch beim Verbrauch. Während ein Teil davon erneut in den Kreislauf von Produktion und Konsum eingespeist wird, wirkt der Rest als »Umweltverschmutzung« auf die Natur zurück. Das löst wiederum unintendierte Folgen aus, die dann Einfluss auf die Arbeitswelt haben. Besonders drastisch zeigt sich dies etwa, wenn die Coronapandemie die Weltwirtschaft lahmlegt oder wenn die Klimakrise kontinuierlich die biophysikalische Ebene der Produktion unterminiert. Arbeit kann dabei mit Karl Marx verstanden werden als der gesellschaftliche *Stoffwechsel* mit der Natur.[2] Arbeit und Natur stehen in einem Verhältnis unauflöslicher Wechselwirkungen zueinander. Damit wird die Arbeit zu einem zentralen Ort für die Entstehung der ökologischen Krise – und möglicherweise auch für ihre Überwindung.

Das ist ein im doppelten Wortsinne unmoderner Zugang zur ökologischen Krise. Natur gilt im modernen Denken als das Gegenteil von Arbeit. Natur, das ist unberührte grüne Landschaft. Natur ist dort, wo nichts gebaut wurde. Natur ist, wo wir hingehen, um uns von unserer Arbeit zu erholen.[3] Im zweiten Sinne unmodern ist der Zugang, weil er die Ursachen der ökologischen Krise nicht in der Sphäre des Konsums verortet, über die wir bei diesem Thema meist sprechen: Wir reden über die Abholzung von Regenwäldern infolge unserer Vorliebe für Fleisch oder für Süßigkeiten auf der Basis von Palmöl. Wir reden über die Umweltsiegel der Produkte in Bio- und Eine-Welt-Läden. Wir reden über die CO_2-Emissionen unserer Autos und unserer Flüge. Auch die populären Metriken spiegeln die Gleichsetzung von Umweltzerstörung und Konsum wider: Der »ökologische Fußabdruck« rechnet jede Form der Umweltzerstörung in individuelle Konsumakte um. Für jede Flächenversiegelung, jeden gerodeten Baum und jede Tonne CO_2 können mittels dieser Darstellung bestimmte Konsumentinnen verantwortlich gemacht werden.

Das hat entscheidende Vorteile, zeigen diese Metriken doch sehr anschaulich auf, wie ungleich die Verantwortung für die Umweltzerstörung ausfällt. Dem »ökologischen Fußabdruck« etwa liegt die Maßeinheit des »globalen Hektars« zugrunde. Ausgangspunkt ist die natürliche Biokapazität der Erde, also ihre Fähigkeit, biologisch nutzbringendes Material hervorzubringen und von Menschen produzierten Abfall aufzunehmen. Diese Kapazität umfasst Produktionsflächen wie Acker- und Weideland, Fischgründe, bebautes Terrain, aber auch Wälder oder Moore, die CO_2-Emissionen binden. In Deutschland liegt der durchschnittliche Flächenverbrauch pro Kopf bei knapp fünf globalen Hektar, in Eritrea bei 0,4. Würden alle Menschen so leben wie die Deutschen, bräuchten wir drei Erden. Berechnungen auf Grundlage des CO_2-Fußabdrucks zeigen, dass die zehn reichsten Prozent der Weltbevölkerung für die Hälfte der Emissionen verantwortlich sind. Solche Zahlen relativieren die Ansicht, dass »die Menschheit« die ökologische Krise verschuldet hat, und unterstreichen, dass sich die Verantwortung auf eine vergleichsweise kleine Gruppe konzentriert. Die Berechnungen machen außerdem sichtbar, dass ein kleiner ökologischer Fußabdruck nur wenig mit dem zu tun hat, was wir uns üblicherweise unter einem nachhaltigen Lebensstil vorstellen. So würde uns der Lebenswandel einer Person, die sich kein Auto leisten kann und sich mit anderen eine kleine Wohnung teilt, nicht unbedingt als besonders nachhaltig auffallen. Dabei sind es genau diese Faktoren – und nicht etwa der Kauf biozertifizierter Kleidung –, die den Abdruck klein halten.

Allerdings verstellt die enge Verknüpfung von Umweltzerstörung und Konsum auch den Blick auf einige überaus wichtige Aspekte. Tatsächlich stammt der Großteil des Treibhausgas-Ausstoßes nicht von Privathaushalten, sondern von Unternehmen – und zwar von überraschend wenigen: 100 Unternehmen sind für 71 Prozent der Emissionen seit 1988 verantwortlich.[4] In Bezug auf Einzelpersonen hat der französische Ökonom Lucas Chancel herausgearbeitet, dass 70 Prozent der Emissionen des reichsten Prozents der Menschheit ihren Ursprung in den Investitionen und nicht im Konsum dieser Reichen haben.[5] Bei seinen Berechnungen geht Chancel davon aus, dass Personen nicht nur für das CO_2 verantwortlich gemacht werden können, das etwa dem Auspuff ihrer Autos entweicht, sondern auch für jenes, das aus den Schloten von Kohlekraftwerken strömt, die sie mit ihren Investitionen finanzieren.

Diese Überlegung zeigt, dass wir neben dem Konsum auch die Macht über ökonomische Entscheidungen mit einbeziehen sollten, wenn wir über ökologische Verantwortung nachdenken. Alle Waren sind, bevor wir sie kaufen können, bereits durch sehr viele Hände gegangen. An jeder dieser Stationen werden umweltrelevante Entscheidungen getroffen, von denen die zum Konsum nur die allerletzte ist. Bevor beispielsweise das Benzin in unseren Pkws landet, entscheiden Geologinnen über die Erschließung von Ölvorkommen, entscheiden Bohrinsel- und Pipeline-Firmen über den Auf- und Ausbau von Infrastrukturen, entscheiden Regierungen über Fördermengen, Unternehmensvorstände über Raffinerietechniken, Tankstellenbetreiberinnen über Preise und so weiter. Die Auswahl, die wir an der Zapfsäule oder im Supermarkt haben, wird also durch eine lange Kette von Vorentscheidungen beschränkt.[6]

Wenn wir diese Dimension der Macht im Produktionsprozess berücksichtigen, müssen wir sogar noch über den in Chancels Berechnungen implizierten eigentumsbasierten Verantwortungsbegriff hinausgehen. Umweltrelevante Entscheidungen werden in Unternehmen schließlich nicht nur – und vielleicht nicht einmal in erster Linie – von Kapitaleignerinnen gefällt, weshalb wir auch die Manager einbeziehen müssen, die für die strategischen Planungen zuständig sind. In Chancels Variante würden die Entscheidungen einer angestellten Führungskraft nicht in ihren ökologischen Fußabdruck einfließen.

Der Manager eines globalen Ölkonzerns, der mit dem Fahrrad zur Arbeit fährt und nicht in den Urlaub fliegt, würde also sehr gut wegkommen, selbst wenn er täglich den Ausbau der fossilen Infrastruktur vorantreibt.

Während Manager eine besonders exponierte Verantwortungsposition innehaben, sind jedoch stets die Arbeitenden die primären Akteure der Transformation von Energie und Materie. Es ist vor allem die Arbeit, die unsere Umwelt, zum Guten wie zum Schlechten, hervorbringt. Wenn wir die Ursachen der ökologischen Krise verstehen wollen, müssen wir deshalb die Arbeitswelt, die dem Konsum stets *vorgelagert* ist, ins Zentrum unserer Aufmerksamkeit rücken. Das ist der Grund, warum Arbeit in diesem Buch nicht nur als Prozess der Herstellung von Gütern und Dienstleistungen auftaucht. Vielmehr wird sie als ein Feld mehr oder weniger konfliktreicher *politischer Aushandlungen* gefasst. Solche Aushandlungen finden nicht nur zwischen politischen Akteuren wie Ministern, Gewerkschafterinnen und Vertretern von Unternehmerverbänden statt, sondern auch im Arbeitsprozess selbst.

Stoffwechselpolitik

Eine solche politische Perspektive auf die Arbeit bietet etwa das von Soziologen wie Michael Burawoy entwickelte Konzept der Produktionspolitik.[7] Diesem Ansatz verpflichtete Analysen verstehen die Arbeitswelt als das Resultat politischer Aushandlungen sowohl innerhalb der Unternehmen als auch auf der Ebene der institutionellen Regulation. Die ökologische Krise ist zu einem großen Teil das Ergebnis produktionspolitischer Entscheidungen. Dennoch wirkt sie sich auf alle Sphären des menschlichen Zusammenlebens aus – und trifft diejenigen am härtesten, die am wenigsten für sie verantwortlich sind. Umgekehrt haben die meisten Versuche, die ökologische Krise zu regulieren, ihren Ausgangspunkt nicht im Bereich der Produktionspolitik, berühren aber dennoch deren Kernfragen wie die Kaufkraft der Beschäftigten oder die Verfügbarkeit von Industriearbeitsplätzen.

Allerdings spielt in Analysen der Produktionspolitik Natur bislang quasi keine Rolle. Stattdessen wird von einem klar abgegrenzten System der industriellen Beziehungen ausgegangen, in dem institutionalisierte Akteure wie Gewerkschaften, Arbeitgeberverbände und Ministerien nach festgelegten Regeln über Löhne, Arbeitszeiten und Schutzvorschriften verhandeln. Natur kommt dabei maximal als »Kontext« vor. Spätestens in Zeiten der Klimakrise wird ein solches Verständnis problematisch. Die Krise entwickelt eine Dynamik, die, in den Worten von Naomi Klein, »alles verändert« und daher nicht angemessen als statischer Kontext behandelt werden kann.[8]

Wie wir im Laufe dieses Buches ausführlich sehen werden, nimmt die Natur diese prominente Rolle in der Produktionspolitik nicht erst seit der Coronapandemie oder der Zuspitzung des Klimawandels ein. Vielmehr ist sie von jeher auf allen Ebenen ein wichtiger Faktor, vom Arbeitsprozess über kollektive Verhandlungen bis hin zur Politik von Unternehmerverbänden und zu gesetzlichen Regelungen. Das Fehlen der Natur war also schon immer ein Fehler. Die sich verschärfende ökologischen Krise macht eine Revision dieses Fehlers nur besonders dringlich.

Das bedeutet, dass Umweltfragen in Analysen der Produktionspolitik nicht mehr ignoriert werden können, da sie nun selbst Gegenstand der Aushandlungen sind. Daher ist es nicht länger möglich, die Produktionspolitik von der Umweltpolitik zu trennen, weshalb es angemessener erscheint, von *Stoffwechselpolitik* zu sprechen. Dieser Begriff verweist auf den Umstand, dass die Regulation der Arbeit und der Natur stets untrennbar miteinander verbunden sind. Unter Stoffwechselpolitik fallen demnach etwa Klimaschutzmaßnahmen, die Umstellungen in der Arbeitswelt nach sich ziehen, aber auch Produktivitätssteigerungen durch den Einsatz fossiler Energien, welche sich ihrerseits auf die natürliche Umwelt auswirken.

Die Stoffwechselpolitik vollzieht sich nicht nur in den Arenen der politischen Regulation, sondern vor allem im Arbeitsprozess selbst, bei dem es in erster Linie um eine *Nutzbarmachung* der Natur geht: Böden werden in Äcker verwandelt, Pflanzen und Tiere zu höheren Erträgen gezüchtet, Flüsse kanalisiert und die natürliche Energie von Wind, Wasser oder Kohle so eingefangen, dass unsere Arbeit erleichtert wird. Dieser Prozess der Nutzbarmachung ist heute so weit vorangeschritten, dass uns die Natur in ihrer Gesamtheit als eine Ansammlung von »Ökosystemdienstleistungen« erscheint. In vielen Fällen bedeutet diese Subsumption der Natur unter die Prämissen der Arbeit jedoch eine *Ver*nutzung. Spätestens seit CO_2-Emissionen inhärenter Bestandteil unserer Produktionsweise geworden sind, betrifft diese Vernutzung selbst die entlegensten Ökosysteme des Planeten. Der prominente Umweltaktivist Bill McKibben hat deshalb bereits 1989 das »Ende der Natur« verkündet.[9]

Damit setzt McKibben die Veränderung der Natur mit deren Eliminierung gleich. Tatsächlich ist die Natur jedoch nicht nur passives Objekt der Stoffwechselpolitik. Das zeigt sich in ökologischen Krisen besonders deutlich. Die Abholzung von Wäldern und die industrielle Tierhaltung sind beispielsweise zu wichtigen Faktoren in der Evolution von Bakterien und Viren geworden. Dadurch haben sie wohl zur Entstehung des Coronavirus beigetragen, das wiederum die Arbeitswelt maßgeblich verändert hat. Aber auch jenseits solcher Katastrophen haben alltägliche Naturprozesse, wie im Verlauf dieses Buchs ausführlich sichtbar werden wird, die Entwicklung der Arbeit wesentlich vorangetrieben. Wir können daher von einer *relativen Autonomie der Natur* in der Stoffwechselpolitik ausgehen.

Das Paradox der Nutzbarmachung

Paradoxerweise ist es gerade die zunehmende Nutzbarmachung der Natur, die deren Autonomie im Zuge ökologischer Krisen in den Vordergrund rückt. Klimawandel, Pandemien, Biodiversitätsverlust, Bodendegradation usw. sind Resultate der verschiedenen Strategien zur Nutzbarmachung der Natur und schränken ihrerseits die Nutzbarkeit der Natur drastisch ein. *Je stärker der Mensch die Natur im Laufe seiner Geschichte geprägt hat, desto intensiver wirkt die Natur auf sein Leben zurück.* In der so entstehenden »Risikogesellschaft« kann laut dem Soziologen Ulrich Beck »Natur nicht mehr ohne Gesellschaft, Gesellschaft nicht mehr ohne Natur begriffen werden«.[10]

In besonderem Maße gilt dies für die Arbeitswelt, da sie der Ort ist, an dem Natur nutzbar gemacht wird: Wie wir in den Kapiteln 3 und 5 ausführlich sehen werden, sind fossile Energieträger ein zentrales Mittel der Nutzbarmachung. Erst sie haben es ermöglicht, den gesellschaftlichen Stoffwechsel mit der Natur so weit zu beschleunigen, dass heute ein großer Teil der Welt in materiellem Überfluss lebt. Gleichzeitig ist das Verbrennen von Kohle und Erdöl bekanntlich die zentrale Ursache des Klimawandels. Dieser wiederum wird von uns gerade deshalb als existenzielle Krise erfahren, weil er *die Nutzbarkeit der Natur unterminiert*: Ackerland erodiert, Städte werden überflutet, Spezies, die für unser Überleben zentral sind, sterben aus. Neben diesen täglich in den Nachrichten verkündeten Auswirkungen auf die äußere Natur beeinträchtigt die Erderwärmung aber auch die Nutzbarkeit unserer Körper. Eine aktuelle Berechnung geht davon aus, dass sich die globale Arbeitsproduktivität bei einem Temperaturanstieg um drei Grad in Sektoren mit geringer Exposition um 18 Prozent und in Sektoren mit hoher Exposition um ca. 25 Prozent reduzieren wird.[11] Das heißt, es muss zwischen 18 und 25 Prozent *mehr* Arbeit geleistet werden, um dasselbe Ergebnis zu erzielen.

Das oben zitierte Beispiel der Bauarbeit veranschaulicht den Prozess auf einer konkreteren Ebene: Der für die Branche zentrale Werkstoff ist der Beton. Beton ermöglicht es, Gebäude nicht mehr nur aus hochwertigen Steinen oder aufwendig hergestellten Ziegeln zu errichten, sondern aus den in schier endlosen Mengen verfügbaren Grundstoffen Sand und Kies. Gleichzeitig ist die Betonproduktion jedoch eine der wichtigsten Quellen von CO_2-Emissionen und trägt damit wesentlich zum Klimawandel bei (siehe Kapitel 8). Dieser wiederum hat bereits jetzt massive Auswirkungen auf die Branche: Bauarbeiter gehören neben Landwirtinnen zu den Berufsgruppen, die bei ihrer Tätigkeit am stärksten von der Erderwärmung betroffen sind; infolge von Hitzestress sinkt ihre Produktivität deutlich. Zusätzlich erschweren häufige Extremwetterereignisse die Planbarkeit der Projekte. Darauf reagieren die Unternehmen, wie wir oben gesehen haben, mit einer Ausweitung der Arbeitszeit. Genau darin besteht das *Paradox der Nutzbarmachung*: Je weiter die Nutzbarmachung von Arbeit und Natur voranschreitet, desto mehr gesellschaftliche Arbeit muss in diese Nutzbarmachung investiert werden.

Die Autonomie der Natur hat also nicht unbedingt einen emanzipativen Charakter: Sie manifestiert sich vor allem in Naturkatastrophen, die immenses menschliches Leid verursachen und nur aus einer dezidiert misanthropen Haltung heraus als ökologische Hoffnung interpretiert werden können. Die transformative Handlungsfähigkeit verbleibt demnach beim Menschen. Im Kontext dieses Buches ist dabei freilich besonders relevant, unter welchen Bedingungen Menschen bei der Arbeit eine solche transformative Handlungsfähigkeit entwickeln können.

In ihrer Praxis eignen sich Arbeitende ein spezifisches Wissen über die Autonomie der Natur an. Dabei handelt es sich weniger um ein abstrakt-wissenschaftliches als vielmehr um ein verkörpertes Erfahrungswissen. Notwendig ist dieses Wissen erstens, um Naturrisiken, etwa gefährliches Terrain oder bedrohliches Wetter, frühzeitig zu erkennen. Zweitens ist Wissen über die Autonomie der Natur funktionale Voraussetzung dafür, den Arbeitsprozess effektiv ausführen zu können. Drittens kann dieses Umweltwissen aber auch ein wichtiger Bestandteil politischer Praktiken sein, die durch Naturprozesse verstärkt oder überhaupt erst ermöglicht werden. Im Laufe dieses Buches wird es etwa um afrikanische Sklavinnen und Sklaven in der Karibik gehen, die sich ihre Kenntnisse über von Moskitos übertragene Krankheiten bei Aufständen zunutze machten. Es wird um Arbeiter in den Schlachtfabriken von Chicago gehen, deren spontane Kurzstreiks nur deshalb Wirkung erzielten, weil sich geschlachtete Tierkadaver aufstauten, so dass das Fleisch innerhalb kurzer Zeit verfaulte – was wiederum massive ökonomische Schäden bedeutete. Vor diesem Hintergrund kann von einem *ökologischen Eigensinn* der Arbeitenden gesprochen werden. Die Autonomie der Natur und die Autonomie der Arbeit stehen in einem engen Zusammenhang.

Im Zuge der ökologischen Krise richtet sich dieser Eigensinn teilweise auch gegen die destruktive Organisation der Arbeit selbst. So werden wir in Kapitel 6 nachverfolgen, wie sich kanadische Pflegerinnen während der Coronapandemie für die Rekommunalisierung der Gesundheitsversorgung einsetzten. Nachdem die Einrichtungen privatisiert worden waren, hatten sich nicht nur die Arbeitsbedingungen verschlechtert, die einzelnen Beschäftigten wurden nun auch häufig in mehreren Heimen oder Krankenhäusern eingesetzt. Dadurch stieg nicht nur für sie selbst das Infektionsrisiko, sondern auch die Wahrscheinlichkeit, dass sie das Virus zwischen den Einrichtungen verbreiteten. Der erfolgreiche Kampf für eine Rekommunalisierung trug zu einer Verbesserung der Arbeitsbedingungen *und* zur Eindämmung der Pandemie bei. Den Möglichkeiten und Grenzen eines solchen transformativen ökologischen Eigensinns nachzugehen ist ein zentrales Anliegen dieses Buches.

Eine historisch-geografische Soziologie der Arbeit

Die ökologische Krise lässt sich nur mit einer transdisziplinären Herangehensweise verstehen. Wie etwa Dipesh Chakrabarty dargelegt hat, verlangt sie nach einer Perspektive, die die Wirkmächtigkeit natürlicher Prozesse ernst nimmt. Deshalb wirbt der indische Historiker dafür, sich den Erdsystemwissenschaften und ihrem Begriff des »Anthropozäns« zuzuwenden. Dieser unterstreicht einerseits, dass der Mensch als Spezies zu einer geologischen Kraft geworden ist. Andererseits spielt der Mensch in diesen Disziplinen nur eine Nebenrolle – im Zentrum stehen erdgeschichtliche Vorgänge, die sich in Zeiträumen vollziehen, für die die Geschichte unserer Spezies kaum ein Wimpernschlag ist.[12] In diesem Sinne spielt die Autonomie der Natur im Folgenden eine zentrale Rolle.

Alf Hornborg und Andreas Malm haben jedoch gezeigt, dass es für ein politisches Verständnis der Ursachen und möglichen Auswege aus der Krise nicht ausreicht, diese als »anthropogen«, also menschengemacht, auszuweisen. Gegen Theorien des »Anthropozäns« argumentieren sie, dass die Spezies Mensch weder als einheitliches Subjekt für den Zustand der Erde verantwortlich ist noch als einheitliches Objekt darunter leidet. Eine solche Sichtweise verhindere nicht nur die Einsicht in die differenzielle Betroffenheit der Menschen durch die Erderwärmung, sondern auch die Erkenntnis, welche konkreten sozialen Beziehungen und Institutionen in die Krise geführt haben.[13]

Für ein Verständnis der gesellschaftlichen Ursachen ist daher eine soziologische Perspektive notwendig. Besonders vielversprechend ist dabei ein arbeitssoziologischer Ansatz, da die Arbeit nun einmal der Ort des gesellschaftlichen Stoffwechsels mit der Natur ist. Für die Soziologie wiederum stellt der wesentlich kumulative Charakter der ökologischen Krise eine Herausforderung dar, entfaltet die expansive Nutzbarmachung ihre Destruktivität doch erst über sehr lange Zeiträume, man denke an die kontinuierlich Zunahme der CO_2-Konzentration in der Atmosphäre. Zudem muss gleichermaßen von einer *Kette* vergangener Ursachen wie von einer *Kette* zukünftiger Wirkungen ausgegangen werden. Die Soziologie hat sich aber im Laufe ihrer Institutionalisierung, wie etwa Norbert Elias kritisierte, fast vollständig auf die Gegenwart zurückgezogen.[14] Doch nur eine sozialgeschichtliche Herangehensweise erlaubt es, jene Dynamiken zu rekonstruieren, die in die aktuelle unnachhaltige Form des gesellschaftlichen Stoffwechsels geführt haben. Eine solche Rekonstruktion ist allerdings notwendig, um den Mythos zu überwinden, die ökologische Krise sei das Resultat der »Natur des Menschen«, eine Lesart, die nur zwei politische Schlussfolgerungen zulässt: entweder die melancholische Akzeptanz der Katastrophe oder misanthrope Visionen der Bevölkerungsreduktion. Demgegenüber gehe ich davon aus, dass sich konkrete politische Prozesse identifizieren lassen, welche die gegenwärtige destruktive Form des Stoffwechsels hervorgebracht haben – und dass wir nicht, wie Chakrabarty meint, durch »Koinzidenzen und historische Zufälle« in die Krise »hineingestolpert« sind.[15] Nur eine solche politische Perspektive auf den gesellschaftlichen Stoffwechsel ermöglicht es, ihn anders zu gestalten.

Die Ursachen der ökologischen Krise sind jedoch nicht nur zeitlich, sondern auch räumlich verteilt. Die globalen Ökosysteme stehen in komplexer Wechselwirkung zueinander, was etwa zu den gefürchteten Kaskadeneffekten führt, bei denen der Ausfall eines Systems viele weitere destabilisiert. Das wiederum bedeutet, dass Ursache und Wirkung geografisch sehr weit auseinanderliegen können. In diesem Sinne muss unsere Perspektive notwendig nicht nur einen großen Zeitraum, sondern auch verschiedene Regionen umfassen. Der Fokus des Buches liegt zunächst auf den frühindustrialisierten Staaten wie Großbritannien, Deutschland und den USA. Damit soll keineswegs der Eurozentrismus der Forschung zu den industriellen Beziehungen unkritisch fortgesetzt werden.[16] Stattdessen sind diese Länder in Bezug auf die Ursprünge der Krise schlicht besonders relevant.[17] Außerdem ist hier die Verdrängung der ökologischen Grundlagen des Wirtschaftens besonders weit fortgeschritten: Während in Analysen der Arbeit im globalen Süden Natur stets eine recht prominente Rolle spielt, insbesondere im Zusammenhang mit verschiedenen Formen der Subsistenzlandwirtschaft,[18] ist in den meisten Analysen im globalen Norden das Gegenteil der Fall. Um diese Leerstelle zu füllen, steht hier die Wechselwirkung zwischen Arbeit und Natur in den frühindustrialisierten Ländern im Fokus. Gleichzeitig wird aber die koloniale und postkoloniale Dimension dieser Wechselwirkung betont. Eine solche breite Herangehensweise bedeutet allerdings auch, dass die untersuchten Prozesse nicht im klassisch geschichtswissenschaftlichen Sinne rekonstruiert werden können. Ihre Nuancen und Widersprüchlichkeiten ausreichend zu vertiefen würde den Rahmen dieses Buches sprengen. Stattdessen zielt die Darstellung auf ein gesellschaftstheoretisches Verständnis des Stoffwechsels und seiner Krisenhaftigkeit ab.[19]

Schließlich weicht dieses Buch auch deutlich von theoretischen Konventionen der Soziologie (einschließlich der »Umweltsoziologie«) ab. Während frühe Vertreter die ökologische Dimension von Gesellschaft durchaus berücksichtigten, schloss sich die Disziplin ab dem 20. Jahrhundert der Ideologie einer Emanzipation von der Natur an bzw. produzierte diese selbst mit. »Umwelt« erscheint dann nur noch als diskursives Konstrukt relevant.[20] Im Falle der Arbeitssoziologie ist diese Verdrängung, die mit dem Bedeutungszuwachs der Dienstleistungs-, Wissens-, Emotions- oder Informationsarbeit sogar noch weiter vorangeschritten ist, besonders fatal. Teils wird sogar explizit behauptet, die Arbeit im globalen Norden sei nunmehr wesentlich »immateriell«.[21]

Im Zuge der ökologischen Krise werden Fragen der Nachhaltigkeit zwar durchaus wichtiger für das Fach. Dabei geht es jedoch erstaunlicherweise fast nie um die Auswirkungen von Naturprozessen, sondern in klassisch soziologischer Manier vor allem um »Transformationskonflikte«, etwa im Zuge des Verlusts umweltschädlicher Industriearbeitsplätze.[22] Demgegenüber soll hier einerseits gezeigt werden, dass Natur an allen wichtigen Abzweigungen in der Geschichte der industrialisierten Arbeit eine entscheidende Rolle gespielt hat. Andererseits möchte ich die zentralen Mechanismen der Wechselwirkung zwischen Arbeit und Natur offenlegen, die für eine Bearbeitung der ökologischen Krise so wichtig sind, aber dennoch systematisch verdrängt werden. Dieses Buch beabsichtigt also, wenn man so will, eine historisch-geografische Soziologie der Arbeit.

Der Gegenstand ist dabei die »ökologische Arbeit«, also diejenigen Prozesse, die der Natur ihre Form geben. Zuallererst ist dies die industrielle Arbeit, da keine andere Aktivität die Natur weitreichender transformiert. Dabei gehe ich von einem weit gefassten Industriebegriff aus, der neben den klassischen Branchen Metall, Textil und Chemie auch den Bergbau und die industrialisierte Land- und Viehwirtschaft einschließt. Die Arbeit in diesen Bereichen soll aber gerade nicht – wie in der klassischen Arbeits- und Industriesoziologie – getrennt von ihren Reproduktionsbedingungen untersucht werden. Meine Ausführungen basieren im Gegenteil auf der Annahme, dass die Abspaltung der reproduktiven von den produktiven Tätigkeiten eine, wenn nicht die zentrale Ursache der ökologischen Krise ist.[23] Darüber hinaus stellen reproduktive Tätigkeiten in Gesundheitswesen, Erziehung oder Bildung einen wichtigen Teil der Nutzbarmachung dar: die Nutzbarmachung der menschlichen Körper. Menschen werden schließlich nicht als Arbeitskräfte geboren und wären als solche ohne entsprechende Reproduktionsarbeit auch nicht dauerhaft einsetzbar. Die damit verbundene Transformation ihrer Körper ist ein für die Stoffwechselpolitik überaus relevanter Teil der Transformation von Natur. Deshalb bilden die im Zusammenhang mit der Industriearbeit stehenden reproduktiven Tätigkeiten und ihre Abspaltung von der Sphäre der Produktion einen zweiten Schwerpunkt des Buches.

Zusammenfassend lässt sich also festhalten, dass die Geschichte der industrialisierten Arbeit hier auf eine Weise neu erzählt werden soll, die es erlaubt, der Rolle der Natur gerecht zu werden. Da sich die Dynamiken der verschiedenen Stoffwechselpolitiken aus einer historisch aggregierenden Vogelperspektive kaum erschließen lassen, werden sie hier vor allem in Form von Schlaglichtern auf einzelne Beispiele wie etwa die Schlachtfabriken von Chicago oder den Ruhrbergbau rekonstruiert. Diese Schlaglichter werden dann an den historischen Kontext rückgekoppelt, aus dem sich ihre Bedeutung ergibt.

Aufbau des Buches

Das folgende Kapitel geht zunächst der keineswegs trivialen Frage nach, was überhaupt unter »Natur« verstanden werden kann. Ich argumentiere für einen negativen Begriff von Natur, der alles umfasst, was unabhängig von menschlicher Intention, Kontrolle, Manipulation oder Intervention existiert und fortbesteht. Auf dieser Basis entwickle ich meine zentralen Analyseheuristiken, nämlich die Begriffe *Nutzbarmachung*, *Re/produktivkräfte* und *ökologischer Eigensinn*.

Wer weniger an sozialwissenschaftlicher Theoriebildung als an der Geschichte der ökologischen Arbeit selbst interessiert ist, kann die Lektüre auch mit Kapitel 2 beginnen. Darin rekonstruiere ich die Naturprozesse, die zur Entstehung der industriellen Arbeit beigetragen haben. Ich gehe der Rolle von Krankheitserregern beim Aufstieg und Niedergang der Sklaverei nach, untersuche die körperlichen Voraussetzungen der Lohnarbeit und skizziere den Einfluss der Wasserkraft auf den Verlauf der frühen Industrialisierung. Im Mittelpunkt steht dabei das Handelsimperium der Hamburger Familie Schimmelmann, deren Reichtum durch eine einmalige Kombination von Leibeigenschaft, Sklaverei und Lohnarbeit erwirtschaftet wurde. Anhand dieses Falls wird deutlich, dass die Nutzbarmachung von Arbeit und Natur nie homogen verlief, sondern stets eine *differenzielle* Nutzbarmachung war.

Das dritte Kapitel erklärt, wie sich die politischen Institutionen der modernen Arbeitswelt aus der spezifischen Konstellation der frühen kohlebasierten Ökonomie heraus entwickelten. Der Fokus liegt dabei auf dem Steinkohlebergbau an der Ruhr. Die materielle Konfiguration in den Gruben war ein wichtiger Faktor für die Entstehung dessen, was wir heute als proletarische Subkultur bezeichnen würden. Die kohlebetriebene Industrialisierung führte zu einer Intensivierung der Arbeit, teilweise bis hin zu einer Gefährdung der sozialen Reproduktion selbst. Die neue Abhängigkeit der Ökonomien von der Kohle bedeutete aber zugleich einen historisch vollkommen neuen Hebel für Gegenmacht von unten, den die frühen Gewerkschaften sich geschickt zunutze machten. Das Wissen um die fundamentale Rolle dieses Energieträgers war zugleich ein wesentlicher Grund, warum sich in diesem Sektor die ersten Arbeitgeberverbände und die ersten Formen des Korporatismus entwickelten.

In Kapitel 4 befasse ich mich mit der Trennung von Hand- und Kopfarbeit. Mein zentrales Beispiel sind die Fleischfabriken von Chicago, wo erstmals das Fließband zur Rationalisierung der Arbeit genutzt wurde. Daraus entstanden Organisationen von einer bislang ungekannten Komplexität, was sie wiederum besonders anfällig für die Widerspenstigkeit von Natur und Arbeit machte, worauf die Arbeitgeber paradoxerweise reagierten, indem sie noch einmal expandierten. Ermöglicht wurde die neue Ausdifferenzierung durch einen explosionsartigen Anstieg der landwirtschaftlichen Produktivität, unter anderem infolge des Einsatzes von synthetischem Dünger.

Die radikale Transformation des landwirtschaftlichen Stoffwechsels mit der Natur brachte eine neue soziale Gruppe hervor, die im fünften Kapitel eine Hauptrolle spielt: die industriellen Massenarbeiter, insbesondere der Automobilkonzerne. In kurzer Frist hatten deren militante Kämpfe das Potenzial, die europäischen Ökonomien aus den Angeln zu heben. Gleichzeitig produzierten sie jedoch mit dem Auto die Manifestation eines neuen Klassenkompromisses.

Durch diesen Kompromiss, für den symbolisch der Volkswagenkonzern steht, gelang es, die sozialen Konflikte weitgehend zu entschärfen – vor allem dank der Verfügbarkeit billigen Erdöls.

Der plötzliche Wegfall der billigen fossilen Energie im Zuge der globalen »Ölkrise« stellte, wie wir in Kapitel 6 sehen werden, einen weiteren Wendepunkt dar. Nun begann der Niedergang der Gewerkschaften und der Aufstieg der »schlanken« Produktionsmethoden. Die daraus folgende intensivere Vernutzung der Arbeitskraft beförderte die Entstehung eines neuen Spektrums professioneller Reproduktionstätigkeiten. Doch auch diese Care-Arbeit selbst wurde den neuen Rationalisierungsmethoden der »schlanken« Arbeitswelt unterworfen, was die Resilienz der Gesellschaften gegenüber ökologischen Krisen – etwa in Form der Coronapandemie – deutlich beeinträchtigte. Zudem brachte diese Entwicklung neue Konflikte in der Reproduktionssphäre hervor, die ihrerseits eine wichtige ökologische Dimension haben.

Kapitel 7 geht der Entfaltung der Steuerungskräfte des gesellschaftlichen Stoffwechsels nach, also Formen der organisationalen und technischen Koordination, aber auch Impulsen aus den Naturwissenschaften. Da auf diesen Steuerungskräften derzeit große ökologische Hoffnungen ruhen, soll ihre Entwicklung hier in den Kontext der Nutzbarmachung gestellt werden, um ihre ambivalente Rolle deutlich zu machen.

Steuerungskräfte selbst verfügen nicht über Souveränität. Aus diesem Grund widme ich mich in Kapitel 8 den Steuerungs*verhältnissen* der internationalen Finanzwirtschaft. Gegen die Vorstellung einer immateriellen Finanzsphäre arbeite ich die zentrale Rolle dieser Branche für den gesellschaftlichen Stoffwechsel heraus. Insbesondere der – in Tonnen gemessen – »gewichtigste« Teil dieses Stoffwechsels, die Bauindustrie, wird vor allem von den Eigenlogiken der Finanzmärkte geprägt, da Investitionen in Infrastruktur zur Standardantwort auf eine Überakkumulation von Kapital geworden sind. Neben diesen Analysen präsentiert das Kapitel Interviews mit Bauarbeitern, die anschaulich werden lassen, was mit dem Konzept des ökologischen Eigensinns gemeint ist.

Das Schlusskapitel befasst sich mit den Lehren, die wir aus dieser historisch-geografischen Soziologie der Arbeit für die Bearbeitung der ökologischen Krise ziehen können. Dabei geht es von der Überlegung aus, dass der Umgang mit der Krise zum Guten wie zum Schlechten aus Politiken der Nutzlosigkeit besteht. Im Mittelpunkt steht dabei die Frage, wie mit nutzlos gewordenen Natursegmenten und Menschen umgegangen werden soll. Dabei plädiere ich für eine lustvolle Politik der Nutzlosigkeit, die diese nicht auszumerzen versucht, sondern sie im Gegenteil zum positiven Bezugspunkt einer sozialökologischen Transformation jenseits der Austerität macht. Grundlage ist die Einsicht, dass Produktionspolitik und Umweltpolitik nie getrennt waren, sondern dass Produktionspolitik vielmehr immer auch Umweltpolitik ist. Damit möchte ich Versuchen entgegentreten, Arbeitswelt und Natur gegeneinander auszuspielen. Denn wenn wir voraussetzen, dass unsere Organisation von Arbeit der Ausgangspunkt der ökologischen Krise ist, dann muss auch ihre Überwindung vor allem an dieser Stelle ansetzen.

1. Ökologische Arbeit

Die Eingriffe des Menschen in seine Umwelt haben nicht zu dem unter anderem von Bill McKibben proklamierten »Ende der Natur« geführt.[1] Die Folgen des Klimawandels oder der Coronapandemie führen uns vor Augen, dass das Gegenteil der Fall ist: Die Autonomie der Natur wird umso deutlicher, je weiter diese Eingriffe reichen. Wenn wir uns der ökologischen Krise stellen wollen, müssen wir die Autonomie der Natur anerkennen. Nach Aristoteles kann diese Autonomie sogar ein Ausgangspunkt für die Definition von Natur sein. Der Philosoph verwendete den Begriff für all jene Dinge, die das Prinzip ihrer Bewegung in sich selbst tragen.[2] In diesem Sinne kann ein Baum zwar von uns gepflanzt, beschnitten und gezüchtet werden. Insofern aber sein »Bewegungsprinzip«, also seine Entwicklung vom Samen bis zum ausgewachsenen Baum, nicht vom Menschen geschaffen ist, kann er als Teil der Natur gelten. Demgegenüber fasst Aristoteles all jene Dinge, deren »Bewegungsprinzip« vom Menschen ausgeht, unter den Begriff Technik.

Spätestens die Möglichkeiten der modernen Biotechnologie sind freilich eine Herausforderung für jede klare Trennung zwischen Natur und Technik. Ist ein genetisch manipulierter Organismus – wie zum Beispiel eine Ratte, deren Genom zu Versuchszwecken so programmiert wurde, dass sie mit hoher Wahrscheinlichkeit eine Krebserkrankung entwickelt – Natur oder Technik? Die Technologie greift hier deutlich in das »Bewegungsprinzip« des Organismus ein. Aber auch jenseits einzelner Organismen hat der Mensch seine natürliche Umwelt tief greifend umgewälzt. Man denke nicht nur an gezielte Eingriffe wie das Trockenlegen von Sümpfen oder das Abholzen von Wäldern, sondern vor allem an unintendierte Nebeneffekte menschlichen Handelns. Der Klimawandel beispielsweise löst in den verschiedensten Ökosystemen unüberschaubare Kaskadeneffekte aus, die kaum einen Teil des Globus unberührt lassen und die Bedingungen für alle Lebewesen verändern.

Die Grenze zwischen Natur und Technik verläuft also nicht zwischen den Objekten, wie etwa dem natürlichen Baum auf der einen und dem technischen Auto auf der anderen Seite. Vielmehr verläuft diese Grenze durch die Gegenstände hindurch, denn fast alle Dinge – einschließlich des menschlichen Körpers – sind sowohl gegeben als auch gemacht. Aber es sind die gegebenen Aspekte, die wir als Natur bezeichnen. Diese Gegebenheit als zentrale Eigenschaft bedeutet notwendigerweise eine *relative Autonomie* der Natur von der Gesellschaft. Damit kann die Natur negativ definiert werden als das, was unabhängig von menschlicher Intention, Kontrolle oder Manipulation existiert und fortbesteht. Das gilt für die organische wie für die mineralische Natur und auch für globale Systeme wie das Klima.[3]

Natur in diesem Sinne über ihre Autonomie zu definieren bedeutet zugleich, dass sich der Begriff nicht auf bestimmte Objekte bezieht, sondern auf *Eigenschaften und Bewegungsprozesse* von Materie und Energie, die nicht vom Menschen kontrolliert werden. Dazu gehören die spezifischen materiellen Qualitäten von Ressourcen wie Kohle, aber auch Prozesse wie der Klimawandel. Nur durch die negative Definition wird es möglich, diese enorm unterschiedlichen Elemente unter einen Begriff zu subsumieren und überhaupt von »Natur« im Singular zu sprechen. So ist die Unabhängigkeit von menschlicher Intention und die Widerspenstigkeit gegenüber Kontrollversuchen vermutlich das Einzige, was etwa Viren, Insekten, geologische Gegebenheiten wie Kohle- und Erdölvorkommen, die Verwesung geschlachteter Tiere oder Wetter- und Klimasysteme gemeinsam haben – um nur ein paar der Manifestationen von Natur zu nennen, die in diesem Buch eine Rolle spielen werden.

Schon Marx betonte die Rolle dieser Autonomie der Natur für die Organisation der Arbeit: »Man bedenke z. B. den bloßen Einfluß der Jahreszeiten, wovon die Menge des größten Teils aller Rohstoffe abhängt, Erschöpfung von Waldungen, Kohlen- und Eisenbergwerken etc.«[4] Allerdings ist bei Marx der Naturbegriff nicht mit der romantischen Vorstellung der Unberührtheit verbunden. Solche Ideen kritisierte er vielmehr explizit:

> Tiere und Pflanzen, die man als Naturprodukte zu betrachten pflegt, sind nicht nur Produkte vielleicht der Arbeit vom vorigen Jahr, sondern, in ihren jetzigen Formen, Produkte einer durch viele Generationen unter menschlicher Kontrolle, vermittelst menschlicher Arbeit, fortgesetzten Umwandlung.[5]

Anders als bei Aristoteles ist bei Marx die Arbeit damit nicht schlicht der Gegenbegriff zu Natur. Marx erklärt zwar, dass die Produktion auf die ihr äußerliche Natur einwirkt, sie tut dies jedoch durch den menschlichen Körper, der für den Menschen, »sosehr er ihn reproduziert und entwickelt, ursprünglich [...] eine natürliche Voraussetzung« ist, »die er nicht gesetzt hat«.[6] Diese *Gegebenheit* macht den Körper zu einem Teil der Natur.[7] Und tatsächlich erfahren wir insbesondere in unseren leiblichen Unzulänglichkeiten und Gebrechen, dass sich die Autonomie der Natur nie vollständig unserem Willen unterordnet. Das spiegelt sich auch in naturwissenschaftlichen Erkenntnissen: Nicht nur setzt sich unser Körper stofflich aus Elementen unserer Umwelt zusammen, er besteht auch nur zur Hälfte aus menschlichen Zellen. Die andere Hälfte sind Bakterien.[8] Der Mensch ist damit sowohl Manifestation der Gesellschaft als auch der Natur. Im Arbeitsprozess wirkt die Natur somit gewissermaßen auf sich selbst zurück – doch gerade in dieser Rückwirkung vollzieht sich die Trennung zwischen Gesellschaft und Natur.

Marx spricht in diesem Zusammenhang von einem »Stoffwechsel« zwischen Gesellschaft und Natur. Sein Begriff ist deshalb besonders nützlich, weil er zeigt, dass Natur und Gesellschaft aus denselben Stoffen bestehen und dennoch getrennte Einheiten sind. Diese Trennung verschärft sich nach Marx in der kapitalistischen Produktionsweise immer weiter. Das liege daran, dass sie im Zuge der Kapitalakkumulation ökologische Kreisläufe durch Akkumulationsprozesse ersetze. Marx veranschaulicht dies am Beispiel der kapitalistischen Landwirtschaft, die Agrarprodukte kontinuierlich vom Land in die Städte transferiert. In der Folge stehen die Abfälle nicht mehr vor Ort als Dünger zur Verfügung, sondern sie belasten in den Städten in Form von Müll die Umwelt. Auf diese Weise entsteht ein immer breiter werdender »Riss« im Stoffwechsel mit der Natur[9] – ein Theorem, das sich auf verschiedene Dimensionen der ökologischen Krise übertragen lässt. Der Klimawandel beispielsweise kann als Folge eines »Risses« im Kohlenstoffkreislauf begriffen werden: Fossile Energieträger wie Kohle und Öl, die über Jahrmillionen entstanden sind, werden der Erde entnommen und verbrannt. Damit akkumulieren sich die Kohlenstoffe in der Atmosphäre, wo sie in Form des Klimawandels zum ökologischen Problem werden.[10]

Was ist autonome Natur?

Die Betonung der Autonomie der Natur steht im teilweisen Widerspruch zu vielen theoretischen Ansätzen, die argumentieren, dass überhaupt nicht mehr zwischen Gesellschaft und Natur unterschieden werden sollte. Prominent ist dieser Gedanke etwa in den Theorien von Bruno Latour, Neil Smith, Jason Moore oder Dipesh Chakrabarty, die betonen, dass überhaupt nicht mehr zwischen Natur und Gesellschaft unterschieden werden sollte.[11] Gemeinsam ist diesen sehr unterschiedlichen Herangehensweisen, dass sie die Unterscheidung zwischen Natur und Gesellschaft für einen »cartesianischen Dualismus« und die eigentliche Ursache unseres instrumentellen Verhältnisses zur Natur halten. Moore beispielsweise insistiert darauf, dass der Kapitalismus keine spezifische Ökologie habe, sondern eine Ökologie *sei*. Die Krise des »Kapitalismus im Lebensnetz« ist bei ihm dementsprechend weniger eine ökologische als eine ökonomische.[12]

Chakrabarty hingegen möchte gar nicht mehr von Kapitalismus sprechen, würden wir dadurch doch »blind für den Ablauf – oder die Handlungsmacht, wenn man so will – der Erdsystemprozesse und ihrer unmenschlichen Zeiträume«.[13] Jene Handlungsmacht werde nur aus der Perspektive der Erdsystemwissenschaften deutlich, die den Menschen radikal dezentriere: »Denn selbst wenn die derzeitige Erwärmungsphase tatsächlich anthropogen ist, handelt es sich um einen Zufall; für die Erforschung der planetarischen Erwärmung als solcher spielen Menschen keine eigentliche Rolle.«[14] Ausgehend von dieser Dezentrierung sieht er von innergesellschaftlichen Konflikten ab und schreibt die Verantwortung stattdessen der gesamten Spezies zu. Entsprechend ist die Krise für ihn zu großen Teilen eine Krise der Überbevölkerung.

Neil Smith argumentiert in die entgegengesetzte Richtung: So etwas wie Natur gebe es überhaupt nicht, da unsere Umwelt in Gänze vom Kapitalismus produziert werde. Bezeichnenderweise überschneidet sich diese konträre Perspektive jedoch an entscheidenden Stellen mit der von Chakrabarty. Zwar konzediert Smith, dass ein anthropogener Klimawandel stattfindet, das »genaue Ausmaß des globalen gesellschaftlichen Beitrags zum Klimawandel« sei »jedoch keineswegs klar und könnte durchaus unberechenbar sein«. Deshalb sei »der Versuch, zwischen sozialen und natürlichen Beiträgen zum Klimawandel zu unterscheiden, nicht nur eine törichte Debatte, sondern auch eine törichte Philosophie«, da sie die Unterscheidung zwischen Natur und Gesellschaft aufrechterhalte.[15] Für die Frage, wie die Erderwärmung gestoppt werden kann, ist die Debatte um ihre Verursachung jedoch keineswegs »töricht«, sondern der sprichwörtlich springende Punkt. Eine Theorie, die dazu schweigt, büßt einen großen Teil ihres Gebrauchswerts ein.[16]

Die Dekonstruktion des Gegensatzes von Natur und Gesellschaft hat ihre Stärke darin, dass sie den politischen Gehalt des Begriffs der Natur aufzeigen kann. Etwas zu »Natur« zu erklären ist seit der Aufklärung zur zentralen Rechtfertigung von Ausbeutung geworden. Mit dem »Naturzustand« der Amerikas wurde etwa deren koloniale Aneignung legitimiert und mit den »natürlichen Eigenschaften der Frau« deren Überbelastung mit Haushalts- und Pflegearbeit. Allerdings haben schon Max Horkheimer und Theodor W. Adorno betont, dass das instrumentelle Weltverhältnis durchaus nicht auf ein »natürliches« Außen angewiesen ist. Vielmehr scheint der Mensch kein Problem damit zu haben, auch zu seinesgleichen – einschließlich seiner selbst – ein instrumentelles Verhältnis zu entwickeln.[17] Vor allem aber wirft die monistische Forderung, überhaupt nicht mehr zwischen Gesellschaft und Natur zu unterscheiden, schwerwiegende Probleme für das Verständnis der ökologischen Krise auf, und die entsprechenden Autoren können ihren Anspruch auf eine Überwindung des Anthropozentrismus – also eines Denkens, in dem der Mensch das Maß aller Dinge ist – nicht einlösen. Die Beanspruchung eines wissenschaftlichen Blicks »von außen« auf den Planeten, als »Sprachrohr« der Natur bei Chakrabarty, oder die Idee einer kapitalistischen Produktion der Natur bei Smith oder Moore verschärfen die Hybris der anthropozentrischen Denkweise möglicherweise zusätzlich, indem sie die Natur unter die Logik der Wissenschaft oder der Ökonomie subsumieren und damit ihre Autonomie negieren.

Für Horkheimer und Adorno ist diese Leugnung sogar der Ausgangspunkt aller Ideologie. Vom mythischen Animismus bis zum mechanistischen Weltbild der Aufklärung und darüber hinaus erfüllen Ideologien wesentlich die Funktion einer Verdrängung der Autonomie der Natur, indem sie diese durch Rituale oder wissenschaftliche Praktiken für kontrollierbar erklären.[18] Die Autonomie der Natur ist fast ausschließlich auf negative Weise erfahrbar, insbesondere in Form von »Naturkatastrophen«. Deshalb löst sie seit Menschengedenken vor allem Angst aus, führt sie uns doch nicht nur unsere Vulnerabilität vor Augen, sondern auch die Tatsache, dass die Menschheit von der Natur abhängig ist, die Natur aber nicht von der Menschheit. Die Wissenschaftshistorikerin Carolyn Merchant hat das Motiv systematisch von der Antike bis zur wissenschaftlichen Revolution nachverfolgt.[19] Der Umstand, dass die Negation der autonomem Natur in der aktuellen Theoriebildung zu einer solchen Prominenz gelangt ist, kann mit Merchant als Spiegelbild der zunehmenden Nutzbarmachung der Natur verstanden werden.

Durch die Aufgabe einer Trennung zwischen Natur und Gesellschaft wird allerdings nicht nur die Autonomie der Natur, sondern die Idee der menschenverursachten Umweltzerstörung insgesamt zur *logischen Unmöglichkeit*. Das zeigt sich etwa, wenn Moore anstelle des Begriffs des Risses im Stoffwechsel mit der Natur (*metabolic rift*) neutral von einer »Verschiebung« (*metabolic shift*) spricht;[20] oder wenn sowohl Smith als auch Chakrabarty argumentieren, die Frage nach dem Anteil sozialer Faktoren bei der Verursachung der ökologischen Krise sei irrelevant. Demgegenüber soll das Verhältnis von Gesellschaft und Natur hier als *Ko-Konstitution* gedacht werden: Beide bestehen aus denselben Stoffen und werden gerade in ihrer Wechselwirkung zu getrennten Einheiten. In diesem Sinne insistiert auch Marx stets darauf, dass die beiden Seiten des Stoffwechsels sich nicht ineinander auflösen lassen.[21] Das bedeutet jedoch nicht, dass das Verhältnis zwischen Mensch und Natur ein symmetrisches wäre. Vielmehr wird es von der Nutzbarmachung der Natur durch den Menschen geprägt.

Nutzbarmachung

Der Mainstream der Umweltökonomie und kritisch-theoretische Debattenbeiträge sind sich weitgehend einig darüber, dass eine wesentliche Ursache der Umweltzerstörung darin liegt, dass Natur von Unternehmen unbezahlt »angeeignet« wird. Diese Einsicht leistet einen wichtigen Beitrag zum Verständnis der ökologischen Krise, indem sie aufzeigt, dass die zerstörerische Übernutzung von Natur nicht nur Resultat einzelner rücksichtsloser Entscheidungen, sondern strukturell angelegt ist: Die Möglichkeit der kostenlosen Aneignung von

Natur verführt dazu, die übrigen Produktionskosten (Arbeit und Kapital) zulasten der Natur zu drücken: Materialien werden durch Raubbau verbilligt, die Arbeitsproduktivität wird durch den Einsatz fossiler Brennstoffe erhöht usw. In der neoklassischen Ökonomie ist hier von »Externalitäten« die Rede, ohne die Waren nicht produziert werden könnten, die aber nicht in ihrem Preis abgebildet werden. Der analytische Nachteil des Begriffs der Naturaneignung liegt darin, dass er die Natur als ein großes Rohstofflager erscheinen lässt, dessen Güter einfach eingesammelt werden können oder dessen »Ökosystemdienstleistungen« von selbst in die Produktion einfließen. Das ist freilich nicht der Fall. Natur liegt überaus selten einfach so vor. Wir müssen Arbeit investieren, um von ihr Gebrauch, um die jeweiligen Natursegmente *nutzbar zu machen*. Der Begriff der Aneignung beschreibt nur den Prozess, in dem Natur zu Privateigentum wird. Dieser Prozess selbst setzt jedoch nichts in Bewegung, er ist rein imaginärer Natur. Was die Natur zu einem Teil der Produktionsprozesse werden lässt, ist dagegen stets menschliche Arbeit. Erstaunlicherweise steht deren konkrete Ausgestaltung jedoch auch bei den verschiedenen Theoretikern, die den marxschen Begriff des Stoffwechsels für ihre Analysen kapitalistischer Naturverhältnisse fruchtbar gemacht haben, nicht im Fokus.[22] Stattdessen geht es unmittelbar um den Riss, den das Kapital diesem Stoffwechsel zufüge. Seine Rolle ist selbstverständlich zentral, aber allein kann das Kapital nichts bewerkstelligen. Dafür muss es sich stets mit lebendiger Arbeit verbinden. Diese Verbindung wird historisch immer wieder neu ausgehandelt – mit weitreichenden Folgen für die nichtmenschliche Natur. Gerade diese Aushandlungen – und nicht nur die abstrakten Strukturen der Akkumulation – müssen also im Zentrum einer Analyse des kapitalistischen Stoffwechsels stehen.

Mineralische Rohstoffe wie Erze oder Kohle müssen lokalisiert, abgebaut, vom Gestein getrennt und transportiert werden. Pflanzen müssen gezüchtet, angebaut, geerntet und gereinigt werden, bevor sie zu Nahrungsmitteln, Baustoffen oder Textilfasern werden. In diesem

Sinne kann man alle Tätigkeiten, bei denen Materialien verarbeitet werden, als eine Transformation von Natur beschreiben. Um diese Verarbeitung überhaupt zu ermöglichen, müssen jedoch weitere Schritte erfolgen. James O'Connor spricht in diesem Zusammenhang von der Notwendigkeit einer »Produktion der Produktionsbedingungen«.[23] So stellt etwa ein Fluss nicht nur eine Quelle von Wasser, Energie und Nahrung dar, sondern stets auch ein Risiko. Er kann Äcker und Siedlungen überfluten oder durch seinen Verlauf Verkehrswege blockieren. Deshalb erfordert die Nutzbarmachung von Natur stets ein Moment der *Kontrolle*: Der Fluss muss kanalisiert, Tiere domestiziert, Unkraut gejätet werden. Nutzbarmachung bedeutet demnach zu wesentlichen Teilen eine Auseinandersetzung mit der Autonomie der Natur. Allerdings löscht die Kontrollarbeit diese keineswegs dauerhaft aus. Stattdessen wird der Fluss den Kanal mit der Zeit erodieren, die Tiere werden krank, und das Unkraut kehrt immer wieder zurück. Die Kontrollarbeit hört niemals auf. Neben der Kontrolle beinhaltet die Nutzbarmachung dabei immer auch ein Element der *Rationalisierung*: Es werden ertragreichere Pflanzen- und Tierarten gezüchtet, fossile Energieträger eingesetzt, um den Stoffwechsel mit der Natur zu beschleunigen, oder gar Organismen genetisch verändert, um sie der ökonomischen Verwertung anzupassen.[24]

Die spezifisch kapitalistische Form der Nutzbarmachung ist einerseits inhärent *expansiv*, da sie der Akkumulation dient. Andererseits ist sie auch inhärent *exklusiv*, da sie Natur als Privateigentum nutzbar macht. Ihr Ziel ist also nicht notwendigerweise die Ausweitung des Zugriffs auf bestimmte Ressourcen, es kann ebenso gut in deren Verknappung liegen. Das lässt sich am Beispiel der Muskatnuss veranschaulichen: Muskat war das wichtigste Handelsgut der Niederländischen Ostindien-Kompanie (NOK), eines der ersten transnationalen kapitalistischen Unternehmen. Die Nuss stammt aus Indonesien. 1621 besetzte die NOK die Banda-Inseln, nachdem es ihr zuvor nicht gelungen war, ihren Bewohnern ein Handelsmonopol auf Muskat abzuringen. 15 000 Menschen wurden getötet, der Rest der Bevölkerung wurde deportiert und versklavt, um die Inseln in große Plantagen zu verwandeln. Nachdem man im Handel mit Muskat zunächst Renditen von bis zu 400 Prozent erzielt hatte, kam das Gewürz wenig später aus der Mode, und der Preis fiel rapide. Die NOK reagierte mit einer Politik der Verknappung, indem sie anordnete, dass nur noch auf den Banda-Inseln Muskatbäume wachsen durften. Auf allen anderen der über tausend Molukken-Inseln sollten sie gefällt werden. Die Kampagne wurde ohne Rücksicht auf Verluste umgesetzt: Über hundert Jahre lang mussten Soldaten und Arbeiter durch dorniges Urwaldgestrüpp kriechen, um die Bäume aufzuspüren.[25] Die Nutzbarmachung der Natur verfolgt also wesentlich das Ziel der *Verwertung* und nicht der Verallgemeinerung des Zugriffs.

Wie wir oben gesehen haben, kann der menschliche Körper aufgrund seiner Gegebenheit ebenfalls als Teil der Natur verstanden werden. Diese Gegebenheit bedeutet nicht zuletzt, dass der Mensch nicht als Arbeitskraft geboren wird, sondern kontinuierlich dazu gemacht werden muss. Auch hier kann zwischen Kontrolle und Rationalisierung unterschieden werden, und die Nutzbarmachung der Arbeitskraft nimmt unter kapitalistischen Bedingungen spezifische Formen an. So rückt die konkrete Seite der Arbeit als Mittel der Bedürfnisbefriedigung in den Hintergrund, während die Erwirtschaftung von Profiten zum Hauptzweck wird. In diesem Sinne erklärte etwa der Geschäftsführer des amerikanischen Konzerns US-Steel, als er 1982 im Zuge der Deindustrialisierung Tausende Stahlarbeiter entließ und auf das Ölgeschäft umschwenkte: »Das Unternehmen ist nicht auf die Herstellung von Stahl spezialisiert, sondern auf die Erzielung von Gewinnen.«[26] Entsprechend zielt auch die Arbeit selbst nicht primär auf die Herstellung von Stahl, sondern auf den Erwerb von Lohn ab, mit dem die Beschäftigten ihre Bedürfnisse erfüllen können. Marx wies darauf hin, dass diese Konstellation strukturell zu einer Entfremdung der Menschen sowohl vom Produkt ihrer Arbeit als auch vom Arbeitsprozess selbst führt. Arbeit ist dann keine konkrete Tätigkeit der Bedürfnisbefriedigung mehr, sondern in erster Linie eine Ware: Arbeitskraft.[27]

Aus dieser Konstellation resultiert ein Interessengegensatz zwischen Arbeitgebenden und Arbeitnehmenden: Die Bedürfnisse der einen (Lohn, Gesundheit, Pausen etc.) sind die Kosten der anderen. Das macht eine *Kontrolle* der Arbeit in Form betrieblicher Herrschaft erforderlich. Ausgeübt wird diese meist durch Managerinnen und Manager sowie eine unternehmenseigene Bürokratie, oft aber auch durch technische Einrichtungen wie das Fließband, Stoppuhren oder digitale Überwachung. Die *Rationalisierung* überschneidet sich teilweise mit der Kontrolle, geht über diese allerdings insofern hinaus, als sie auf eine Steigerung der Produktivität abzielt, also des Verhältnisses von produzierten Waren zu Arbeitszeit. Erfolgen kann Rationalisierung dabei organisatorisch, etwa durch die Optimierung von Arbeitsabläufen, oder aber technisch, beispielsweise durch Automatisierung.

Das Verhältnis der beiden Formen der Nutzbarmachung zueinander beschränkt sich jedoch keineswegs auf ihre analoge Funktionsweise. Stattdessen sind die beiden Formen *notwendig aufeinander angewiesen*: Die Nutzbarmachung der Natur ermöglicht die intensivierte Nutzbarmachung der menschlichen Arbeit, die wiederum eine intensivere Nutzbarmachung der Natur ermöglicht. So waren etwa Sklaverei und Plantagenwirtschaft konstitutiv miteinander verbunden. Der durch diese Kombination produzierte Überschuss an Baumwolle wurde wiederum zusammen mit der intensivierten Nutzung fossiler Energieträger zur materiellen Grundlage des Fabrikregimes. Dieses zog seinerseits ganze Kaskaden der Nutzbarmachung weiterer Natursegmente nach sich, auf welche die neuen Arbeitspotenziale angewandt werden konnten.

Eine solche Verschränkung der beiden Formen können wir freilich nicht nur in der Produktionssphäre beobachten. Unternehmen allein wären gar nicht in der Lage, die Nutzbarmachung der Körper zu gewährleisten. Bevor Menschen zur Arbeit fähig sind, müssen sie zunächst jahrelang erzogen, das heißt, dazu gebracht werden, sich an die gesellschaftlichen Konventionen zu halten, die ihrerseits die Grundbedingungen der Arbeitsteilung sind. Darüber hinaus benötigen sie für jede Form von Arbeit ein gewisses Maß an allgemeiner Bildung sowie fachlicher Schulung. Wenn sie erschöpft sind, brauchen Menschen Pflege und Zuneigung, und wenn sie krank werden, muss ihre Arbeitskraft durch medizinische Versorgung wiederhergestellt werden. In diesem Sinne spricht O'Connor analog zur Produktion der natürlichen Produktionsbedingungen von der Notwendigkeit der Produktion der »persönlichen Produktionsbedingungen«,[28] die ihrerseits enorm arbeitsaufwendig ist. In Deutschland beispielsweise entfallen 64 Prozent der gesamten gesellschaftlichen Arbeitszeit auf sogenannte »Care-Tätigkeiten« wie Erziehung und Pflege. Davon wiederum werden allerdings nur 12 Prozent in Form von Erwerbsarbeit und die restlichen 88 Prozent unentgeltlich in den Haushalten geleistet.[29]

Selbstredend besteht diese Care-Arbeit nicht nur aus Liebe, Fürsorge oder der Reproduktion des Lebens selbst. Stattdessen geht es dabei, wie wir in Kapitel 6 noch ausführlich sehen werden, insbesondere darum, die innere Natur der Menschen nutzbar zu machen. Die frühe Kritische Theorie hat an dieser Stelle immer wieder auf Parallelen hingewiesen. So schreibt etwa Horkheimer: »Naturbeherrschung schließt Menschenbeherrschung ein. Jedes Subjekt hat nicht nur an der Unterjochung der äußeren Natur, der menschlichen und der nichtmenschlichen, teilzunehmen, sondern muß, um das zu leisten, die Natur in sich selbst unterjochen.«[30] Diese Nutzbarmachung findet zuallererst in der innerfamiliären Kindererziehung statt – indem der Nachwuchs endlos ermahnt wird, sich Konventionen anzupassen und diese zu verinnerlichen. Michel Foucault hat darüber hinaus ihre institutionelle Dimension beschrieben, etwa in Form von Schulen, Gefängnissen, Krankenhäusern, Psychiatrien usw. Foucault spricht in diesem Zusammenhang von einer »politischen Ökonomie der Körper«.[31]

Damit überwindet der Begriff der Nutzbarmachung die Trennung zwischen Produktion und Reproduktion. Stattdessen soll er unterstreichen, dass sowohl die »produktiven«, also der Herstellung von Gütern dienenden, als auch die »reproduktiven«, auf die (Wieder-) Herstellung der persönlichen und natürlichen Produktionsbedingungen zielenden Tätigkeiten wesentlich in einer Nutzbarmachung der Natur bestehen: im ersten Fall der nichtmenschlichen Natur und im zweiten Fall der menschlichen Körper. Das hat weitreichende theoretische Konsequenzen.

Re/produktivkräfte

Die Trennung zwischen Produktion und Reproduktion ist eine der zentralen Konfliktlinien in der Debatte um die ökologische Krise, bei der wiederum häufig die Rolle der *Produktivkräfte* im Mittelpunkt steht, ein marxistischer Begriff, der aktuell eine Renaissance erlebt. Das liegt vor allem daran, dass er die politischen Implikationen von Technik und Arbeitsorganisation betont, die zunehmend an Bedeutung gewinnen. Bei Marx verweist der Ausdruck auf die Gesamtheit des menschlichen Arbeitspotenzials. Neben der Technik fasst Marx darunter auch das gesellschaftliche Wissen sowie Formen der Kooperation.[32] Die in diesem Kontext wohl am häufigsten zitierte Passage stammt aus der 1847 zunächst auf Französisch erschienenen Schrift *Das Elend der Philosophie*. Dort schreibt Marx:

> Die sozialen Verhältnisse sind eng verknüpft mit den Produktivkräften. Mit der Erwerbung neuer Produktivkräfte verändern die Menschen ihre Produktionsweise, und mit der Veränderung der Produktionsweise, der Art, ihren Lebensunterhalt zu gewinnen, verändern sie alle ihre gesellschaftlichen Verhältnisse. Die Handmühle ergibt eine Gesellschaft mit Feudalherren, die Dampfmühle eine Gesellschaft mit industriellen Kapitalisten.[33]

An diese Stelle knüpfen viele technikdeterministische Interpretationen an. Diese gehen davon aus, dass die Produktivkräfte die Produktionsverhältnisse prägen, gesellschaftlicher Fortschritt basiert demnach in erster Linie auf technischem Fortschritt.[34] Auf dieser Grundlage argumentieren einige marxistische Theoretikerinnen und Theoretiker weiter, dass die Produktivkraftentwicklung zugleich der Schlüssel zur Bearbeitung der ökologischen Krise sei, etwa im Sinne neuer Energiesysteme oder Möglichkeiten der Wirtschaftsplanung.[35] Diese »ökomodernistische« Hoffnung ist jedoch keineswegs dem Marxismus vorbehalten, sie stellt vielmehr die Mainstream-Position der Umweltökonomie dar, die sich durch einen geradezu messianischen Glauben an die Entwicklung bislang inexistenter Technologien auszeichnet, die eine Versöhnung von Wirtschaftswachstum und Nachhaltigkeit erlauben sollen.[36] Die starke Orientierung der Klimabewegung an den Naturwissenschaften kann ebenfalls als Ausdruck des Vertrauens in die transformativen Potenziale der Produktivkraftentwicklung verstanden werden.

Ganz anders wird das Problem in ökofeministischen Ansätzen diskutiert. Hier gilt die Produktivkraftentwicklung, einschließlich der Wissenschaft, als Teil eines kolonialen und patriarchalen Projekts. In ökologischer Hinsicht werden Produktivkräfte dabei wesentlich als Destruktivkräfte begriffen.[37] Demgegenüber wird die Rolle der Reproduktionsarbeit für die Bearbeitung der ökologischen Krise betont. Diese Kategorie wird relativ weit gefasst und bezieht sich auf verschiedene vor allem von Frauen verrichtete Tätigkeiten wie Erziehung und Pflege, aber auch Subsistenzlandwirtschaft. Die politische Dimension der Reproduktionsarbeit erschöpft sich dabei nicht in den Tätigkeiten selbst, sondern bezieht sich vor allem auf ein aus diesen erwachsendes Ethos, eine Sorge um das Leben, der auch in ökologischer Hinsicht transformatives Potenzial zugesprochen wird.

Diese sehr verschiedenen Ansätze teilen eine »konkretistische« Interpretation des Begriffs der Produktivkräfte. Sie setzen diese mit der Gesamtheit der gegenwärtig verfügbaren Technologie gleich. Marx hingegen unterscheidet zwar analytisch zwischen Produktivkräften und Produktionsverhältnissen, empirisch sind diese aber stets ineinander verwoben. Für Marx sind die Produktivkräfte keine greifbaren Dinge. So wie der Wert als solcher niemals selbst sichtbar wird, aber dennoch die kapitalistische Produktionsweise reguliert, sind die Produktivkräfte nicht darauf angewiesen, materielle Form anzunehmen, um historisch wirksam zu werden. Produktivkräfte erscheinen immer nur durch den Filter der herrschenden Produktionsverhältnisse. Deshalb realisiert die tatsächliche technisch-wissenschaftliche Entwicklung *nicht* das Mögliche, sondern das zur Profitabilität Notwendige. Eine profitorientierte Ökonomie bringt demnach nicht nur fragwürdige Waren hervor, sondern auch ineffiziente und destruktive Herstellungsprozesse. Wenn aber Produktivkräfte mit empirischem Technologieeinsatz gleichgesetzt werden, erscheint die Irrationalität des gegenwärtigen Wirtschaftens als eine Eigenschaft der Technik, während die zugrunde liegenden gesellschaftlichen Formationen aus dem Blick geraten.[38]

Eine weitere Haltung, die Ökomodernismus und Ökofeminismus teilen, bezeichnet Nancy Fraser als »kritischen Separatismus«,[39] der sich durch eine Trennung zwischen den Sphären der Produktion und der Reproduktion auszeichne. Im Ökomodernismus bleibt unberücksichtigt, wie sich die Entwicklung der Produktivkräfte auf die Reproduktion der Produktionsbedingungen auswirkt. Ein Beispiel sind die Verheerungen infolge des Abbaus seltener Erden: Die Extraktion dieser unter anderem für die Herstellung von Elektromotoren benötigten Rohstoffe geht im globalen Süden regelmäßig mit Sklavenarbeit einher, Gemeinschaften werden vertrieben, Gewässer vergiftet.[40] Im Gegensatz dazu verklärt der Ökofeminismus die Reproduktionsarbeit, wenn er sie ausschließlich als »Reproduktion des Lebens« fasst und ihre elementare Rolle bei der Nutzbarmachung der Körper unberücksichtigt bleibt. Eine solche Trennung ist jedoch Fiktion, da Produktion und Reproduktion verschiedene Dimensionen derselben gesellschaftlichen Prozesse sind.[41] Beide zielen auf die Nutzbarmachung von Natur und Arbeit ab.

Deshalb entwickle ich in diesem Buch das vermittelnde Konzept der *Re/produktivkräfte*, bei dem Produktion und Reproduktion zusammen gedacht werden. Unter diesen Begriff fasse ich einerseits die Techniken der materiellen Produktion und Reproduktion. Er bezieht sich aber auch auf die »Steuerungskräfte« (Wissenschaften zum Beispiel oder digitale Technologien), die diese Prozesse der Re/Produktion koordinieren.[42] Die Entwicklung von Technik, Wissenschaft und Kooperationsweisen formt sowohl die Produktion als auch die Reproduktion. In Kapitel 6 werden wir etwa sehen, dass sich die Entstehung der professionellen Pflegearbeit nicht von der Entwicklung der Industriearbeit trennen lässt. Kapitel 7 rekonstruiert die Geschichte von Klimawissenschaften und Epidemiologie, die in der ökologischen Krise zentrale Hoffnungsträgerinnen darstellen, die aber zugleich selbst aus dem Apparat der Nutzbarmachung hervorgegangen sind, der diese Krise verursacht hat. Dadurch wird deutlich, dass weder Produktivkräfte noch Reproduktivkräfte als »unschuldiges« Außen der Arbeitswelt und ihrer strukturellen Konflikte gedacht werden können. Zugleich erlaubt das Konzept aber auch ein Anknüpfen an die transformativen Potenziale beider Seiten der Nutzbarmachung. Diese Potenziale ergeben sich jedoch nicht aus einem ontologischen Gegensatz zwischen Produktion und Reproduktion, sondern aus den immanenten Widersprüchen der Nutzbarmachung. Um diese auszuleuchten, werden die Re/produktivkräfte hier ihrerseits als Produkt gesellschaftlicher Verhältnisse begriffen, die wiederum selbst eine soziale und eine ökologische Dimension haben.

Während Marx' frühe Schriften durchaus eine technikdeterministische Interpretation des Produktivkraftbegriffs zulassen, distanzierte er sich später explizit von dieser Sichtweise.[43] Bereits in *Das Elend der Philosophie*, dem Text, der gemeinhin als Beweis für seinen Technikdeterminismus herangezogen wird, unterstreicht er, dass sich die

Produktivkräfte vor allem »mit dem Widerstreit der Klassen entwickelten«.[44] Das bedeutet, dass die Produktivkraftentwicklung nicht nur die Arbeit formt, sondern selbst durch die *Autonomie der Arbeit* konflikthaft vorangetrieben wird – ein Zusammenhang, dem seither eine Vielzahl von Studien nachgegangen ist. Dabei können zwei Dimensionen unterschieden werden, in denen sich die Autonomie der Arbeit auf die Produktivkraftentwicklung auswirkt: Die erste besteht in der Rolle menschlicher Arbeit als Fehlerquelle, kann ihr Einsatz doch nie bis ins Letzte reguliert werden. Menschliches Verhalten ist nun einmal variabel, und selbst bei sehr repetitiven Tätigkeiten können Fehler passieren, etwa infolge von Erschöpfung. Darüber hinaus kann noch in den standardisiertesten Arbeitsprozessen nicht jede Verhaltensweise im Vorhinein determiniert werden. Stattdessen ist stets informelles Erfahrungswissen notwendig.[45] Richard Edwards hat in einer klassischen Studie illustriert, wie der Kampf gegen Widerspenstigkeiten, von der Bummelei bis zum Streik, die Produktivkraftentwicklung beeinflusst hat.[46]

Die zweite Dimension, in der diese Autonomie sich manifestiert, sind kollektive Arbeitskämpfe. So hat etwa Beverly Silver anhand umfangreicher historischer Daten gezeigt, dass es an jedem neuen Ort der Kapitalinvestition zu einer statistischen Häufung von Streiks und anderen Protestformen kommt. Diese Arbeitskämpfe beeinflussen ihrerseits die weitere Produktivkraftentwicklung, indem entweder in neue Technologien investiert wird, welche die Profitabilität wiederherstellen, oder Unternehmen die Fertigung in andere Regionen verschieben.[47]

Neben der Autonomie der Arbeit betont Marx an verschiedenen Stellen auch den Einfluss der »unkontrollierbaren Naturverhältnisse«[48] oder »Naturkräfte«.[49] Welche Rolle dieser Autonomie der Natur in der Produktivkraftentwicklung genau zukommt, hat er jedoch nicht systematisch dargelegt. Stattdessen kritisierte er vehement die »Physiokraten«, laut denen die Natur selbst der zentrale Ort der Wertschöpfung ist; ebenso heftig wandte er sich gegen den Ansatz von Thomas Malthus. Der Brite entwickelte eine Gleichgewichtstheorie der politischen Ökonomie. Er nimmt an, dass die Menschheit in ökologischer Hinsicht stets »mit dem Rücken zur Wand« steht und die Produktivkraftentwicklung durch den unmittelbaren Mangel an bestimmten Ressourcen getrieben wird. Sobald neue Produktivkräfte zur Verfügung stehen, um diese Knappheit zu beheben, wachse jedoch die Bevölkerung, was wieder zu einer Mangelsituation führe.[50] Verschiedene Studien haben jedoch sowohl die These vom dauerhaften Mangel als auch diejenige zum Bevölkerungswachstum widerlegt.[51] Zudem werden Malthus' Ideen heute vor allem zur Rechtfertigung rassistischer und patriarchaler Formen der Umweltpolitik herangezogen.[52] An diese Ansätze können unsere Überlegungen zur Rolle der Re/produktivkraftentwicklung in der ökologischen Krise also nicht anknüpfen. Dennoch ist es, wie wir im Folgenden sehen werden, für ein Verständnis der Krise von zentraler Bedeutung, die Autonomie der Natur auch in diesem Zusammenhang ernst zu nehmen.

Reaktive Expansion

Paradoxerweise ist es gerade die zunehmende Nutzbarmachung der Natur, die deren Autonomie in den Vordergrund rückt. Klimawandel, Pandemien, Biodiversitätsverlust, Bodendegradation usw. sind Resultate verschiedener Strategien der Nutzbarmachung von Natur. Sie schränken jedoch ihrerseits die Nutzbarkeit der Natur drastisch ein und machen damit weitere Nutzbarmachung notwendig. Bereits zwischen 2000 und 2015 gingen jährlich 23 Millionen Arbeitsjahre durch vom Menschen verursachte oder verstärkte Umweltprozesse verloren. Das entspricht 0,8 Prozent der gesamten weltweiten Arbeit eines Jahres – und gleichzeitig verbirgt sich hinter diesen Zahlen schweres menschliches Leid.[53] Soll diese reduzierte Nutzbarkeit nicht zu Verwertungskrisen führen, ist entsprechende weitere Nutzbarmachung notwendig, etwa in Form einer Ausweitung der Arbeitszeit oder technischer Innovationen. Die Re/produktivkräfte reagieren also auf die Autonomie der Natur mit einer *reaktiven Expansion.*[54]

In diesem Buch werden wir anhand verschiedener Beispiele sehen, dass dieser Prozess der reaktiven Expansion wesentlich zur Entwicklung der Produktivkräfte beigetragen hat. Der Kampf gegen die Autonomie von Arbeit und Natur war ein zentrales Motiv, in Automatisierung zu investieren, Lieferketten zu erweitern, Arbeitsprozesse zu reorganisieren und neue Rohstoffquellen zu erschließen. Damit soll nicht geleugnet werden, dass die Konkurrenz zwischen Unternehmen ebenfalls eine wichtige Triebfeder der Produktivkraftentwicklung darstellt,[55] und das Verhältnis zwischen den beiden Faktoren lässt sich wohl nicht abschließend klären. Sie überschneiden sich zudem insofern, als es oft gerade das erfolgreiche Zurückdrängen der Autonomie der Natur und der Arbeit war, das den einzelnen Unternehmen einen Vorteil verschaffte, der dann zum neuen Standard der entsprechenden Branche wurde. Ein wichtiger Unterschied besteht freilich darin, dass die Konkurrenz der Unternehmen der Produktivkraftentwicklung regelmäßig entgegenwirkte. Das wird zum Beispiel immer dann offenbar, wenn es um die Etablierung gemeinsamer Standards geht. Diese fehlten etwa in der Frühzeit der US-amerikanischen Eisenbahn, was die Nützlichkeit des Transportmittels stark einschränkte. Es zeigt sich aber auch in der Tatsache, dass die Errichtung allgemeiner Infrastrukturen fast immer von Staaten übernommen wird. Die meisten grundlegenden Innovationen werden ebenfalls nicht von Unternehmen, sondern von öffentlichen Institutionen hervorgebracht.[56] Anschaulich illustrieren lässt sich das anhand des an der Technischen Hochschule Karlsruhe entwickelten Haber-Bosch-Verfahrens der Stickstoffsynthese, das erstmals die chemische Produktion von Dünger ermöglichte und damit den gesellschaftlichen Stoffwechsel mit der Natur revolutionierte. Notwendig geworden war diese Innovation weniger aufgrund der Konkurrenz zwischen den Unternehmen als vielmehr wegen der Bodenverarmung infolge der intensivierten Landwirtschaft.

Im Folgenden werden wir verschiedene Spielarten der reaktiven Expansion kennenlernen, die man wiederum grob in *technische* und *organisationale Nutzbarmachung* unterteilen kann, die allerdings meist eng zusammenhängen. Ein Beispiel dafür ist die Entwicklung der Lochkartenmaschine Ende des 19. Jahrhunderts, die in Kapitel 7 eingehender beschrieben wird. In den frühindustrialisierten Ländern waren überaus komplexe Ökonomien entstanden, die sich aus einer unüberblickbaren Vielzahl lokaler Einheiten zusammensetzten, verknüpft vor allem durch Eisenbahnschienen. Die Komplexität und Größe dieser Gebilde führte dazu, dass sowohl unternehmerische als auch staatliche Administrationen bereits von kleinen Unregelmäßigkeiten wie Krankheitswellen oder lokalen Versorgungsproblemen überfordert waren. Dies zog jedoch keine Lokalisierung der Ökonomien nach sich, sondern im Gegenteil eine Expansion, die sich organisatorisch in neuen bürokratischen Prozeduren manifestierte und technisch in neuen Formen der Datenverarbeitung, etwa der Lochkartenmaschine. Solche Techniken breiteten sich schnell aus und ermöglichten ganz neue Größenordnungen von Organisationen und Logistik. Dadurch wiederum entstanden eine zunehmend globalisierte Ökonomie, aber auch Militärapparate von bislang unbekannter Komplexität. Anstatt die Autonomie der Natur zurückzudrängen, brachten diese umfassenden Organisationen und Netzwerke sie jedoch auf ganz neue Weise zum Vorschein: Etwa in Gestalt der Spanischen Grippe, die sich mit den Truppenbewegungen während des Ersten Weltkriegs über den gesamten Globus ausbreitete. Die Bekämpfung solcher Pandemien erforderte ihrerseits eine weitere Expansion des technisch-organisationalen Apparats, und die Lochkartenmaschine wurde zum Vorläufer des modernen Computers.

Ökologischer Eigensinn

Wenn wir davon ausgehen, dass der menschliche Körper als Teil der Natur zu verstehen ist, ergibt sich daraus eine relative Autonomie der Körper von der Arbeit, da diese nie völlig in ihrer Rolle als Arbeitskräfte aufgehen. Oskar Negt und Alexander Kluge etwa sprechen von der »Nicht-Identität« des menschlichen Arbeitsvermögens.[57] Damit betonen sie, dass die »lebendige Arbeit« gerade aufgrund ihrer Realisierung in lebendigen Körpern einen *Eigensinn* aufweist, der sich den Regeln der Verwertung entzieht. Der Sozialhistoriker Alf Lüdtke hat das Konzept des Eigensinns in umfangreichen Studien zu Fabrikarbeitern im deutschen Kaiserreich konkretisiert. Auf der Grundlage ethnografischer Berichte analysiert Lüdtke alltägliche Regelverstöße wie etwa Trödeln, zielloses Herumgehen und vor allem die wechselseitigen Neckereien, die von der Arbeit ablenken oder diese unterbrechen. Die Grenzen zwischen Eigensinn und Widerstand sind fließend. Widerstand ist für Lüdtke ein strategisches Verfolgen der eigenen Interessen und die darauf ausgerichtete kalkulierte Anpassung des eigenen Verhaltens.

> Dagegen hintertrieb, ja mißachtete die Praxis des Eigensinns jegliche Risikokalkulationen. Eigensinn konnte Teil solcher kollektiven Anstrengungen sein; zugleich und vor allen Dingen drückte er die Bedürfnisse aus. Er artikulierte Sehnsüchte und Wünsche von Gruppen wie Individuen ebenso wie deren Ängste. Daher bildete Eigensinn eine bestimmte Erfahrung von Autonomie und Kollektivität und möglicherweise sogar von Homogenität. In seiner doppelten Bedeutung bezeichnete Eigensinn die Besonderheiten von Arbeiterpolitik – »Bei-sich-selbst-sein« und »Mit-anderen-sein«.[58]

Meist handelt es sich beim Eigensinn also nicht um politisch motivierten Protest. Oft geht es schlicht darum, sich die eigene Tätigkeit zu erleichtern, eine Identität zur Geltung zu bringen oder die Arbeit jenseits hinderlicher Regeln schlicht produktiv zu erledigen.[59] Eigensinn kann jedoch widerständig werden, wenn er sich gezielt gegen die Herrschaftsverhältnisse im Betrieb wendet. Sowohl die spontane Bummelei als auch strategische Arbeitsniederlegungen müssen aus Perspektive der Unternehmen als *Praktiken der Nutzlosigkeit* gelten, da sie die Körper ihrer Verwertung entziehen.

Stoffwechselpolitik ist also zu einem bedeutenden Teil *Körperpolitik*.[60] Dabei geht es einerseits um Disziplinierungstechniken wie die Standardisierung von Abläufen oder die Ausweitung der Arbeitszeit. Die Körperpolitik findet aber auch jenseits des Betriebs statt, etwa in Form der Vermittlung von allgemeiner Zeitdisziplin oder Arbeitsmoral. Andererseits kommt sie in Praktiken der Nutzlosigkeit zum Ausdruck, von denen wir im weiteren Verlauf ein großes Repertoire kennenlernen werden: Unpünktlichkeit, Trunkenheit und Bummelei, aber auch Massenproteste und Streiks.

Eine wichtige Rolle spielt bei den eigensinnigen Praktiken die konkrete Umgebung vor Ort. Viele Studien haben gezeigt, dass sich Beschäftigte ihr Arbeitsumfeld auf vielfältige Weise aneignen.[61] Das bezieht sich etwa auf die technischen Geräte, welche die meisten Betriebe strukturieren. So erwerben Beschäftigte neben ihrer formellen Ausbildung an den Apparaten stets auch ein verkörpertes Erfahrungswissen über die materiellen Eigenheiten und Dysfunktionalitäten der Technik. Sie entwickeln »ein Gefühl« für Schraubenzieher, Stanzmaschinen oder Computer.[62] Das ist in vielen industriellen Kontexten notwendig, um Aufgaben überhaupt effektiv ausführen und den Arbeitsplatz sicher navigieren zu können. Gleichzeitig wird dieses Erfahrungswissen auch zur Grundlage einer eigensinnigen Aneignung der Geräte, bei der diese entgegen ihrem eigentlichen Verwendungszweck eingesetzt werden. Dies geschah nicht nur in den Fabriken der industriellen Moderne, sondern gehört auch an den digitalisierten Arbeitsplätzen der Gegenwart zum Alltag. In meiner ethnografischen Forschung habe ich zum Beispiel beobachtet, wie Beschäftigte in einer hoch automatisierten Fertigungsanlage die Computerprognosen über die Fehlerwahrscheinlichkeit im Produktionsablauf dazu nutzten, informelle Pausen einzulegen, oder wie sie gezielt die Algorithmen manipulierten, mit denen ihre Tätigkeit kontrolliert wurde. Auch dieser technikbezogene Eigensinn bewegte sich meist auf der Ebene individueller oder kollektiver Arbeitserleichterung. Teilweise wuchs er sich aber zu einer »Technopolitik von unten« aus, mit der die Beschäftigten tatsächlich die technische Infrastruktur vor Ort beeinflussten.[63]

Doch die Arbeitsumgebung besteht nicht nur aus Technik, sondern auch aus verschiedenen Segmenten der nichtmenschlichen Natur. Bei Tätigkeiten im Freien ist dies evident. Beschäftigte, die mit Rohstoffen zu tun haben, müssen regelmäßig mit deren Natureigenschaften umgehen, die nicht in ihrer Funktionalität im Produktionsprozess aufgehen. Personen, die mit menschlichen Körpern arbeiten, etwa in der Pflege oder in der Kleinkinderbetreuung, wissen ebenfalls nur allzu gut, dass sich die Eigenschaften dieser Körper gegenüber kulturellen Anforderungen oft als widerspenstig erweisen. Allerdings hat uns spätestens das Coronavirus drastisch vor Augen geführt, wie sehr wir alle bei der Arbeit mit der natürlichen Umwelt konfrontiert sind. Deshalb entwickeln Menschen ein ihrem Arbeitsprozess und ihrer Arbeitslogik entsprechendes verkörpertes Umweltwissen, das es ihnen ermöglicht, ihre Umgebung zu navigieren. Meist handelt es sich bei diesem Wissen nicht um formelle Qualifikationen, sondern um Erfahrungswissen oder sogar implizites Wissen, das auch auf Nachfrage nicht expliziert werden kann.[64]

Der amerikanische Historiker Richard White argumentiert, dass sich dabei das Umweltwissen von manuell Tätigen stark von jenem von Wissensarbeiterinnen unterscheidet. Letztere verfügten vor allem über abstrakte wissenschaftliche Kenntnisse der Natur. Naturerfahrungen machten sie fast ausschließlich in ihrer Freizeit – beim Wandern, Klettern oder Skifahren. Deshalb sei Natur für sie das Gegenteil von Arbeit. Die meisten manuell arbeitenden Menschen hingegen kommen im Rahmen ihrer beruflichen Tätigkeit mit der Natur in Kontakt, sei es beim Umgang mit Rohstoffen, beim Fällen von Bäumen, beim Errichten von Häusern etc. Dies bringe allerdings ein weniger romantisches Verhältnis zur Natur hervor, erscheine diese doch nicht als Gegenteil, sondern als zentrales Element der Arbeitswelt mit all ihren Konflikten und Gefahren.[65] Was dies konkret bedeutet, veranschaulicht eine Befragung von Schweizer Bauarbeitern, die ich gemeinsam mit Nicole Gisler durchgeführt habe. Einer von ihnen erklärte:

> Es widerspricht sich so ein bisschen, wenn wir die Natur zubetonieren und ich gleichzeitig sage, man ist etwas naturverbundener. Ich sag mal so, wenn du irgendwie am Morgen um sieben auf der Deckenschale stehst, dich bereit machst zum Betonieren, es ist Montagmorgen, es scheißt dich gottweiß wie an. Also nicht, weil du die Decke betonieren musst, sondern weil es Montagmorgen ist. Und auf einmal landet vor dir ein Schmetterling. Mitten in der Stadt Zürich. Im vierten OG. Landet einfach ein scheiß Schmetterling vor dir. Und du schaust ihn einfach an. Da geht langsam die Sonne auf, du spürst langsam die Wärme, der scheiß Schmetterling ist immer noch da. In dem scheiß trostlosen Betonloch drin. Und das sind so Momente, wo ich, wie soll ich sagen, es macht einfach etwas mit einem. Als ich noch in die Schule gegangen bin, da hast du das einfach nicht gehabt. Aber so ein Moment, wo du es einfach so wahrnimmst, das ist eben schon geil. Da habe ich gemerkt, jetzt kommt der Frühling.

Der Befragte unterscheidet also explizit zwischen seinem in der Schule erworbenen wissenschaftsbasierten Umweltwissen und dem verkörperten Wissen, das er sich auf der Baustelle angeeignet hat. Letzteres ist jedoch unauflöslich mit den Problemen der Arbeitswelt verbunden: Das Wissen über die Natur wird aus einem inhärent umweltzerstörenden Arbeitsprozess gewonnen. Und es wird in einem

Kontext gewonnen, der für den Maurer wegen des frühen Aufstehens oder der langen Arbeitszeiten grundsätzlich eine Belastung darstellt.

Beschäftigte eignen sich also im Zuge ihrer Tätigkeit ein spezifisches Umweltwissen an. Dabei handelt es sich wesentlich um ein *Wissen über die Autonomie der Natur*, das heißt um ebenjene Aspekte, die sich der Kontrolle der Unternehmen entziehen. Auch das verkörperte Umweltwissen ist jedoch, insofern es aus dem kapitalistischen Arbeitsprozess resultiert, ein instrumentelles Wissen. In diesem Sinne wird Natur vor allem im Prozess ihrer Nutzbarmachung erfahren: beim Betonieren der Landschaft, beim Ermahnen rebellischer Kinder oder beim Begradigen der Flüsse. Das Wissen über die Autonomie der Natur ist eine funktionale Voraussetzung, um die Tätigkeit effektiv auszuführen. So müssen Bauarbeiter etwa einschätzen können, bei welchem Wetter Beton sich noch verhärtet und bei welchem nicht, Schlachter müssen die Beschaffenheit der Tierkörper und deren Verfallsprozesse kennen.

Die Relevanz eines solchen arbeitsbezogenen Umweltwissens für die Produktionspolitik, sowohl auf der Ebene der alltäglichen Praxis als auch auf der Ebene der kollektiven Aushandlungen, wird in der Arbeitssoziologie und -geschichte stark unterschätzt. Im Laufe dieses Buches werden wir sehen, dass das Wissen um Naturprozesse in vielen Arbeitskonflikten eine maßgebliche Rolle gespielt hat. Das Beispiel der Chicagoer Schlachtfabriken habe ich bereits angesprochen. Die Relevanz dieses Wissens zeigt sich aber auch im Fall der afrikanischen Sklavinnen und Sklaven in der Karibik, die sich ihre Kenntnisse um von Moskitos übertragene Krankheiten bei ihren Aufständen zunutze machten (siehe Kapitel 2). Arbeitsbezogenes Umweltwissen kann also zu einem wichtigen Bestandteil eigensinniger Praktiken werden. Diese werden dann durch Naturprozesse verstärkt oder überhaupt erst ermöglicht. Die Autonomie der Natur und die Autonomie der Arbeit stehen insofern in einem engen Zusammenhang. In vielen Fällen bezieht sich die Politisierung jedoch nicht auf die Arbeits-, sondern auf die Lebensumwelt der Beschäftigten, etwa wenn sie sich gegen die industrielle Verschmutzung oder Vergiftung ihrer Wohnorte wehren. Ein solcher Protest wurde bereits von Engels in seinen Studien zur Lage der arbeitenden Klasse in England dokumentiert.[66] Heute widmet sich ein eigener kleiner Forschungszweig diesem »working class environmentalism«.[67]

Die Relevanz einer solchen proletarischen Umweltpolitik resultiert insbesondere daraus, dass es die Arbeitenden sind, die den gesellschaftlichen Stoffwechsel mit der Natur vollziehen. Das heißt einerseits, dass sie stets als Erste von ökologischen Risiken betroffen sind. Sie haben also besonderen Anlass, darauf hinzuwirken, dass entsprechende Gefahren minimiert werden. Andererseits ergibt sich aus der zentralen Stellung der Arbeitenden aber auch ein besonderer Machthebel. Denn wenn sie den Betrieb einstellen, kommt der gesellschaftliche Stoffwechsel sofort zum Erliegen. Das hat unmittelbare ökologische Auswirkungen. Vor allem wird so jedoch Druck zur Durchsetzung politischer Forderungen aufgebaut, die ihrerseits Implikationen für die Umwelt haben. Im Anschluss daran stellt sich die Frage, unter welchen Bedingungen der ökologische Eigensinn sich gegen die strukturelle Nichtnachhaltigkeit der Arbeitswelt richten und so zu einer sozialökologischen Transformation beitragen kann. Die Beantwortung dieser Frage ist ein zentrales Erkenntnisinteresse dieses Buches. Denn wenn die Arbeit der wesentliche Ort des gesellschaftlichen Stoffwechsels mit der Natur ist, dann hängen die Lebenschancen der zukünftigen Generationen maßgeblich von der transformativen Handlungsfähigkeit der Arbeitenden ab.

2. Differenzielle Nutzbarmachung und die Durchsetzung der Industriearbeit

Am 22. März 1763 erging eine Resolution des dänischen Königs: »Dem Herrn General-Intendant des Commerces samt Extraordinaire Envoyé beim Niedersächsischen Kreis Herrn Baron von Schimmelmann werden verkauft die königliche Raffinerie mit Packhaus in Christianshaven und vier Plantagen in Westindien.«[1] Damit wurde der Hamburger Unternehmer und Staatsmann Heinrich Carl von Schimmelmann (1724-82) zum Besitzer von etwa 500 Sklaven, deren Zahl er in den folgenden Jahren verdoppelte. Sie erarbeiteten den größten Teil seines schnell anwachsenden Vermögens. Bald war er der reichste Privatunternehmer Europas. Sein Handelsimperium beruhte auf einer Verschränkung ökonomischer und politischer Macht. Schimmelmann erkaufte sich einen bunten Strauß an Adelstiteln und bekleidete mehrere Ämter am dänischen Hof, unter anderem dasjenige des Finanzministers. Sein Neffe Heinrich Ludwig von Schimmelmann (1743-93) wurde zum Generalgouverneur der Jungferninseln ernannt, so dass diese fast vollständig unter der Kontrolle der Familie standen. Schimmelmanns ältester Sohn und Erbe, Ernst Heinrich (1747-1831), wurde dänischer Finanz- und Außenminister sowie, unter anderem, Direktor der Westindien-Guinea-Kompanie, die für den dänischen Sklavenhandel verantwortlich war.

Das schimmelmannsche Imperium umspannte drei Kontinente: Im Umland von Hamburg und Kopenhagen besaßen sie größere Ländereien und mehrere Rum-, Gewehr- und Baumwollmanufakturen. An der westafrikanischen Goldküste waren sie als Großaktionäre am Sklavenhandel beteiligt. Hier tauschten sie Alkohol, Waffen und Stoff gegen entführte Afrikanerinnen und Afrikaner. Diese verkauften sie in alle Welt, verschifften sie aber insbesondere auf ihre Plantagen auf den Jungferninseln. Die dort angebaute Baumwolle und der Zucker gingen an ihre nordeuropäischen Fabriken. Was dieses Imperium so besonders machte, war allerdings weniger sein Umfang als vielmehr die Tatsache, dass es auf einer Kombination der drei historisch bedeutendsten Formen der Arbeit aufbaute: Als Adelige besaßen die Schimmelmanns mehrere Dörfer, deren Bäuerinnen und Bauern als Leibeigene ihre Felder bewirtschafteten. Als Fabrikanten waren sie Pioniere einer neuen Form von industrieller Lohnarbeit. Und als Plantagenbesitzer sowie Großinvestoren profitierten sie gleich doppelt von der Sklaverei.

Bereits in diesem frühen Stadium zeigt sich jedoch eine fundamentale Eigenschaft der kapitalistischen Nutzbarmachung der Natur: Es handelt sich stets um eine *differenzielle Nutzbarmachung*. Das heißt, die Nutzbarmachung der menschlichen und nichtmenschlichen Natur ist keine lineare und homogene Entwicklung, bei der die Welt gleichmäßig der zunehmenden Verwertung zugeführt wird. Stattdessen koexistieren verschiedene Formen der Nutzbarmachung, die sich hauptsächlich im Grad ihrer unmittelbaren Destruktivität unterscheiden. Die Industrialisierung beispielsweise entwickelte sich gerade aus dem Nebeneinander von freier Lohnarbeit und Sklaverei, von technisierter Güterproduktion und extraktivem Plantagensystem, von Nutzung und *Ver*nutzung. In diesem Sinne ist der Kapitalismus, wie schon der französische Historiker Fernand Braudel argumentierte, immer eine »Weltwirtschaft« gewesen, »eine Art Puzzle, eine Aneinanderreihung von Zonen, die miteinander auf verschiedenen Ebenen verbunden sind«.[2] Die Kolonialisierung bedeutet dabei wesentlich die Etablierung von *Zonen der Vernutzung*.

Für ein Nachdenken über die ökologische Dimension der Durchsetzung der Industriearbeit ist es überaus wichtig, diese Entwicklungen nicht als einseitige Umgestaltung der Natur zu begreifen, in der diese an die neuen Erfordernisse der Arbeitswelt einfach angepasst worden wäre. Stattdessen wirkten die Verschiebungen im Stoffwechsel mit der Natur auf beiden Seiten. So werden wir zum Beispiel sehen, dass die Etablierung von Zonen der Vernutzung auf den Sklavenplantagen dazu führte, dass die Karibik immer wieder von Malaria- und Gelbfieberepidemien heimgesucht wurde. Dies wiederum hat die soziale Form der Plantagenarbeit dramatisch beeinflusst und sogar die im Entstehen begriffene europäische Textilindustrie dramatisch verändert. Anhand verschiedener historischer Fallbeispiele gehe ich auf den folgenden Seiten den Spuren dieser Wechselwirkung nach. Dabei werden uns diese Spuren immer wieder zu den schimmelmannschen Unternehmungen zurückführen.

Diese Unternehmungen stehen an der historischen Schwelle zwischen Feudalismus und Kapitalismus. Die meisten der zahlreichen historischen Rekonstruktionen dieses Übergangs können einem von zwei ähnlich plausiblen, aber sehr verschiedenen historischen Ansätzen zugeordnet werden. Der erste erklärt die Durchsetzung des Kapitalismus aus der Spaltung zwischen Kapital und Arbeit in der landwirtschaftlichen Produktion in Europa und insbesondere in England.[3] Der zweite sieht den entscheidenden Faktor in den mit der Kolonisierung der Amerikas aufkommenden globalisierten Handelsketten und der Aneignung von kolonialen Rohstoffen und Arbeit.[4] Tatsächlich sind beide Entwicklungen aufs Engste miteinander verwoben und lassen sich aus der Perspektive der differenziellen Nutzbarmachung nicht sinnvoll voneinander trennen. Das legt zumindest der Fall Schimmelmann nahe.

Krankheitserreger und Arbeitsteilung

Im Winter 1765/66 wurde die im Besitz des Barons Schimmelmann befindliche Ortschaft Ahrensburg von einer der letzten tödlichen Pockenwellen heimgesucht. Seine landwirtschaftlichen Betriebe stellte dies vor große Probleme, da infolge geringer Geburtenraten und hoher Todeszahlen zu wenige leibeigene Arbeitskräfte zur Verfügung standen. Dieser Faktor hatte die feudale Produktionsweise von Beginn an beeinträchtigt: Viren wie die Pocken, aber auch Bakterien und andere Krankheitserreger spielen eine entscheidende, aber oft übersehene Rolle in der Geschichte der Arbeit. Ihre Verbreitung ist aufs Engste mit dem Entstehen der Arbeitsteilung verzahnt, die wiederum nicht nur die Produktion neu strukturierte, sondern gleichzeitig zur Grundlage der politischen Ordnungen wurde.

Landwirtschaft zielt wesentlich darauf ab, einheitliche Bestände bestimmter Pflanzen zu schaffen. Das wiederum war eine Art Einladung an all jene Insekten, Pilze und Viren, die natürliche Parasiten der jeweiligen Arten – etwa Getreidesorten – sind. Je erfolgreicher die Landwirtschaft bei der Etablierung eines einheitlichen Pflanzenbestands war, desto anfälliger wurde sie für entsprechende Verluste. Die längerfristige Lagerung von Nahrung zog weitere Parasiten an: Ratten und Mäuse, Insekten und Schimmelpilze. Diese konkurrierten mit den Menschen aber nicht nur um Lebensmittel, sondern befielen auch ihre Körper: Sesshafte Gruppen wurden anfällig für eine Reihe oraler Infektionen, die über den Mund in den menschlichen Körper gelangen und mit dem Kot ausgeschieden werden. Dorfbewohner, die in der Nähe ihrer eigenen Fäkalien lebten, waren gegenüber solchen Infektionen auf eine Weise exponiert, die ihre nomadischen Vorfahren nicht gekannt hatten.

William Hardy McNeill argumentiert, dass es einen engen Zusammenhang gibt zwischen diesem »Mikroparasitismus« und einem gleichzeitig aufkommenden »Makroparasitismus«, also der Entstehung dauerhafter Herrschaftsstrukturen. Die landwirtschaftliche Überschussproduktion sowie die Lagerung von Lebensmitteln erlaubten es schließlich erstmals, Personen zu ernähren, die selbst keine Nahrung erzeugten. Diese Überschüsse machten die frühesten agrarischen Gesellschaften jedoch zu lohnenden Zielen für Überfälle, immerhin kann nur der beraubt werden, der zuvor etwas angesammelt hat. So brachten die landwirtschaftlichen Transformationen des menschlichen Stoffwechsels mit der Natur erstmals auf Plünderung spezialisierte Kriegerpopulationen hervor.[5]

Der Anthropologe James Scott hat gezeigt, dass der Übergang

vom »Makroparasitismus« in Form solcher Plünderungen zu staatlichen Herrschaftsstrukturen, die sich den materiellen Reichtum der Gesellschaften von innen aneigneten, wesentlich mit der Durchsetzung des Getreides als zentralem landwirtschaftlichem Produkt verbunden war.[6] Die Spezialisierung auf Sorten wie Reis, Mais oder Hirse ermöglichte es erstmals bestimmten Gruppen, die Nahrungsquellen einer Gesellschaft zu kontrollieren, ohne dass der Rest der Bevölkerung in der Lage gewesen wäre, auf Alternativen auszuweichen, weshalb er in Abhängigkeit geriet. Außerdem eignete sich Getreide besser als alle anderen Lebensmittel zur Lagerung und zur gleichmäßigen Quantifizierung, was es zu einem idealen Grundstoff der ersten Besteuerungssysteme machte. Stabilere feudale Kontaktmuster zwischen Herrschenden und Beherrschten wurden somit auf lange Sicht attraktiver als Plünderungen.

Erst vor diesem Hintergrund konnte sich die *Praxis der Nutzbarmachung* durchsetzen: Während Nahrung zuvor im Wesentlichen eingesammelt und gejagt wurde, wurde nun Arbeit investiert, um Naturprozesse nutzbringend zu organisieren. Dadurch wurde der Stoffwechsel mit der Natur erstmals bedeutend ausgeweitet. Jäger und Sammler setzen üblicherweise elf Gigajoule pro Kopf und Jahr ein, die in Tätigkeiten wie dem Sammeln von Nahrung, dem Kochen, dem Bearbeiten von Holz und Steinen und der Errichtung basaler Unterkünfte verausgabt werden. In agrarischen Gesellschaften weitet sich dieser Energiedurchsatz dagegen auf 50 Gigajoule aus. Hinzu kommt dabei nicht nur die Energie arbeitender Tiere, sondern auch jene Energie, die in artifiziellen Ökosystemen verkörpert ist – angelegten Feldern, gerodeten Weiden oder bewirtschafteten Wäldern. Im Gegensatz zu den vorgefundenen Ökosystemen, auf die Jäger und Sammler zugreifen, müssen die agrarischen Varianten durch Arbeit hergestellt und erhalten werden. Je mehr Arbeit in die Ökosysteme investiert wird, desto größer der Ertrag. Der so erzielte Überschuss erlaubt die Versorgung von Bevölkerungsgruppen, die selbst nicht in der Landwirtschaft tätig sind.[7]

Vor diesem Hintergrund wurde erstmals eine Ausdifferenzierung der Arbeit in verschiedene Berufe möglich. Menschen hatten nun die Möglichkeit, dauerhaft – oder zumindest über längere Zeit – einer bestimmten Tätigkeit nachzugehen und sich zu Vollzeitspezialistinnen zu entwickeln, die ihren Einfallsreichtum alten und neuen Herausforderungen widmen konnten. Diese Arbeitsteilung intensivierte die ökologischen Auswirkungen des gesellschaftlichen Stoffwechsels, da sie effektivere Techniken der Nutzbarmachung hervorbrachte, die ihrerseits neue Formen des »Mikroparasitismus« begünstigten. Zum Beispiel entstanden mit der Arbeitsteilung erstmals Städte, in denen eine große Anzahl von Menschen auf relativ engem Raum zusammenlebte. Das schuf die Voraussetzung dafür, dass Viren langfristig überleben konnten, müssen diese doch immer wieder neue, zuvor nicht infizierte Individuen finden, damit die Generationenkette nicht unterbrochen wird. In kleinen, isolierten Dörfern starben Viren in der Regel innerhalb kurzer Zeit wieder aus.

Die aus der intensivierten Virusexposition resultierende Immunität verhalf den städtischen Bevölkerungen jedoch auch zu einem entscheidenden geopolitischen Vorteil: Wann immer sie in Regionen vordrangen, in denen die Menschen in nomadischen oder kleinen Gemeinschaften lebten, führte dies zum Ausbruch massiver tödlicher Epidemien unter den ehemals Isolierten. Das hatte zur Folge, dass die Fähigkeit dieser Gesellschaften, sich gegen Übergriffe zu wehren, geschwächt wurde. In vielen Teilen der Erde – Amerika, Australien, dem südlichen Afrika und Sibirien – führten diese Krankheitswellen dazu, dass fruchtbares Land entvölkert wurde und damit leichter angeeignet werden konnte. Bisweilen wurde diese Expansionspolitik den Imperien in Form neuer Epidemien selbst zum Verhängnis. So wurden die Pocken wahrscheinlich im Jahr 165 von römischen Legionen nach Europa eingeschleppt, die von einem siegreichen Feldzug auf dem Gebiet des heutigen Irak zurückkehrten. Dies löste im Römischen Reich ein 24 Jahre andauerndes Massensterben aus, das als Antoninische Pest bekannt wurde, und diese Seuche suchte Europa bis ins 18. Jahrhundert immer wieder heim.[8]

McNeills Analogie von Mikro- und Makroparasitismus thematisierte erstmals systematisch die Koevolution von menschlichen Gesellschaften und Mikroorganismen. Allerdings ist diese Analogie nicht unproblematisch. McNeill subsumiert Viren, Bakterien, Ratten und andere Tiere allesamt unter die Kategorie Parasiten. Aus biologischer Sicht handelt es sich bei einem Großteil dieser Lebewesen allerdings *nicht* um Parasiten, die darüber definiert sind, dass sie einem Wirt Energie entziehen. Aber nur die Verallgemeinerung macht es möglich, *dem* »Mikroparasitismus« *den* »Makroparasitismus« zur Seite zu stellen. Die Naturmetapher des Parasiten betont also einseitig die ausbeuterischen Seiten der Nutzbarmachung, bedeuten Parasiten für den befallenen Organismus (anders als etwa die Symbiose) doch ausschließlich Nachteile. Für Gesellschaften legt diese Metapher nahe, dass es für die Beherrschten keinerlei Grund gäbe, in die Herrschaft einzuwilligen – ebenso wie niemand einen Mückenstich oder Läusebefall begrüßen würde. Die Historie der gesellschaftlichen Differenzierung erscheint damit bei McNeill und auch bei Scott, der den Parasitismusbegriff nicht verwendet, aber ein ähnliches Narrativ präsentiert, als Katastrophengeschichte. Diese Sichtweise leistet zwar einen wichtigen Beitrag zur Kritik eines ausschließlich affirmativen Fortschrittsbegriffs, unterschlägt allerdings den Aspekt der *Reproduktion*, den jede über Plünderung hinausgehende Form der Nutzbarmachung zwangsläufig beinhaltet – was sich wiederum darin niederschlägt, dass die entsprechenden Herrschaftsformen sich ebenso durch Konsens wie durch Zwang auszeichnen.

Zunächst einmal trug ein Großteil der nicht agrarischen Bevölkerung als Handwerkerinnen indirekt selbst zur landwirtschaftlichen Produktivität bei, indem sie Werkzeuge entwickelte und fertigte. Aber auch der Übergang von der Plünderung zur Besteuerung war wohl nicht nur für die Herrschenden bequemer. Den Beherrschten muss eine vorhersehbare Steuerzahlung im Vergleich zu dem mit

Überfällen verbundenen Risiko von Mord und Totschlag ebenfalls vorteilhaft erschienen sein. Die ehemaligen Räuber waren nun schließlich gezwungen, – etwa durch die administrative und symbolische Regulation der Gesellschaften – selbst zur sozialen Reproduktion beizutragen, wollten sie ihren Lebensunterhalt nicht gefährden. Analog dazu werden wir in diesem Kapitel sehen, dass viele auf den ersten Blick ausschließlich nachteilige Organismen, wie etwa Moskitos, unter bestimmten Bedingungen für unterschiedliche Gruppen *Vorteile* brachten – auch für die Beherrschten. Eine solche Herangehensweise ermöglicht zudem wichtige Einsichten in die Koevolution von Krankheitserregern und Arbeitsteilung.

Die Arbeitsteilung stellte also gleichermaßen einen Meilenstein in der Entwicklung der Arbeit als auch im menschlichen Stoffwechsel mit der Natur dar. Diese Veränderungen zeitigten unintendierte Nebenfolgen, als Krankheitserreger auftraten, die sich in der weiteren Geschichte als wichtiger Faktor erwiesen. Eine besonders einschneidende Beeinflussung dieser Art nahm ihren Ausgang um 1330 im heutigen Kirgisistan. In der trockenen Steppenregion kam es zu überdurchschnittlichen Regenfällen, außerdem waren die Frühjahrsmonate ungewöhnlich warm. Aufgrund dieser leichten klimatischen Veränderung vermehrten sich die lokalen Populationen der Wüstenrennmäuse stark. Diese wiederum waren Träger des Bakteriums *Yersinia pestis*, das sie auf Ratten und Flöhe übertrugen, die den Erreger in chinesische Städte brachten. Von dort aus führte die Beulenpest zu einer der größten Pandemien der Menschheitsgeschichte. 25 Millionen Chinesinnen und Chinesen starben. Auf der politischen Ebene trug die Pest dazu bei, dass China von der mongolisch dominierten Yuan-Dynastie zur Han-kontrollierten Ming-Dynastie überging.[9]

Über die Seidenstraße gelangte die Beulenpest 1346 nach Europa. Sie traf auf eine Bevölkerung, die durch zermürbende landwirtschaftliche Arbeit, Hungersnöte und Kriege strukturell unterernährt war. Wenn die Pest einen Ort erreichte, infizierten sich zwischen 60 und 80 Prozent der dort ansässigen Menschen, von denen 75 bis 90 Prozent die Erkrankung nicht überlebten. Zwischen den Alpen und der Flensburger Förde fiel etwa ein Drittel der Bevölkerung der Pandemie zum Opfer – der größte Rückgang seit dem 6. Jahrhundert.[10] Das hatte immense Auswirkungen auf die Stoffwechselpolitik, die schließlich die gesamte Sozialordnung des Feudalismus ins Wanken brachten: Plötzlich mangelte es an Arbeitskräften, die bisher im Überfluss vorhanden gewesen waren. In dieser Situation war die Bauernschaft nun in vielen Regionen in der Lage, es mit der Macht der Feudalherren aufzunehmen. Bauern führten Pachtstreiks durch, flüchteten auf freies Land oder organisierten Aufstände.

Infolgedessen griffen die Herrschenden verstärkt auf gewaltsame Formen der Nutzbarmachung von Arbeitskraft zurück. In England erließ Edward III. 1349 eine Verordnung, mit der die Löhne auf das Niveau vor der Pest festgesetzt und ein Arbeitszwang angeordnet wurde. Darin heißt es etwa:

> Wenn ein Mann oder eine Frau, die solchermaßen zum Dienst gebraucht werden, selbigen nicht verrichten wollen und dies von zwei glaubwürdigen Zeugen vor dem Sheriff, dem Vogt, dem Herren oder dem Stadtvorsteher bestätigt wird, so soll er von ihnen oder einem von ihnen unmittelbar ins nächste Gefängnis geführt werden, wo er streng bewacht werden soll, bis gewiß ist, daß er in der obengenannten Art zu dienen bereit ist.[11]

Zwei Jahre später wurden repressive Arbeitsgesetze verabschiedet, die in den folgenden Dekaden mit massiver Gewalt implementiert wurden. Daraufhin griffen Teile der Landbevölkerung zu den Waffen, 1381 kam es zu einem großen Aufstand. Zwar wurde die Revolte niedergeschlagen, langfristig hatte die Leibeigenschaft in England aber keine Zukunft mehr. Durch diese und ähnliche Entwicklungen trug die Pest zum Ende des Feudalismus und einem »goldenen Zeitalter des europäischen Proletariats« bei, wie es etwa die feministische Theoretikerin Silvia Federici genannt hat.[12] Die verschiedenen Formen der Nutzbarmachung von Arbeitskraft sind also stark von politischen Kräfteverhältnissen abhängig.

Auf dem Gebiet des heutigen Deutschland ließ die Abschaffung der Leibeigenschaft – wie im übrigen Kontinentaleuropa – jedoch noch länger auf sich warten. Auch hier reagierte die Obrigkeit auf den Arbeitskräftemangel, der ihre Verhandlungsposition zunehmend schwächte. Leibeigenschaft bedeutete, dass alle Frauen, Männer und Kinder im Herrschaftsgebiet eines Adeligen für diesen arbeiten mussten. In diesem Sinne entsprach die Größe der Bevölkerung theoretisch direkt dem Arbeitskraftvolumen. Das Anliegen der Feudalherren bestand demnach darin, diese Bevölkerung möglichst stark wachsen zu lassen. Die Nutzbarmachung nahm die Form spezifischer *Körperpolitiken* an, die auf eine Regulierung des Geschlechtslebens der Arbeitskräfte abzielten. Bereits im frühen Mittelalter hatte der europäische Klerus eine strenge Sexualmoral gepredigt und durchgesetzt, die den Geschlechtsverkehr auf seinen reproduktiven Aspekt reduzieren sollte. Nachdem die Pest die Anzahl der Arbeitskräfte so drastisch reduziert hatte, wurde diese Politik mit der Hexenverfolgung ausgeweitet, die ihren Höhepunkt in Europa zwischen 1550 und 1650 erreichte. Federici argumentiert, diese Verfolgung habe im Wesentlichen dazu gedient, weibliches Wissen um Verhütung und Abtreibung zu bekämpfen. Durch die Dämonisierung und Ermordung derjenigen, die über solche Kenntnisse verfügten, wurden Frauen auf die Rolle als Gebärende festgelegt und aus anderen Bereichen des Lebens zunehmend verdrängt.[13]

Darüber hinaus behielten sich die Feudalherren das Recht vor, über die Eheschließung ihrer Leibeigenen zu entscheiden – ein Recht, von dem auch Schimmelmann noch Gebrauch machte. So verbot er seinen männlichen Leibeigenen, Frauen zu heiraten, die er aufgrund ihres Alters für nicht mehr voll gebärfähig hielt. Außerdem wies er seine Inspektoren an, dafür Sorge zu tragen, dass Witwen mit erwachsenen Söhnen sich aus dem Wirtschaftsleben zurückzogen und diesen die Leitung der Höfe überließen, »damit sie in ihrer besten Jugend heiraten können und Kinder erzeugen«.[14] Schließlich ließ Schimmelmann 1766 all seine Leibeigenen gegen die Pocken impfen – eine der ersten von vielen Impfkampagnen, durch welche die Gefährlichkeit der Krankheit letztendlich für immer gebannt wurde.[15] Waren im 18. Jahrhundert noch etwa 400 000 Europäerinnen an den Pocken gestorben, gingen die Zahlen nun bald drastisch zurück. Die Immunisierung erwies sich somit als wichtiger Schritt in der Entwicklung der Re/produktivkräfte. Wer Arbeitskräfte nutzbar machen wollte, war darauf angewiesen, die Reproduktion ihres Lebens zu sichern, und konnte es sich nicht leisten, sie schlicht zu vernutzen. Die Arbeitsteilung ging in diesem Sinne nicht nur mit einer Transformation der äußeren Natur einher, sondern auch mit einer auf die innere Natur der Menschen abzielenden Körperpolitik. In der Folge wurde die Arbeitsteilung immer stärker vergeschlechtlicht, und ihre Hierarchien schrieben sich in die Familien ein.

Lohnarbeit und Körperpolitik

Ihren Zeitgenossen galten Heinrich von Schimmelmann und – mehr noch – sein Erbe Ernst als Anhänger der Aufklärung und als ungewöhnlich fortschrittliche Adelige. Das mag daran gelegen haben, dass Schimmelmann vor allem Kaufmann und erst in zweiter Linie Baron war. Tatsächlich hatte er sich seine Adelstitel infolge von Kreditgeschäften mit dem dänischen und preußischen Königshof erkauft, um seine politische und ökonomische Machtstellung weiter auszubauen. Seine Haltung gegenüber der Leibeigenschaft war relativ kritisch. Dabei standen weniger humanitäre als vielmehr ökonomische Erwägungen im Vordergrund: Schimmelmann wollte sich vor allen Dingen von der Verantwortung befreien, die er für seine Untertanen – etwa im Fall von Missernten oder Krankheiten – trug. An den Verwalter seiner Ortschaft Lindenborg in Nordjütland schrieb er im Oktober 1770:

> Ich kann dem Herrn Verwalter nicht verheelen, daß es mich so vorkömt, als wan ich meine Baronie für meine Bauern gekauft hätte, denn ihre restancen werden all Jahre größer; das, was man ihnen borgt, bezahlen sie nicht, und überhaupt kann ich noch jar nicht einsehen, warumb ich voriges Jahr so wenig Einnahme gehabt.[16]

In diesem Sinne warben bereits Heinrich von Schimmelmann und dann vor allem sein Sohn Ernst für eine Landreform, die Leibeigene zu eigenverantwortlich wirtschaftenden Pächtern machen sollte. Teilweise führten die Schimmelmanns diese Praxis bereits auf ihren Gütern ein. Davon versprachen sie sich, dass ihre Untertanen ihre Betriebe auf eigene Initiative hin ausweiten und verbessern würden, wozu es im Feudalsystem kaum Anreize gab. In diesem Sinne schrieb auch Schimmelmanns Zeitgenosse Adam Smith, »obgleich sie nur deren Unterhalt zu kosten« scheine, sei Leibeigenschaft, ähnlich wie die Sklaverei, »am Ende doch die teuerste« Arbeit »von allen«:

> Ein Mensch, der kein Eigentum erwerben kann, kann auch kein anderes Interesse haben, als so viel wie möglich zu essen, und so wenig wie möglich zu arbeiten. Was er mehr tun soll, als genügend ist, um ihm Unterhalt zu verschaffen, läßt sich ihm nur mit Gewalt, nicht durch sein eigenes Interesse abzwingen.[17]

Ganz ähnlich dachten auch die Schimmelmanns, die vermutlich wussten, dass das System der ökonomischen Eigenverantwortlichkeit in England einen regelrechten Produktivitätssprung ausgelöst hatte.

Im 16. und 17. Jahrhundert hatten sich englische Großgrundbesitzer durch eine spezifische Kombination politischer und ökologischer Faktoren an die Spitze der wirtschaftlichen Entwicklung gesetzt. Erstens war das politische System Englands weit weniger zersplittert als in vielen Regionen des Kontinents. Die autonomen Befugnisse, die im Rest Europas von Feudalherren, Kirchenfürsten und städtischen Körperschaften ausgeübt wurden, lagen in England zunehmend beim Zentralstaat. Die englische Aristokratie verfügte demnach über weniger außerökonomische Befugnisse, auf die sich herrschende Klassen anderswo stützen konnten, um die von ihren Untertanen produzierten Überschüsse abzuschöpfen. Zweitens war der Landbesitz in England stark in den Händen von Großgrundbesitzern konzentriert. Nachdem die Anbaufläche der Betriebe zunächst durch die Rodung von Waldgebieten und das Trockenlegen von Sümpfen ausgeweitet worden war, gingen die Großbauern in einem nächsten Schritt dazu über, ihren Gütern Allmendeland einzuverleiben, also Allgemeinbesitz zu privatisieren, wobei sie vom Staat militärisch unterstützt wurden.[18]

Diese Konzentration lief darauf hinaus, dass ein ungewöhnlich großer Teil des Landes von vergleichsweise autonomen Pächtern bewirtschaftet wurde. Die relativ schwache außerökonomische Macht der Grundbesitzer hatte zur Folge, dass ihr Reichtum weniger von direkten Zwangsmaßnahmen als von der Produktivität ihrer Pächterinnen abhing. Im Gegensatz zu anderen europäischen Feudalherren behinderte die englische Aristokratie das landwirtschaftliche Produktivitätswachstum daher nicht durch massive Abschöpfung, sondern beförderte es im Gegenteil aktiv. Dies geschah etwa in Form eines Marktes für Pachtverträge, auf dem sich potenzielle Interessenten behaupten mussten: Wer nicht effizient produzierte, konnte jederzeit sein Land verlieren. Dasselbe galt zunehmend auch für die Bauern, die ihre eigenen Felder bewirtschaften und von denen bald viele systematisch in die Reihen der besitzlosen Klasse abgedrängt wurden. Von nun an waren sie gezwungen, ihre Arbeitskraft zu verkaufen – zunächst auf den Höfen der Großgrundbesitzer und später in den städtischen Fabriken.[19]

Diese politische Konstellation beförderte eine Reihe von Innovationen, welche die landwirtschaftliche Produktivität stark ankurbelten. Eine erste wichtige Neuerung bestand darin, Land nicht länger zur Regeneration brachliegen zu lassen, sondern mit Rüben und Klee zu bepflanzen. Dadurch wurde eine Intensivierung des Ackerbaus möglich, und es entstanden geschlossene Kreisläufe: Man produzierte Futter für einen wachsenden Viehbestand, dessen Dung wiederum die Bodenfruchtbarkeit erhöhte. Nach der Kolonisierung der Amerikas leistete die Einführung der Kartoffel einen weiteren wichtigen Beitrag zur Steigerung der Produktivität, da diese Feldfrucht pro Hektar etwa dreimal so viele Kalorien liefert wie Weizen oder Gerste. Bereits zu diesem Zeitpunkt waren also die verschiedenen Formen der Nutzbarmachung in den Kolonien und den europäischen Zentren stark miteinander verzahnt.

Zudem wurde durch den Ausbau von Straßen und Binnenschifffahrtswegen die Entstehung eines gesamtenglischen Markts gefördert. Die Transportkapazität der Straßen stieg zwischen 1500 und 1700 um das Drei- bis Vierfache. Insgesamt wuchs der Ausstoß der Landwirtschaft zwischen 1700 und 1870 um den Faktor 2,7, und die Arbeitsproduktivität nahm in ähnlichem Maße zu. Zwar führte selbst diese Agrarrevolution in England nicht zu einer so hohen Gesamtproduktivität pro Hektar wie in China, wo seit vielen Jahrhunderten intensiver Ackerbau betrieben wurde.[20] Doch der englische Produktivitätsanstieg sorgte immerhin dafür, dass der Anteil der landwirtschaftlichen Arbeitskräfte an der Gesamtbevölkerung deutlich abnahm. Bis zum Jahr 1700 wurden zwei Fünftel der englischen Bevölkerung aus der Landwirtschaft verdrängt. Dies wiederum war die Voraussetzung für die industrielle Nutzbarmachung ihrer Arbeitskraft.[21]

In Preußen hinkte die landwirtschaftliche Produktivität der englischen zunächst hinterher. Die Kartoffel etwa galt dort bis weit ins 18. Jahrhundert als Gartenpflanze. Erst Friedrich II. erkannte in ihr ein potenzielles Grundnahrungsmittel und erließ am 24. März 1756 den sogenannten »Kartoffelbefehl«. Darin heißt es:

> Es ist von Uns in höchster Person in Unsern andern Provintzien die Anpflantzung der so genannten Tartoffeln, als ein nützliches und so wohl für Menschen, als Vieh auf sehr vielfache Art dien-

> liches Erd Gewächse, ernstlich anbefohlen. […] Als habt Ihr denen Herrschaften und Unterthanen den Nutzen von Anpflantung dieses Erd gewächses begreiflich zu machen, und denselben anzurathen, daß sie noch dieses Frühjahr die Pflantzung der Tartoffeln, als einer sehr nahrhaften Speise unternehmen.[22]

Im 18. und 19. Jahrhundert kam es in Preußen zu weiteren tiefgreifenden Agrarreformen. Sie trugen dazu bei, dass sich die Getreideproduktion zwischen 1810 und 1870 mehr als verdoppelte. Die Kartoffelerträge verzehnfachten sich gar im selben Zeitraum.[23] Genau diese Ausweitung des Kartoffelanbaus bis zur Monokultur führte jedoch im 19. Jahrhundert zu mehreren Hungersnöten, da sich auf diese Feldfrucht spezialisierte Parasiten wie Kartoffelkäfer rapide verbreiteten. Es entbehrt nicht einer gewissen Ironie, dass man diese Pflanze zunächst aus Amerika in Europa einführte, bevor dann allein infolge der großen irischen Hungersnot zwischen 1845 und 1849 über zwei Millionen Menschen in die Amerikas auswanderten.

Die Schimmelmanns gehörten zur Avantgarde der landwirtschaftlichen Reformen und versuchten durch verschiedene Maßnahmen, die Erträge ihrer Güter zu steigern. Auch in diesem Fall wurde ein immer größerer Anteil der Bevölkerung aus der feudalen Landwirtschaft verdrängt und stand somit für die Lohnarbeit zur Verfügung. Die Einnahmen, die sich dank der Produktivitätsfortschritte ergaben, investierte Heinrich von Schimmelmann nicht in einen Ausbau seiner landwirtschaftlichen Betriebe. Stattdessen kaufte er Waffenfabriken sowie Rumdestillerien und ließ auch auf seinen Ländereien mehrere Manufakturen, insbesondere für die Verarbeitung von Baumwolle, errichten. Dort sollten nun diejenigen Arbeitskräfte beschäftigt werden, die in der Landwirtschaft nicht mehr benötigt wurden.

Ein großer Teil der ehemaligen Leibeigenen zog es jedoch vor, durch die Lande zu streifen, hier und da eine Beschäftigung aufzunehmen oder sich mit dem Sammeln und Stehlen von Nahrungsmitteln durchzuschlagen. Diese »Vagabunden« waren den Herrschenden ein Dorn im Auge, und zwar nicht nur aufgrund des unmittelbaren ökonomischen Schadens, den ihre Diebstähle verursachten. Vor allem behinderten sie die Nutzbarmachung der Arbeitskraft dadurch, dass sie vor aller Augen eine Alternative zur gewissenhaften Lohnarbeit praktizierten und damit einer gewissen Demoralisierung Vorschub leisteten.[24] In England stand deshalb auf Vagabundentum die Todesstrafe, und der Kronrat beauftragte Spezialbeamte mit der Jagd nach ihnen. Allein während der Regentschaft Heinrichs IV. (1399-1413) wurden 12000 Vagabunden gehenkt. Spätere Könige sahen von dieser Methode allerdings ab, da sie zwar eine abschreckende Wirkung entfaltete, aber Tote nicht mehr arbeiten konnten. Eduard VI. ordnete dann im 16. Jahrhundert an, Vagabunden, die seit mehr als drei Tagen ohne Arbeit waren, mit einem glühenden Eisen den Buchstaben V auf die Brust zu brennen.[25]

Der am weitesten verbreitete Ansatz der repressiven Nutzbarmachung war jedoch die Einsperrung von Müßiggängern in Arbeitshäusern. Um ihnen eine entsprechende Moral einzutrichtern, wurden sie oft gewaltsam gezwungen, Tätigkeiten durchzuführen, die keinen anderen Sinn als die Beschäftigung selbst hatten, etwa die Zerspanung von Holzblöcken mit primitivem Werkzeug. Besonders berüchtigt war das Rasphuis in Amsterdam, wo Widerspenstige in einen mit Wasser volllaufenden Keller gesperrt wurden und vor der Wahl standen, entweder in rasender Geschwindigkeit zu pumpen oder zu ertrinken. In der zweiten Hälfte des 18. Jahrhunderts wurden solche Praktiken auf die Arbeitserziehung von Kindern in Armen- und Waisenhäusern beschränkt. Damit wollte man ihnen die angebliche Faulheit ihrer Eltern austreiben. Ein Vertreter dieser Pädagogik erklärte:

> Es ist sehr nützlich, dass sie auf irgendwelche Art ständig beschäftigt werden, wenigstens 12 Stunden am Tag, ob sie damit nun ihren Unterhalt verdienen oder nicht; denn wir hoffen, dass sich auf die-

se Weise die heranwachsende Generation so sehr an ständige Beschäftigung gewöhnen wird, dass sie diese zuletzt als angenehm und unterhaltend empfindet.[26]

Auch Heinrich von Schimmelmann sah sich in seinen Manufakturen mit mangelnder Arbeitsdisziplin konfrontiert. Er hatte eigens Ingenieure nach Berlin geschickt, das regionale Zentrum der Textilindustrie, die in den dortigen Fabriken die neuesten englischen Web- und Spinnmaschinen studieren sollten. Für seine Manufakturen kaufte er mehrere solcher Apparate, die gegenüber der Handarbeit eine massive Produktivitätssteigerung versprachen. Allerdings musste der Baron bald feststellen, dass die Arbeitsleistung weit hinter seinen Erwartungen zurückblieb. Also engagierte er eine Ausbilderin, die von Manufaktur zu Manufaktur zog, um die Arbeiterinnen im Umgang mit den Maschinen zu schulen – ohne Erfolg. Die Spinnerinnen legten weiterhin nicht das geforderte Tempo an den Tag, und insgesamt fanden sich trotz der relativ hohen Löhne nicht genug Arbeitskräfte. Um dem Rätsel auf den Grund zu gehen, sandte Schimmelmann Spione in die Bauerndörfer. Diese kehrten mit erstaunlichen Nachrichten zurück: Die Bäuerinnen hielten die Manufakturen für Zuchthäuser. Sie kannten so streng getaktete Abläufe nur aus den Einsperrungsinstitutionen, in denen man Vagabunden und Waisenkinder zur Arbeitsamkeit dressierte. Und in eine solche Einrichtung würde sich nun wirklich niemand freiwillig begeben.[27]

Schimmelmann war bei Weitem nicht der einzige Unternehmer, der sich mit derartigen Problemen konfrontiert sah. Die Lohnarbeit in den Manufakturen und Fabriken unterschied sich in ihrer Organisation fundamental von der Subsistenzwirtschaft und der agrarischen Arbeit ganz allgemein. Das betraf insbesondere das Verhältnis zur Zeit. So hatte die Landbevölkerung große Schwierigkeiten, sich an die Einteilung des Arbeitstages in gleichlange Stunden anzupassen. Bei ihnen herrschte eine aufgabenbezogene Zeitvorstellung vor: Je nachdem, was anlag, verlängerte oder verkürzte sich der Arbeitstag. Auch die Kommunikation über Zeit bezog sich auf solche Aufgaben. Eine Aussage wie »Wenn die Ochsen auf die Weide getrieben werden« galt als präzise Zeitangabe. Die Dauer bestimmter Vorgänge wurde ebenfalls unter Verweis auf weitverbreitete Tätigkeiten beschrieben, wofür sich insbesondere allgemeinbekannte Gebete eigneten. »Drei Ave-Maria« war in diesem Sinne eine geläufige Angabe. Diese aufgabenorientierte Zeit setzte allerdings voraus, dass die Kommunizierenden auf eine geteilte Alltagsrealität referieren konnten, was wiederum nur in kleinen dörflichen Gemeinschaften der Fall war. Vor allem aber eigneten sich solche Zeitangaben nicht zur Bemessung von Lohn, da sie keinen verallgemeinerbaren Referenzrahmen darstellten. Die Durchsetzung der Lohnarbeit erforderte demnach die parallele Durchsetzung eines standardisierten Zeitregimes.

Bereits vor der Verbreitung der mechanischen Uhr berechneten viele Gutsbesitzer ihre Erwartungen an die eingesetzten Arbeitskräfte in »Tagewerken«. Die Lohnarbeiterinnen wurden mit dem Horn aufs Feld gerufen oder vom Bauern persönlich geweckt. Sie erlebten erstmals eine Unterscheidung zwischen ihrer »eigenen« Zeit und derjenigen des Herrn. Zeit wurde nicht mehr verbracht, sondern investiert. Erst diese Entwicklung verlieh Benjamin Franklins Aphorismus »Zeit ist Geld« ihren Wahrheitsgehalt. Er fügte ihm 1751 folgende Erklärung hinzu:

> Seit unsere Zeit auf einen Standard reduziert ist und der Goldbarren des Tages in Stunden geprägt wird, wissen die Fleißigen, wie sie jedes Stück Zeit zu einem echten Vorteil in ihren verschiedenen Berufen einsetzen können: Und wer mit seinen Stunden verschwenderisch umgeht, ist in der Tat ein Verschwender von Geld.[28]

Um eine solche Verschwendung zu verhindern, wurden ab dem 14. Jahrhundert in Städten und großen Marktortschaften Uhren an

Kirchtürmen angebracht. Darüber hinaus wurden Küster angestellt, um jeden Morgen und jeden Abend zu einer bestimmten Uhrzeit die Glocken zu läuten. Der Stifter einer solchen Institution erklärte, ihr Vorteil bestehe darin, dass »alle, die in Hörweite wohnen, dadurch bewogen werden, abends zeitig zur Ruhe zu gehen und morgens früh aufzustehen, um den Arbeiten und Pflichten ihrer verschiedenen Berufe nachzukommen (was gewöhnlich Tüchtigkeit und Sparsamkeit fördert)«.[29]

Allerdings ging die Lohnarbeit keineswegs von Anfang an mit dem Stundenlohn einher, so dass die Aufgabenorientierung weitgehend bestehen blieb. Handwerk erfolgte bis ins 19. Jahrhundert meist entweder in Heimarbeit, dem sogenannten Verlagssystem, oder in Manufakturen. Im zweiten Fall begaben sich die Arbeitenden in Werkstätten verschiedener Größe, in denen sie – so auch in Schimmelmanns Textilmanufakturen – mit ihren eigenen Werkzeugen arbeiteten. Die Beschäftigten erhielten von ihren Auftraggebern die notwendigen Rohstoffe, etwa Garn, und wurden bei Fertigstellung bezahlt. Infolgedessen war auch diese Tätigkeit von Unregelmäßigkeit geprägt, die sich aus Material- und Arbeitsfluktuation, aber auch aus Naturereignissen wie schlechtem Wetter ergab. Der Arbeitstag wurde je nach Auftragslage verlängert oder verkürzt, und die Geschwindigkeit variierte ebenfalls. Die Webstühle klapperten daher montags – wenn überhaupt – nur langsam und beschleunigten sich donnerstags und freitags.[30]

Der unregelmäßige Arbeitsrhythmus ging oft mit starkem Alkoholkonsum am Wochenende einher. In der Folge wurde »Sankt Montag« oder der »Blaue Montag« von vielen zum informellen Feiertag erklärt, an dem man sich erst einmal erholte. Diese Ausschweifungen, ja Freizeit ganz allgemein, waren bürgerlichen Moralisten ein Graus. Einer von ihnen schrieb:

> Und wie verbringen diese Ungebildeten ihre Zeit? Oft müssen wir sehen, dass sie sie einfach vergeuden. In völliger Leere und

Stumpfheit können sie stundenlang auf einer Bank sitzen oder auf einem Abhang oder Hügel liegen oder in Gruppen am Straßenrand stehen, bereit in allem, was des Weges kommt, eine Gelegenheit für grobe Späße zu sehen, indem sie irgendwelche Frechheiten aushecken oder spöttische Bemerkungen über die Vorübergehenden machen.[31]

Um ähnliche Disziplinlosigkeiten zu verhindern und die allgemeine Produktivität zu erhöhen, hatte sich Heinrich Carl von Schimmelmann bereits früher für die Reduzierung der gesetzlichen Feiertage starkgemacht. Auf sein Betreiben hin wurden per Gesetz vom 26. Oktober 1770 für ganz Dänemark elf Feiertage gestrichen. Zusätzlich legte er Wert darauf, dass der Arbeitstag möglichst früh begann, damit die Arbeitenden gleichsam am Abend zu erschöpft waren, um sich zu treffen und zu betrinken.[32]

Trotz solcher Bemühungen blieb die aufgabenorientierte Zeiteinteilung bis ins 19. Jahrhundert auch außerhalb der Landwirtschaft dominant. Die Standardisierung der Zeit zielte demgegenüber darauf ab, die Rhythmen von innerer und äußerer Natur voneinander abzukoppeln. Das traditionelle Zeitverständnis passte sich an die Abläufe von Tag und Nacht, der Jahreszeiten, des Wetters usw. an. Nicht zuletzt entsprach es aber auch den Bedürfnissen der arbeitenden Körper, da es einen Wechsel zwischen intensiven Tätigkeiten und Müßiggang erlaubte, wobei die Arbeitenden ihre Zeit relativ autonom einteilen konnten. Der Takt der Lohnarbeit wurde dagegen von vielen als Zumutung empfunden. Entsprechend regten sich verschiedene Formen des Widerstands gegen die Standardisierung der Arbeitszeit.

Infolge solcher Praktiken der Nutzlosigkeit ließ auch Schimmelmann auf seinen Ländereien mehrere Waisen- und Arbeitshäuser errichten. Dort ging es nicht ganz so brutal zu wie in anderen Institutionen dieser Art. Stattdessen versuchte man, eine Synergie von Philanthropie und Profit zu erreichen: In einem von Schimmelmann gestifteten Waisenhaus in Ahrensburg etwa wurden die Kinder im Umgang mit Baumwolle geschult. Dabei handelte es sich um einfache Tätigkeiten, mit denen die Fasern für die Weiterverarbeitung in Schimmelmanns Manufakturen vorbereitet wurden. Anstelle von Gewalt setzte Schimmelmann auch hier auf ein Anreizsystem: Die Mädchen, die das beste Garn spannen oder den besten Stoff webten, erhielten eine Prämie. Gleichzeitig wurden die Kinder aber zu strengster Disziplin erzogen. Die Jungen und Mädchen wurden sehr früh geweckt, die Tagesabläufe waren monoton, und nach Feierabend gab es keine Freizeit, sondern Unterweisungen in tugendhafter und hygienischer Lebensführung.[33]

Diese *unmittelbaren* Formen der Körperpolitik griffen direkt in die Körper ein, um sie als Arbeitskräfte nutzbar zu machen. Bereits im Kindesalter sollten sie durch konstantes Wiederholen und Einüben an Fleiß und Frömmigkeit gewöhnt werden. Die Profitabilität dieser Mischung aus Erziehungsanstalt und Manufaktur wurde vor allem dadurch sichergestellt, dass die verarbeitete Baumwolle direkt von Schimmelmanns eigenen Plantagen auf den Jungferninseln geliefert wurde.

Solchen unmittelbaren Formen der arbeitsbezogenen Körperpolitik können die *mittelbaren* gegenübergestellt werden, die immer dann zum Einsatz kamen, wenn kein direkter Zugriff auf die Körper der Arbeitenden bestand. Beispiele sind hier etwa das frühe Läuten der Kirchenglocken oder die kirchliche und säkulare Verteufelung von Praktiken der Nutzlosigkeit wie Müßiggang und Exzess.

Die beiden Formen der Körperpolitik dienten nicht nur der Subsumption der Arbeit unter das Kapital, wie sie Marx angesichts des frühen Fabriksystems beschrieb.[34] Vielmehr handelte es sich um den Versuch einer Nutzbarmachung der Körper. Das ist nicht nur deshalb wichtig, weil die Disziplinierungsversuche offensichtlich nicht auf die Arbeitswelt beschränkt waren. Der Fokus auf die Körper als Manifestationen von Natur und Arbeit erlaubt es zudem, die Widerspenstigkeiten gegen diese zwei Seiten der Subsumption zusammenzudenken. Vielen der hier beschriebenen Konflikte lag eher eine spontane Rebellion der Körpernaturen zugrunde als ein politisch geführter Klassenkampf. Anders als bei der Widerspenstigkeit der nichtmenschlichen Natur kommen bei der Aufsässigkeit der Arbeitenden jedoch Autonomie und Handlungsfähigkeit zusammen. Die Übergänge zwischen eigensinnigen Akten des Ungehorsams und einer strategischen »Politik von unten« sind demnach fließend.[35]

Die Rolle der Moskitos beim Aufstieg und Niedergang der Sklaverei

Für Heinrich von Schimmelmann stellten seine dänischen und deutschen Ländereien nur Nebenschauplätze dar. Vor allem erfüllten sie eine Repräsentativfunktion. Den Großteil seines immensen Reichtums erwirtschaftete er im transatlantischen Dreieckshandel. Er besaß 14 Schiffe – für damalige Verhältnisse eine immense Kapitalkonzentration in der Hand eines privaten Reeders.

Noch vor den frühen Fabriken waren die atlantischen Handelsschiffe die ersten industriell organisierten Arbeitsplätze. Die Bewegung großer Frachten über das Wasser bedeutete, dass Menschen auf sehr engem Raum konzentriert werden mussten. Dabei herrschte früher als in den meisten anderen Bereichen eine strikte Arbeitsteilung. Diese war einerseits technisch, da die Seeleute stets für ein bestimmtes Segel oder gar nur ein Seil zuständig waren. Es handelte sich aber auch, ganz ähnlich wie in der modernen Industrie, um eine rassifizierte Arbeitsteilung. Ein Großteil der Seeleute stammte aus den Kolonien, oft waren sie entlaufene Sklaven. Über diese multiethnische Arbeiterschaft herrschten die Kapitäne und Offiziere mit oft gewaltsamen Methoden. Letztere kann man als Angehörige einer Art frühen Managerklasse begreifen, die vom Arbeitsprozess selbst getrennt waren und deren Funktion fast ausschließlich in Koordination und Kontrolle bestand. Die Schiffe gehörten ihnen nicht, sie wurden aber üblicherweise am Gewinn beteiligt. Allgemein war die Seefahrt im 18. und 19. Jahrhundert wohl der tödlichste Beruf, wobei etwa drei Viertel der Todesfälle von Krankheiten verursacht wurden. Bei den über mehrere Monate unter schlechten Ernährungs- und Hygienebedingungen zusammengepferchten Seeleuten hatten Krankheitserreger leichtes Spiel. Ein weiteres Risiko stellte die despotische Herrschaft der Kapitäne dar. Körperliche Züchtigung war auf Kriegs- und Handelsschiffen an der Tagesordnung und auch die Todesstrafe keine Seltenheit.[36]

Vor diesem Hintergrund war die Seefahrt eine besonders konfliktintensive Branche. Immer wieder kam es zu Meutereien, bei denen etwa Lebensmittelvorräte erbeutet oder der Kurs geändert wurde. Noch öfter flohen die Seeleute einfach von ihren Schiffen. Teilweise versuchten sie danach zu besseren Konditionen auf anderen Booten unterzukommen, bisweilen gründeten sie aber auch, etwa zusammen mit entlaufenen Sklaven, autonome Gemeinschaften. Für die Geschichte der Arbeit besonders relevant ist ein Protestereignis 1768 in den Londoner Docks: Dort unterstützten Matrosen eine Demonstration in der Stadt, indem sie den Schiffsverkehr lahmlegten. Das erreichten sie durch das Herablassen oder »Streichen« (*to strike*) der Bramsegel. Sie nutzten also die spezifischen Natureigenschaften des Windes, um die Aneignung der Energie zu unterbrechen. Dadurch konnten sie weitere Teile des Stoffwechsels mit der Natur blockieren, da mit dem Londoner Hafen ein wichtiger Knotenpunkt der weltweiten Warenzirkulation lahmgelegt wurde. Diese Aktion verlieh dem Streik als wichtigster Form des Arbeitskampfes seinen Namen.[37]

Der transatlantische Dreieckshandel war auf verschiedene Weisen mit dem Stoffwechsel mit der Natur verwoben. Wenn Schimmelmanns Schiffe in Hamburg ablegten, waren sie mit Stoffen, Rum und Gewehren aus seinen eigenen Fabriken beladen. Anders als die Gewehre, die Schimmelmann an die preußische Armee lieferte, waren die hier verladenen Waffen so billig wie möglich produziert, bestand ihr einziger Zweck doch darin, sie an der westafrikanischen

»Goldküste« gegen Sklaven einzutauschen. Dort gab es im letzten Viertel des 18. Jahrhunderts 40 europäische Befestigungen oder »Faktoreien« mit Gefängnissen, in denen aus dem Landesinneren verschleppte und versklavte Menschen eingesperrt wurden. An den vier dänischen Faktoreien war Schimmelmann als Großaktionär beteiligt. Nachdem seine Bevollmächtigten ihre Sklaven »pro Stück« oder »pro Tonne« eingekauft hatten, wurde diesen sofort mit einem glühenden Eisen ein Herz mit einem S in der Mitte auf die Brust gebrannt. Danach wurden sie unter extrem beengten und krankmachenden Bedingungen in die Karibik verschifft. Einkalkuliert war dabei, dass ein Drittel von ihnen bereits beim Transport starb. Die Überlebenden wurden auf den Jungferninseln auf Zucker- und Baumwollplantagen eingesetzt.[38]

Da der Anbau von Baumwolle in Zentral- und Westeuropa aus klimatischen Gründen keine Option war, galten weiche Baumwolltextilien jahrhundertelang als der Aristokratie vorbehaltenes Luxusgut. Die Zentren der Industrie lagen in Indien und Ägypten, zeitweise auch im Osmanischen Reich, Regionen, die allesamt über eine heimische Produktion verfügten. Die Entstehung einer europäischen Baumwollindustrie war dagegen voll und ganz auf die Kolonialisierung und Sklavenarbeit in weitentfernten Teilen der Welt angewiesen. Selbst wenn der Anbau in Großbritannien möglich gewesen wäre, hätte die Nachfrage der Textilindustrie die landwirtschaftlichen Produktionskapazitäten bei Weitem überschritten. Bereits im Jahr 1800 waren zur Deckung dieser Nachfrage 168 382 Hektar erforderlich, was 3,7 Prozent des potenziell urbaren Lands entsprochen hätte, zu deren Bewirtschaftung 90 360 Arbeitskräfte notwendig gewesen wären. 1860, als die Industrialisierung der Textilbranche bereits fortgeschritten war, hätte man über eine Million Arbeitskräfte und 2,5 Millionen Hektar Land gebraucht – 37 Prozent des fruchtbaren Bodens Großbritanniens.[39]

Die britische Baumwollverarbeitung stellte damit die weltweit erste große Industrie dar, die fast ausschließlich auf importierte Rohstoffe angewiesen war und damit auf die differenzielle Nutzbarmachung von Arbeit und Natur entlang ihrer Lieferketten. Da die osmanischen Bauern, die Europa in den 200 Jahren vor der Industrialisierung mit Baumwolle versorgt hatten, den rapide ansteigenden Bedarf nicht decken konnten, drängten die Fabrikanten auf Importe aus den Kolonien. Der Baumwollmogul Richard Arkwright scheiterte mit seinem Versuch, durch die Gründung der Sierra Leone Company die Einfuhren aus Afrika auszuweiten. Es blieben die karibischen Inseln, wo die Landwirtschaft jedoch von der gleichermaßen profitablen wie investitionsintensiven Zuckerrohrproduktion dominiert wurde. Aus diesem Grund waren verschiedene staatliche Eingriffe notwendig, um die karibische Baumwollproduktion anzukurbeln. So rief etwa 1786 der britische Kolonialminister die Gouverneure der karibischen Inseln dazu auf, den Anbau dieses Rohstoffs zu fördern. Der Gouverneur von Jamaika versprach daraufhin allen, die auf der Insel Baumwolle anbauen wollten, kostenloses Land. In der Folge vervierfachten sich bis 1791 die Importe aus der britisch kontrollierten Karibik. Auch Frankreich verdoppelte seine Einfuhren aus St. Domingue, dem heutigen Haiti.[40]

Die europäische Expansion nach Westen ging mit einer massiven Transformation der Ökosysteme in den Amerikas einher. Die indigene Bevölkerung hatte ihr Land mit ausgeklügelten Systemen der Mischbepflanzung bewirtschaftet. Die Kolonisatoren hingegen nutzten den fruchtbaren Boden und das warme Klima für den Anbau von Pflanzen, die nicht unmittelbar als Nahrungsmittel, sondern für den Export gedacht waren (heute würde man von »cash crops« sprechen). Zentral waren dabei zunächst Zuckerrohr und Baumwolle, die beide ausschließlich in Monokulturen angebaut wurden. Dazu rodete man zunächst große Waldflächen, außerdem mussten die Zuckerrohre ausgekocht werden, was wiederum Brennholz erforderte. So verbrauchte etwa eine kubanische Zuckermühle im 18. Jahrhundert stündlich einen sehr großen Baum, und die karibischen Inseln wurden rapide entwaldet.

Die gewaltsame Nutzbarmachung der Arbeit in der Sklaverei und die zerstörerische Nutzbarmachung der karibischen Ökosysteme hingen also aufs Engste zusammen. Dieser Nexus wurde auch von den Sklaven selbst thematisiert. In einem Bericht von 1676 über Sklavenunruhen auf Barbados wird einer der Unruhestifter mit den folgenden Worten zitiert: »Der Teufel steckt im Engländer, denn er lässt alles arbeiten; er lässt den Schwarzen arbeiten, das Pferd arbeiten, den Esel arbeiten, das Holz arbeiten, das Wasser arbeiten und die Winde arbeiten.«[41] Die Nutzbarmachung auf den Sklavenplantagen zeichnete sich dabei vor allem durch eine *Vernutzung* von Natur und Arbeit aus.

Die Kolonisatoren verstanden die negativen Folgen der Abholzung für die fruchtbaren karibischen Böden zunächst nicht. Barbados war eine der ersten Inseln, welche die Auswirkungen der Erosion deutlich zu spüren bekamen. Obwohl die Topografie nur durch sanfte Steigungen gekennzeichnet ist, wurden schnell große Mengen fruchtbarer Erde vom Regen in den Ozean gewaschen. Es entstanden tiefe Abflussrinnen, die es zeitweise unmöglich machten, Pferde einzusetzen. In einer Novembernacht 1668 wurde der gesamte Friedhof von Christ Church Parish mit 1500 Särgen ins Meer gespült. An der Küste bildete sich eine neue Marschlandschaft. Dieselben Prozesse wiederholten sich auf allen anderen karibischen Inseln, auf denen in großem Stil Zuckerrohr angebaut wurde.[42] Der Generalgouverneur der Jungferninseln, Heinrich Ludwig von Schimmelmann, Neffe des Barons von Schimmelmann, berichtete, dass der Boden innerhalb weniger Jahre nach der Rodung dermaßen erodiert war, dass der Ertrag stark zurückging.[43]

Viele karibische Tierarten starben infolge der disruptiven ökologischen Transformation aus, während neue Arten eingeführt wurden. Dazu gehörten nicht nur Nutztiere wie Pferde, Esel, Ziegen, Schafe oder Schweine, sondern auch Moskitos. Letztere wurden nicht aus Europa, sondern aus Afrika in die Region gebracht. Insbesondere Moskitoarten, die nur kurze Strecken fliegen und mit Vorliebe an den Rändern von Wasserbehältern nisten, waren dafür prädestiniert, über den Atlantik transportiert zu werden, ohne auf der Reise die Schiffe zu verlassen und im Meer zu ertrinken. Da es in der Karibik zuvor keine Moskitos gegeben hatte, fand *A. aegypti* eine von den Kolonisatoren geschaffene ökologische Nische vor. Auf den monokulturellen Feldern entstanden durch regelmäßigen Regen dauerhaft Pfützen, in denen sich die Mücken ebenso wohlfühlten wie in den durch die Bodenerosion geschaffenen Sümpfen an der Küste. Außerdem liebten die Moskitos den Zuckerrohrsirup, der ihnen zusätzliche Lebensdauer und Energie verschaffte. Mit diesen Mücken kamen weitere Kleinstlebewesen in die Karibik: das Gelbfiebervirus und Plasmodium-Parasiten. Das zur Familie der Flaviviren gehörende Gelbfiebervirus stammt vermutlich aus Ost- oder Zentralafrika, wo es vor ungefähr 3000 Jahren entstand. Es wird von *A. aegypti* übertragen, die Malariaparasiten von bestimmten Subspezies der Anopheles-Moskitos. Infizierten sich Menschen, die (oder deren Vorfahren) zuvor nicht gegenüber diesen Erregern exponiert gewesen waren, mit Gelbfieber oder Malaria, resultierte dies regelmäßig in schwerer Krankheit und oft auch im Tod.

Bereits ab den ersten Tagen der europäischen Kolonisierung der Amerikas spielten Krankheiten eine entscheidende Rolle. Die Kolonisatoren brachten Pocken, Masern, Mumps, Keuchhusten und Grippe mit – Leiden, gegen die sie selbst weitgehend immun waren, die aber bei der indigenen Bevölkerung eine der tödlichsten Epidemien der Menschheitsgeschichte verursachten. Neben gewaltsamer Vernichtung und Vertreibung war dies ein Grund, weshalb die indigene Bevölkerung zwischen 1492 und 1650 um 90 Prozent dezimiert wurde. Damit verschwand auch die traditionelle Agrarökologie mit ihren typischen Landschaftsformen. Städte, Dörfer und vor allem Felder wurden zwischen 1500 und 1620 vom Wald zurückerobert. Die von den Kolonisatoren als urtümlich und bedrohlich empfundenen »Urwälder« waren also zum Teil Produkt ihrer eigenen Gewalt. Möglicherweise hat die CO_2-Absorption durch die sich rasch ausbreitenden Wälder sogar zur sogenannten Kleinen Eiszeit ab 1610 geführt.[44]

Die Pockenepidemie wird oft als unintendierte Folge der Kolonisierung dargestellt. Verschiedene Studien haben jedoch gezeigt, dass die Immunsysteme der indigenen Völker sich weniger stark von den europäischen unterschieden, als lange angenommen. So waren es wohl vor allem die äußerst widrigen Lebensbedingungen, welche die Körper der Kolonisierten anfällig für die Viren machten: Überarbeitung in Minen, der Zusammenbruch der Subsistenzwirtschaften sowie indigener Handelsnetzwerke und daraus resultierende Hungerkrisen. In vielen Fällen wurden die Pocken von den Siedlern aber auch als Waffe eingesetzt. Verschiedene Quellen berichten etwa von der Taktik, Indigenen Decken und Taschentücher aus Krankenlagern zu schenken, um sie vorsätzlich zu infizieren.[45]

Durch die gezielte Dezimierung der indigenen Bevölkerung standen den Kolonisatoren jedoch bald nicht mehr genügend Arbeitskräfte zur Verfügung, um die Bodenschätze der neuen Welt auszubeuten, was ein wesentlicher Grund dafür war, dass sie auf afrikanische Sklavinnen und Sklaven zurückgriffen. Danach verstärkten die biologischen Eigenschaften der Malaria- und Gelbfiebererreger, die ihrerseits durch den Sklavenhandel eingeschleppt worden waren, die weitere Ausbreitung dieser Krankheiten. Da beide Erreger aus Afrika stammten, waren die dort geborenen Menschen (sowie die meisten ihrer direkten Nachfahren) immun. Dies machte ihren Einsatz auf den Plantagen noch attraktiver. Auch die infolge der Abholzung zunehmende Bodenerosion trug dazu bei, dass die Bewirtschaftung immer arbeitsintensiver wurde, was den Bedarf nach Sklaven abermals erhöhte. Der Sklavenhandel wurde zwar nicht durch diese biologischen Dynamiken ausgelöst, sie führten aber dazu, dass er geografisch immer weiter ausgriff, länger andauerte und besonders intensiv ausfiel.[46]

Die Grausamkeit der Körperpolitik, mit der die Sklavinnen und Sklaven diszipliniert wurden, ist hinlänglich bekannt. Deshalb seien hier nur einige Verschiebungen genannt, die mit der aufklärerischen Geschäftsphilosophie der Schimmelmanns einhergingen. Generalgouverneur Ludwig von Schimmelmann wandte sich gegen den bei seiner Ankunft auf den Jungferninseln gültigen Strafenkatalog, der bei Arbeitsverweigerung oder Flucht Folter, die Amputation von Gliedmaßen und die Todesstrafe vorsah. Solche Formen der Disziplinierung schienen ihm vor allem deshalb unangebracht, weil sie zur dauerhaften Arbeitsunfähigkeit führten und damit die Nutzbarkeit der Arbeitskraft stark einschränkten. Gleichzeitig wandte er sich jedoch gegen eine 1783 vorgeschlagene Gesetzesreform, die auf eine Einschränkung der gewaltsamen Disziplinierung abzielte. In einer Protestnote schrieb er:

> Jeder, der die [Schwarzen] kennt, weiß, daß sie ein besonders böses, hartes und halsstarriges Volk sind, daß sie nicht ohne Furcht vor harten Strafen sich regieren lassen; sobald sie die nicht mehr zu befürchten haben, werden sie es ihre Herren bald leid werden lassen, sie selbst oder Plantagen zu besitzen.[47]

Neben der unmittelbar arbeitsbezogenen Gewalt waren Sklavinnen auch kontinuierlichen Vergewaltigungen ausgesetzt, eine Praxis, die geduldet oder sogar gefördert wurde, um für hohe Geburtenraten zu sorgen. Infolgedessen waren Missionare auf vielen Plantagen nicht gern gesehen. Schimmelmann gelobte zudem Prämien für Sklavinnen aus, die fünf Kinder auf die Welt brachten und zehn Jahre lang am Leben erhielten.[48]

Es ging Schimmelmann also keineswegs um ein Ende der differenziellen Nutzbarmachung der Arbeitskraft. Stattdessen sollte sie effektiver erfolgen, während man die fundamentale Unterscheidung zwischen der Behandlung von Sklaven und Lohnarbeitenden bewahren wollte. Die Körperpolitik der Verinnerlichung und des Anreizes wurde nur auf die deutschen und dänischen Arbeitskräfte angewandt. Die Disziplinierung der Sklaven hingegen zielte vor allem darauf, sie körperlich und geistig vollständig zu unterwerfen. Solche Politiken machten ihrerseits einen spezifischen *Kolonialrassismus* notwendig. Indem dieser den kolonisierten und versklavten Völkern ihre Menschlichkeit absprach, legitimierte er die Vernutzung ihrer Arbeitskraft und ihrer Ländereien. »Paradoxerweise«, schreibt der US-amerikanische Politikwissenschaftler Cedric Robinson, »wurden die Afrikanerinnen und ihre Nachkommen in den Augen der Kolonialherren umso weniger menschlich, je mehr kulturelles Material der kolonialen Gesellschaft sie assimilierten.«[49]

Zwischen dieser politischen Konstellation und der Sklavenarbeit als historisch spezifischer Form des Stoffwechsels mit der Natur gab es einen engen Zusammenhang. Bereits Marx erklärte dazu:

> Der Sklave steht in gar keinem Verhältnis zu den objektiven Bedingungen seiner Arbeit; sondern die Arbeit selbst, sowohl in der Form des Sklaven, wie der des Leibeigenen, wird als unorganische Bedingung der Produktion in die Reihe der anderen Naturwesen gestellt, neben das Vieh oder als Anhängsel der Erde.[50]

Das bedeutet, dass die Sklaven, sowohl aus der Perspektive der Plantagenbesitzer als auch aus der Perspektive der Lohnarbeitenden, Teil der natürlichen Produktionsbedingungen, also *Teil der Natur*, waren – und nicht Menschen, die der Natur als ihr Anderes gegenübertreten.

Das brutale Regime der Sklavenplantagen ging aber auch mit einer Vielzahl widerständiger Praktiken einher, die sich oft gegen die eigenen Körper der Sklavinnen richteten. Da diese für den Produktionsprozess unverzichtbar waren, stellten sie eine – meist ihre einzige – Machtressource dar. Entsprechend griffen sie regelmäßig zu Taktiken wie Hungerstreiks, Selbstverstümmelungen, Kindstötungen oder Suizid.[51] Praktiken der Nutzlosigkeit wurden also bis zur Beendigung des Lebens radikalisiert. Kollektiver Widerstand nahm vor allem die Form der Flucht von den Plantagen an. Sklaven, denen dies erfolgreich gelang, bildeten – teilweise zusammen mit anderen Ausgestoßenen – sogenannte Maroon-Gesellschaften, die meist in unzugänglichen Regionen lebten. Von dort aus lieferten sie sich Kleinkriege mit den Plantagenbesitzern und ihren Milizen, welche die Kosten der Produktion in die Höhe trieben.[52]

Bei all diesen Widerstandsformen spielte ökologischer Eigensinn eine entscheidende Rolle. Da die Sklaven kaum über Waffen oder andere Machthebel verfügten, mussten sie sich meistens verstecken, was umfassendes Wissen über die natürliche Umwelt voraussetzte. So lagen die Siedlungen der Maroons stets in unwegsamem Gelände wie Bergen oder Sümpfen. Sie setzten darauf, dass sie sich dort besser zurechtfanden und die Risiken besser navigieren konnten als ihre Herren. Die wichtigste Maroon-Siedlung auf den Jungferninseln befand sich in unzugänglichen Höhlen entlang der Küste von St. Thomas. Die Sklaven mussten nicht nur lernen, sich in dieser Umgebung zu bewegen, sondern auch neue Nahrungsquellen wie Schildkröten oder bestimmte Früchte erschließen. Auf den Plantagen selbst spielte der ökologische Eigensinn ebenfalls eine zentrale Rolle für die Praktiken der Nutzlosigkeit. Eine wichtige Strategie bestand darin, sich zwischen den hohen Zuckerrohren zu verstecken. Sobald das Zuckerrohr hoch genug war, bauten die Sklaven dort sogar Hütten von etwa eineinhalb Metern Höhe, indem sie mehrere Halme miteinander verflochten. Im Inneren wurde der Boden festgetreten und Feuerstellen eingerichtet. All dies setzte umfassendes Erfahrungswissen über die Beschaffenheit der Pflanzen voraus. Wie wichtig die Aneignung der nichtmenschlichen Natur in diesen Konflikten war, zeigen auch die Gegenmaßnahmen der Regierung. So befahl die Verwaltung auf St. Thomas im Jahr 1706, auf der Insel alle großen Bäume zu roden, da zuvor immer wieder Sklaven mit selbstgebauten Kanus entflohen waren.[53]

Als das für den Widerstand wohl wichtigste Segment der nichtmenschlichen Natur erwiesen sich aber die krankheitsübertragenden Mikroorganismen. Da sich schwarze Menschen bei der Bekämpfung von entlaufenen und aufständischen Sklavinnen naheliegenderweise als unzuverlässig erwiesen, wurden meist europäische Soldaten und Milizen gegen sie eingesetzt. Diese waren jedoch äußerst anfällig gegenüber Malaria und Gelbfieber, gegen die sie in ihren kälteren und trockeneren Herkunftsregionen keine Immunität entwickelt hatten. Die Sklaven wussten um diese Tatsache und setzten diese Kenntnisse in einer besonders wirksamen Form des ökologischen Eigensinns gezielt ein. So führten etwa in Surinam entlaufene Sklavinnen einen Guerillakrieg gegen Plantagenbesitzer. Dort wurde die Baumwollproduktion zwischen 1789 und 1802 um 862 Prozent gesteigert, weshalb man 20000 zusätzliche Sklaven an die südamerikanische Nordküste verschifft hatte.[54] Einigen von ihnen gelang die Flucht, und in Surinam entstand eine Maroon-Gemeinschaft von mehreren tausend Menschen. Ihre Angriffe auf die Plantagen veranlassten die Niederlande zur Entsendung von 1650 Soldaten. Diese drängten die Maroons in die Wälder zurück und konnten die unmittelbare Bedrohung zumindest vorübergehend bannen. Allerdings überlebten lediglich etwa 200 Soldaten die Kampagne. Die Verluste gingen dabei nur in seltenen Fällen auf Kampfhandlungen zurück, sondern in erster Linie auf die Malaria. Auf der ostkaribischen Insel St. Lucia führten britische Truppen 1795/96 einen Feldzug gegen aufständische Sklaven. Bereits im ersten Jahr verlor eines der Regimenter 96 Prozent seiner Soldaten, die allermeisten davon aufgrund von Gelbfieber.[55]

Auch in der Haitianischen Revolution spielten Krankheiten eine entscheidende Rolle. Im August 1791 erhoben sich 100000 Sklavinnen und Sklaven gegen ihre Besitzer. Unter der Führung des ehemaligen Sklaven Toussaint Louverture gelang es ihnen, die Pflanzer zu vertreiben und die Freiheit zu erringen. Allein in den acht Jahren vor der Revolution hatte man eine Viertelmillion Menschen aus Afrika in die Kolonie verschifft. Haiti war das Zentrum der französischen Baumwollindustrie und machte 1770 etwa 56 Prozent der gesamten karibischen Produktion aus.[56] Die Insel war für die europäischen Kolonialmächte also von großer Bedeutung, und in den folgenden Jahren opferten sie Zehntausende Menschenleben bei dem Versuch, sie zurückzuerobern.

Im Dezember 1791 traf ein französisches Armeekontingent auf Haiti ein. Doch noch bevor es überhaupt in die Kämpfe eingreifen konnte, erkrankten die Soldaten am Gelbfieber. Die Hälfte der Truppen starb innerhalb weniger Monate. Nachdem Frankreich den »freien Farbigen« gleiche Bürgerrechte zusprach, wechselten die meisten von ihnen auf die Seite der Weißen, so dass sich eine Pattsituation ergab. England wollte die Situation ausnutzen und schickte eine Invasionsflotte. Im Herbst 1793 traf ein Kontingent von etwa 2000 britischen Soldaten ein, um die Häfen der Insel zu besetzen. Kurz zuvor hatte jedoch die Lokalregierung, ohne Genehmigung aus Paris, die Sklaverei für beendet erklärt. Infolgedessen schlossen sich die »freien Farbigen« und die ehemaligen Sklaven gegen die Invasoren zusammen, von denen man eine Wiedereinführung dieser unmenschlichen Institution befürchtete. Angesichts der Gegenwehr konnten die Briten ihre Brückenköpfe in den Häfen nicht ausdehnen. Im Juni 1794 brach in der Hauptstadt Port-au-Prince das Gelbfieber aus, und 650 britische Soldaten starben. In der Regensaison des darauffolgenden Jahres verloren jeden Monat 13 bis 22 Prozent der britischen Truppen ihr Leben. Im März 1796 summierten sich die Verluste bereits auf 6000 Mann. 1798 zogen sich die Briten zurück, nachdem etwa 15 000 Mann der Infektionskrankheit zum Opfer gefallen waren.

Louverture übernahm die Macht auf Haiti. Da er sich jedoch über Anordnungen Napoleons hinwegsetzte, schickte dieser im Januar 1802 eine französische Invasionsarmee unter dem General Charles Victor Emmanuel Leclerc, die innerhalb weniger Monate auf 65 000 Mann anwuchs. Demgegenüber verfügte Toussaint über 30000 bis 35 000 schlecht bewaffnete Kämpfer. Bereits am 16. September waren 28 000 Franzosen tot, und im November wurde Leclerc selbst vom Gelbfieber dahingerafft. In der Regensaison des folgenden Jahres starb noch einmal etwa dieselbe Anzahl an Soldaten, so dass nunmehr nur noch etwa 15 Prozent der gesamten Invasionstruppen verfügbar waren. Viele der Überlebenden flohen in die Berge, da sie wussten, dass es dort weniger Moskitos gab. Zwar war dies das Gebiet der Aufständischen, aber die Europäer zogen es vor, mit ihnen zu leben, anstatt in den Hafenstädten an Gelbfieber zugrunde zu gehen. Wie zuvor die englische Invasion scheiterte auch die französische, und Haiti wurde unabhängig.[57]

Insgesamt können wir an dieser Stelle festhalten, dass die differenzielle Nutzbarmachung keine mechanisch ablaufende Transformation bedeutet, sondern eine durchaus kontingente Form der Stoffwechselpolitik: Regime der Vernutzung kollidierten regelmäßig mit der Autonomie von Arbeit und Natur. Die Autonomie der Arbeit manifestierte sich auf dramatische Weise in der Haitianischen Revolution. Aber auch die Natur blieb kein passives Objekt, sondern wurde als autonome Partei sichtbar. So beförderte das ökologische Regime der Sklavenplantagen die Ausbreitung von Gelbfieber und Malaria. Die Krankheiten trugen zunächst zu einer Intensivierung der differenziellen Nutzbarmachung bei, befielen sie doch europäisch- und afrikanischstämmige Körper unterschiedlich stark. Damit waren sie letztendlich aber auch ein wichtiger Faktor beim Niedergang der Sklaverei, da die aufständischen Sklaven mit ihnen kalkulieren konnten. Die schlecht bewaffneten Aufständischen spezialisierten sich nicht nur in Haiti auf eine Taktik der Überfälle und des raschen Rückzugs. Damit banden sie die kolonialen Truppen und konnten buchstäblich abwarten, bis ihre Gegner an den Tropenkrankheiten starben. Die weite Verbreitung dieser Vorgehensweise deutet stark darauf hin, dass die Autonomie der Natur hier kein zufälliger Einflussfaktor war, sondern von den Aufständischen gezielt im Sinne eines ökologischen Eigensinns genutzt wurde.

Die Haitianische Revolution hatte über die Kolonien hinaus wichtige Auswirkungen auf den Stoffwechsel mit der Natur. Ernst Heinrich von Schimmelmann beispielsweise sah die Zeit gekommen, beim dänischen Hof ein Verbot des Sklavenhandels zu erwirken, das 1803 in Kraft trat – das erste derartige Gesetz einer europäischen Kolonialmacht. Aufgrund der Bedeutung der differenziellen Nutzbarmachung für Schimmelmanns Geschäftsmodell mag dies verwundern. Zudem amtierte er ja selbst als Direktor der für den Sklavenhandel zuständigen Westindien-Kompanie. Das Unternehmen war allerdings bereits zuvor ausgesprochen unrentabel geworden. Aufgrund der starken internationalen – insbesondere britischen – Konkurrenz waren die Preise dramatisch gefallen, so dass der dänische Staat die Kompanie dauerhaft subventionieren musste. Schon 1787 hatte eine von Schimmelmann in seiner Funktion als Finanz- und Kommerzminister eingesetzte Kommission erklärt, der Sklavenhandel könne nicht länger profitabel betrieben werden. Daraufhin verkaufte Schimmelmann die Westindien-Guinea-Kompanie zu einem sehr günstigen Preis an einen Kopenhagener Großkaufmann, der ihm im Gegenzug insgeheim eine Beteiligung in Höhe von 24000 Reichstalern zukommen ließ. Schimmelmann wiederum sorgte dafür, dass bis zum endgültigen Verbot eine neunjährige Übergangszeit galt und dass der Handel bis dahin gar subventioniert wurde. So wurde etwa der Einfuhrzoll auf Sklavenfrauen aufgehoben, um nach dem Verbot eine ausreichende Reproduktion der Sklavenpopulation sicherzustellen.[58] Bei der Abschaffung der Sklaverei selbst ging 1833 England voran. Die Sklaven der Jungferninseln mussten noch 1848 einen Aufstand durchführen, um ebenfalls die Freiheit zu erringen. Auch ihnen half die Schwäche der dänischen Besatzungstruppen, von denen sich dauerhaft etwa ein Drittel im Krankenstand befanden.[59]

Daneben veränderten die Ereignisse in Haiti auch die europäische Textilindustrie grundlegend, immerhin die Kernbranche der Industrialisierung. Vor der Revolution hatte haitianische Baumwolle 24 Prozent der britischen Importe ausgemacht. 1795 war ihr Anteil auf 4,5 Prozent zurückgegangen. Die Exporte nach Frankreich fielen im selben Zeitraum um 79 Prozent. Das führte in Europa zu einer veritablen Rohstoffknappheit. Innerhalb von zehn Jahren verdreifachte sich der Baumwollpreis. Diese Krise war der zentrale Auslöser dafür, dass sich das Zentrum der Produktion von der Karibik nach Nordamerika verschob. 1803 exportierten die Inseln nur noch halb so viel Baumwolle wie 1790, und ihr Marktanteil in Großbritannien war auf 10 Prozent gesunken.[60] Zwar wurde dieser Rückgang von den nordamerikanischen Plantagen langfristig mehr als aufgefangen. Kurzfristig sorgte die massive Preissteigerung in Europa jedoch für weiteren Rationalisierungsdruck in den Textilfabriken, um dort zumindest die Lohnkosten zu senken – vermutlich ein wichtiger Grund für die schnelle Durchsetzung des Fabrikregimes.

Allerdings kann die differenzielle Nutzbarmachung durchaus auch *innerhalb* eines Landes stattfinden, wie die Koexistenz von Plantagensystem und industrieller Entwicklung in den USA zeigt. Die Vereinigten Staaten stiegen Ende des 18. Jahrhunderts zum führenden Baumwollproduzenten auf. Ein Faktor war dabei die Erfindung der Entkörnungsmaschine im Jahr 1793, welche die mechanische Trennung von Samen und Fasern ermöglichte und die Effektivität der Verfahren verfünfzigfachte. Aufgrund dieser Entwicklung und des schnellen Anstiegs des Baumwollpreises wuchs die US-amerikanische Produktion von 0,7 Millionen Kilogramm im Jahr 1790 über 16,5 Millionen Kilogramm 1800 bis auf 76 Millionen Kilogramm im Jahr 1820. Zu Beginn des 19. Jahrhunderts waren die USA damit für England der wichtigste Lieferant. 1860 machte Baumwolle ganze 61 Prozent aller US-Exporte aus. Parallel dazu nahm der Import von Sklaven rasant zu. Im Bundesstaat Georgia hatte sich deren Zahl bereits in den 1790er Jahren auf fast 60 000 verdoppelt.[61] Nachdem England 1807 den Handel mit Versklavten verbot, setzten die Pflanzer besonders brutale Formen der Körperpolitik ins Werk, um sozusagen für heimischen Nachwuchs zu sorgen. Insbesondere in Virginia wurde eine regelrechte »Zuchtindustrie« etabliert, in der Sklavinnen zur Fortpflanzung gezwungen wurden. Ähnliche Maßnahmen ergriff man auf Barbados. Die Kinder wurden nach der Geburt von ihren Eltern getrennt und weiterverkauft.[62] Und wie in der Karibik kam es nun in den USA ebenfalls regelmäßig zu Flucht und Aufständen. Doch auch die nichtmenschliche Natur demonstrierte infolge des Monokulturanbaus ihre Autonomie.

In den frühen 1890er Jahren entdeckten texanische Pflanzer auf ihren Feldern erstmals ein Insekt, das bald als Baumwollkapselkäfer bekannt werden sollte. Es vermehrte sich rasend schnell und ernährte sich von ebenjenem Teil der Baumwollpflanze, der die wertvollen Fasern enthielt: ihrer Blüte. Aufgrund der durchweg monokulturellen Anbauform konnte sich der Käfer schnell ausbreiten, 1921 vernichtete er in Georgia 45 Prozent der Ernte. Viele Pflanzer kapitulierten. Als sich der Schädling ihren Feldern näherte, beschloss die Gemeinde Enterprise in Alabama, auf den Erdnussanbau umzusteigen, und gelangte so als Insel in einem Meer der Zerstörung zu schnellem Reichtum. Noch heute steht im Ortszentrum eine Statue des Baumwollkapselkäfers. Dass dieses Insekt derart verheerende Schäden anrichten konnte, lag wesentlich an der Organisation der Arbeit auf den Plantagen. Nach der Abschaffung der Sklaverei war man zum sogenannten Sharecropping-System übergegangen. Die weißen Pflanzer blieben Eigentümer des Landes, das nun an Schwarze verpachtet wurde, die einen Teil der Ernte abgeben mussten. Die vormals Versklavten hatten zwar die formelle politische Freiheit erhalten, ökonomisch blieben sie jedoch von ihren alten Herren abhängig. Das bedeutete aber auch, dass die vertraglichen Verpflichtungen der Arbeitenden mit der Ernte endeten und sie anschließend zu anderen Plantagen weiterziehen konnten. Dadurch bestand keinerlei Anreiz, mit einfachen und effektiven Maßnahmen gegen den Käferbefall vorzugehen, etwa indem man die Pflanzen nach der Ernte zerkleinerte und verbrannte.[63]

Solche Beispiele verdeutlichen die enge Wechselwirkung zwischen Arbeitsorganisation und nichtmenschlicher Natur. Diese beschränkte sich allerdings keineswegs auf die lokale Landwirtschaft, sondern weitete sich mit dem Aufkommen der Industrieproduktion über den gesamten Globus aus: Baumwollkapselkäfer und Moskitoplagen erreichten in Form von Preisschwankungen auch europäische Fabriken. Dabei waren die Bedingungen für die Verbreitung dieser Krankheitsüberträger selbst zu großen Teilen menschengemacht. Und wo die Zuckerrohrplantagen nur lokal neue Habitate für Moskitos schufen, entfaltet der Klimawandel heute weltweit Wirkung: Steigt in subtropischen Gebieten die Temperatur auch nur um ein halbes Grad, wächst die Zahl der Moskitos um 30 bis 100 Prozent. Da noch heute etwa ein Viertel aller Infektionskrankheiten von Vektoren wie Moskitos oder Zecken übertragen werden, nimmt damit auch das Risiko für die Ausbreitung gefährlicher Krankheiten zu.[64] Darüber hinaus können Klimaveränderungen über vermittelte Effekte zu Pandemien führen, wie die Ausbreitung der Pest infolge des Anwachsens der Wüstenrennmauspopulation in der kirgisischen Steppe drastisch veranschaulicht. *Die Auswirkungen der differenziellen Nutzbarmachung sind also grundsätzlich nicht auf die Zonen der Vernutzung begrenzt.*

Maschinenarbeit und Wasserkraft

Der endgültige Niedergang des schimmelmannschen Dreieckshandels wurde durch die Napoleonischen Kriege eingeleitet. Während die Kaufmannsdynastie von vorherigen Konflikten stark profitiert hatte, war es diesmal anders: 1801 und dann noch einmal 1807 griff England das zuvor neutrale Dänemark an, marschierte in Kopenhagen ein und beschlagnahmte die gesamte dänische Flotte. Am 22. Dezember 1807 übernahm die englische Marine zudem die Kontrolle über die Jungferninseln. Schimmelmanns transatlantischer Handel kam zum Erliegen. Im Jahr 1813 erklärte Ernst von Schimmelmann als dänischer Finanzminister den Staatsbankrott. Seine eigenen Unternehmungen wollte er jedoch nicht so schnell aufgeben. Trotz der schweren Wirtschaftskrise investierte er in seine Fabriken. So gehörte die schimmelmannsche Gewehrfabrik in Hellebæk bald zu den modernsten, die das damalige Festlandeuropa zu bieten hatte. Sie verfügte über verschiedene automatische Maschinen, etwa zum Bohren und Drehen der Läufe. Betrieben wurden diese Maschinen mit Wasserkraft, was sich Schimmelmann bei den englischen Spinnereifabriken abgeschaut hatte, die dort die Industrialisierung einleiteten und die Arbeit revolutionierten.

1770 hatte Richard Arkwright im englischen Cromford die erste wasserbetriebene Spinnereifabrik errichten lassen. Anfangs schufteten dort 200 Arbeiterinnen an der von ihm patentierten »Waterframe«-Spinnmaschine. Die meisten von ihnen waren Frauen und Kinder, die jüngsten gerade einmal sieben Jahre alt. Sie gehörten zu den ersten Personen, deren Arbeitsrhythmus von Maschinen bestimmt wurde. Arkwrights Vorstoß fand zahlreiche Nachahmer, so dass die Flussläufe der Grafschaft Lancashire innerhalb weniger Jahre von Fabriken gesäumt waren. Wenig später breitete sich die Industrie auch in die Täler von Derbyshire, Nottinghamshire und Wales aus, Regionen, die vor allem aufgrund ihrer intensiven Niederschläge und der Verteilung des Wassers in zahlreichen Flüssen und Bächen attraktiv waren. In der Folgezeit betrug das Output-Wachstum der Baumwollspinnerei durchschnittlich 12,76 Prozent pro Jahr, die Profitraten bewegten sich zwischen 30 und 50 Prozent, bis es ab Dezember 1825 zu einer ersten Überproduktionskrise kam. Die Industrialisierung begann also nicht mit der Dampfkraft, sondern mit neuen Formen der Nutzbarmachung von Wasser. Kohle setzte sich erst später aus spezifischen politisch-ökonomischen Gründen durch.[65]

Die geografische Verteilung der Fabriken wurde wesentlich durch die Lage der Flussläufe bestimmt. Diese befanden sich meist jenseits der großen Ortschaften, in denen zudem weniger billiges Land zur Verfügung stand. In den entsprechenden Gegenden mussten dann allerdings Fabrikkolonien errichtet werden, also nicht nur Fertigungsstätten, sondern ganze Dörfer, in denen man aus anderen Regionen herangeschaffte Arbeitskräfte unterbringen konnte. Zunächst behalfen sich die Unternehmer dabei mit Zwangsarbeit, die man über das sogenannte »Lehrlingssystem« organisierte. Dabei wurden Kinder aus den Armen- und Waisenhäusern der umliegenden Orte als »Lehrlinge« in die Baumwollfabriken geschickt, wo sie eine Art Fronarbeit leisteten: Der Fabrikant sorgte für Kost, Logis und Ausbildung, im Gegenzug verrichteten die Kinder unbezahlte Arbeit. Ein durchschnittlicher Lehrling begann seinen Dienst im Alter von zwölf Jahren und beendete ihn mit 21, arbeitete also neun Jahre ohne Vergütung. Das System erreichte um 1820 seinen Höhepunkt und wurde danach durch gesetzliche Einschränkungen der Kinderarbeit eingedämmt.[66] Je isolierter die Fabrikkolonien lagen, desto größer war ihr Bedarf an »Lehrlingen«. Das galt auch für Schimmelmanns Fabriken, die auf ein sehr ähnliches System setzten. Dessen Zwangscharakter zeigte sich auch darin, dass immer wieder von der Flucht von Kindern berichtet wurde.[67]

Die Wassermühlen, ob sie nun Baumwollstoffe oder Gewehre herstellten, waren also aufgrund der geografischen Lage der Flüsse auf Zwangsarbeit angewiesen. Allerdings hatte das Lehrlingssystem auch für die Fabrikbesitzer eine Reihe von Nachteilen. Insbesondere die starke Bindung an die Arbeitskräfte war den Fabrikanten ein Dorn im Auge. Henry Ashworth beispielsweise erklärte 1833, er bevorzuge ungebundene Kinder, da er »nicht die Vormundschaft und den Unterhalt für sie haben« wolle. Die Unternehmerzeitung *Westminster Review* schrieb im selben Jahr, ein Fabrikant solle »junge Arbeiter aus der Bevölkerung in seiner Umgebung auswählen, von denen er so viele wie nötig beschaffen kann und für die er keine Verantwortung hat, sobald sie die Fabrik verlassen«.[68]

Infolgedessen setzte sich auch in den Fabrikkolonien die freie Lohnarbeit durch. Diese war zwar teurer als Zwangsarbeit, aber die Einkommen auf dem Land waren noch immer weit niedriger als in der Stadt, da viele Arbeiterfamilien zusätzlich Landwirtschaft betrieben, was die Reproduktionskosten deutlich senkte. Arbeiterinnen wurden nicht länger allein per Zwang rekrutiert, sondern auch durch die Bereitstellung von Werksunterkünften und verschiedene weitere

Annehmlichkeiten zu den wasserbetriebenen Manufakturen gelockt. So wurden in den Kolonien beispielsweise Geschäfte, Kneipen, kleine Kirchen und Schulen errichtet, den Unternehmern gehörte also die gesamte Infrastruktur vor Ort. Das ging oft mit dem sogenannten »Trucksystem« einher: Die Arbeitenden wurden nicht in Geld, sondern in Konsumgütern bezahlt oder mussten diese in den fabrikeigenen Geschäften kaufen. Auch die schimmelmannsche Gewehrfabrik in Hellebæk wurde nach diesem System betrieben, was immer wieder zu Protesten wegen überhöhter Preise führte.[69] Diese nahe Infrastruktur mochte für die Arbeitenden in einigen Hinsichten sehr bequem sein, die Fabriken wurden damit aber auch zu totalen Institutionen: Aufseher stellten Lebensregeln auf, patrouillierten durch die Viertel, kontrollierten die Wohnungen, fertigten Aufzeichnungen über Umgangsformen an. In Schulen und Kapellen wurden die Beschäftigten zum Gehorsam erzogen. Eine Entlassung bedeutete damit nicht nur den Wegfall des Verdiensts, sondern zugleich den Verlust des Wohnsitzes der Familie.

Aus Sicht der Unternehmer hatten die Fabrikkolonien allerdings ebenfalls nicht nur Vorteile: Sie konnten Arbeitskräfte nach wie vor nicht so flexibel einstellen und entlassen, wie sie sich das eigentlich wünschten. Gerade wenn sie nicht nur einzelne Beschäftigte, sondern größere Gruppen austauschen wollten, war dies in den Kolonien viel schwieriger als in städtischen Gebieten, wo man mit geringem Aufwand Ersatz beschaffen konnte. Zudem stellten Wassermühlen eine große Investition dar, die Kapital langfristig fixierte, während man im Fall von Krisen nicht schnell reagieren konnte. Die schimmelmannschen Gewehrfabriken etwa waren in hohem Maße von der durchaus volatilen Situation der preußischen Armee abhängig. Eine weitere Vulnerabilität bestand gegenüber Konflikten mit der Belegschaft. In englischen Fabrikkolonien brach Mitte der 1830er Jahre eine Welle von Aufständen aus. Da sich die gesamte Infrastruktur im Besitz der Fabrikanten befand, verursachten die damit einhergehenden Zerstörungen immense Kosten. Auch in Hellebæk war es 1809 und 1811 zu Aufruhr unter den Arbeitern gekommen, der »nur mit großer Mühe gedämpft werden« konnte.[70]

Der wohl entscheidende Nachteil der Wasserkraft bestand jedoch laut Andreas Malm darin, dass die Flüsse mit ihrer geografischen Lage und ihren materiellen Eigenschaften nicht so recht zur Institution des Privateigentums an den Produktionsmitteln passten. Die Anzahl der Mühlen stieg so schnell, dass es nicht länger möglich war, diese einfach nacheinander an einem Flusslauf zu positionieren. Stattdessen wurden komplexe Systeme der Wasserbewirtschaftung notwendig. Man errichtete Kanäle, und in Hellebæk gab es Ende des 18. Jahrhunderts 27 mit Schleusen versehene Bassins. Mithilfe solcher Maßnahmen ließen sich die Mühlen räumlich besser verteilen und außerdem wetterbedingte Pegelschwankungen ausgleichen. Die ausgeklügelten Systeme verhinderten jedoch zugleich, dass ein einzelner Fabrikant die zur Verfügung stehende Wasserkraft für sich monopolisieren konnte. Die an einem Wasserlauf ansässigen Fabrikanten mussten sich absprechen und gemeinsam investieren, was sich angesichts der Konkurrenz zwischen ihnen zunehmend als unrealistisch erwies. Ein mit der Erweiterung eines Schleusensystems beauftragter Ingenieur konstatierte 1833: »Es wird unmöglich sein, die erhöhte Wassermenge so zu verteilen, dass alle Werke an diesen Kanälen in genau gleichen Anteilen davon profitieren.«[71] Der Ausbau der Wasserkraftsysteme scheiterte also daran, dass sich die beteiligten Unternehmer nicht auf eine kollektive Nutzung einigen konnten. In der Folge wurden in England ab den späten 1820er Jahren keine neuen wasserbetriebenen Fabriken mehr errichtet.

Nach dem Boom der Textilfabriken führte die Überproduktionskrise in Kombination mit der Automatisierung zu einem praktisch permanenten Arbeitskraftüberschuss. Dieser konzentrierte sich jedoch nicht im Einzugsgebiet der Fabrikkolonien, sondern in den Städten und verstärkte damit drastisch den räumlichen Vorteil der Dampfkraft, um die es im nächsten Kapitel gehen wird. So kam es in den 1810er und 1820er Jahren in England zum größten Urbanisierungsschub der Weltgeschichte, und 1851 lebte erstmals eine Mehrheit der Briten in Städten; in Metropolen wie Manchester oder Glasgow bildeten Lohnarbeitende dabei 80 bis 90 Prozent der Bevölkerung. Insbesondere die zweite Generation der Bewohnerinnen stellte für die Fabrikanten ein attraktives Arbeitskraftreservoir dar: Sie waren in der Stadt geboren und kannten demnach nur die Lohnarbeit in den Fabriken, während die Menschen auf dem Land sich durchaus noch persönlich an relativ autonome Formen der landwirtschaftlichen Existenz erinnern konnten. Vor diesem Hintergrund überwog ab etwa 1830 die Attraktivität der städtischen Arbeitskräfte die Vorteile der kostenlosen Wasserkraft. Der schottische Ökonom John McCulloch schrieb dazu 1833:

> Der wirkliche Vorteil der Anwendung der Dampfkraft, um die Maschinen einer Spinnerei oder einer Reihe von Kraftwebstühlen in Bewegung zu setzen, scheint weitgehend missverstanden zu werden. Er besteht nicht so sehr in einer unmittelbaren Einsparung von Arbeit, sondern darin, dass sie an der geeignetsten Stelle ausgeführt werden kann. Die Arbeit, die mithilfe eines Wasserstroms verrichtet wird, ist im Allgemeinen ebenso billig wie diejenige, die mit Dampf verrichtet wird, und manchmal sogar viel billiger. Aber die Erfindung der Dampfmaschine hat uns von der Notwendigkeit befreit, Fabriken in ungünstigen Lagen zu bauen, nur um eines Wasserfalls willen. Sie hat es ermöglicht, die Fabriken im Zentrum einer zu fleißigen Gewohnheiten erzogenen Bevölkerung zu errichten.[72]

Ein wesentliches Motiv für den Umstieg auf Kohle war also die Nutzbarmachung der städtischen Arbeitskräfte. Die Wasserkraft hatte die Etablierung des neuen Regimes ermöglicht, in dem nun die Maschinen und nicht die Arbeitenden selbst den Takt vorgaben. Gleichwohl behielt die Fabrikarbeit aufgrund der räumlichen Fixierung der Wasserkraft bis zu einem gewissen Grad ihren feudalen

Charakter. Ein bedeutender Teil wurde als Zwangsarbeit geleistet, und auch in der freien Lohnarbeit gab es weiterhin eine starke Bindung zwischen Beschäftigten und Fabrikanten. In den Fabrikkolonien war der Unternehmer für die gesamte Infrastruktur und den Lebensvollzug seiner Arbeitskräfte verantwortlich – ganz ähnlich wie Adelige in ihren Bauerndörfern. Dennoch hatte die wasserbetriebene Industrialisierung eine weitreichende Proletarisierungsdynamik in Gang gesetzt, die sich freilich erst mit dem Energieträger Kohle voll entfalten konnte. Die Durchsetzung der Lohnarbeit bedeutete also nicht nur eine Transformation des Stoffwechsels mit der Natur, sondern sie machte zugleich verschiedene Formen der unmittelbaren und mittelbaren Körperpolitik notwendig. Erst diese Nutzbarmachung brachte die disziplinierten Arbeitskörper hervor, die für die Beschäftigung in den Textilfabriken benötigt wurden.

Die Durchsetzung der industrialisierten Arbeit kann also nicht getrennt von der Nutzbarmachung der äußeren, aber auch der inneren Natur des menschlichen Körpers verstanden werden. So wurden die Menschen dazu gebracht – trotz der explodierenden Produktivität –, *mehr* und nicht weniger zu arbeiten. Im Jahr 1300 hatten englische Bauern jährlich circa 1440 Stunden gearbeitet. 300 Jahre später schufteten Land- und Bergarbeiter schon knapp 2000 Stunden. 1840 kamen britische Beschäftigte schließlich im Schnitt auf 3300 Stunden – mehr als das Doppelte dessen, was sie 500 Jahre zuvor hatten leisten müssen.[73] Doch auch die Arbeitenden begannen bald, die neue standardisierte Zeit für ihre Zwecke zu nutzen. Nachdem die erste Generation der Lohnarbeitenden noch für den Erhalt der aufgabenorientierten Zeit gekämpft hatte, hatte die zweite Generation diese schon verinnerlicht. Sie hatte aber auch gelernt, sich auf diesem neuen Terrain zur Wehr zu setzen, und gründete Kurzarbeitskomitees und die Zehn-Stunden-Bewegung zur Begrenzung des Arbeitstages.[74]

Bereits die zeitgenössischen Unternehmer erkannten die Notwendigkeit der differenziellen Nutzbarmachung und stellten dabei zum Beispiel eine explizite Verbindung zwischen den rebellierenden Sklaven und der Disziplinierung der Lohnarbeitenden her. Dies war besonders offensichtlich in Fällen, in denen diese Arten der Arbeit in ein und derselben Unternehmung verrichtet wurden, wie es etwa bei den Schimmelmanns der Fall war. Eine Pariser Zeitung schrieb kurz nach einer Revolte der Lyoner Seidenarbeiter im Jahr 1831:

> Jeder Fabrikant lebt in seiner Fabrik wie der koloniale Plantagenbesitzer inmitten seiner Sklaven; einer gegen hundert, und die Unruhen von Lyon gleichen den Aufständen von St. Domingue. Die Barbaren, von denen die Gesellschaft bedroht wird, befinden sich weder im Kaukasus, noch in der tatarischen Steppe: sie leben in den Vororten der Industriestädte.[75]

Aus der Perspektive der Herrschenden warf letztlich also sowohl die Sklaverei als auch die Lohnarbeit das Problem der Nutzbarmachung der Arbeitskraft auf, dem man mit unterschiedlichen Körperpolitiken begegnete: Die Sklaverei verlangte die Übernahme der Existenzsicherung in Kombination mit gewaltsamer Unterwerfung. Die Lohnarbeit erforderte keine Übernahme der Verantwortung für Unterkunft, Ernährung und Gesundheit der Beschäftigten, dafür aber Löhne und weitere Anreize. Am Ende versuchte Ernst von Schimmelmann, die beiden Systeme auf seinen Plantagen konvergieren zu lassen, indem er vorschlug, den Sklaven eine Gewinnbeteiligung anzubieten.[76]

Das Heraufziehen des Zeitalters der Kohle machte dem schwankenden schimmelmannschen Imperium endgültig den Garaus. Ernst von Schimmelmann fand für seine nunmehr rückständig anmutenden Geschäftsmodelle auf den Jungferninseln sowie im Umland von Kopenhagen und Hamburg keine Investoren mehr. Die Zuckerraffinerie in Christianshavn wurde 1812 stillgelegt. Die Gewehrfabrik in Hellebæk verlor mit dem Ende der Napoleonischen Kriege ihren zweiten Absatzmarkt, nachdem das Verbot des Sklavenhandels bereits ihren ersten eliminiert hatte. Eine Umstellung der Produktion auf Besteck scheiterte. 1820 versuchte Schimmelmann auf das englische Modell der hoch automatisierten Textilproduktion umzuschwenken und kooperierte dafür mit einem Fabrikanten aus dem Vereinigten Königreich. Anstelle von Kohle investierte er weiter in Wasserkraft und schließlich auch in Torf als Energieträger. Der Erfolg blieb aus, und am Ende wurden ihm sogar Hypotheken auf seine Ländereien und Fabriken verwehrt. 1827 folgte die definitive Schmach: Schimmelmann sah sich gezwungen, einen Offenbarungseid zu leisten und den König um Geld für den Unterhalt seiner Familie anzuflehen. Wenige Jahre später starb er.[77]

Der Niedergang des schimmelmannschen Imperiums steht sinnbildlich für das Ende der Übergangszeit vom wasserbetriebenen Feudalismus zum fossilen Kapitalismus. Letzterer baute aber eindeutig auf den sozialen und ökologischen Transformationen des Ersteren auf. Das Wasser hatte sich als überaus produktiv erwiesen, sowohl als Transportweg als auch beim Antrieb der frühen Industrieanlagen. Damit hatte es zur Durchsetzung der Lohnarbeit beigetragen, auf deren Grundlage dann wiederum die entscheidenden Vorteile der Kohle voll zum Tragen kamen.

Der Niedergang des auf Sklaverei basierenden Dreieckshandels bedeutete jedoch keineswegs den Niedergang der kolonialen Formation der differenziellen Nutzbarmachung, im Gegenteil: Diese wurde im fossilen Zeitalter immer zentraler. Dass die Umstellung auf Kohle und die Einführung effizienter dampfbetriebener Maschinen sich zuerst in Großbritannien vollzogen, ist ein wesentlicher Grund für die folgende imperiale Vormachtstellung des Landes. Es konnte sich einen ökonomischen Vorsprung sichern und damit einen Militärapparat finanzieren, mit dem sich ein Großteil der Welt kontrollieren ließ. Vor allem aber war die fossile Industrie *abhängig* vom Zugriff auf große, nicht fossil produzierende Ökonomien, erforderten die mit Kohle befeuerten Fabriken doch riesige Mengen an Rohstoffen. Viele dieser Materialien, wie zum Beispiel Baumwolle, ließen sich nur mithilfe von solarer und menschlicher Energie herstellen. Während die Steinkohle den Flächenbedarf für die Energiegewinnung verringerte, wurden immer größere Flächen benötigt, um die Materialien zu produzieren, auf die diese wachsende Energiemenge angewendet werden konnte. Die industrielle Entwicklung in England war also insofern auf eine differenzielle Nutzbarmachung angewiesen, als sie ein nicht industrialisiertes Außen voraussetzte. In den Kolonien wurde diese Nichtentwicklung durch politische Eingriffe gezielt sichergestellt.[78]

So hat etwa der US-amerikanische Historiker Mike Davis gezeigt, dass die – ebenfalls bereits auf Webstühle setzende – Textilproduktion in Indien und China nicht aufgrund mangelnder Wettbewerbsfähigkeit vom Weltmarkt verschwand, sondern durch Krieg, Invasion, Opium und ein System von Einwegzöllen gewaltsam demontiert wurden.[79] Davis hält fest, dass der allgemeine Lebensstandard in den sich industrialisierenden Kernländern Europas vor der Kolonisierung nicht wesentlich höher war als in Süd- oder Ostasien. Gegen Ende des 19. Jahrhunderts war das durchschnittliche Haushaltseinkommen in England hingegen etwa 21-mal so hoch wie in Indien. Vor allem infolge des Kolonialismus wurde auf dem Subkontinent sowie in China die traditionelle Subsistenzlandwirtschaft zerstört und stattdessen der Anbau und Export von *cash crops* erzwungen. Dazu zählten unter anderem Weizen, Indigo, Baumwolle und Schlafmohn, der wiederum als Opium dem chinesischen Markt aufgenötigt wurde. Die Kolonialgesetzgebung beendete zudem den traditionellen Zugang zu gemeinsamen Ressourcen wie Wäldern und Weideland, so dass es schwieriger wurde, Vieh zu halten und Brennholz zu beschaffen. Durch verschiedene Privatisierungsprozesse wurden auch die früheren kollektiven Absicherungsmechanismen der indischen Dörfer, wie etwa gemeinsame Getreidespeicher, zerschlagen, was sich als besonders folgenschwer erweisen sollte.

Infolge dieser Umstellungen verloren die Kolonien ihre Resilienz im Umgang mit Naturkatastrophen. In den Jahren 1877/78, 1888-91 und 1896-1902 kam es in verschiedenen Teilen der Welt zu Dürreperioden, wovon China, Indien und Brasilien besonders dramatisch betroffen waren. Das sogenannten El-Niño-Phänomen führte zu höheren Wassertemperaturen im Pazifik, die in Verbindung mit anderen ökologischen Faktoren die globalen Niederschlagsmuster veränderten. El Niño verursacht in der Regel Trockenheit in Regionen mit normalerweise guten Niederschlägen und sintflutartige Regenfälle in üblicherweise trockenen Gebieten. Im späten 19. Jahrhundert fielen diese Veränderungen ungewöhnlich schwerwiegend aus. In Reaktion auf die Dürre ergriffen die Kolonialherren Maßnahmen, die deren Auswirkungen noch verschlimmerten.

Ein Beispiel dafür ist die Politik des »Schutzgebiets« Deutsch-Ostafrika, das im Wesentlichen die heutigen Staaten Burundi, Ruanda und Tansania umfasste. Dort kam es infolge von El Niño Ende des 19. Jahrhunderts zu einer Dürre, die mit einer Heuschreckenplage und der Rinderpest zusammenfiel. Eine vergleichbare Trockenperiode hatte die Region bereits 1884-86 getroffen. Damals hatte die Bevölkerung des Nguu-Hochlands jedoch auf Getreidelieferungen lokaler Händler zählen können, die sich ihrerseits am Elfenbein bereicherten. 1898 hatte die Kolonialverwaltung allerdings das Steuersystem dahingehend umgestellt, dass Abgaben nun nicht mehr in Naturalien, sondern in Geld entrichtet werden mussten. Um dieses zu beschaffen, waren die vormaligen Subsistenzbäuerinnen und -bauern genötigt, sich zur Lohnarbeit auf deutschen Plantagen zu verdingen. Als sich die unter der Hungersnot leidenden Hochland-Dörfer weigerten, die neue Steuer zu zahlen, plünderten deutsche Patrouillen ihre Getreidelager und ermordeten wahllos Einheimische. Dadurch war die lokale Bevölkerung gezwungen, ihre verbliebenen Getreidereserven an Händler an der Küste zu verkaufen. Diese verdoppelten ihre Preise, was die Hungersnot noch verstärkte. Viele Menschen flohen in die Küstenstädte oder in die Verwaltungszentren im Landesinneren. Dort begünstigte die Zuwanderung Pockenepidemien, die fast die Hälfte der Bevölkerung auslöschten. Durch die Entvölkerung des Hochlands breiteten sich im ehemaligen Weideland Gebüschformationen aus. Diese bildeten ein ideales Biotop für die Vermehrung von Tsetsefliegen und Zecken, die bis ins Tiefland hinein Krankheitserreger verbreiteten, welche die Region auch noch mehr als ein Jahrhundert später beherrschen sollten.[80]

In Indien und Afghanistan wurde das Elend ebenfalls dadurch verschlimmert, dass die Bevölkerung hohe Steuern entrichten musste, was sie von der Lebensmittelproduktion abhielt. Hilfsprogramme wurden von den Kolonialherren abgelehnt oder teilweise sogar mit dem Hinweis sabotiert, man solle sich auf die Kräfte des Marktes verlassen. Im deutschen und britischen Einflussgebiet in Nordchina wiederum hatte die Abhängigkeit von der Baumwolle die Menschen besonders vulnerabel gegenüber Dürreperioden gemacht, da diese Pflanze stärker auf frühe Regenfälle angewiesen ist als die traditionellen regionalen Grundnahrungsmittel Sorghum und Hirse. Die Konkurrenz durch britische Textilproduzenten schmälerte die Möglichkeiten, mit Spinnerei und Weberei Geld zu verdienen. Daher war die nordchinesische Bevölkerung besonders vulnerabel gegenüber den Auswirkungen der El-Niño-Dürre und ein Hochwasser des Gelben Flusses Ende des 19. Jahrhunderts. Mehrere Millionen Menschen starben während der daraus resultierenden Hungersnot. In der Folge kam es zum antikolonialen »Boxeraufstand«, der durch eine Militärkoalition der Kolonialmächte unter Führung des deutschen Generals

Alfred von Waldersee niedergeschlagen wurde. In seiner berühmten »Hunnenrede« rief Kaiser Wilhelm II. die deutschen Truppen explizit zu Plünderungen und Morden an der Zivilbevölkerung auf, die dann auch in großem Maßstab begangen wurden.[81]

Insgesamt starben in den von Davis untersuchten Regionen zwischen 30 und 50 Millionen Menschen während der Hungersnöte. Die direkten Opfer der Kolonialtruppen sind dabei nicht eingerechnet. Gebiete, die während dieser Zeit durch Tod und Abwanderung entvölkert wurden, erreichten ihre frühere Bevölkerungsdichte erst wieder Mitte des 20. Jahrhunderts. Davis sieht darin die Geburtsstunde der sogenannten Dritten Welt, da die betroffenen Länder nun dauerhaft in Abhängigkeit von England und anderen europäischen Imperien gerieten. Damit wurde eine globale Arbeitsteilung etabliert, in welcher der globale Süden auf die Rolle einer Rohstofflieferantin für die industriellen Zentren degradiert wurde.[82]

Die geschilderten Ereignisse und Entwicklungen unterstreichen, wie sehr der fossile Kapitalismus auf gewaltsame Formen der differenziellen Nutzbarmachung von Arbeit und Natur auf globaler Ebene angewiesen ist. Die steigende Produktivität der fossil betriebenen Industrien verlangt nach großen Mengen an Ressourcen, auf die diese Energie angewandt werden kann. Die Produktion dieser Ressourcen muss allerdings außerhalb der industrialisierten Zentren stattfinden, da sie einen der Produktivitätssteigerung gegenläufigen ökonomischen Entwicklungspfad voraussetzt. Davis hat anschaulich herausgearbeitet, dass sich die koloniale Form der differenziellen Nutzbarmachung nicht auf die karibischen Sklavenplantagen als Starthilfe für die Industrialisierung beschränken lässt. Vielmehr ist diese differenzielle Nutzbarmachung ein wesentliches Strukturmerkmal des fossilen Kapitalismus, das, wie wir in den folgenden Kapiteln sehen werden, durch verschiedene internationale Institutionen gewaltsam abgesichert wurde. Davis' Analyse zeigt aber auch, dass es die institutionelle Gewalt der differenziellen Nutzbarmachung war, die Naturprozesse wie El Niño zu Katastrophen für die lokale

Bevölkerung werden ließ, indem sie diese ihrer Resilienz gegenüber Ökosystemrisiken beraubte. Die Autonomie der Natur wird also stets erst auf der Grundlage bestimmter gesellschaftlicher Konstellationen historisch wirksam.

Die differenzielle Nutzbarmachung zielt darauf ab, *Zonen der Vernutzung* zu etablieren. Diese Zonen liefern Rohstoffe und Arbeit für die Entwicklung der Re/produktivkräfte, kommen aber nicht in den Genuss deren lebenserhaltender Elemente, etwa von Fortschritten in den Bereichen Medizin oder Grundversorgung. Soziale Absicherung und Vernutzung koexistieren dabei jedoch nicht einfach, sondern haben sich gegenseitig hervorgebracht. So hat etwa die britische Soziologin Gurminder Bhambra gezeigt, dass die Institutionen des Wohlfahrtsstaates im Vereinigten Königreich maßgeblich aus der Besteuerung kolonialer Unternehmungen finanziert wurden.[83] Die Nutzbarmachung kann sich dabei entlang geografischer Regionen differenzieren, die Differenzierung kann aber auch in unmittelbarer räumlicher Nähe erfolgen. In jedem Fall wirkt die Vernutzung jedoch auf die Nutzbarmachung zurück, wie wir etwa anhand des Beispiels der Moskitos und verschiedener Praktiken der Nutzlosigkeit gesehen haben. In der Regel gelingt es also nicht, die destruktiven Auswirkungen auf die Zonen der Vernutzung zu begrenzen. In diesem Sinne wurde durch die fortschreitende Industrialisierung die Autonomie von Arbeit und Natur nicht etwa zurückgedrängt – im Gegenteil. Durch die Ausweitung und Intensivierung des Stoffwechsels mit der Natur wirkt sie sich nun in immer komplexerer Weise auf verschiedene Teile der Gesellschaft aus. Das werden wir im folgenden Kapitel anhand eines besonders einflussreichen Segments der Natur nachvollziehen: der Steinkohle.

3. Kohle und die Institutionalisierung der Stoffwechselpolitik

Die Durchsetzung der Steinkohle als Energiequelle ermöglichte drastische Produktivitätsgewinne und beschleunigte so den gesellschaftlichen Stoffwechsel mit der Natur. Das gilt nicht nur für die dampfbetriebene Automatisierung. Erst die Steinkohle erlaubte den Betrieb großer Hochöfen und damit die massenhafte Verhüttung von Eisenerz. Nun konnte man gewaltige Maschinen herstellen und Eisenbahnen bauen – zwei zentrale Elemente für die weitere Steigerung der Produktivität. Fossile Brennstoffe sind demnach für die kapitalistische Produktion wichtiger als jede andere natürliche Ressource: Sie sind nicht nur in dem Sinne notwendig, wie Baumwolle für die Herstellung von Textilien oder Holz für die Herstellung von Möbeln benötigt wird. Vielmehr bilden sie die Grundlage für das gesamte Spektrum der Warenproduktion, die sie physisch in Gang setzen.[1] Und das gilt auch für die Zirkulation der so hergestellten Güter. Erst durch die Eisenbahn wurde die Infrastruktur für überregionale Märkte geschaffen – sowohl für Güter als auch für Arbeitskräfte.

Auf die Arbeitswelt hatte diese Transformation des Stoffwechsels mit der Natur einen paradoxen Effekt. Einerseits führte sie zu einer Entmachtung der Beschäftigten, zunächst vor allem in der Textilindustrie. Ihre Tätigkeit wurde in großem Umfang durch Maschinen ersetzt und in noch größerem Umfang zu einem Anhängsel derselben degradiert. Zugleich legte die fundamentale Abhängigkeit eines Großteils der Ökonomie von der Kohle auch einen neuen Machthebel in die Hände von Arbeiterinnen und Arbeitern. Zum ersten Mal in der Geschichte war es Kohlebergleuten möglich, durch Streiks oder andere Störaktionen ganze Branchen lahmzulegen. So konnten sie neben ihren Unternehmen ganze Staaten unter Druck setzen. Die mit der Eisenbahn entstandenen überregionalen Arbeitsmärkte führten einerseits zu einer verstärkten Konkurrenz zwischen den Beschäftigten. Andererseits ermöglichte die neue Mobilität auch ihre überregionale Organisierung in Gewerkschaften, und die Kontrolle über das Transportwesen wurde ebenfalls zu einem strategischen Instrument.

Es waren diese Hebel, durch die eine Institutionalisierung der Gewerkschaften und grundlegende Reglementierungen der Arbeitswelt denkbar wurden. Die Kohle bildet insofern das Fundament der modernen industriellen Beziehungen. Angesichts der Zentralität der nichtmenschlichen Natur scheint es dabei angemessen, von *Stoffwechselpolitik* anstatt von industriellen Beziehungen zu sprechen. Der Begriff soll nicht nur unterstreichen, dass Arbeit wesentlich Stoffwechsel mit der Natur ist, sondern auch, dass die Natur für die Institutionalisierung ihrer Regulation eine ähnlich wichtige Rolle spielt wie Staat, Kapital und Arbeit. In diesem Kapitel gehe ich dieser Institutionalisierung nach; dabei nehme ich sowohl jene Arbeit in den Blick, welche die Kohle zu Tage förderte, als auch jene, die durch ihren Einsatz umstrukturiert wurde.

Dampfkraft

Im Ruhrtal wurde bereits in der vorrömischen Eisenzeit Steinkohle als Heizmaterial gehoben. Aber obwohl die Kohle nah an der Erdoberfläche lagerte, blieb die Region bis ins 19. Jahrhundert landwirtschaftlich geprägt. In China wurde Steinkohle sogar schon im 11. Jahrhundert in großem Umfang gefördert und genutzt – vor allem für die Metallverarbeitung.[2] Warum also setzte sich die Dampfkraft nicht früher und nicht in China durch? Andreas Malm hat gezeigt, dass die britische Hinwendung zur Kohle im frühen 19. Jahrhundert vor allem ihrer besonderen materiellen Kompatibilität mit den Institutionen der kapitalistischen Produktionsweise geschuldet war.[3] Im Gegensatz zur Wasserkraft erforderte die Nutzung der Kohle keine Kooperation zwischen konkurrierenden Unternehmen. Ihre Beschaffenheit erfüllte die zentrale Voraussetzung der Warenform: Exklusivität. Sie wurde im Zuge ihres Einsatzes zerstört, und von diesem produktiven Konsum profitierte niemand als der Eigentümer. Darüber hinaus war die Kohle transportabel und gleichmäßig portionierbar. Damit eignete sie sich hervorragend als Handelsgut, eröffnete aber vor allem eine neue Form der Kapitalmobilität: Während die Textilfabriken durch den Verlauf der Flüsse bisher aufs Land verbannt gewesen waren, ließen sich kohlebetriebene Fabriken auch in Städten errichten. Dort fanden die Unternehmen einen permanenten Überschuss an Arbeitskräften vor, wodurch sie ihre Lohnkosten drastisch senken konnten.

Das Kräfteverhältnis zwischen Unternehmern und Lohnabhängigen änderte sich radikal: Die englischen Spinner, die Fasern zu Fäden verarbeiteten, befanden sich beispielsweise vor der weitreichenden Automatisierung ihres Handwerks in einer überaus komfortablen Situation. Aufgrund ihrer – zunächst illegalen – gewerkschaftlichen Organisierung erzielten sie sehr hohe Löhne, die teilweise sogar über denen von Ingenieuren lagen.[4] Damit wurde es freilich für Unternehmen besonders attraktiv, ihre Arbeitskraft durch Maschinen zu ersetzen. Dies geschah regelmäßig in direkter Reaktion auf Lohnforderungen. So traten 1836 in Preston 650 Textilarbeiter in den Streik und verlangten 18 Prozent mehr. Der Ausstand erfasste innerhalb kürzester Zeit alle 30 Fabriken der Stadt in Lancashire. Die Arbeitgeber gingen nicht auf die Forderungen ein und entließen stattdessen die Streikenden. Als Ersatz setzten sie fortan auf dampfbetriebene Spinning-Mule-Maschinen. Zwei Monate später war nicht nur der Streik gebrochen, sondern die gesamte Gewerkschaft löste sich auf.

Im Jahr darauf kam es in Glasgow zu ganz ähnlichen Ereignissen. Dort demonstrierten 36000 Arbeiter gegen Lohnkürzungen. Auch hier reagierten die Fabrikanten mit einer Entlassung der meist männlichen Beschäftigten. Stattdessen installierten sie Spinning Mules und heuerten junge Frauen an, die für einen Bruchteil der früheren Löhne die Maschinen überwachten. Richard Roberts, der Erfinder der Spinning Mule, verkündete 1851: »Die Ausfälle in der Spinnerei haben fast völlig aufgehört. Wenn die Handspinner jetzt ausfallen, dürfen sie ihre Arbeit nur selten jemals wieder aufnehmen.«[5] Infolge dieses Verlusts ihrer Verhandlungsmacht erlebten die Spinner innerhalb weniger Jahre einen drastischen Einbruch ihrer Löhne und eine Verschlechterung ihrer Lebensbedingungen. Selten in der Geschichte der Arbeit hat sich die Stellung einer Beschäftigtengruppe so schnell verändert.

Ein anderer Zusammenhang zwischen der Widerspenstigkeit der Arbeit und der Automatisierung zeigt sich im Fall der Weber. Noch in den späten 1820er Jahren, lange nach der Einführung der Dampfmaschine, gab es in England viermal mehr Hand- als Fabrikweber. Sie stellten dort die größte Gruppe aller Arbeiter, da ein Webstuhl und die dazugehörigen Werkzeuge billig und der Umgang mit ihnen leicht zu erlernen war. Die Handweberei wurde zum Standardberuf für die Ärmsten, so dass ein Überangebot an Arbeitskräften herrschte. Zudem waren die Weber räumlich nicht konzentriert, sondern arbeiteten meist isoliert in Privatwohnungen, was eine Organisierung und kollektive Interessensvertretung erschwerte. In dieser Situation bestand kein unmittelbarer ökonomischer Anreiz zu einer Automatisierung.

Wie wir im vorigen Kapitel gesehen haben, ging das Verlagssystem mit einer weitreichenden Autonomie der Weber einher. Die daraus resultierende Unzuverlässigkeit der Lieferungen wurde für die eng getakteten industriellen Produktionsprozesse bald zum Problem. Ein Fabrikant beschwerte sich: »[Die Weber] können die Arbeit nach Belieben beginnen und beenden: Sie sind nicht verpflichtet, dem Ruf der Fabrikglocke pünktlich zu folgen.« Da sie keiner externen Kontrolle unterworfen seien, hätten sie die »faulsten, unregelmäßigsten und ausschweifendsten Gewohnheiten«.[6] Es war diese handwerkliche Autonomie, die dann mit einer gewissen Verzögerung den Ausschlag zur Automatisierung der Weberei gab. Ein Musselinfabrikant erklärte:

> Ich glaube nicht, dass der Kraftwebstuhl das Tuch tatsächlich billiger macht; der Vorteil des Kraftwebstuhls besteht darin, dass er in der Lage ist, und das ist ein sehr großer Vorteil, eine bestimmte Menge an Tuch in einer bestimmten Zeit zu produzieren, so dass man mit Sicherheit seine Verträge erfüllen kann, und dass man außerdem die Kontrolle über das Herstellungsmaterial behält; das sind die beiden großen Erwägungen, die den Kraftwebstuhl hervorgebracht haben.[7]

Der Beruf des Webers verschwand bis zur Mitte des 19. Jahrhunderts fast gänzlich. Auch hier eine dramatisch schnelle Veränderung der Beschäftigungsstruktur.[8]

Es war dieser neue Machthebel gegenüber den Beschäftigten, der die Kohle für die Unternehmen so attraktiv machte. In der Folge wurde ab ca. 1840 die Mehrheit des britischen Energieverbrauchs mit Kohle gedeckt. Und dies, obwohl sie bis 1870 *teurer* blieb als die Wasserkraft. Ihre Natureigenschaften erwiesen sich im Zuge der Industrialisierung als äußerst wirkmächtig. Das heißt freilich nicht, dass es sich gleichsam um einen Naturprozess gehandelt hätte: Stattdessen ergab sich der Vorteil der Kohle erst durch ihre besondere Kompatibilität mit den zentralen gesellschaftlichen Merkmalen kapitalistischer Produktion.[9]

Bergarbeit

Ein wichtiger Schritt zur Industrialisierung des Kohlebergbaus erfolgte, als Dampfmaschinen erstmals zum Abpumpen von Grundwasser aus den Gruben eingesetzt wurden. Dadurch wurde es möglich, die Mergeldecke zu durchdringen und tiefere Erdschichten zu erreichen. Im Ruhrgebiet war dies im Jahr 1799 der Fall. Gleichzeitig entstanden in der Region mehrere Eisenhütten, und 1811 wurde in Essen die erste Gussstahlfabrik eröffnet. Der kanadische Soziologe Éric Pineault argumentiert, dass der rekursive Einsatz von Kohle zur Gewinnung von mehr Kohle den Beginn des fossilen Stoffwechselregimes markiert. Im voll entwickelten fossilen Regime wird die gesamte Produktion durch den Einsatz mineralischer Brennstoffe vermittelt.[10]

Das Ruhrgebiet war bald die Vorreiterregion der deutschen Industrialisierung, die das Land nach 1871 zur wichtigsten Industrienation Festlandeuropas werden ließ. Angetrieben wurde diese Entwicklung von der stetig wachsenden Steinkohlenförderung im Ruhrgebiet, die 1913 114 Millionen Tonnen überstieg, was in etwa 40 Prozent der gesamten britischen Fördermenge dieses Jahres entsprach.[11] »Die neuen Nutzungen der Kohle reduzierten die Abhängigkeit von natürlichen Faktoren«, erklärt der Historiker Franz-Josef Brüggemeier.[12] Allerdings gilt diese Aussage nur für die Unternehmen – für deren Arbeiter war das Gegenteil der Fall. Mehr als fast alle anderen Berufsgruppen waren die Bergleute den Kräften der sie umgebenden Erde ausgeliefert. Die Erde drang in alle Poren ihres Körpers vor, sie atmeten sie sogar ein – was dazu führte, dass sie früher oder später an Lungenleiden erkrankten. Das über ihnen aufgetürmte Erdreich konnte jederzeit einstürzten und begrub regelmäßig ganze Gruppen unter sich. Der Bergarbeiter Otto Wohlgemuth schildert den mühevollen Alltag und die Ängste der Beschäftigten:

> Ach, das glaubt dem Bergmann ja keiner, was das für eine liebe Not ist da drunten im Geklüft. Der quellende, schwellende Grund der Erde, der die Wunden, die wir ihm stechen, wieder zupressen möchte, mit aller Gewalt. Und dann in der beklemmenden Enge die drängenden Wasser, die fiebrige Hitze, in der dicken murmelnden Finsternis der quirlende Staub, und ach, die dünne, magere Luft. Die Luft, in der die stinkenden Schwaden der Verwesung,

> der beißende Geruch des Rostes und die giftigen Kohlegase sich sammeln zur heimlich verderbensschwangeren Eintracht. Wehe dem Knappen, der seine Feinde nicht kennt.[13]

Überschrieben waren diese Ausführungen mit »Schlagende Wetter«. Der Ausdruck bezeichnet die Gefahr, dass im Gestein eingeschlossenes Methan plötzlich in die Schächte eindringt. Die bis ins 20. Jahrhundert hinein gebräuchlichen offenen Grubenlampen konnten dieses Gas entzünden, was wiederum den Kohlestaub in Brand setzte und Explosionen auslöste, die sich durch die gesamte Grube ausbreiteten. Im nordfranzösischen Courriéres löste eine Gasexplosion am 10. März 1906 eine Feuerwalze aus, die mit einer Geschwindigkeit von 3000 Kilometern in der Stunde durch die Schächte raste und 1099 Todesopfer forderte.

Ihre leibliche Existenz wurde den Bergleuten aber auch auf andere Weisen vor Augen geführt. So gab es in den Gruben keine Toiletten. Die Männer entleerten sich üblicherweise in Schächten, in denen momentan nicht gearbeitet wurde. Das führte nicht nur dazu, dass die Gruben nach Exkrementen stanken, sondern stellte auch eine veritable Infektionsgefahr dar. Vergrößert wurde diese noch durch eine spezifische Sicherheitsvorkehrung: Um Kohlestaub zu binden und damit Explosionen wie in Courriéres zu verhindern, verlegte man Wasserrohre, welche die Schächte mit kleinen Tröpfchen berieselten. Da in den Gruben mit zunehmender Tiefe immer größere Hitze herrschte, konnten sich in diesem feuchten Klima Krankheitserreger aus den verflüssigten oder verdampften Exkrementen schnell verbreiten. Im Winter 1902/03 kam es an der Ruhr zu einem Wurmbefall, an dem 188730 Bergleute erkrankten. Insgesamt war ihre Lebenserwartung im Vergleich zu anderen Berufsgruppen sehr gering. Noch im 20. Jahrhundert mussten die Bergleute des Ruhrgebiets mit durchschnittlich 40 Jahren aus körperlichen Gründen ihren Beruf aufgegeben. Fast alle erkrankten an Lungenentzündungen, Gelenk- und Muskelrheuma, Nystagmus oder Herz- und Nierenleiden.[14]

Um diese Risiken zu navigieren, mussten die Bergleute ein verkörpertes Wissen ausbilden, das zur Grundlage eines spezifischen *ökologischen Eigensinns* wurde, also informeller Praktiken, mit denen sie sich ihre natürliche Umwelt unter Tage aneigneten. Aber auch oberirdisch spielte der ökologische Eigensinn eine wichtige Rolle. Hier ging es weniger um die Abfederung von Naturrisiken als vielmehr von Risiken der Lohnarbeit. Der Historiker Chad Montrie hat in diesem Zusammenhang gezeigt, dass die meisten Bergarbeiter bis weit ins 20. Jahrhundert hinein Subsistenzlandwirtschaft betrieben, um ihre Abhängigkeit von den Löhnen zu reduzieren. In Amerika kamen noch Jagd und Fischerei hinzu. Möglich war dies, weil die Gruben sich meist in zunächst relativ dünn besiedelten Gebieten befanden. Einerseits war die Subsistenzwirtschaft den Zechen durchaus willkommen, erlaubte sie es doch, relativ niedrige Löhne zu bezahlen. Andererseits hing sie direkt mit der »Unzuverlässigkeit« der Bergleute zusammen, die, wenn sie sich aus ihren Gärten versorgen konnten, regelmäßig nicht zur Arbeit erschienen. Der Vizepräsident einer Zeche klagte: »Der Punkt, der von den [Eigentümern] am meisten betont wird, ist die Schwierigkeit, eine Kohlemine wirtschaftlich zu betreiben, wenn die Tagesleistung von den Launen des Kohleladers abhängt, der arbeitet, wann, so lange und so hart er will.«[15] Montrie fasst zusammen:

> Durch Gartenarbeit, Viehzucht, Jagd und Fischerei konnten die Bergleute und ihre Familien den Grad der Entfremdung von der Natur minimieren, der durch den Übergang zur industriellen Lohnarbeit erforderlich wurde. Sie verließen zwar ihre Höfe, aber sie mussten sich nicht völlig von der Landarbeit trennen, die sie in mehr als einer Hinsicht nährte. [...] In Verbindung mit der relativen Freiheit, die die Bergleute unter Tage erlebten – bevor sie durch neue Technologien und die Neuorganisation der Arbeit der Kontrolle und Überwachung unterworfen wurden, die die meisten Fabrikarbeiter kannten –, glich diese fortgesetzte Verbindung

mit der Landschaft und den Lebewesen um sie herum die Plackerei in den Gruben und das Leben in den Kohlelagern teilweise aus.[16]

Da die Zechen ihren Arbeitskräftebedarf in den ländlichen Gegenden nicht – oder nicht zuverlässig genug – stillen konnten, gingen sie dazu über, Zuwanderer anzuwerben. So hatten die meisten Betriebe bald eine bunt gemischte Belegschaft mit Beschäftigten aus teils Hunderte Kilometer entfernten Regionen. Anfang des 20. Jahrhunderts stammte etwa die Hälfte der Bergleute des Ruhrgebiets aus Osteuropa. Damit wurden die Zechen zu Schmelztiegeln für Menschen, die meist nicht dieselbe Sprache sprachen, unterschiedliche politische und religiöse Weltanschauungen hatten und auch sonst kaum gemeinsame Traditionen aufwiesen. Das nutzten die Unternehmen, um ein Regime der differenziellen Nutzbarmachung zu etablieren: Die Aufseher oder »Steiger« waren stets Deutsche; die Osteuropäer wurden am unteren Ende der Hierarchie eingesetzt. Als Schlepper mussten sie etwa die gehauene Kohle abtransportieren, was zu den gefährlichsten und gleichzeitig am wenigsten anerkannten Tätigkeiten gehörte. 1899 verbot die Bergpolizeiverordnung sogar offiziell den Aufstieg in der Hierarchie für all jene, die der deutschen Sprache nicht in Wort und Schrift mächtig waren.[17]

Darüber hinaus waren die osteuropäischen Arbeiter in abgesonderten Zechenkolonien untergebracht, was es erlaubte, sie auch über die Grube hinaus in ihrem persönlichen Lebensvollzug zu disziplinieren. Im Ruhrgebiet waren Glücksspiele, das Rauchen im Bett sowie Frauenbesuch in den Werkswohnungen verboten. Betten und Schränke wurden regelmäßig von Kontrolleuren inspiziert. Im Saarland schrieb man den Bergleuten vor, um zehn Uhr das Licht zu löschen. Lautes Singen und Diskutieren sowie das Lesen sozialdemokratischer Presse waren nicht erlaubt.[18] Höherrangige deutsche Bergarbeiter wurden hingegen dabei unterstützt, in den Dörfern nahe der Zechen eigene Häuser zu errichten. Dort nahmen sie wiederum sogenannte Schlaf- oder Kostgänger zur Miete auf. Das war insbesondere für diejenigen attraktiv, die auf kein familiäres Netzwerk zurückgreifen konnten. Bei den Familien ihrer Kollegen erhielten sie nicht nur ein Bett, sondern auch Verpflegung und Fürsorge – etwa im Krankheitsfall oder wenn Kleidung repariert werden musste.[19]

Oft war die Arbeit das Einzige, was die Kumpel gemeinsam hatten. Aufgrund des engen geteilten Lebensraums entwickelte sich eine spezifisch proletarische Identität, in deren Zentrum die Erfahrung der Tätigkeit unter Tage stand, während religiöse und kulturelle Traditionen in den Hintergrund rückten. Zwar kam es in dieser Zeit auch in anderen Branchen zu Proletarisierungstendenzen, doch dort waren die Arbeitenden meist weniger entwurzelt und sie behielten lokalkulturelle, handwerkliche und religiöse Identitäten stärker bei. Den Unternehmern wiederum war daran gelegen, die aufkommende proletarische Identität nach ihren Vorgaben zu formen. Dazu diente unter anderem die Errichtung von Schulen und Kapellen auf dem Werksgelände. In den Augen der Fabrikanten waren Wanderarbeiter und Tagelöhner besonders unkontrollierbar, weshalb sie die Beschäftigung auf Dauer stellen wollten. Neben der Bindung durch Werkswohnungen setzten sie auch auf Zwangsinstrumente wie den sogenannten »Arbeitsnachweis«, ein Dokument, mit dem die Kumpel ihre Zuverlässigkeit unter Beweis stellen sollten.[20]

In Reaktion auf die Disziplinierungsversuche der Zechenbesitzer etablierte sich unter den Bergleuten eine spezifische Form des Eigensinns. Das hatte vor allem damit zu tun, dass ihre Arbeit sich kaum umfassend kontrollieren ließ. So durchliefen sie, anders als Handwerker, keine formelle Ausbildung oder Lehrlingszeit. Stattdessen wurden sie ausschließlich von ihren Kollegen angelernt – was die Verbreitung einer unabhängigen Arbeiterkultur beschleunigte. Vor allem aber machten die materiellen Gegebenheiten der Gruben eine engmaschige Kontrolle so gut wie unmöglich, zogen sich die Stollen doch meist über viele Kilometer; oft waren sie zudem schwer zugänglich – etwa weil Gänge zugeschüttet wurden. Der Steiger, der die Hauer überwachen sollte, wanderte durch die Grube und kam etwa einmal pro Schicht bei den einzelnen Gruppen vorbei. Aufgrund des Zeitmangels konnte er sich meist keinen genauen Überblick über die Situation vor Ort verschaffen, sondern verteilte eher allgemeine Ratschläge, die vor allem die Funktion hatten, bei Nichtbefolgung die Arbeiter selbst für Unfälle verantwortlich machen zu können.

Die Hauer wurden in sogenannte »Kameradschaften« von etwa sieben Personen eingeteilt und in bestimmte Abschnitte geschickt, wo sie ihre Arbeit autonom organisierten. Selbst weitreichende Entscheidungen wie etwa über die Anbringung von Stützpfeilern wurden von den Kameradschaften getroffen. Aus ihrer Mitte wählten diese einen Sprecher, den sogenannten »Ortsältesten«, der die Gruppe anleitete und mit dem Steiger verhandelte. Bezahlt wurden die Hauer üblicherweise im Akkordlohn – jedoch nicht individuell, sondern als gesamte Kameradschaft. Da sich die Arbeit unter Tage einer genauen Überwachung entzog, war aus Sicht der Grubenbesitzer weder ein allgemeiner Stunden- noch ein individueller Akkordlohn sinnvoll. Vielmehr sollten die Mitglieder der Kameradschaften durch die gemeinsame Entlohnung dazu gebracht werden, sich gegenseitig zu kontrollieren. Der Steiger beurteilte die Leistung der Gruppe und legte das Entgelt – oder gegebenenfalls auch Strafen – fest. Dieses System galt als besonders undurchsichtig und führte naheliegenderweise regelmäßig zu Konflikten.[21]

Zugleich lief diese Arbeitsweise aber darauf hinaus, dass die Tätigkeit der Bergleute nicht nur durch ein hohes Maß an Autonomie und Eigenverantwortung, sondern auch durch die permanente Notwendigkeit kollektiver Aushandlungen gekennzeichnet war. Letztere manifestierten sich jedoch im Regelfall in eigensinnigen Praktiken in der Grube und nicht in gewerkschaftlichen Aktionen wie Streiks. Die geologischen Bedingungen des Kohlebergbaus – die Abgelegenheit, die materielle Situation unter Tage – leisteten somit einen wichtigen Beitrag zur Entstehung dessen, was man später als proletarische Identität bezeichnen sollte: eines Gruppenbewusstseins, das von lokalen kulturellen und religiösen Traditionen weitgehend unabhängig ist und vor allem auf der geteilten Arbeitserfahrung und dem Konflikt mit Unternehmern oder Vorgesetzten aufbaut.[22]

Bald waren die Kohleregionen geradezu berüchtigt für ihre Kombination aus zerstörten Landschaften, krankmachenden Bedingungen und rebellischen Arbeitern. Darin manifestierte sich die Dynamik der differenziellen Nutzbarmachung von Arbeit und Natur *innerhalb* der frühindustrialisierten Länder. »Es war im Grunde genommen eine quasikoloniale Situation«, schreibt der Umwelthistoriker Frank Uekötter, »bei der für die Gewinnung des wertvollen Brennstoffs Bedingungen toleriert wurden, die andernorts als vollkommen inakzeptabel gegolten hätten.«[23]

Diese Trennung ließ sich allerdings nicht lange aufrechterhalten. Denn auch die Städte, die meist das Lieferziel der Kohle darstellten, bekamen deren Materialität überdeutlich zu spüren. Sinnbild dafür ist der Smog aus den Londoner Fabriken, der die Sichtweite zeitweise auf eine Armlänge beschränkte. 1873 forderte er allein an drei Dezembertagen 700 Todesopfer. Menschen starben nicht nur an Lungenschäden, 19 Personen kamen ums Leben, weil sie wegen der schlechten Sicht in die Themse oder einen der zahlreichen Kanäle stürzten. Im Winter 1879/80 kostete der Smog etwa 3000 Menschen das Leben. Und noch im Dezember 1952 blieb durch eine Inversionswetterlage eine undurchdringliche Abgasdecke fünf Tage lang über der Stadt hängen. Opernhäuser und Kinos mussten ihre Vorstellungen absagen, da Bühne und Leinwand nicht mehr zu sehen waren. Vor den Krankenhäusern bildeten sich lange Schlangen, viele starben auf dem Weg zum Arzt. Laut Berechnungen kam es infolge dieses Ereignisses zu 4000 bis 12 000 vorzeitigen Todesfällen. Im Ruhrgebiet wiederum gingen selbst noch im Jahr 1961 1,5 Millionen Tonnen Staub, Asche und Ruß sowie vier Millionen Tonnen Schwefeldioxid über den Städten und Feldern nieder.[24]

1889 wurde das Ruhrgebiet zum Schauplatz des ersten Massenstreiks in der deutschen Geschichte. Rund 90 Prozent der Kumpel traten für bessere Arbeitsbedingungen in den Ausstand. Doch die Unternehmer verweigerten sich strikt allen Verhandlungen. Stattdessen entsandten die Streikenden eine Deputation zum Kaiser. Der Monarch appellierte an die Unternehmer einzulenken, so dass er sich zunächst einiger Beliebtheit erfreute und die Bergarbeiter ihre Versammlungen stets mit »Ein Hoch auf den Kaiser!« beendeten.[25] Doch die aus ständischer Zeit stammenden Konfliktlösungspraktiken erwiesen sich als wirkungslos, und die Industriellen erklärten sich zu keinerlei Konzessionen bereit; stattdessen ließen sie den Streik durch halbprivate Schutztruppen niederschlagen. Gegen den »Streikterrorismus« wurden nicht nur organisierte bewaffnete Gruppen wie die Zechenwehren mobilisiert, sondern man setzte auch auf informelle oder illegale Strategien wie den privaten Einsatz der städtischen Polizei, die Verteilung von Waffen an Streikbrecher und die Militarisierung leitender Angestellter und Vorarbeiter.[26]

Aufseiten der Bergleute führte der Streik allerdings ebenfalls zu einer neuen Form der Organisierung: Sie gründeten im August 1889 den »Alten Verband«, der zum Ausgangspunkt für den Durchbruch der deutschen Gewerkschaftsbewegung werden sollte. Auch in anderen Regionen spielten die Kumpel bei der Entstehung der Bewegung eine zentrale Rolle. Darüber hinaus zwangen die Bergarbeiterstreiks den preußischen Staat, die Produktionspolitik durch die Einführung des »Arbeiterschutzgesetzes« im Jahr 1891 zu regulieren. Das Gesetz sah unter anderem einen besonderen Schutz für Frauen und Kinder vor, schränkte die Nachtarbeit ein und verordnete eine 24-stündige Sonntagsruhe in Fabriken, Werkstätten und Bergwerken, auf Baustellen und Werften.[27] Dass eine solche Gesetzgebung entstand, war zum Teil auf die zentrale ökonomische Stellung der Kohle zurückzuführen, welche die frühindustrialisierten Staaten dazu veranlasste, gegenüber den Bergleuten von gewaltsamer Repression auf Befriedung umzuschwenken.

1905 organisierte der Alte Verband einen weiteren Massenstreik gegen schlechte Gesundheitsvorsorge und unzureichende Hygiene, die Stilllegung von Zechen, eine Verlängerung der Arbeitszeit und das Nichtanrechnen unvollständig gefüllter Kohlewagen auf den Lohn, das sogenannte »Wagennullen«. Am 16. Januar wurde der Generalstreik beschlossen, und 200000 von 268000 Bergleuten des Ruhrgebiets traten in den Ausstand. Abermals verweigerten sich die Unternehmer prinzipiell allen Verhandlungen mit den Gewerkschaften, die aus ihrer Sicht ihr alleiniges Verfügungsrecht über die Betriebe infrage stellten. Abermals wurde der Staat um Vermittlung angerufen – und reagierte: Das preußische Berggesetz wurde novelliert, und den Bergleuten wurde ein begrenztes institutionelles Mitbestimmungsrecht in »Arbeiterausschüssen« eingeräumt, Vorläufern der heutigen Betriebsräte. Der Streik von 1905 markiert also eine Zäsur in der deutschen Sozialgeschichte: Mit der Berggesetznovelle entschied der preußische Staat endgültig, die Austragung von Arbeitskämpfen nicht mehr allein den Interessenparteien zu überlassen, sondern regulierend einzugreifen. Der Grundstein für eine Institutionalisierung der Stoffwechselpolitik war gelegt.

In Sachen Institutionalisierung waren die Arbeitgeber den Beschäftigten einen Schritt voraus, wobei der Montanindustrie auch hier eine Vorreiterrolle zukam: Deren Unternehmer hatten schon 1876 den Centralverband Deutscher Industrieller (CDI) gegründet. Seine Aufgabe bestand zunächst vor allem darin, ein Bündnis zwischen Industrie und Landwirtschaft zu knüpfen. Auf Kleinbauern musste die Montanindustrie keine Rücksicht nehmen, aber Großgrundbesitzer spielten in Form des alten Adels im preußischen Staat eine zentrale Rolle. Deshalb war die junge Industrie auf gute Beziehungen zu dieser Branche angewiesen. Bereits in den Anfangsjahren des Centralverbandes setzte er auf einen Interessenausgleich der Industrie mit der Landwirtschaft; 1879 beschloss der Kongress des Bundes der Landwirte eine förmliche Allianz mit dem Verband der Montanindustrie. Eine wichtige gemeinsame Forderung war die Einführung von Schutzzöllen, die sowohl der heimischen Industrie als auch den Junkern zugutekommen würde.

Aber die Berührungspunkte zwischen Montanindustrie und Landwirtschaft beschränkten sich nicht auf wirtschaftspolitische Aspekte, sondern betrafen zugleich den Umgang mit der Erde. Der Bergbau transformierte schließlich nicht nur die unterirdische Erdkruste und die in ihr arbeitenden Menschen, sondern auch große, vormals landwirtschaftlich geprägte Landstriche. Ein niedersächsischer Gemeindevorstand beklagte etwa, in der unmittelbaren Umgebung eines lokalen Bergwerks zeigten sich »nach allen Seiten hin tiefe Versenkungen und theilweise Einstürze auf den Feldern«.[28] Außerdem produzierten die Gruben riesige Mengen an Abwasser, das in Flüsse und Seen eingeleitet wurde. Ein weiterer niedersächsischer Beamter berichtete, das Wasser in seinem Dorf sei »so schwarz als wenn man Dinte hat«.[29] Angesichts dessen seien die »Fisch- und Krebsbestände vollständig abgetötet« worden.[30] Die giftigen Dämpfe der Koksöfen entlaubten ganze Wälder, so »daß kein Baum, kein Laub [hat] und kein Gras gedeihen kann. Das Gemüse [...] läßt sich nicht genießen. Das Gras verdorrt und das Vieh mag es nicht fressen«, hielt ein Bauer fest.[31] Im Ruhrgebiet wirken die Umweltfolgen des Bergbaus größtenteils bis heute fort. So steht der Boden infolge der Aushebungen teilweise niedriger als die umliegenden Gewässer. Deshalb ist die Region auf eine große Zahl von Pumpwerken angewiesen, die eine Überflutung verhindern. Sollten sie stillgelegt werden, würde sich die Gegend zwischen Wesel und Hamm in eine Seenplatte verwandeln. Darüber hinaus muss das durch Mineralien verschmutzte Wasser aus den ehemaligen Gruben ständig gereinigt werden, damit es nicht die Trinkwasserversorgung gefährdet.[32]

Das Bündnis zwischen Industrie und Landwirtschaftsverband sorgte dafür, dass die ökologischen Interessen der Großgrundbesitzer gewahrt blieben, während diejenigen der Kleinbauern meist geopfert wurden, da Letztere nicht über die Mittel für langwierige Gerichtsprozesse verfügten. Das Reichsgericht verbot beispielsweise 1884 die Einleitung jeglicher Zechenabwässer in Privatflüsse. Aus Rücksichtnahme gegenüber den lokalen Industriellen tolerierten die zuständigen Behörden die Einleitungen jedoch in den allermeisten Fällen. Gegen Ende des 19. Jahrhunderts erreichten die organisierten Unternehmerinteressen schließlich auch einen Wandel in der Rechtsprechung: Der traditionell hohe Schutz des Privateigentums vor schädlichen Grundwassereinleitungen wurde angesichts der neuen Kräfteverhältnisse für nicht mehr praktikabel erklärt.[33]

Der CDI betrieb zunächst vor allem Lobbyismus. August Bebel, einer der bedeutendsten sozialdemokratischen Politiker der Zeit, beschrieb die Situation wie folgt: »Das Foyer des Reichstages glich damals einer Schacherbude. Die Vertreter der verschiedensten Industriezweige und Agrarier bevölkerten zu Hunderten das Foyer und die Fraktionszimmer.«[34] Mit der Aushandlung von Tarifverträgen war der CDI noch nicht befasst. Stattdessen widmete er sich neben der Lobbytätigkeit der Bekämpfung der Sozialdemokratie. In Reaktion auf die Wahlerfolge der SPD und der Zentrumspartei im Ruhrgebiet richtete der Verband 1909 eigens einen Fonds ein, um seine Agitation im Reichstagswahlkampf zu finanzieren. Die im CDI organisierten Unternehmen verpflichteten sich, 50 Pfennig pro 10000 Mark gezahlter Löhne abzuführen. Diese Mittel flossen hauptsächlich in Propagandakampagnen, die mit nationalistischen Parolen die Kandidaten der Nationalliberalen und der Konservativen Partei unterstützten.

Auch in anderen frühindustrialisierten Volkswirtschaften waren es der Kohlebergbau und die angrenzenden Branchen, die bei der Durchsetzung von Arbeitsrechten und der Institutionalisierung der Stoffwechselpolitik vorangingen. In vielen Ländern kam es zu Bergarbeiterstreiks, die denen im Ruhrgebiet sowohl hinsichtlich ihrer Austragungsform als auch der daraus resultierenden Institutionalisierung ähnelten. Ein gutes Beispiel ist hier der »Australian maritime dispute«, ein Streik, der im August 1890 begann, als Dampfschiffmatrosen in Australien höhere Löhne und bessere Arbeitsbedingungen forderten. Bald traten auch Werftarbeiter, dann Gaslagerarbeiter und schließlich Bergleute in den Ausstand, die nicht länger Kohle für nicht gewerkschaftlich organisierte Schiffe fördern wollten. Der australische Staat begegnete dem Streik zunächst mit Militärgewalt. Gleichzeitig organisierten sich die Unternehmer in Verbänden, um den Gewerkschaften bei Tarifverhandlungen entgegenzutreten und die Gesetzgebung zu beeinflussen.[35]

Ein zentraler Grund für die Durchsetzung kodifizierter Arbeitsrechte lag in den materiellen Eigenschaften der Steinkohle selbst. So argumentiert der Politologe Timothy Mitchell, die Kohle habe den Arbeitenden erstmals ein umfassendes Machtmittel in die Hände gelegt, das sie weltweit zur Durchsetzung demokratischer Rechte nutzten. Einerseits legten die Streiks der Bergleute, wie bereits angesprochen, nicht nur ihre eigenen Betriebe lahm, sondern die gesamte fossil betriebene Industrie. Andererseits führten die geologischen Eigenschaften der Vorkommen dazu, dass die Distribution der Kohle einer Baumstruktur folgte: An ihren Enden waren die Lieferketten durchaus verzweigt, aber sie gingen meist von einem einzigen Hauptkanal, wie etwa dem Ruhrgebiet, aus. Das führte zu potenziellen Engpässen an mehreren Knotenpunkten, die sich leicht blockieren ließen. Auf diese Weise konnte man nicht nur das eigene Unternehmen, sondern auch Regierungen unter Druck setzen.[36]

Damit zwangen die Kumpel den Staat zu Interventionen, mit denen die Arbeitsbedingungen erstmals reguliert wurden. Dies wiederum zog die Organisierung der Unternehmen in Arbeitgeberverbänden nach sich, die durch die neue Macht der Beschäftigten dazu gezwungen wurden, ihre prinzipielle Haltung des Nichtverhandelns aufzugeben. Von diesem Kernsektor aus setzten sich Gewerkschaften in jenen Branchen durch, in denen die Kohle eine besonders große Rolle spielte. Zentral waren dabei die Stahlindustrie mit ihren kohlebetriebenen Hochöfen, aber auch das Transportwesen in Form von Dampfschiffen und der Eisenbahn.

Eisenbahn

Schienen stellten bereits vor der Erfindung der Dampflok eine Erleichterung für den Gütertransport dar. Allerdings setzten sie standardisierte Räder und Spurbreiten voraus, weshalb sie im öffentlichen Verkehr zunächst eine weit geringere Rolle spielten als innerhalb der Lieferketten einzelner Unternehmen. In den englischen Kohlerevieren, insbesondere rund um Newcastle, wurde bereits in der zweiten Hälfte des 18. Jahrhunderts ein dichtes Netz von Schienen verlegt, die vornehmlich von Pferdekarren genutzt wurden. Im Februar 1804 fuhr dann die erste mit Dampfkraft betriebene Lokomotive der Welt auf der Hüttenwerksbahn der Firma Merthyr Tydfil in Südwales. Dass dieses Fortbewegungsmittel in den Kohlerevieren geboren wurde, war gleichsam natürlich, war der Brennstoff hier doch unmittelbar verfügbar und hatten Grube und Eisenbahn doch häufig denselben Besitzer.

Die Kohle war aber nicht nur essenziell für den Betrieb, sondern schon für die Herstellung der Eisenbahnen und ihrer Schienen. Bevor die Steinkohle sich als Energieträger durchsetzte, war die Verarbeitung größerer Mengen von Eisen an den enormen Kosten gescheitert, die der Einsatz von Holzkohle bei der Verhüttung verursachte. Die verfügbare Menge an Holz war zum einen dadurch begrenzt, dass es auch als Baustoff benötigt wurde. Zum anderen musste das sperrige Gut an den Ort der Verbrennung gebracht werden, was selbst Energie erforderte – vor allem in Form von Pferdefutter. Der Transport über weite Strecken konnte die Energiebilanz so schnell negativ werden lassen. Daher fand die Eisenverhüttung in der Ära der Holzkohle dezentral in vielen kleinen Hütten in Wäldern statt, was freilich teuer und nicht sonderlich effektiv war. Mit der auch leichter zu transportierenden Steinkohle wurde dieser Engpass eliminiert. Nun wurde der Betrieb sehr großer Hochöfen möglich, der die Eisenproduktion deutlich verbilligte.[37]

Die Dampfkraft multiplizierte die Transportgeschwindigkeit gegenüber den bis dahin vorherrschenden Antriebsarten um den Faktor 3 bis 5. Damit sanken auch die Kosten dramatisch. 1866 wurde eine Bahnstrecke zwischen einer Erzgrube bei Osnabrück und den weiterverarbeitenden Hochöfen errichtet. Hatte der Transport im Jahr 1858 – je nach Witterung – 2,50 bis 5 Mark pro Tonne Erz gekostet, sanken die Kosten nach Eröffnung der Eisenbahnlinie auf 30 Pfennig. Damit nahm wiederum die Produktivität der jeweiligen Branchen stark zu. Zugleich standen die Produzenten nun aber erstmals in einem umfassenden Konkurrenzverhältnis zueinander.[38]

Heute stellen wir uns »den Markt« kaum mehr als eine materielle Infrastruktur vor. Der geldvermittelte globale Warentausch ist uns zur Selbstverständlichkeit geworden. Zu Beginn des 19. Jahrhunderts konnte von solchen Märkten jedoch noch keine Rede sein. Zwar existierte bereits ein reger transatlantischer Handel, aber auf dem Landweg ging der Gütertransport ähnlich schleppend vonstatten wie in den zwei Jahrtausenden zuvor: auf Karren, die von Menschen, Ochsen oder Pferden gezogen wurden. Die meisten Straßen waren kaum befestigt, schon ein mittlerer Regenfall konnte sie in Sümpfe verwandeln, in denen die Räder regelmäßig steckenblieben. Der Gütertransport war also starken naturbedingten Schwankungen unterworfen und darüber hinaus so teuer, dass es sich kaum lohnte, alltägliche Konsumgüter über längere Strecken zu bewegen. Für die meisten Produkte existierten somit keine nationalen oder gar internationalen Märkte. Das änderte sich nun. Je dichter das Eisenbahnnetz und je niedriger die relativen Transportkosten waren, desto stärker glich sich das allgemeine Preisniveau an. Der Standortvorteil einer Produktionsstätte wurde zunehmend relativiert und die Konkurrenz verallgemeinert. Güter waren am Ort ihrer Herstellung nur noch unwesentlich billiger als an den verschiedenen Verkaufspunkten. Das bedeutete auch, dass es nun erstmals ohne Verluste möglich war, Fertigungsstätten weit entfernt von den benötigten Rohstoffen zu errichten.

Die Revolution des Transportwesens hatte immense Auswirkungen auf die Organisation der Arbeit. Menschen wurden durch die neuen Austauschmöglichkeiten in die Marktproduktion gelockt oder gedrängt. Hoffnung auf Reichtum breitete sich ebenso schnell aus wie eine mit der Angst vor dem Scheitern verbundene Unsicherheit. Innerhalb einer Generation untergrub die Konkurrenz in jedem Gebiet, in das die Eisenbahn und »der Markt« vordrangen, die alten Sozialstrukturen, und ein neuer Modus der Vergesellschaftung durch Wettbewerb griff um sich. Für die Arbeitswelt bedeutete das auch, dass Produzenten nun überregional miteinander konkurrierten. Lokale Handwerksbetriebe mussten sich plötzlich gegen die aufkommende Industrie behaupten, und Arbeitsmärkte begannen ebenfalls, sich zu konsolidieren.[39]

Die Tatsache, dass die Eisenbahn zur materiellen Grundbedingung funktionierender Märkte wurde, hatte außerdem zur Folge, dass Länder ohne Schienennetz drastische Wettbewerbsnachteile zu befürchten hatten. Dies setzte einen sich selbst verstärkenden Expansionsmechanismus in Gang, und Mitte des 19. Jahrhunderts entstand in Europa binnen weniger Jahrzehnte ein Schienennetz von über 200 000 Kilometern Gesamtstreckenlänge. Aufgrund seines Vorsprungs bei der Kohlekraft dominierte dabei zunächst England, doch das Deutsche Reich holte auf. 1875 verfügte es schon über 28 000 Kilometer Gleise, und außerdem war es bald der international führende Standort der Lokbauindustrie.[40]

Die Eisenbahnnation schlechthin waren jedoch die USA. Ab 1830 wurde das Binnenland über Strecken erschlossen, die von Charleston, Baltimore, Boston, Philadelphia und New York gen Westen verliefen. Bereits 1840 war das US-Streckennetz größer als dasjenige aller europäischen Ländern zusammen. Jedes Jahr wurden in den USA durchschnittlich 7500 Kilometer Gleise verlegt, so dass 1910 ein Netz mit einer Gesamtlänge von 393 000 Kilometern existierte. Auch technisch hatten die US-Eisenbahnen einen großen Vorsprung: 1893 erreichte der Empire State Express eine Rekordgeschwindigkeit von

195 Kilometern in der Stunde. Dank dieser Infrastruktur wurde das gesamte Land innerhalb weniger Jahrzehnte zu einem integrierten, dynamischen Markt.[41]

Möglich wurden diese rasanten Entwicklungen durch immense Investitionen. Während der letzten zwei Jahrzehnte des 19. Jahrhunderts waren zwischen 40 und 50 Prozent des privaten amerikanischen Kapitals in Eisenbahnen angelegt, was einer historisch einmaligen Konzentration entsprach. Der Grund war die spezifische ökonomische Attraktivität der Branche. Zunächst einmal war die Eisenbahn als Transportmittel in Nordamerika mehr oder weniger konkurrenzlos, da es kein mit Europa vergleichbares Straßennetz gab. Die einzige Alternative stellte der Transport auf Wasserwegen dar, die naturgemäß einen Großteil des Territoriums nicht erreichten. Darüber hinaus konnten sich die Eisenbahngesellschaften natürliche Ressourcen und vor allem Land weitgehend kostenlos aneignen. Während in Europa die meisten Streckenbauten mit teuren Grundstückskäufen, Enteignungen und sozialen Konflikten, insbesondere mit der Landwirtschaft, verbunden waren, wurde in Nordamerika der notwendige Baugrund schlicht der indigenen Bevölkerung geraubt. Wenn diese Widerstand leistete, konnten die Unternehmen auf militärische Unterstützung des Staates zählen. Um die Besiedelung zu beschleunigen, versprach die Regierung in Washington den Eisenbahngesellschaften je gebauter Meile 52 Quadratkilometer Land sowie zwischen 16 000 und 48 000 Dollar niedrig verzinste Staatskredite. Dies führte dazu, dass die Unternehmen binnen weniger Jahre den Großteil des fruchtbaren amerikanischen Bodens kontrollierten. Da die europäischen Kolonisatoren sich vor allem entlang der Eisenbahnstrecken ansiedelten, war darüber hinaus stets eine hohe Nachfrage nach den entsprechenden Grundstücken garantiert.[42]

Der Gleisbau transformierte die Landschaft stärker als alle vorherigen Infrastrukturprojekte: Wälder, Tiere und sogar Berge mussten der Eisenbahn weichen. Höhenzüge stellten die Gesellschaften vor die Wahl, entweder Anstiege in Kauf zu nehmen, was für die Loks einen enormen Energieverbrauch und Geschwindigkeitsabfall bedeutete, oder Tunnel zu graben. Beides war nicht nur für Ingenieure, sondern auch für die Gleisbauer mit enormen Gefahren verbunden. Allein beim Bau der Zugstrecke, welche die Sierra Nevada auf bis zu 2300 Metern Höhe überquert, kamen Tausende Arbeiter ums Leben.

Für die Errichtung der Schienen war eine enorme Menge an Arbeitskräften notwendig. Diese waren verhältnismäßig leicht zu rekrutieren, da die Tätigkeit keine Vorkenntnisse erforderte. Zudem wurden Gleisbauern in Europa meist etwas höhere Löhne gezahlt als in den Fabriken. Allerdings lagen die Arbeitsplätze fast immer weit von den Wohnorten der Beschäftigten entfernt, wobei verschärfend hinzukam, dass sie sich ständig änderten. Die Männer wurden in der Regel kaserniert, und ihr Privatleben unterlag strengen Disziplinvorschriften. Die Arbeit war stark witterungsabhängig, bei schlechtem Wetter fiel sie oft aus, so dass auch kein Lohn gezahlt wurde. Wenn die Witterung es zuließ, wurde wiederum 12 oder 13 Stunden am Tag geschuftet, im Sommer sogar oft mehr. Schließlich wies die Branche ein besonders hohes Risiko für Unfälle und Berufskrankheiten auf.

Aufgrund dieser Nachteile war der Eisenbahnbau eine der ersten stark migrantisch geprägten industriellen Tätigkeiten. Die Strategie der differenziellen Nutzbarmachung von Arbeitskraft basierte in den USA darauf, chinesische Kräfte aus Schanghai und Hongkong anzuwerben. Tausende von ihnen starben während der gefährlichen Arbeit. Bald etablierten sich verschiedene Formen der institutionellen Diskriminierung, die insbesondere bei der Konkurrenz zwischen weißen und chinesischen Arbeitern ansetzten. In den 1870er Jahren bildeten weiße Kleinunternehmer, die vornehmlich Weiße beschäftigten und deren Wettbewerber auf chinesisches Personal setzten, innerhalb der Demokratischen Partei eine Allianz mit weißen Arbeitern. Diese drückte 1882 ein Gesetz durch, das die weitere Einwanderung chinesischer Arbeiter verbot.[43] Auch in Europa galt die Regel, dass der Anteil ausländischer Bauarbeiter umso höher ausfiel, je gefährlicher ein Streckenabschnitt war.

Waren die Schienen einmal verlegt, begann die eigentliche »Eisenbahnarbeit« freilich erst. Die Eisenbahngesellschaften waren die ersten dezentralen Massenorganisationen, die ihre räumlich weit verteilten Beschäftigten mithilfe bürokratischer Techniken und einer ausdifferenzierten Arbeitsteilung organisierten. Lokführer, Maschinisten und Zugbegleiter wurden einer quasi militärischen Disziplin unterworfen. Häufig handelte es sich dabei um Menschen, die zuvor Bauern oder selbstständige Handwerker gewesen waren und sich nur schwer an die Standardisierung der Fahrpläne und in den riesigen Fabriken gewöhnen konnten. Deshalb legten die amerikanischen Eisenbahner oft einen bemerkenswerten Eigensinn an den Tag. Dies galt insbesondere für die am stärksten reglementierten Beschäftigten, das Zugpersonal. So war es in den 1850er Jahren nicht unüblich, dass Schaffner und Lokführer die Fahrpläne des Unternehmens völlig ignorierten und ihre Züge nach eigenem Gutdünken steuerten.[44]

Aber auch jenseits der Eisenbahngesellschaften transformierte die neue Mobilität die Arbeitswelt. Wo lokale Firmen vor der Existenz der Bahn auf regionale Nachfrage bauen konnten, zogen die Beschäftigten eine gewisse Verhandlungsmacht daraus, dass die Unternehmen nur innerhalb der Gemeinde oder Region Personal rekrutierten. Das änderte sich nun fundamental: Plötzlich konkurrierten Arbeiterinnen landesweit miteinander, und viele Firmen setzten alles daran, dieses Wettbewerbsverhältnis auszuweiten, und zwar insbesondere, indem sie verschiedene ethnische Gruppen gegeneinander ausspielten.

Gleichzeitig ermöglichte die Eisenbahn aber auch bislang nicht da gewesene Formen der Autonomie der Arbeit. Das zeigte sich eindrucksvoll beim Eisenbahnerstreik von 1877, der sich zum weltweit wohl ersten Massenausstand auswuchs. Nachdem die Baltimore and Ohio Railroad Company zum dritten Mal innerhalb eines Jahres die

Löhne gekürzt hatte, legten die Eisenbahner in Martinsburg im Bundesstaat West Virginia die Arbeit nieder. Sie entkoppelten die Lokomotiven von den Zügen, um diese fahruntüchtig zu machen. Als es dem Unternehmen nicht gelang, den Streik mithilfe von Milizen zu brechen, rief es die Nationalgarde zu Hilfe, die ihn nach 69 Tagen gewaltsam niederschlug. Allerdings weitete sich der Arbeitskampf nun auf das ganze Land aus: Lokomotiven und Gleise wurden zerstört; um sich zu koordinieren, übernahmen die Eisenbahner die Kontrolle über das Telegrafensystem. Bald schlossen sich auch Bergleute an, es kam zu einem Generalstreik, an dem sich 100000 Arbeitende beteiligten. Die Regierung befürchtete eine revolutionäre Situation, wie man sie wenige Jahre zuvor in der Pariser Commune erlebt hatte. Sie ließ in verschiedenen Städten Waffenlager sowie Verteidigungsanlagen errichten und die Bewegung letztendlich durch die Nationalgarde zerschlagen. Dennoch hatte der Generalstreik die neue Handlungsfähigkeit der Arbeitenden eindrucksvoll unter Beweis gestellt. Viele von ihnen schlossen sich in der Folge in der Organisation »Knights of Labor« zusammen. Im Gegensatz zu den bereits früher existierenden Branchengewerkschaften überschritten die Knights Grenzen zwischen Ethnien, Geschlechtern und Berufsgruppen. Sie agierten zwar teilweise wie eine Gewerkschaft, formulierten als Ziel jedoch die Überwindung der Lohnarbeit selbst. 1886 waren 800000 US-Arbeiterinnen in den Knights of Labor organisiert.[45]

Die eisenbahnbasierte Zirkulation der Arbeitskräfte brachte eine weitere kämpferische Organisation hervor: die Industrial Workers of the World (IWW oder »Wobblies«). Am 27. Juni 1905 trafen sich etwa 200 Gewerkschafter aus den ganzen USA in Chicago. Was sie einte, war die Enttäuschung über den großen Dachverband American Federation of Labor (AFL). Ihr Hauptkritikpunkt lautete, dass die AFL aus handwerksspezifischen Einzelorganisationen zusammengesetzt war, die keine Ungelernten aufnahmen, was zu einer Spaltung und damit Schwächung der Arbeiterklasse führe. Die IWW trat demgegenüber mit dem Wahlspruch »One Big Union« an. Dabei dienten die mittlerweile wieder zerfallenen Knights of Labor explizit als Vorbild.

In den 1910er und frühen 1920er Jahren gelang es der IWW tatsächlich, traditionelle Zunft- und Gewerkschaftsgrenzen zu überwinden. Auf ihrem Höhepunkt im August 1917 zählten die Wobblies über 150000 Mitglieder. Das schnelle Wachstum wird in der Forschung hauptsächlich auf die Organisierungsaktivitäten der sogenannten »Hobos« zurückgeführt. Ihren Ursprung hat diese zum Mythos avancierte Figur in den 1860er Jahren, als nach dem Ende des Amerikanischen Bürgerkriegs viele Veteranen nach Arbeit suchten. Da sie kein Einkommen hatten, konnten sie sich keine Fahrscheine leisten, weshalb sie als blinde Passagiere auf Güterzügen reisten. Bis zum Ausbruch des Ersten Weltkriegs war die Zahl der Hobos auf etwa 700000 angewachsen, und in der Weltwirtschaftskrise der 1930er Jahre nahm sie dann noch einmal deutlich zu. Viele frühe Versammlungen der IWW fanden in sogenannten »Hobo-Dschungeln« statt: informellen Camps entlang der Eisenbahnlinien. In ihrem Alltag waren die Hobos Schikanen seitens der Polizei und privater Sicherheitsdienste ausgesetzt. Aufgrund dieser Erfahrung entwickelten viele von ihnen eine innige Feindschaft gegenüber staatlichen und unternehmerischen Autoritäten, was wesentlich zum anarchistischen Charakter der IWW beitrug. Außerdem waren die hoch mobilen Hobos in der Lage, überall im Land zu agitieren und neue Mitglieder zu werben. Innerhalb weniger Jahre gab es sogar Zweigstellen in Kanada.[46]

In diesem Sinne transformierte die Eisenbahn nicht nur die Arbeitswelt und den Stoffwechsel mit der Natur, sondern sie ermöglichte auch eine bis dahin nie da gewesene Ausdehnung und Vernetzung von Arbeitskämpfen und widerständigen Organisierungen. Die Kohle war zum Treibstoff der industriellen Produktion, aber auch der Warenzirkulation geworden. Die Eisenbahnlinien stellten die Blutadern dieses Kreislaufs dar. Ganz ähnlich wie zuvor die Kohlearbeiter verfügten die Eisenbahner damit über einen starken Machthebel: Mit der Lahmlegung der Transportwege konnten sie nicht nur ihre eigenen Arbeitgeber, sondern ganze Volkswirtschaften unter Druck setzen. Die Infrastrukturen der Industrialisierung brachten somit die materiellen Bedingungen für eine bis dahin ungekannte Gegenmacht von unten hervor, die, das haben verschiedene historische Studien gezeigt, ein zentraler Faktor für die Durchsetzung grundlegender demokratischer Rechte war.[47]

Das Kernland des Korporatismus

Im Deutschen Reich spielten Bergleute eine wichtige Rolle bei der Absetzung der Monarchie. 1918 wurde mit der Novemberrevolution und der Rätebewegung der Kaiser gestürzt und der Erste Weltkrieg beendet. Die Kumpel des Ruhrgebiets unterstützten die Revolution mit Massenstreiks, wollten sie aber weitertreiben und forderten die Sozialisierung des gesamten Ruhrbergbaus. Angesichts der neuen gesellschaftlichen Kräfteverhältnisse konnten sich die Unternehmer Verhandlungen nicht länger verweigern. Im Vergleich zur revolutionären Rätebewegung erschienen die Forderungen der Bergleute zudem geradezu harmlos. Der Vorsitzende des Vereins Deutscher Eisen- und Stahlindustrieller, Ewald Hilger, erklärte:

> Ich bin einer der eifrigsten Verfechter des Nichtverhandelns mit den Gewerkschaften gewesen. Ich habe meinen Standpunkt vollständig aufgegeben. Meine Herren, Ich stehe heute vor Ihnen als ein aus einem Saulus gewordener Paulus. Wir kommen heute ohne die Verhandlungen mit den Gewerkschaften nicht weiter. Ja, meine Herren, wir wollen froh darüber sein, dass die Gewerkschaften in der Weise, wie sie es getan haben, sich noch bereit finden, mit uns zu verhandeln, denn nur durch die Verhandlungen speziell mit den Gewerkschaften, durch unser Abkommen mit den Gewerkschaften können wir Anarchie, Bolschewismus, Sparta-

kusherrschaft und Chaos – wie man das nennen will – verhindern.[48]

Am 15. November 1918 wurde die Satzung der »Arbeitsgemeinschaft der industriellen und gewerblichen Arbeitgeber und Arbeitnehmer Deutschlands« unterzeichnet – unter dem Namen der beiden Hauptverhandlungsführer (des Ruhrindustriellen Hugo Stinnes und des Gewerkschafters Carl Legien) auch als »Stinnes-Legien-Abkommen« bekannt. Der Arbeitsgemeinschaft traten 21 Arbeitgeberverbände und sieben Gewerkschaften aller wichtigen Ausrichtungen bei. Aus Sicht Letzterer bestand die grundlegende Errungenschaft des Abkommens in der prinzipiellen Anerkennung der Gewerkschaften als Vertreter der Beschäftigten und der Bereitschaft zur Regelung der Arbeitsbedingungen in Tarifverträgen. Damit änderte sich auch das Selbstverständnis der Unternehmerverbände. Während sie bislang ihren Zweck im Lobbyismus und in der Bekämpfung der Arbeitnehmerorganisationen gesehen hatten, bestand ihre zentrale Aufgabe fortan in allgemeinverbindlichen Verhandlungen mit denselben. Darüber hinaus wurde das Recht auf die Gründung von Arbeiterausschüssen bestätigt. In Bezug auf die Arbeitsbedingungen gelang den Gewerkschaften die Durchsetzung des Achtstundentages, jahrzehntelang ein Fernziel der Bewegung.

Historisch noch bedeutender war jedoch die Neuausrichtung der Beziehungen zwischen Gewerkschaften und Arbeitgeberverbänden. Nachdem Auseinandersetzungen bislang als erbitterte Kämpfe geführt worden waren, handelte es sich bei der Arbeitsgemeinschaft um die erste korporatistische Institution in Deutschland. Der Begriff Korporatismus bezeichnet dabei ein Arrangement, in dem Spitzenvertreter von Arbeitgebern und Gewerkschaften ohne Einbezug der Basis die Rahmenbedingungen der Produktion regeln. Darüber hinaus diente das Abkommen als Blaupause für die gesetzliche Regelung der industriellen Beziehungen in der Weimarer Republik, und selbst das westdeutsche Tarifvertragsgesetz vom 9. April 1949 baute auf dem Stinnes-Legien-Pakt auf. Dieser kann somit als Gründungsdokument der Sozialpartnerschaft gelten; der Historiker Lutz Niethammer hat das Ruhrgebiet daher auch als »Kernland des Korporatismus« bezeichnet.[49]

Allerdings verliefen die Auseinandersetzungen keineswegs immer in geregelten korporatistischen Bahnen. So wurden die Kohlearbeiter des Ruhrgebiets 1920 und 1923 zu zentralen Akteuren revolutionärer Aufstände, und für kurze Zeit wurde eine neue Regierungsform eingeführt: die Rätedemokratie. Die Rätebewegung stützte ihren kämpferischen Charakter insbesondere auf die kulturellen Werte der Autonomie und Selbstverwaltung, die eng mit den oben diskutierten materiellen Bedingungen der Bergarbeit verknüpft waren.[50] In Reaktion auf die Rätebewegung führte die neu gegründete Weimarer Republik das »Betriebsrätegesetz« ein. Dieses institutionalisierte Betriebsräte als offizielle Form der Mitbestimmung in den Unternehmen, um die Beschäftigten von den revolutionären Arbeiterräten fernzuhalten. Der Unterschied zu Letzteren war freilich, dass die Betriebsräte die Eigentumsverhältnisse und damit die Verfügungsgewalt der Unternehmer unangetastet ließen. In den Worten der Soziologen Ulrich Brinkmann und Oliver Nachtwey wurden die Unternehmen somit nicht zu Demokratien, sondern zu »konstitutionellen Monarchien«.[51]

Nach dem Zweiten Weltkrieg stand der Ruhrbergbau im Fokus der weiteren Institutionalisierung der Stoffwechselpolitik und sogar der europäischen Wirtschaftsordnung, da er im Hinblick auf eine mögliche Wiederbewaffnung Deutschlands insbesondere von Frankreich kritisch beäugt wurde. Der französische Außenminister Robert Schuman schlug im Mai 1950 vor, die Zuständigkeit für die europäischen Kohle-, Eisen- und Stahlindustrien von den nationalen Regierungen zu einer supranationalen Behörde zu verlagern. Die Bundesregierung stimmte zu, weil sie sich von dieser Initiative einen relativen Zugewinn an Souveränität versprach. Die Europäische Gemeinschaft für Kohle und Stahl (EGKS) als Vorläufer der Europäischen Union entstand also wesentlich aufgrund der Bedeutung des Ruhrbergbaus: Dessen Anteil an der gesamten Fördermenge in der EGKS lag 1952 bei fast 48 Prozent.[52]

Eine weitere Maßnahme, die sowohl auf die Angst vor militanten Bergleuten als auch vor einer möglichen Wiederbewaffnung Deutschlands zurückging, war die Ausweitung der betrieblichen Mitbestimmung. 1951 wurde das Montan-Mitbestimmungsgesetz verabschiedet, das eine paritätische Besetzung der Aufsichtsräte von Bergbauunternehmen mit Vertretern der Anteilseigner und der Betriebsräte vorsieht. Vom Bergbau aus weiteten sich entsprechende Regelungen in den folgenden drei Dekaden in andere Branchen aus. Bis heute sind trotz eines allgemeinen Rückgangs noch 81 Prozent der Beschäftigten im Bergbau- und Energiesektor durch einen Betriebsrat vertreten, was der Branche in dieser Hinsicht eine Sonderstellung verleiht.[53] Die mit diesen weitreichenden Mitsprachrechten einhergehende kooperative Haltung der Unternehmen fand ihre Entsprechung auf der Seite der Gewerkschaften: Die IG Bergbau, Chemie, Energie und die IG Bau-Steine-Erden waren die ersten westdeutschen Gewerkschaften, die sich bereits in den 1970er Jahren offiziell als »Sozialpartner« bezeichneten, als dieser Begriff in anderen Arbeitnehmerorganisationen noch verpönt war.[54]

Diese Geschichte zeigt, dass die Institutionalisierung der Stoffwechselpolitik aufs Engste mit der Steinkohle verwoben war. Ohne die Abhängigkeit der frühindustrialisierten Ökonomien von der Kohle und ohne die aus ihren materiellen Eigenschaften resultierende Vulnerabilität der Lieferketten wären wohl weder Gewerkschaften noch Arbeitgeberverbände und schon gar keine betriebliche Mitbestimmung entstanden. In diesem Sinne bedeutete die Umstellung der Energiebasis auf Kohle einen langfristigen Machtgewinn für die Beschäftigten. Dieser konzentrierte sich jedoch zunächst auf den Kohlebergbau selbst, wo trotz allem weiterhin miserable Arbeitsbedingungen herrschten. In anderen Branchen, insbesondere in der Textilindustrie, wurde die Kohle dagegen zur Grundlage einer Automatisierungswelle, welche die Verhandlungsmacht der Beschäftigten untergrub und damit auch ihre Arbeits- und Lebensbedingungen nachhaltig verschlechterte.

Textilindustrie

In Festlandeuropa stellte die explodierende Produktivität der britischen Textilindustrie die heimischen Unternehmen vor immense Herausforderungen. Zugespitzt formuliert, stand man – ganz ähnlich wie heute viele Länder des globalen Südens – vor der Entscheidung, entweder zum Garnzulieferer Englands zu werden oder die technische Rückständigkeit durch den Einsatz billiger Arbeitskraft zu kompensieren. Die deutschen Textilhersteller verfolgten beide Strategien, was für ihre Beschäftigten niedrige Löhne und gefährliche Arbeitsbedingungen bedeutete. So schrieb der sozialdemokratische *Vorwärts* am 1. Januar 1904: »Die modernsten Leistungen des Maschinenbaus für die Textilfabriken warten noch auf ihre allgemeine Anwendung. Beharren bei langer Arbeitszeit, niedrigem Lohn und veralteter Technik, das ist die Gefahr.«[55]

Da Frauen bei gleicher Tätigkeit im Durchschnitt ein Drittel weniger verdienten, stellten sie die Mehrheit der Beschäftigten, insbesondere in den ostdeutschen Textilfabriken im südlichen Sachsen. Das wiederum führte zu einer immensen Doppelbelastung, waren sie doch weiterhin zugleich für den Haushalt zuständig. Bei ganztägiger Arbeit brachten sie ihre Kleinkinder teilweise mit in den Betrieb. Ein Zeitzeuge berichtet:

> [E]ine Frau, die tagsüber 12 Stunden inkl. Pausen an die Fabrik gefesselt ist, [kann] nur mit größter Mühe die Arbeiten ihres Hausstandes verrichten. Die Abendstunden müssen für diese Bethätigung mit herangezogen werden. Die Folge ist allmähliche Zerstörung und Zerrüttung des Familienlebens der betr. Arbeiter. Eine

> Frau, die den ganzen Tag an die Arbeit gebannt ist, die, wenn sie ermüdet und erschöpft nach Hause zurückkehrt, noch einige Stunden im Hausstand thätig sein muß – eine solche Frau kann nicht mit der gleichen Hingabe und Zärtlichkeit sich den Ihrigen widmen.[56]

Wenn Marx also davon spricht, die kapitalistische Industrialisierung habe zu einem »Riss« im gesellschaftlichen Stoffwechsel mit der Natur geführt, so trifft dies nicht nur auf die äußere Natur zu, etwa in Form der Auslaugung der Böden, die er vor Augen hatte.[57] Es betrifft ebenso die »innere Natur« des Menschen, die zur Aufrechterhaltung und Entwicklung des Lebens gleichsam auf einen Stoffwechsel mit der äußeren Natur angewiesen ist: auf pflanzliche und tierische Nahrungsmittel, auf Unterkünfte aus Holz, Stein und anderen Baustoffen, vor allem aber auf Arbeit, etwa in der Kinderbetreuung, Bildung oder Pflege. Diese »Reproduktion« der Arbeitskraft und des Lebens wurde durch die indirekten Folgen der fossilen Industrialisierung ebenso umgewälzt wie die Produktion. John Bellamy Foster und Brett Clark sprechen in diesem Zusammenhang analog zur marxschen Terminologie von einem Riss im *körperlichen* Stoffwechsel.[58]

Der Ausgangspunkt dieses Risses ist die Trennung zwischen Tätigkeiten der Produktion, wie etwa der Arbeit in den Textilfabriken, und Tätigkeiten der Reproduktion, also zum Beispiel der Erziehung von Kindern oder der Betreuung alter Menschen – eine Trennung, die unvermeidlich aus der Durchsetzung der Lohnarbeit resultiert. Historisch ging sie mit einer vergeschlechtlichten Arbeitsteilung einher, bei der die Reproduktionsarbeit zur Frauensache erklärt und gleichzeitig von der Produktionssphäre kolonisiert wurde. Von Letzterem kann man beispielsweise dann sprechen, wenn, wie im Fall der Frauen in der Textilindustrie, der Arbeitstag so stark ausgeweitet wird, dass keine Zeit mehr für reproduktive Tätigkeiten bleibt. Die Kolonisierung ist jedoch bereits darin angelegt, dass die Produktionsarbeit bezahlt wird, die Reproduktionsarbeit aber meist nicht. Da die

Reproduktion eine notwendige Voraussetzung der Produktion ist, wird Erstere also durch die Unternehmen unbezahlt angeeignet, wodurch sie zusätzlich gesellschaftlich abgewertet wird. Diese Abspaltung und Abwertung der reproduktiven Tätigkeiten führt regelmäßig zu Gesundheits-, Pflege- und Erziehungskrisen.[59]

Solche Krisen der Reproduktion lösten immer wieder soziale Konflikte und Arbeitskämpfe aus. Auch dabei nutzten die Beschäftigten nicht zuletzt die Anfälligkeit des Energieflusses als Machthebel. So konnten die Maschinen relativ leicht sabotiert werden, indem man die Verschlüsse der Dampfkessel zerstörte, was die Produktion sofort lahmlegte. Ein spektakuläres Beispiel für das Potenzial dieser Taktik waren die britischen »Plug Plot Riots« 1842. Aus Protest gegen Lohnkürzungen traten Textilarbeiterinnen und -arbeiter in den Streik. Dabei zogen sie von Fabrik zu Fabrik und ließen den Spinn- und Webmaschinen den Dampf ab. Die Bewegung wuchs sich zum ersten Generalstreik in der Geschichte des Kapitalismus aus, an dem sich bis zu eine halbe Million Beschäftigte beteiligte.[60]

In Deutschland war der wohl bedeutendste Aufstand von Textilarbeiterinnen der Streik im sächsischen Crimmitschau 1903/04. Dort wurde täglich elf oder zwölf Stunden gearbeitet, Hauptabnehmer für das Garn waren englische Fabriken. 40 Prozent der Arbeiterinnen der Tuchfabriken, Spinnereien und anderen Betriebe waren verheiratet, ihre zentrale Forderung war eine Verkürzung der Arbeitszeit auf zehn Stunden. Die Parole lautete: »Eine Stunde für uns! Eine Stunde für unsere Familie! Eine Stunde fürs Leben!« Zunächst traten 600 Beschäftigte in den Streik, kurz darauf reichten die Arbeiterinnen von fünf Fabriken kollektiv die Kündigung ein. Als Reaktion sperrten die Fabrikanten alle 6000 Beschäftigten der Crimmitschauer Textilindustrie aus. Der Fall erregte im gesamten Deutschen Reich Aufsehen und führte zu einer Welle der Solidarität, insgesamt wurde etwa eine Million Mark für die Streikenden gespendet, so dass die Arbeiterinnen zehn Wochen Aussperrung durchstehen konnten.[61]

Was dem Streik historische Bedeutung verlieh, war jedoch weniger die Solidarität der Arbeitenden als vielmehr die Reaktion der Arbeitgeber. Diese sahen sich gezwungen, ihrerseits eine reichsweite Konsolidierung ihrer Verbände in die Wege zu leiten, die bislang auf lokale bzw. Branchenvereine beschränkt gewesen waren. Eine koordinierende Zentrale, wie sie etwa bei den freien Gewerkschaften existierte, gab es noch nicht. Obwohl die Textilindustrie nicht im CDI organisiert war, wurden die lokalen Fabrikanten von dem Verband unterstützt, da dieser den Konflikt als einen Kampf »der gesamten deutschen Sozialdemokratie gegen die gesamte deutsche Arbeitgeberschaft« um die Frage betrachtete, »ob der Arbeitgeber Herr in seiner Werkstätte sein soll oder die sozialdemokratische Organisation«.[62] Unterstützt wurden die Arbeitgeber von den Behörden vor Ort, die für die Zeit des Streiks ein absolutes Versammlungsverbot in Crimmitschau erließen und zeitweise sogar den Belagerungszustand ausriefen, mit dem eine Ausgangssperre einherging. Auf die Äußerung des Wortes »Streikbrecher« standen zwei Wochen Gefängnis, eine Frau wurde gar für »freches Mustern« eines Arbeitswilligen zu drei Wochen Haft verurteilt.[63]

Noch während des Arbeitskampfes gründete der CDI den Spitzenverband Hauptstelle Deutscher Arbeitgeberverbände (HDA). Der neue Verband der Textilindustrie trat der HDA sofort bei. Ihr Ziel war die offensive Bekämpfung der Gewerkschaften durch reichsweite Koordination. Dies markierte insofern einen Epochenwechsel, als die Unternehmen nicht mehr auf die offen gewaltsame Unterdrückung der Arbeiterbewegung seitens des Staates setzten, sondern auf eine eigenständige Politik des Arbeitskampfs. Der Sozialdemokrat August Müller kommentierte dies folgendermaßen:

> Der Terrorismus des Gesetzes wird ersetzt durch den Terrorismus des Unternehmertums, die Ausübung des Koalitionsrechtes soll nicht mehr mit Zuchthaus, aber mit dem Hungertode bestraft werden. Das ist der Fortschritt, der seit 1898 gemacht wurde, und

die sichtbare Seite dieser Entwicklung sind die Unternehmensverbände und ihr beliebtes Mittel: Die Aussperrung.[64]

Aussperrungen hatte es bereits zuvor gegeben, unter der Koordination der Arbeitgeberverbände wurden sie jedoch über die einzelnen Betriebe hinaus ausgeweitet, so dass Streikende auch in keinem anderen Unternehmen mehr Beschäftigung finden konnten. Darüber hinaus wurden »schwarze Listen« unliebsamer Arbeitender erstellt und arbeitgeberfreundliche »gelbe« Gewerkschaften gegründet. Nicht zuletzt wurde eine Streikversicherung ins Leben gerufen, durch die das finanzielle Risiko eines Ausstandes abgefedert wurde, um die einzelnen Mitgliedsunternehmen zu einem kompromissloseren Vorgehen gegenüber den eigenen Beschäftigten zu befähigen.[65]

Mithilfe dieser Instrumente gelang es den Fabrikanten, den Streik fünf Monate lang ohne Konzessionen durchzustehen, obwohl sie während dieser Zeit nur wenige Streikbrecherinnen heranschaffen konnten. Die Berliner Generalkommission der Gewerkschaften Deutschlands unter Carl Legien erklärte den Arbeitskampf am 18. Januar 1904 für beendet und empfahl den Beschäftigten, ihre Tätigkeit zu den alten Bedingungen wiederaufzunehmen. Über 500 Streikenden wurde allerdings die Wiedereinstellung verweigert, anschließend wies man sie aus Crimmitschau aus. Nachdem die dortige Arbeiterbewegung zuvor für ihre besondere Militanz bekannt gewesen war, führte die Niederlage zu einer Hinwendung zum friedlichen Interessensausgleich in Form von Tarifverträgen. Legien erklärte dazu: »Es ist nicht Zweck der Gewerkschaften, Streiks herbeizuführen, sondern sie tragen im Gegenteil zur Verminderung derselben bei.«[66]

Die Sozialpartnerschaft breitete sich also in enger Koppelung an die Durchsetzung der Kohle aus. Ihr »Kernland« war mit dem Ruhrgebiet der Kohlebergbau selbst. Während die Abhängigkeit der Industrienationen von diesem Energieträger dort als Machthebel für die Beschäftigten fungierte, war dies beispielsweise in der Textilindustrie nicht der Fall. Hier war die umgekehrte Wirkung zu beobachten: Hatte die Arbeiterbewegung in dieser Branche zuvor als besonders militant gegolten, büßten die Beschäftigten durch die kohlebetriebene Automatisierung ihre komfortable Stellung ein. Die Erosion ihrer Verhandlungsmacht führte zu einer Ausdehnung und Abwertung der Arbeit und damit zu einer Krise der sozialen Reproduktion. Die intensivierte Nutzbarmachung der Arbeitskraft unterminierte sich in einem gewissen Sinne selbst. Der Streik von Crimmitschau zeigt, wie sich solche Krisen der Reproduktion in eine Krise der Produktion verwandeln konnten. Erst die durch den Arbeitskampf verursachte Krise der Produktion zwang die Unternehmen dazu, sich in übergeordneten Verbänden zu organisieren. Da die Kräfteverhältnisse hier gänzlich andere waren, konnten die Arbeitgeberverbände besonders kompromisslos auftreten: Über die Grenzen des für sie ökonomisch Notwendigen investierten sie in eine radikale Bekämpfung der Arbeiterinnenbewegung. Dadurch fügten sie den Gewerkschaften eine schwere Niederlage zu. So war es in der Textilindustrie die Arbeiterbewegung, der unter anderem infolge der Durchsetzung der Kohle die Sozialpartnerschaft aufgezwungen wurde.

Grenzen der Kohle

Insgesamt bedeutete die dampfbetriebene Industrialisierung mitnichten ein Ende der ökologischen Einbettung der Arbeit. Stattdessen blieb der Einfluss der ökologischen Bedingungen mehr als deutlich. Die materiellen Eigenschaften der Kohle führten zunächst zu einer Konzentration von Arbeitskräften in den engen Gruben, und auch jenseits der Stollen und Schächte erlaubte es die Kohle, Arbeitende in einem historisch ungekannten Ausmaß zusammenzuziehen. Das brachte wiederum eine spezifische proletarische Subkultur hervor, mit weitreichenden politischen Folgen. Die Möglichkeit, die Energieflüsse zu unterbrechen, gab den Arbeitenden zum ersten Mal in der Geschichte ein Instrument an die Hand, die Herrschenden auch jenseits vereinzelter Aufstände unter Druck zu setzen. Sie rangen ihnen Konzessionen ab, die wesentlich zur Demokratisierung und Institutionalisierung der Stoffwechselpolitik beitrugen.

Allerdings setzten die materiellen Eigenschaften der Kohle der ökonomischen Entwicklung auch klare Grenzen. An diesem Punkt weicht meine Interpretation deutlich von Andreas Malms hervorragender Rekonstruktion des »fossilen Kapitalismus« ab. Die Argumentation des schwedischen Humangeografen lautet wie folgt: Wirtschaftswachstum ist gekoppelt an Energieverbrauch. Mit der Steinkohle stand zum ersten Mal eine unbeschränkte Menge an Energie zur Verfügung, die sich zudem – im Gegensatz zur Wasserkraft – problemlos an die Institutionen des Privateigentums anpassen ließ. Dem Wirtschaftswachstum, und damit der Entfaltung des Kapitalismus, war scheinbar keine Grenze mehr gesetzt.[67]

Wenn man freilich die tatsächliche Organisation der Bergarbeit genauer betrachtet, folgen daraus Korrekturen oder Nuancierungen an Malms Konzept des fossilen Kapitalismus. So haben wir beispielsweise gesehen, dass der Kohlebergbau von der Verfügbarkeit großer Mengen menschlicher Arbeit abhängig war. Dank technischer Fortschritte ließ sich zwar der Transport innerhalb der Gruben beschleunigen. Der Kohleabbau selbst wurde aber erst sehr spät und nur in geringem Ausmaß automatisiert. Ein wichtiger Schritt war dabei der Presslufthammer, der sich im Ruhrgebiet etwa ab 1920 durchsetzte. Dieser ersparte den Bergleuten zwar das Schwingen eines herkömmlichen Hammers, drängte die menschliche Arbeit aber keineswegs in größerem Ausmaß zurück. Aufgrund der hohen Arbeitsintensität konnte in Boomphasen, etwa in den Jahren 1868 bis 1873 oder 1894 bis 1914, die Nachfrage aus Mangel an Beschäftigten teilweise nicht bedient werden. Da die Lohnkosten einen verhältnismäßig großen Teil des Endpreises ausmachten, stiegen die Energiepreise meist direkt proportional zum Wirtschaftswachstum. Während die Kohle selbst in scheinbar unbegrenzten Mengen zur Verfügung stand, limitierten die Verfügbarkeit von Arbeitskraft und damit die Lohnkosten den Energieverbrauch. Dementsprechend waren enorm energieaufwendige Produktionsverfahren – wie sie sich später mit dem Verbrennungsmotor etablierten – auch nach der Durchsetzung der Steinkohle noch keine attraktive Option. Tatsächlich stieg der zentraleuropäische Energieverbrauch in der ersten Hälfte des 20. Jahrhunderts nur in recht bescheidenem Ausmaß, in der Schweiz beispielsweise zwischen 1910 und 1950 um lediglich 49 Prozent. Die hohen Kosten sind dabei ein Faktor, der erklärt, warum in der Frühzeit des fossilen Kapitalismus noch kein exponentielles Wirtschaftswachstum möglich war.[68] In ökologischer Hinsicht brachte dies einige Vorteile mit sich, wie der Schweizer Klimahistoriker Christian Pfister festgestellt hat. Aufgrund der hohen Preise waren Ingenieure um Energieeinsparungen bemüht, die Energieeffizienz von Dampfmaschinen verbesserte sich zum Beispiel rasant.

Ein wichtiger Faktor war hier vor allem die Elektrifizierung, die infolge des enormen Anstiegs der Kohlepreise im Ersten Weltkrieg immer schneller voranschritt. Diese Teuerung führte auch dazu, dass die Kosten von Gaslicht um das Zweieinhalbfache und diejenigen des Petroleumlichts um das Sechsfache stiegen. Elektrischer Strom konnte hingegen in großem Umfang aus Wasserkraft gewonnen werden und ließ sich wesentlich leichter zu den Endverbrauchern bringen bzw. leiten als die schwerer zu transportierende Kohle. Aus diesem Grund konnte sich das elektrische Licht durchsetzen, das vor dem Krieg noch nicht konkurrenzfähig gewesen war. Das wiederum führte zum weiteren Ausbau von Stromnetzen und zur Errichtung neuer Wasserkraftwerke, welche eine teilweise Elektrifizierung der Produktion ermöglichten.[69] Damit wurde die Umweltbelastung gegenüber der Kohlekraft deutlich reduziert.

Aber auch der Zersiedelung der Landschaften waren zunächst enge Grenzen gesetzt. So ergab sich aus den noch immer relativ hohen Transportkosten der Zwang, lange Arbeitswege zu vermeiden. Infolgedessen rückten Wohn- und Arbeitsstätten auf relativ engem Raum zusammen. In der frühindustrialisierten Schweiz reduzierte sich beispielsweise zwischen 1912 und 1952 der Landbedarf für Wohn- und Verkehrszwecke infolge der Urbanisierung. Gleichzeitig war innerhalb der Städte vor der massenhaften Verbreitung des Automobils noch relativ viel Platz für Parks und andere Freiflächen, auf denen Kinder spielen konnten.[70]

Die relativ hohen Kosten der Kohle hatten schließlich auch für die Entfaltung der Sozialpartnerschaft wichtige Konsequenzen. Da sich die Preise gleichläufig mit der Konjunktur bewegten, waren keine größeren Produktivitätssteigerungen möglich. Energieaufwendige Verfahren, die später zu Schlüsseltechnologien des Wachstums wurden, etwa die Stickstoffsynthese zur Herstellung von Dünger, standen Anfang des 20. Jahrhunderts bereits zur Verfügung, ihr massenhafter Einsatz verbot sich jedoch aufgrund der hohen Kosten. Daher ergaben sich im Zuge der Industrialisierung zwar Produktivitätsschübe in einzelnen Sektoren, insgesamt fielen diese jedoch deutlich niedriger aus als das allgemeine Wachstum nach dem Zweiten Weltkrieg. Infolgedessen war der Spielraum für Lohnerhöhungen, Sozialversicherungen und dergleichen relativ gering. Das bedeutete, dass sich im Kohlezeitalter zwar die grundlegenden *Institutionen* der Sozialpartnerschaft herausbildeten, ein umfassender, auf hohen Löhnen und Massenkonsum basierender Klassenkompromiss konnte jedoch noch nicht entstehen. Das macht verständlich, weshalb in der ersten Hälfte des 20. Jahrhunderts selbst in den technisch am weitesten fortgeschrittenen Regionen noch Arbeits- und Lebensbedingungen vorherrschten, die eine unmittelbare Bedrohung für die körperliche und geistige Gesundheit der Beschäftigten darstellten.[71] Entsprechend kam es auch weiterhin zu äußerst konflikthaften Formen der Aushandlung, wie wir in den folgenden Kapiteln sehen werden.

Natur als Partei der Stoffwechselpolitik

In der soziologischen Literatur zu den industriellen Beziehungen wird der zentralen Rolle der nichtmenschlichen Natur in der Regel praktisch nicht Rechnung getragen. Sie kommt allenfalls als »Kontext« eines Systems vor, in dem es im Wesentlichen um die Aushandlung der Arbeitsbeziehungen zwischen Staat, Kapital und Arbeit geht.[72] Die hier entwickelte Perspektive der Stoffwechselpolitik tritt dem in zweifacher Weise entgegen: Erstens betont sie, dass industrielle Beziehungen stets auch Umweltpolitiken sind. Und zweitens wird anschaulich, dass die Natur in der Stoffwechselpolitik kein passiver »Kontext« ist, sondern über relative Autonomie verfügt.

Damit drängt sich die Frage auf, ob der Natur der Status eines handelnden Subjekts zugesprochen werden sollte. In der einschlägigen Forschung wurde ein formeller Test entwickelt, um zu beurteilen, ob eine bestimmte Einheit, wie etwa soziale Bewegungen, Ministerien oder Gewerkschaften, als Akteur der industriellen Beziehungen angesehen werden kann.[73] Diese Checkliste wurde im Hinblick auf soziale Akteure konzipiert, ihre vier Kriterien sind jedoch durchaus auch für die Klärung des Status der Natur erhellend. Demnach muss ein solcher Akteur (1.) *kontinuierlich* in mindestens einem Bereich der industriellen Beziehungen (Lohnentwicklung, Arbeitsbedingungen etc.) involviert sein; (2.) muss er auf *verschiedenen Ebenen* der industriellen Beziehungen präsent sein, also etwa gleichermaßen in betrieblichen und institutionellen Aushandlungen; (3.) muss er in bedeutendem *Ausmaß* mit Staat, Kapital und Arbeit interagieren; (4.) muss der Akteur bei der Transformation des Systems und der Ergebnisse der industriellen Beziehungen einen erkennbaren *Einfluss* haben.

Die am Beispiel der Kohle rekonstruierten Auswirkungen der Natur auf die Stoffwechselpolitik legen nahe, dass sie diesen Test bestehen würde. Was die Kontinuität betrifft, so hat die Natur, insbesondere in Form von fossilen Brennstoffen, die Institutionen sowie die

Verhandlungsergebnisse seit ihren Anfängen geprägt. Die Natur ist auf allen Ebenen der Stoffwechselpolitik allgegenwärtig, von den Verhandlungen am Arbeitsplatz bis zur staatlichen Regulierung. Was das Verhältnis zu den etablierten Parteien betrifft, interagieren Staat, Kapital und Arbeit jeweils auf ihre eigene Weise mit der Natur. Schließlich hat sie auch dramatischen Einfluss auf die Institutionen der Stoffwechselpolitik selbst und war maßgeblich an deren Entstehung und Durchsetzung beteiligt.

Der offensichtliche Unterschied zu den anderen Akteuren besteht darin, dass die Natur nicht absichtsvoll oder strategisch handelt. Für unsere Zwecke reicht es deshalb, die Autonomie der Natur über ihre historische Wirksamkeit zu definieren. Diese zeigt sich darin, dass Naturprozesse die anderen Parteien regelmäßig zu bestimmten Reaktionen zwingen. Wenn die Natur *Autonomie ohne Handlungsfähigkeit* besitzt,[74] kann sie aber kein Akteur sein. Wir können sie jedoch als *Partei* der Stoffwechselpolitik begreifen, wenn man sich vor Augen führt, dass dieses Wort auf das lateinische *pars* zurückgeht, was so viel bedeutet wie »Teil«, »Rolle« oder »Richtung«. Die Parteien der Stoffwechselpolitik können definiert werden durch ihre dauerhafte Verbundenheit, ihre relative Autonomie und ihre Fähigkeit, sich gegenseitig maßgeblich zu beeinflussen. Autonomie der Natur heißt also nicht, dass sie von der Gesellschaft getrennt werden könnte. Sie ist vielmehr auf eine ganz ähnliche Weise autonom wie Unternehmen, Beschäftigte und Staat, die voneinander abhängig sind, deren Autonomie als Parteien aber die Grundlage der Produktionspolitik darstellt. Im Gegensatz zu Unternehmen, Staaten und Arbeitenden ist die Natur zwar keine strategische Partei. Aufgrund ihrer historischen Wirksamkeit können wir sie aber als *ontologische Partei* bezeichnen.

In diesem Sinne haben wir hier gesehen, dass die Institutionen der Sozialpartnerschaft infolge betriebsübergreifender Streiks entstanden. Die Natureigenschaften der jeweiligen Energiequellen trugen wesentlich zur Herausbildung der sozialen Praxis der Arbeitsniederlegung bei. Erinnern wir uns an den allerersten Streik, als die Matrosen in London die Segel von Handelsschiffen strichen. Hier unterbrachen die Seeleute die Aneignung der Windenergie, was *in der Konsequenz* eine Arbeitsniederlegung erzwang. Auch bei den Bergleuten war die Unterbrechung der Energieaneignung die primäre Taktik. Nun betraf sie allerdings die Versorgung der gesamten Industrie. Außerdem war der Mechanismus jetzt umgekehrt: Sie mussten *zuerst* die Arbeit einstellen, um den Energiefluss zu unterbrechen. Erst die Erfolge der Bergarbeiter popularisierten diese Taktik, so dass sie sich von der Energieunterbrechung ablöste und die Arbeitsniederlegung zum Selbstzweck wurde. Der Beitrag der Natur zu ihrer Entstehung geriet in Vergessenheit. Im Gegensatz zu einem Geodeterminismus geht die Perspektive der Stoffwechselpolitik also nicht davon aus, dass die Herausbildung spezifischer Institutionen allein aus konkreten natürlichen Gegebenheiten abgeleitet werden kann. Stattdessen betont sie das Zusammenwirken der verschiedenen Parteien. Im folgenden Kapitel wird es anhand des Beispiels der industrialisierten Vieh- und Landwirtschaft um die konkreten Mechanismen dieses Zusammenwirkens gehen.

4. Fleischfabriken und reaktive Expansion

An Heiligabend 1865 wurde in Chicago im US-Bundesstaat Illinois feierlich der größte Viehmarkt des Landes eröffnet. Die Anlage umfasste zunächst 500 Pferche, die in den folgenden zwei Jahren auf 2300 erweitert wurden. Nun konnten 21 000 Rinder, 75 000 Schweine, 22 000 Schafe und 200 Pferde untergebracht werden, bis sich ein Käufer fand. Hinter dem Projekt standen die neun größten Eisenbahngesellschaften Chicagos sowie Mitglieder der Chicago Pork Packers Association, die gemeinsam die Union Stockyard and Transit Company gegründet hatten. Mit einem für damalige Verhältnisse immensen Startkapital von fast einer Million Dollar kaufte das Unternehmen eine halbe Quadratmeile Land südlich der Stadtgrenze.[1] Innerhalb kürzester Zeit entstand dort ein Wunder der Industrietechnik, zu dem bald Menschen aus der ganzen Welt pilgerten. Die Kapitalkonzentration erlaubte es, eine gigantische Infrastruktur aus Gleisen, Viadukten, Produktionsstätten und Bürogebäuden zu errichten, die einige der frühesten wirklich globalen US-Unternehmen hervorbrachte. 1867 ließ der Fleischfabrikant Philip Armour neben den Stock Yards eine Schlachtfabrik bauen. Die Anlage war nicht nur die größte Fabrik der Welt, sondern auch die erste komplett nach dem Fließbandprinzip organisierte. Seine Konkurrenten zogen rasch nach. Unter ihnen war Gustavus Swift, der sich einen Wettbewerbsvorteil verschaffte, indem er nicht nur das Fleisch der Tiere weiterverarbeitete, sondern auch die übrigen Körperteile, aus denen er Seife, Klebstoff, Düngemittel, Medikamente und verschiedenste weitere Alltagsprodukte herstellen ließ. 1870 wurden in den Fabriken jährlich zwei Millionen Tiere getötet. In den folgenden zwei Jahrzehnten stieg die Zahl auf neun Millionen. Bis in die 1920er Jahre wurde in Chicago mehr Fleisch verarbeitet als an jedem anderen Ort der Welt.[2]

In den Stock Yards wirkten mehrere bahnbrechende Innovationen zusammen, die die Arbeitswelt und den Stoffwechsel mit der Natur unwiderruflich verändern sollten, allen voran das Fließband. Ausgehend von diesem Beispiel werde ich auf den folgenden Seiten die Entwicklung der industriellen Vieh- und Landwirtschaft ab der Mitte des 19. Jahrhunderts rekonstruieren. Der Fokus liegt dabei auf den oft verschränkten Widerspenstigkeiten der menschlichen Arbeit und der nichtmenschlichen Natur. Auch in diesem Fall können wir von *reaktiver Expansion* sprechen: Um die Warenströme bei Unterbrechungen umleiten zu können, eröffneten die Fabrikanten Filialen. Mit dieser Dezentralisierung wurden die Transportwege länger, weshalb die Kühltechnik weiterentwickelt werden musste. So entstanden neue Abhängigkeiten von Naturprozessen, da es nun galt, Eis überregional zu beschaffen und zu lagern. Die Vorstellung, Industrialisierung bedeute eine Abkopplung der Arbeit von der Natur, erweist sich einmal mehr als Illusion. Stattdessen verschieben Innovationen bei den Kontrolltechniken die Abhängigkeiten auf unvorhergesehene Weisen. Aufgrund der inhärenten Expansionsdynamik aller Versuche, die Natur zu kontrollieren, verschärft sich die Abhängigkeit in vielen Fällen sogar. Die expandierenden Strukturen werden so komplex, dass lokale Störungen schnell das gesamte System lahmlegen können.

Eisenbahn und Fließband

Alles begann mit der Ankunft der Eisenbahn im Jahr 1848. Bereits zuvor waren Rinder auf ihren Hufen nach Chicago getrieben worden, doch erst jetzt wurde die Stadt zu einem Viehumschlagplatz für den gesamten Mittleren Westen. Schon Mitte der 1850er Jahre verfügten alle größeren Viehmärkte über eigene Gleisanbindungen, über die sie lebende Tiere empfingen und abgepacktes Fleisch gen Osten schickten. Im größten Bahnhof der Chicago-Stock-Yards konnten 500 Waggons gleichzeitig ent- und beladen werden. Neben der offensichtlichen materiellen Abhängigkeit von dieser Infrastruktur wird die zentrale Rolle der Eisenbahn auch aus den Kapitalflüssen ersichtlich, wurde die Union Stock Yards and Transit Company doch von Anfang an vor allem von Eisenbahngesellschaften finanziert. Ab 1890 hielt die Familie Vanderbilt, Eigentümerin eines der größten US-Eisenbahnimperien, die Mehrheit der Anteile.

Der Umwelthistoriker William Cronon hat gezeigt, wie die Eisenbahn die kapitalistische Aneignung und Transformation der Natur vorantrieb, was sich am Beispiel von Chicago besonders gut studieren lässt. Ursprünglich war die Stadt über Hunderte Kilometer von Hochgrasprärie umgeben. In der feuchten, üppigen Fülle gediehen Wildroggen, Sumpfgras und Rutenhirse, das Bartgras wurde mitunter über zwei Meter hoch. Halten konnte sich diese Vegetation, da regelmäßige Brände eine Verholzung verhinderten. Zerstört wurde diese Landschaft dann von europäischen Siedlern, die die Erde umpflügten, Land für Weidezwecke einzäunten und die alljährlichen Brände verhinderten. Gleichzeitig rotteten sie mit immenser Geschwindigkeit die lokalen Bisonpopulationen aus. Zu Beginn des 19. Jahrhunderts hatte die Prärie zwischen 20 und 40 Millionen Exemplare dieser Art beherbergt. Als die Union Pacific Railroad in den 1860er Jahren Nebraska und Wyoming erreichte und die Kansas Pacific Railroad wenig später die Südstaaten, markierte dies den Anfang von ihrem Ende. Zugpassagiere machten sich einen Sport daraus, aus den fahrenden Waggons auf die Tiere zu schießen. Bis 1883 wurden zwischen zehn und 15 Millionen Bisons getötet. Damit nahm man den indigenen Völkern der Great Plains ihre Lebensgrundlage. In den 1870er Jahren wurde in den »Großen Indianerkriegen« der letzte Widerstand der hungernden und ausgezehrten Bevölkerung gebrochen.[3]

Bereits der Zeitzeuge Alexis de Tocqueville beschreibt die Ausrottung des Wildes als Vorstufe der Ausrottung der indigenen Völker:

> Einige so weit vorgedrungene Familien der Weißen vertilgen nun bald alles Wild in der Nähe ihrer Wohnungen, wodurch die Jagd der Indianer, welche bis dahin im Ueberflusse lebten, schlechter werden muß, und ihnen die Mittel mangeln, um mit den Weißen Tauschhandel zu treiben. Wenn man das Wild verjagt, so ist das für die Indianer eben so nachteilig, als wenn unsere Landleute eine Mißernte trifft. Bald fehlen den Indianern die Unterhaltsmittel gänzlich. Dann trifft man sie in gleicher Noth, wie hungrige Wölfe in ihren Wäldern.[4]

Entsprechend förderte die US-Armee gezielt die Ausrottung der Bisons. Diese Taktik wurde etwa gegen eine Allianz von Lakota, Cheyenne und Arapaho angewandt, deren hoch mobilen Kriegern man mit konventionellen Mitteln nicht beikam. An die Stelle der Bisons traten bald Schafe, Schweine und vor allem Longhorn-Rinder, die ihrerseits zur Zerstörung der Lebensgrundlagen der indigenen Bevölkerung beitrugen: Sie verdrängten die angestammte Flora und Fauna; für ihre Haltung und Ernährung wurde Land eingezäunt oder in Äcker verwandelt. Entsprechend betrachteten viele Indigene die domestizierten Tiere der Europäer als Schädlinge, die sie in kriegerischen Auseinandersetzungen regelmäßig töteten. Insgesamt war *die gezielte Veränderung der Ökosysteme gleichzeitig eine Strategie der Nutzbarmachung und der genozidalen Kriegsführung* – eine Doppelfunktion, die das »Terraforming« in europäischen Kolonien überall auf der Welt erfüllte.[5]

In ökonomischer Hinsicht resultierte dieses Terraforming in einer Verdrängung der Subsistenzwirtschaft zugunsten von Marktbeziehungen. In Chicago hatte bereits vor der Ankunft der Eisenbahn ein Viehmarkt in dem räumlich-physischen Sinne existiert, in dem ein Dorf über einen Marktplatz verfügt. Nun wurde die Stadt zum Mittelpunkt eines infrastrukturellen Spinnennetzes, das »den Markt« für Vieh im ökonomisch-abstrakten Sinne überregionaler Tauschbeziehungen und Arbeitsteilung erst hervorbrachte. Wie in anderen Branchen schuf die Eisenbahn erstmals eine umfassende Konkurrenz zwischen den Erzeugern. Durch Viehtransporte waren die Züchter im Umland von Chicago plötzlich mit billigen Rindern aus dem Westen konfrontiert. Gleichzeitig machten steigende Grundstückspreise und insbesondere die damit verbundenen Steuern die landintensive Zucht auf weitläufigen Weiden unrentabel. Stattdessen setzten die Erzeuger nun auf Mais als Futtermittel. Im nächsten Schritt stellten viele die zeitraubende Aufzucht von Jungtieren ein und widmeten sich stattdessen der Mast ausgewachsener Tiere. Ende des 19. Jahrhunderts waren solche Mastbetriebe in Illinois und Iowa die vorherrschende Form der Fleischerzeugung. Das Leben der Tiere wurde räumlich stark umstrukturiert: Sie wurden an einem Ort geboren, an einem anderen gemästet und an einem dritten getötet. Dadurch veränderten sich auch die Tierkörper: Da junge Stiere schneller wachsen als alte, war es für die Besitzer attraktiv, ihre Lebensdauer zu verkürzen. Neue Zuchttechniken ermöglichten es, Tiere am Ende ihres zweiten Lebensjahres gewinnbringend zu schlachten und so die Kosten für viele Monate Futter zu sparen.[6]

Noch mehr als die Rinderzucht wurde die Schweinezucht durch die Eisenbahn transformiert. Wenn man Schweine über längere Distanzen trieb, verloren sie aufgrund ihrer kurzen Beine schnell an Gewicht; vor allem aber fügten sie sich nur selten dem Willen ihrer menschlichen Halter. Die Eisenbahn überwand dieses Transportproblem, was den Stock Yards entscheidende Wettbewerbsvorteile bei der Produktion von Schweinefleisch verschaffte. Sie konzentrierten eine reichlich vorhandene, aber weit verstreute natürliche Ressource, um eine neue Ware zu schaffen: billiges, abgepacktes Fleisch. Rinder hätte man zwar ebenfalls mit der Eisenbahn transportieren können, hier entstand aber kein entsprechender Vorteil. Denn sie waren durch ihre langen Beine, ihre Größe und ihren Charakter gut dazu geeignet, sie über lange Distanzen zu dezentralen Schlachtern zu treiben – die noch heute prominente Figur des Cowboys zeugt davon. Aus diesem Grund spielte die Verarbeitung von Rindern in den Stock Yards von Chicago anfangs eine untergeordnete Rolle.[7]

Entgegen der klassischen ökonomischen Theorie führte die Verallgemeinerung des Marktprinzips jedoch nicht zu einer Dezentralisierung, im Gegenteil: Die Union Stock Yards traten von Beginn an mit der Idee an, die kleinen Viehmärkte überflüssig zu machen und den gesamten Handel zu kontrollieren. Dank der Eisenbahn beherrschten die Stock Yards und die angeschlossenen Fleischfabriken nicht nur den regionalen Markt, sondern sie verdrängten im ganzen Land Viehzüchter und Metzger, bis Chicago irgendwann »der« Fleischmarkt der USA war. Dieser befand sich freilich in privater Hand, was die Eigentümer zu ihrem Vorteil zu nutzen wussten. Dabei half ihnen auch der Stoffwechsel der lebenden Tiere. Die Stock Yards verlangten etwa Gebühren für die Unterbringung und Fütterung der dort angebotenen Schweine und Rinder: ein Dollar pro Zentner für Prärieheu, 1,50 Dollar für Ackerheu und ein Dollar pro Scheffel Mais – angesichts dieser Preise fraß das Vieh seinen eigenen Wert innerhalb kurzer Zeit buchstäblich auf. Züchter und Viehtreiber hatten keine andere Wahl, als so schnell wie möglich zu verkaufen – wovon die Schlachtfabriken profitierten, die fast alle in den Stock Yards angebotenen Tiere kauften.[8]

Doch auch für die Fleischfabriken stellte der Faktor Zeit eine unmittelbare Bedrohung dar: Ihr Produkt verdarb relativ schnell. In der ersten Dekade der Fleischindustrie war der Betrieb daher weitgehend auf die kalten Monate November bis Januar beschränkt. Während des restlichen Jahres fuhr man den Ausstoß auf die Menge herunter, die man direkt in Chicago verkaufen konnte. So kam man etwa im Juli nur auf etwa zehn Prozent der Dezember-Einnahmen, was natürlich eine sehr ineffiziente Nutzung des in den Fabriken fixierten Kapitals bedeutete. Die Verwesungsprozesse stellten für die Unternehmen also eine besonders bedrohliche Manifestation der Autonomie der Natur dar. Ihre Antwort bestand in der *technischen Ex-*

pansion, die zwei historische Innovationen hervorbrachte: den eisgekühlten Transportwagen und das Fließband.

Problematisch war die Verwesung des Fleischs insbesondere beim Transport. Schweinefleisch konnte gepökelt und damit relativ lange haltbar gemacht werden. Rindfleisch hingegen wurde vor allem ungesalzen verzehrt. Deshalb wurden die in den Stock Yards gehandelten Rinder zunächst lebend zu ihren Zielorten weitergetrieben oder mit der Eisenbahn transportiert. Ersteres war teuer, weil es lange dauerte; Letzteres, weil die Tiere in den Waggons oft verendeten, vor allem aber, weil die Transportkosten sich am Gewicht bemaßen, während man zunächst nur die Hälfte der Lebendmasse ökonomisch verwerten konnte. Das hatte zur Folge, dass bis 1871 weniger als vier Prozent der in Chicago verkauften Rinder auch dort geschlachtet wurden. Das änderte sich erst mit der Einführung eisgekühlter Transportwaggons, wobei diese Angelegenheit sich schwieriger gestaltete, als man annehmen könnte: Da das Eis die Kadaver bei Berührung beschädigte, wurden sie zunächst über das Eis in die Wagen gehängt. Diese schwankten dadurch jedoch so stark hin und her, dass ganze Züge entgleisten. 1878 entwickelten die Ingenieure von Gustavus Swift einen Waggon, in dem das Eis an den beiden Enden angebracht war, so dass ein ständiger Strom gekühlter Luft am Fleisch vorbeiströmte. Bald verwendeten alle großen Händler dieses Modell, und 1884 überstieg die Zahl der in den Stock Yards geschlachteten Rinder erstmals die Zahl der nur dort verkauften. Swift ließ entlang der Routen eine Kette von Eisstationen anlegen, die über Kühlhäuser und Schneidemaschinen verfügten. Dabei wurde Natureis eingesetzt, das man anfänglich im Winter aus eigens angelegten Teichen in Chicago schnitt und dann lagerte. Mit den verteilten Eisstationen vergrößerte sich auch das Abbaugebiet. In den 1880er Jahren benötigte das Unternehmen jährlich 450000 Tonnen Eis. Die natürliche Verderblichkeit des Fleischs hatte Swift zum größten Eisverbraucher der USA gemacht.[9]

Hinter dieser Produktivkraftentwicklung steckte also ein Prozess der reaktiven Expansion: Um die Hindernisse zu überwinden, welche die Autonomie der Natur der Industrialisierung des Metzgerhandwerks in den Weg stellte, wurde eine technische Ausweitung des Stoffwechsels mit der Natur notwendig. Die neue Abhängigkeit vom Eis erforderte eine weitere Expansion, die zur Einrichtung der Eisstationen führte. Die Koordination des komplexen Netzwerks von Eis- und Fleischlieferanten brachte schließlich ihrerseits neue Kontrollkrisen hervor, auf die ich unten zurückkommen werde.

Die zweite und für die Geschichte der Arbeit noch folgenschwerere Form der reaktiven Expansion war das Fließband, das gemeinhin mit den Automobilfabriken Henry Fords assoziiert wird. Geboren wurde dieses Fertigungsverfahren aber in den Schlachtfabriken Chicagos, und dass gerade diese Industrie diese Innovation hervorbrachte, hatte ebenfalls mit dem Verwesungsprozess der Tierkadaver zu tun. Die Industrialisierung zieht ihre Kostenvorteile vor allem aus Skaleneffekten: Je größere Mengen gleichartiger Güter man mithilfe von Maschinen herstellen kann, desto niedriger sind die Stückkosten. Sobald sich jedoch totes Fleisch in den Stock Yards anhäufte, stieg die Gefahr der Verwesung und damit ökonomischer Verluste. Die Fleischindustrie stand somit stärker als andere Branchen unter dem Druck, die Produktionsgeschwindigkeit zu erhöhen. Zentrales Instrument dieser Beschleunigung war das Fließband; zunächst wurde dabei schlicht die Schwerkraft genutzt.

Nachdem die Einkäufer das Vieh in den Stock Yards erworben hatten, trieben sie es auf Viadukten über Straßenniveau in die obersten Etagen der Fabriken. Dort wurden die Rinder mit einem Vorschlaghammer getötet; anschließend fielen sie durch eine Falltür nach unten, wo sie mithilfe eines großen Rads an eine Deckenschiene gehängt wurden. Dank der Schwerkraft wanderten die Kadaver an den verschiedenen Arbeitsstationen entlang, bis sie in verzehrbereiten Stücken im Kühlraum lagen. Schweine wiederum hängte man lebend an die Schiene, wo ihnen dann die Kehle durchgeschnitten wurde. So konnte man alle zehn Sekunden ein Schwein schlachten. 1870 wurde eine Maschine eingeführt, deren Klingen sich an die Form der Kadaver anpassten und automatisch die Borsten entfernten.

Die Mechanisierung und die schiere Dimension der Anlagen erlaubten es zudem, die Verwertung in einem Ausmaß zu optimieren, wie es kein traditioneller Metzger hätte leisten können. Das zum Verzehr geeignete Fleisch eines Ochsen macht etwa die Hälfte seines Gesamtgewichts aus. Alle anderen Bestandteile (Knochen, Gelenke, Eingeweide, Knorpel usw.) stellten in der handwerklichen Metzgerei größtenteils Abfall dar. Das motivierte Fabrikanten wie Swift, in weitere Anlagen zu investieren: Hörner und lange Beinknochen wurden zu Besteck verarbeitet, Eingeweide zu Wursthüllen, ihr Inhalt zu Düngemitteln, Borsten zu Bürsten, Haxen zu Knochenmehl. Blut wurde getrocknet und als Pulver verkauft, aus dem Fett wurde Ölmargarine, aus Hufen, Füßen und anderen Teilen wurde Leim, Öl oder ebenfalls Düngemittel gewonnen. In den 1880er und 1890er Jahren richteten die Unternehmen eigene chemische Forschungslabore ein, die aus den Nebenprodukten weitere Waren wie Oleomargarine, Bouillon, Saiten für Streichinstrumente, Stearin, Pepsin und Fertiggerichte in Dosen entwickelten. Swifts Fabriken produzierten pro Stunde 10000 Stück Seife aus tierischem Fett. Dank dieser Anlagen schlugen die Fabrikanten von Chicago die Konkurrenz endgültig aus dem Feld.[10]

Heute ist das Schlachten von Tieren nicht mehr Teil unseres Alltags, und der Vorgang erregt bei den meisten Menschen Ekel. Für Zeitgenossen waren die Fleischfabriken von »Packingtown« jedoch eine Attraktion, wo sich die Möglichkeiten der modernen Technologie bestaunen ließen. Die Schlachthäuser verfügten denn auch tatsächlich über Besuchergalerien, von denen aus Schaulustige die Reise der Tiere von der Tötung bis zur Einlagerung verfolgen konnten. Pro Jahr wurden bis zu 500000 Besucherinnen registriert. Zu ihnen zählte 1904 der deutsche Soziologe Max Weber, der sich von der neuen Form der Arbeitsorganisation schwer beeindruckt zeigte:

> Überall wird man von der enormen Intensität der Arbeit überrascht. Vor allem in den Schlachthöfen mit ihrem Meer aus Blut, wo täglich mehrere tausend Rinder und Schweine geschlachtet werden. Von dem Moment an, in dem das ahnungslose Rind den Schlachtbereich betritt, von einem Hammer getroffen wird und zusammenbricht, woraufhin es sofort, von einer eisernen Klammer ergriffen, hochgezogen wird und seine Reise antritt, ist es in ständiger Bewegung – vorbei an immer neuen Arbeitern, die es ausweiden, häuten usw., die aber immer (im Arbeitsrhythmus) an die Maschine gebunden sind, die das Tier an ihnen vorbeizieht. In dieser Atmosphäre aus Dampf, Dreck, Blut und Häuten sieht man eine absolut unglaubliche Leistung.[11]

Für die Beschäftigten in den Schlachthöfen bedeutete das Fabriksystem mit seiner Kombination aus Hungerlöhnen und so monotonen wie gefährlichen Tätigkeiten ein erbärmliches Leben. Dass sich diese Bedingungen halten konnten, hatte wesentlich mit der durch das Fließband ermöglichten Austauschbarkeit des Personals zu tun. Zur Herstellung komplexer Produkte brauchte man nicht länger handwerklich geschulte Fachkräfte, sondern man konnte das Material an ungelernten Hilfsarbeitern vorbeifahren lassen, die jeweils nur einen einfachen Teilschritt ausführten. Die Lohngruppen waren hierarchisch geordnet, von 16 bis 50 Cent pro Stunde. 50-Cent-Arbeiter waren etwa dafür zuständig, die empfindlichsten Teile der Haut mit dem Messer zu entfernen oder das Rückgrat mit der Axt zu spalten. Allein für die Weiterbehandlung von Rinderfellen gab es neun Positionen mit acht verschiedenen Lohnsätzen: Ein 20-Cent-Arbeiter zog den Schwanz ab, ein 22-Cent-Arbeiter hackte Stücke weg, an denen kein gutes Leder zu finden war, und das Messer des 40-Cent-Arbeiters schnitt eine andere Textur als jenes des 50-Cent-Mannes.[12] Ein handwerklicher Metzger hatte zuvor acht bis zehn Stunden benötigt, um einen Stier zu schlachten und zu zerlegen. In Chicago nahm dies nur noch 35 Minuten in Anspruch.[13]

Durch die Vereinfachung der Prozesse wurde es möglich, Beschäftigte ohne Weiteres auszutauschen. Es gab keine längerfristigen Verträge, sondern die Arbeit wurde spontan auf Zuruf verteilt. Die – weit überwiegend – Männer hatten sich um sieben Uhr morgens vor den Fabriken einzufinden, wo sie sich bereithalten mussten, bis der Handel in den Stock Yards abgeschlossen war und das Vieh in die Schlachtereien getrieben wurde. Dies konnte mitunter bis Mittag dauern, wobei sie für diese Zeit nicht bezahlt wurden. Stattdessen verlängerte sich der Arbeitstag entsprechend bis in die Nacht. Vor den Toren warteten währenddessen Hunderte Arbeitssuchende, die bereitwillig jeden ersetzten, der mit dem Tempo des Fließbandes nicht mithalten konnte oder rebellierte.

Neben der Vereinfachung der Tätigkeit stellte die Kontrolle über den Arbeitsprozess aus Sicht der Unternehmen einen weiteren großen Vorteil des Fließbandsystems dar. Durch die Festlegung der Geschwindigkeit, mit der die Tiere auf die Schlachtplattform getrieben wurden, konnten die Manager das Arbeitstempo für die gesamte Belegschaft bestimmen. Statt einzelner Vorarbeiter diktierte nun die Maschinerie den Rhythmus.

Der Wunsch, Kontrolle über Natur und Arbeit zu erlangen, stellte eine zentrale Triebkraft für die Expansion der Produktionstechnik in den Stock Yards dar. Während die Autonomie der Natur ein wichtiger Faktor bei der Einführung des Fließbandes gewesen war, diente es später vor allem zur Senkung der Lohnkosten. Die Resultate der reaktiven Expansion setzten sich später auch in anderen Branchen durch und trugen so entscheidend zur allgemeinen Produktivkraftentwicklung und zur Entstehung der modernen Industrie bei.

Differenzielle Nutzbarmachung in der Fabrik

Die neue Form der industriellen Nutzbarmachung führte freilich zu Konflikten, und zwar vor allem um die Arbeitszeit. In seinem 1906 erschienenen dokumentarischen Roman *Der Dschungel* schildert Upton Sinclair diesen »Kampf, der beinahe in einen offenen Krieg zwischen Bossen und Arbeitern ausartete; wobei die Bosse versuchten, die Arbeit zu beschleunigen, während die Arbeiter versuchten, sie in die Länge zu ziehen«.[14] Die Beschäftigten legten eigensinnige Praktiken der Nutzlosigkeit an den Tag, setzten aber auch auf organisierte Streiks. In Chicago entstand eine starke Bewegung für den Achtstundentag, die ihren vorläufigen Höhepunkt mit einem Massenstreik erreichte, an dem sich am 1. Mai 1886 90 000 Personen beteiligten. Die Hauptkundgebung fand abends auf dem Haymarket Square statt. Es kam zu mehrtägigen Protesten und Ausschreitungen, Polizei und Arbeitgeber setzten auf massive Repressionen; am 4. Mai explodierte auf dem Haymarket eine Bombe. Acht führende Köpfe der Bewegung wurden verhaftet, einige von ihnen zum Tode verurteilt und hingerichtet. Der 1. Mai ist seitdem der Feiertag der globalen Arbeiterbewegung. Weniger bekannt ist jedoch ein weiterer historischer Hintergrund: Bei der Versammlung am 1. Mai sollte eigentlich ein Erfolg der Beschäftigten gefeiert werden. Ein Unternehmen hatte einige Wochen zuvor etwa tausend Arbeiter ausgesperrt, nachdem sie eine Verkürzung der Arbeitszeit gefordert hatten. Die freigewordenen Stellen sollten durch Einwanderer besetzt werden, die wie üblich vor den Fabriktoren Schlange standen. Aufgrund einer Kampagne der anarchistischen *Arbeiter-Zeitung* meldeten sich jedoch nur 300 Personen, so dass die Produktion nicht wieder aufgenommen werden konnte.[15]

Damit war der Bewegung ein seltener Sieg über die zentrale Herrschaftsstrategie der Fabrikanten gelungen: die differenzielle Nutzbarmachung durch rassifizierte Arbeitsteilung. Die Unternehmen schufen eine Hierarchie verschiedener Beschäftigtengruppen und spielten diese gegeneinander aus. Arbeiter irischer oder deutscher Abstammung standen an der Spitze und bekamen die bestbezahlten Jobs. Osteuropäer fanden sich in der Mitte und Schwarze am unteren Ende wieder – ein System, das sich noch heute in ähnlicher Weise in industriellen Schlachthöfen findet.[16] Die differenzielle Nutzbarmachung übersetzte sich auch ins Stadtbild von Chicago, das von ethnisch segregierten Vierteln geprägt war.

Die existierenden Gewerkschaften waren den neuen Formen der Arbeitsorganisation und insbesondere -teilung nicht gewachsen. Wie traditionelle Gilden organisierten sie bestimmte Gruppen von Handwerkern, deren eng gefasste Interessen sie verteidigten. Beschäftigte ohne formelle Qualifikation, welche die Mehrheit der Fleischarbeiter stellten, wurden ebenso wenig aufgenommen wie Frauen und Schwarze. Letzteren kam dabei ab dem Ersten Weltkrieg eine zentrale Rolle zu. Mit Kriegsausbruch ging die Einwanderung in die USA schlagartig um 80 Prozent zurück. Die Fabrikanten sahen ihr auf einem Arbeitskräfteüberschuss beruhendes Geschäftsmodell gefährdet und schickten Anwerber in die Südstaaten. Die dortige Baumwollindustrie befand sich in einer tiefen Krise: Der Baumwollkapselkäfer fraß die Felder leer, während es gleichzeitig zu mehreren Überschwemmungen kam und die Preise für Agrarprodukte aufgrund der Mechanisierung allgemein fielen. Vor allem aber bot das Sharecropping-System den Schwarzen keinerlei ökonomische Perspektive, vielmehr waren sie auch weiterhin von ihren alten Sklavenhaltern abhängig. Daher migrierte zwischen 1916 und 1920 eine halbe Million Menschen in den Norden. Etwa 50000 davon kamen nach Chicago, wo ihr Anteil an der Belegschaft der Schlachtfabriken während des Krieges auf 25 Prozent anwuchs. So konnte die Produktion ausgeweitet und die Profite gesteigert werden. Als nach 1918 der Zustrom aus Europa wieder einsetzte, verbesserte sich die Position der Arbeitgeber weiter, konnten sie jetzt doch auf bis zu 10000 arbeitssuchende Schwarze zurückgreifen, wann immer es zu Ausständen kam.[17]

Insbesondere die Syndikalisten der Industrial Workers of the World wirkten darauf hin, dass die Gewerkschaften die Ausgrenzung von Ungelernten, Frauen und Schwarzen nach und nach aufgaben. 1917 wurde das Stock Yard Labor Council gegründet und mit der umfassenden Organisierung aller Arbeiterinnen und Arbeiter beauftragt.[18] Das Council agierte jedoch zunächst überaus ungeschickt. Man bot verschiedene Formen beschränkter Mitgliedschaft an, was das Misstrauen seitens der Schwarzen nicht unbedingt besänftigte. Selbst als man ihnen schließlich die volle Mitgliedschaft zugestand, traten nur sehr wenige den Gewerkschaften bei, was auch damit zu tun hatte, dass die Tätigkeit in den Schlachtfabriken für sie im Gegensatz zu den Weißen keine Abwertung darstellte. Stattdessen verfügten sie erstmals über ein regelmäßiges Einkommen und Aufstiegsmöglichkeiten.

Vor allem aber verhinderte die ethnische Segregation eine breite Solidarisierung. Während die kulturellen Institutionen der irischen und osteuropäischen Arbeiter eng mit den Gewerkschaften verwoben waren, unterstützten die Packer antigewerkschaftliche Kulturinstitutionen für Schwarze. Sie finanzierten etwa die Gründung der Urban League, einer Organisation, die sich der Arbeitsmarktintegration von Schwarzen widmete. Zwischen 1917 und 1919 vermittelte sie 20000 Arbeiter an die Schlachtfabriken. Gleichzeitig beschäftigte sie Sozialarbeiterinnen, welche den Zugewanderten Arbeitsethik vermittelten und vor den Gewerkschaften warnten. Die Packer förderten auch eine schwarze Sektion der YMCA, die unter anderem einen »Efficiency Club« ins Leben rief.

Nach ihren anfänglichen Fehlern bemühten sich die Gewerkschaften nun aktiv darum, eine multiethnische Solidarität zu wecken. Für Anfang Juli 1919 planten sie ein Straßenfest, das allerdings auf Betreiben der Packer verboten wurde. Daraufhin organisierte man zwei getrennte Feste für Schwarze und Weiße, die in großen Umzügen zusammengeführt werden sollten. Die Packer setzten private Sicherheitsleute ein, um das Fest zu sprengen. In Reaktion darauf traten

10 000 Schwarze und Weiße Arbeiter gemeinsam in den Streik. Der Ausstand sollte sich für lange Zeit als letztes Aufflammen der multiethnischen Solidarität erweisen. Ende des Monats ertrank ein schwarzer Junge, nachdem Weiße ihn mit Steinwürfen davon abhalten wollten, einen segregierten Strand zu betreten. Bei den anschließenden Ausschreitungen wurden 23 Schwarze und 14 Weiße getötet. Die Kooperation zerbrach, was unter anderem in einer fatalen Streikniederlage und einem Niedergang der Gewerkschaften resultierte, von dem sie sich jahrelang nicht erholten.[19]

Wie vielen ähnlichen Ausschreitungen lag auch denen in Chicago das jahrelange Gegeneinander-Ausspielen der verschiedenen ethnischen Gruppen zugrunde. In der Berichterstattung wurde dieser Aspekt jedoch regelmäßig unter den Tisch gekehrt, so dass es schien, als sei der Rassismus von außen in die Unternehmen eingedrungen. Die Gewerkschaften verstanden immer besser, dass der Rassismus ein Hindernis für ihren Erfolg war, weshalb sie sich seiner Bekämpfung verschrieben. In den 1950er und 1960er Jahren wurde die führende Fleischarbeitergewerkschaft United Packinghouse Workers of America zu einem wichtigen Akteur der Bürgerrechtsbewegung um Martin Luther King.[20]

Trotz aller Widrigkeiten setzten sich die Beschäftigten der Stock Yards regelmäßig mit Streiks zur Wehr, die meist von informellen Betriebsgruppen organisiert wurden. Ihr zentraler Machthebel ergab sich aus der massenhaften Verarbeitung der toten Körper am Fließband. Dabei *standen die Autonomie der Arbeit und die Autonomie der Natur in einer engen Beziehung*. Die Kadaver ließen sich nicht reibungslos in Waren transformieren. Immer wieder kam es zu Engpässen bei der Versorgung mit Schlachtvieh, und ganze Lieferungen wurden durch Unterbrechungen der Kühlketten verdorben. Die Beschäftigten nutzten ebendiese Autonomie der Natur: In den Fabriken wurden, wie gesagt, sehr viele Tiere auf einmal geschlachtet, deren Fleisch schnell verrottete, wenn es nicht sofort verarbeitet wurde.

Auch die Beschäftigten wussten um dieses Problem und entwickelten einen spezifischen ökologischen Eigensinn. Sie schlachteten, bis die komplette Linie voll war, und traten dann in den Ausstand. So konnten bereits kurze spontane Streiks hohe Kosten verursachen. Das Management hatte nur wenige Stunden Zeit, um auf die Forderungen zu reagieren. Den Gewerkschaften verhalf diese Taktik zu einer Reihe von Siegen, die wiederum dazu beitrugen, dass der Organisierungsgrad massiv anstieg. 1960 lag er außerhalb der Südstaaten bei 95 Prozent, und die Löhne in den Fleischfabriken waren um mehr als ein Viertel höher als in der übrigen Verbrauchsgüterindustrie.[21]

Jenseits der Fabrikmauern spielte der ökologische Eigensinn der Arbeiterinnen jedoch ebenfalls eine wichtige Rolle für deren Selbstorganisierung. Die Schlachtfabriken produzierten riesige Mengen Unrat und Abwasser, die oft in der unmittelbaren Umgebung auf die Straßen geleitet oder in offene Gruben gekippt wurden. »Packingtown« war für seinen unerträglichen Gestank bekannt. Zudem war der Abfall der Labore teilweise giftig. Die Bewohnerinnen des Viertels versuchten, Fabrikanten und städtische Behörden zu bewegen, sich um das Entsorgungsproblem zu kümmern – vergebens. Daher gründeten sie Gruppen wie die »Neighborhood Guild«, die »Cleaners« oder den »Women's Club«, die Aufräumarbeiten durchführten. Die Chicagoer Gewerkschaften kämpften also nicht nur für den Achtstundentag, sondern auch für ein Müllentsorgungssystem, saubere Luft und die Einrichtung von städtischen Parks und Naturschutzgebieten.[22]

Die Entstehung der Informationsarbeit

Gegen das Zusammenwirken der Autonomie von Arbeit und Natur half aus Sicht der Fabrikanten nur weitere Expansion. Die Chicagoer Unternehmen eröffneten im ganzen Land neue Schlachthäuser und Verkaufsfilialen. Armour teilte seine Handelsgesellschaft in zwei große und eine kleine Untereinheit auf, die mit Rind- bzw. Schweinefleischprodukten sowie Nebenerzeugnissen aus den Laboren handelten. Ihre Waren wurden über Armours landesweite Niederlassungen vertrieben, deren Zahl im Jahr 1900 auf 200 Filialen angewachsen war. Diese nahmen Bestellungen entgegen, kümmerten sich um Werbung, den Zahlungsverkehr und transferierten die Einnahmen nach Chicago. Das Hauptquartier wies jeder Filiale einen Schlachthof zu. Konnte das entsprechende Werk wegen Viehmangels, eines Streiks oder eines anderen Problems nicht liefern, wurde auf eine andere Fabrik umgestellt. Bereits 1889 hatte Armour eine Buchhaltungsabteilung eingerichtet, die sich ausschließlich mit den Zweigbetrieben befasste.[23]

Allerdings führte diese räumliche Form der reaktiven Expansion den Unternehmen eine weitere Facette der Autonomie der Natur vor Augen: die solare Zeit. Bereits wenige hundert Kilometer auseinanderliegende Städte hatten einen deutlich unterschiedlichen Sonnenstand und damit auch eine andere Uhrzeit. Vor allem für die auf standardisierte Fahrpläne angewiesenen Bahngesellschaften war dies ein gewaltiges Problem. Da sich die überwiegend privaten Gesellschaften nicht auf einen gemeinsamen Standard verständigen konnten, existierte in den USA bald eine Vielzahl von »Eisenbahnzeiten«. An Bahnhöfen hingen in der Regel mehrere Uhren, in Pittsburgh etwa sechs Stück. 1883 wurde Nordamerika dann in einem staatlich organisierten Kompromiss in fünf Zeitzonen eingeteilt. Ein Jahr später wurde der Meridian von Greenwich als internationale Datumsgrenze festgelegt, so dass es weltweit nun 24 Zeitzonen gab. Neben der materiellen Infrastruktur der Gleise stellte diese institutionelle Innovation eine weitere Grundvoraussetzung für überregionale Märkte und die globale Arbeitsteilung dar. Um dies zu gewährleisten, musste man die Heterogenität der natürlichen Umwelt *ausblenden* (eine unendliche Vielzahl unterschiedlicher Sonnenstände). Der Soziologe James Beniger unterstreicht, dass dieses Prinzip der Komplexitätsreduktion sich ab diesem Zeitpunkt als Grundprinzip der bürokratischen Rationalisierung durchsetzte.[24]

Der Aufbau und Betrieb weiträumiger und komplexer Organisationsstrukturen schuf eine gewaltige Bürokratie, für die wiederum ein Heer von Angestellten im mittleren Management zuständig war. Um sie zu beherbergen, errichteten die Packer große Bürokomplexe. In Swifts Zentrale in Chicago arbeiteten bald tausend Angestellte, darunter Manager, Stenotypistinnen und Telefonistinnen. Im Gegensatz zu den oft in höllischen Metaphern beschriebenen Verhältnissen in den Fabriken fehlte es dort an keiner Annehmlichkeit, das Verwaltungsgebäude beherbergte ein Restaurant, einen Barbier sowie Lese- und Raucherräume. Die Angestellten atmeten nicht einmal dieselbe Luft wie die Arbeiter: Ein künstlicher Wasserfall filterte sie und sorgte dafür, dass sie im Sommer gekühlt und im Winter gewärmt wurde – die wohl erste Klimaanlage für Büroräume.[25] Die Industrialisierung des Fleischerhandwerks bedeutete also nicht einfach eine Dequalifizierung, sondern vor allem eine *Trennung* von Hand- und Kopfarbeit. Wenn die ausführenden Arbeiterinnen und Arbeiter nicht mehr über das Wissen zur Herstellung ihrer Produkte verfügten, musste dieses Wissen im Umkehrschluss auf andere Personen übergehen.

Die Expansion der Fleischkonzerne hatte aber noch eine weitere infrastrukturelle Voraussetzung: den Telegrafen, mit dessen Hilfe man über lange Distanzen kommunizieren und Lieferketten integrieren konnte. Bald wurden entlang der Eisenbahnstrecken auch Telegrafenkabel verlegt, schon 1852 verfügten die USA über ein Leitungsnetz von mehr als 37 000 Kilometern Länge. Die Kommerzialisierung des Telefons in den 1880er Jahren und insbesondere die Entwicklung der Fernleitungen in den 1890er Jahren erweiterten die Koordinationsmöglichkeiten noch einmal enorm.[26] So standen die Firmenzentralen bald in ständiger telegrafischer und telefonischer Verbindung mit ihren Filialen. Nun gab es vertikal integrierte Unternehmen, die Viehmärkte, Lieferketten sowie den Fleischvertrieb weitgehend kontrollierten. Aber der so entstandene Markt entwickelte sich zunehmend selbst zu einer Art »zweiten Natur«.[27] Ähnlich wie die erste Natur legte auch diese zweite eine unvorhersehbare Autonomie an den Tag, insbesondere in Form von Preisschwankungen. Die Möglichkeit, Preise telegrafisch zu übermitteln, versetzte die Konzerne in die Lage, unmittelbar auf die Konkurrenz zu reagieren. Wenn sich die Schwankungen schon nicht kontrollieren ließen, konnte man sich ihnen nun zumindest anpassen und so Verluste vermeiden. Ende des 19. Jahrhunderts schwankten die Preise in Chicago im Einklang mit denen in New York.[28]

Neben den Firmenzentralen fand die Informationsarbeit vor allem im Exchange Building statt. Das Gebäude, eine Art Börse, beherbergte eine Bank, in der in den 1860er Jahren täglich Transaktionen im Wert von bis zu einer halben Million Dollar abgewickelt wurden. Dazu gab es Telegrafeneinrichtungen, die Fleischpreise und Viehnachrichten aus allen Teilen der Welt sammelten. Cronon beschreibt das Exchange Building als den »eigentlichen Sinn der Stock Yards«: Es war

> der ultimative Treffpunkt von Land und Stadt, West und Ost, Erzeuger und Verbraucher – von Tieren und ihren Schlachtern. Die polierten Holzoberflächen und Plüschpolster boten einen merkwürdigen Kontrast zu dem nassen Dreck und der lauten, feuchten Luft in den Ställen direkt vor den Türen. Das Börsengebäude wirkte distanziert gegenüber den Tieren, mit deren Fleisch es handelte, als wolle es die blutigen Folgen der Transaktionen, die in ihm stattfanden, leugnen.[29]

Bald wurden im Exchange Building nicht mehr nur die bereits in Chicago befindlichen Tiere gehandelt, sondern es entstand eine ganz neue Sparte der Profitabschöpfung: Spekulanten spezialisierten sich auf den Handel mit sogenannten Futures, Wertpapieren, die zum Kauf einer bestimmten Menge Fleisch zu einem festgelegten Preis an einem bestimmten Datum berechtigten bzw. verpflichteten. Damit kam es zu einer sekundären Kommodifizierung der Tiere, indem das Kapital nunmehr auf die Zyklen der Verwertbarkeit wettete. Für all diese Tätigkeiten war die neue Klasse der Büroangestellten zuständig, deren Zeitalter anbrach, als die Kontrolle der immer größer werdenden Organisationen den Unternehmerpatriarchen des Frühkapitalismus über den Kopf wuchs.

Als 1830 die ersten Eisenbahnen gebaut wurden, hatte der Informationssektor in den USA 0,4 Prozent der Arbeitskräfte beschäftigt. 60 Jahre später war ihr Anteil auf 12,4 Prozent gestiegen. Insbesondere die Konsolidierung der bürokratischen Kontrolltechniken in den 1870er und vor allem den 1880er Jahren bedeutete einen bis heute unübertroffenen Sprung in der Größe dieses Sektors. Spätere Innovationen, einschließlich der Einführung des Computers, haben nur zu einem vergleichsweise bescheidenen graduellen Wachstum des Bereichs geführt.[30]

Oft wird diese »Informatisierung«, »Bürokratisierung« oder »Tertiarisierung« der Arbeit als eine Dematerialisierung oder als eine Abkopplung von der Natur gedacht. Dieser Eindruck entsteht durch die sich vertiefende Trennung von Hand- und Kopfarbeit, die auch symbolisch unterstrichen wurde, etwa durch Installationen wie den Luftfilter in Swifts Bürokomplex. Dabei gerät jedoch aus dem Blick, dass die zentrale Funktion der Informationsarbeit in der Kontrolle über die materiellen Widerspenstigkeiten der Natur besteht, die sich den Imperativen der Ökonomie nicht unterordnen.

Fleisch und Reproduktionspolitik

Eine weitere wichtige Aufgabe von Büroangestellten war die Werbung. Die Konzerne hatten mit einer kulturell tief sitzenden Abneigung gegen abgepacktes oder gefrorenes Fleisch zu kämpfen, das bei den meisten Menschen zunächst Abscheu hervorrief. Handwerkliche Metzger, die von den Fabriken vom Markt verdrängt wurden, schürten diesen Ekel und betonten die mindere Qualität des Industriefleischs. Wo immer neue Filialen von Swift, Armour und anderen Konzernen eröffnet wurden, bildeten sich meist rasch von Metzgern angeführte Organisationen. 1887 gründete sich die landesweite Butchers' National Protective Association, um Widerstand gegen Rindfleisch aus Chicago zu mobilisieren.[31]

Dieser kulturelle Konflikt wurde den Fabrikanten insbesondere nach der Veröffentlichung von Upton Sinclairs *Der Dschungel* im Jahr 1906 gefährlich. Das Buch verursachte einen Aufschrei, allerdings nicht aufgrund der geschilderten Arbeits- und Lebensbedingungen, sondern aufgrund der Beschreibung unhygienischer Zustände in den Fabriken. »Ich zielte auf das Herz der Öffentlichkeit, aber ich traf sie aus Versehen in den Magen«, stellte Sinclair ernüchtert fest.[32] US-Präsident Theodore Roosevelt setzte eine Kommission ein, die fast alle Vorwürfe bestätigte. Gegen den Widerstand der Industrie unterzeichnete Roosevelt noch im selben Jahr den Meat Inspection Act und den Pure Food and Drug Act, die unter anderem zur Gründung der Federal Food and Drug Administration (FDA) führten. Bald wurden die Regulierungen auf andere Branchen ausgeweitet.

Mittelfristig wurden jedoch alle Bedenken vom umschlagbaren Preis des Industriefleischs übertrumpft. So lieferten die Fabriken ab den späten 1880er Jahren den Großteil des amerikanischen Angebots. Da diese Form der Industrialisierung weltweit einmalig war, aßen Amerikaner bereits im 19. Jahrhundert wesentlich mehr Fleisch als Menschen in der übrigen Welt. Der britische Schriftsteller Anthony Trollope hatte bereits 1861 die USA bereist und berichtet, dort esse man etwa doppelt so viel Fleisch wie in seiner Heimat. Sogar die ärmsten Amerikaner konnten sich regelmäßig Fleisch leisten. Die frühesten verlässlichen Daten stammen aus einer Umfrage aus dem Jahr 1909. Laut dieser verzehrten die ärmsten Amerikaner 136 Pfund Fleisch im Jahr und die reichsten 200 Pfund.[33] Erstaunlicher als die schiere Menge ist dabei die geringe Differenz. Für Europäer war Fleisch ein Luxusgut; Arbeiterinnen und Arbeiter im Deutschen Reich aßen zum selben Zeitpunkt nur einmal pro Woche Rind, Schwein oder Huhn.[34]

Voraussetzung für die Expansion der Fleischindustrie waren spezifische Politiken der Reproduktion, die vorherige Formen der Versorgung zunehmend erschwerten. Das betraf einerseits die teils gewaltsame Eliminierung alternativer Wirtschaftsformen wie etwa der Gemeindewirtschaft der Mormonen. Im 19. Jahrhundert wurde nicht nur die bei dieser Religionsgemeinschaft übliche Polygamie, sondern auch die kollektive Verfügung über Land und Arbeit gesetzlich verboten. Die Öffnung des Bundesstaates Utah, wo bis heute viele Mormonen leben, für die transkontinentale Eisenbahn beschleunigte den Niedergang dieser Wirtschaftsform weiter. Die Ökonomien der indigenen Völker waren bereits zuvor weitgehend ausgelöscht worden, und 1887 wurde diese Zerstörung mit dem Dawes Severalty Act zusätzlich vorangetrieben. Das Gesetz teilte die Reservate in Parzellen von je 40 Morgen auf, die jeweils an einen männlich geführten Haushalt gingen. Diese Landzuteilung unterminierte nicht nur die gemeinschaftliche Bewirtschaftung des Landes, sondern brachte die indigene Bevölkerung zugleich um mehr als die Hälfte ihres Reservatsgebiets. Im selben Zeitraum verweigerten der Kongress und die Gerichte den ehemals mexikanischen Regionen des Südwestens (New Mexico, Texas und Kalifornien) die traditionellen Rechte auf Gemeinschaftsbesitz an Weideland. Viehzucht- und kommerzielle Agrarunternehmen ersetzten die herkömmliche Weidewirtschaft und verdrängten ländliche Gemeinden, die zuvor von geteilten Ressourcen gelebt hatten. So entstand neues Privatland, das sich große Unternehmen aneigneten, und die Bauern waren gezwungen, ihre Arbeitskraft zu verkaufen und ihre Reproduktion über Warenwirtschaft zu bestreiten.

Die verschiedenen Prozesse der Einhegung und Privatisierung führten auch zu einer Neuordnung der Arbeiterhaushalte. In der Frühgeschichte der USA existierte zwar eine geschlechtliche Arbeitsteilung, aber keine strikte Trennung zwischen Produktion und Reproduktion. Sowohl Männer als auch Frauen brachten Rohstoffe in die Haushalte und wandten viel Zeit auf, um diese zu verwertbaren Gütern zu verarbeiten und diese Güter wiederum gegen andere einzutauschen. Die Industrialisierung trennte den Ort der Arbeit physisch vom Ort der Reproduktion. Die wachsende Abhängigkeit der Haushalte vom Lohn verschaffte den Männern mehr Macht, da diese nun als Hauptversorger der Familien galten. Die häuslichen Aufgaben von Frauen wurden als Arbeit unsichtbar, während Frauen, die einer Lohnarbeit nachgingen, nun Ausnahmen darstellten. Auf diese Weise integrierte die Einhegung nicht nur Männer und Frauen in die Marktbeziehungen, sondern sie trug auch zur Durchsetzung einer hierarchischen geschlechtlichen Arbeitsteilung in den Haushalten bei.[35]

In den Metropolen kam es ebenfalls zu einer Einschließung und Privatisierung der Reproduktionsmittel. Bis in die Mitte des 19. Jahrhunderts waren Schweine eine allgegenwärtige Erscheinung in amerikanischen Großstädten. In New York kam 1820 ein Schwein auf fünf Menschen, insbesondere in Midtown und Manhattan beherrschten sie das Straßenbild. Die Tiere streunten tagsüber frei herum und verwandelten den herumliegenden Abfall in essbare Proteine. Gerade die Ärmsten konnten sich oft gar keine anderen Nutztiere leisten. Die Paarhufer versorgten sich selbst und fanden abends allein den Weg zurück in ihre Verschläge. In Notzeiten konnten sie verspeist oder ihr Fleisch verkauft werden. Den urbanen Oberklassen waren die umherstreunenden Tiere stets ein Dorn im Auge gewesen, doch ihre Bedeutung für die soziale Reproduktion war lange zu groß und die städtischen Exekutivorgane zu schwach, um ein Verbot durchzusetzen. Zwischen Juli und September 1859 kam es dann aber in New York zum »Piggery War«: Zwei Divisionen bewaffneter Männer marschierten in die Arbeiterviertel ein, beschlagnahmten die Tiere, zerstörten die Ställe und erhoben Bußgelder. Die Halterinnen wehrten sich teils gewaltsam, doch am Ende wurden 9000 Schweine beschlagnahmt, und die Ära der städtischen Selbstversorgung ging zu Ende. Stattdessen wurde Fleisch nun zur Ware, und vor allem die ärmeren Teile der Bevölkerung griffen auf die billigen Angebote der Fabriken zurück.[36]

Fleisch war somit das erste Industrieprodukt, das explizit mit dem Ziel hergestellt wurde, dass es sich – anders als im Fall der englischen Baumwolle – alle Teile der Gesellschaft leisten können sollten. Das bedeutete, dass die Lebensrealität von Ober- und Unterklasse in dem kulturell äußerst bedeutsamen Aspekt der Ernährung wesentlich näher zusammenrückte. Die Integrationsfunktion dieser Entwicklung kann kaum überschätzt werden. So war die Tatsache, dass man die gleichen Produkte (freilich nicht in der gleichen Qualität) verspeiste wie die Reichen, wahrscheinlich eine Voraussetzung dafür, dass die Rede von »der Gesellschaft« für die Armen überhaupt mit ihrer Alltagserfahrung in Einklang zu bringen war. Während viele Beobachter des Frühkapitalismus angenommen hatten, die Proletarisierung werde die Kluft zwischen besitzender und besitzloser Klasse notwendig verschärfen, deutete der massenhafte Fleischkonsum nun erstmals die Möglichkeit eines Klassenkompromisses an.

Infolgedessen wurde die Frage der Verfügbarkeit von Fleisch zu einem wichtigen Gegenstand der Sozialpolitik. Im Deutschen Reich trat die SPD zu den Reichstagswahlen im Januar 1912 mit dem Slogan »Billiges Brot und billiges Fleisch« an und konnte damit 34,8 Prozent der Stimmen auf sich vereinen – mehr als je eine Partei zuvor. Infolge einer protektionistischen Handelspolitik, die deutsche Produzenten unter anderem vor Importen aus den USA schützen sollte, war Fleisch so teuer geworden, dass es sich viele Arbeiterhaushalte nicht mehr leisten konnten. Am 23. Oktober 1912 spitzte sich der Unmut über diesen Mangel in Berlin in einem Aufstand zu: 4000 Frauen stürmten die Markthalle an der Reinickendorfer Straße und plünderten die Stände, um Stücke des neu angelieferten Fleischs zu erbeuten. Die Frauen demolierten große Teile der Halle und bewarfen die herbeigerufene Polizei mit den überall herumliegenden Lebensmitteln –

Fleisch diente also nicht nur der Pazifizierung, sondern entfachte auch neue Konflikte.[37] Diese Auseinandersetzungen lassen sich mit dem sogenannten Tocqueville-Effekt erklären, laut dem eine Angleichung der Lebenschancen dazu führen kann, dass die Frustration über verbleibende Ungleichheiten zunimmt. Im Falle des Fleischkonsums geschah genau das: Nachdem die Bevölkerung einmal in den alltäglichen Genuss von Fleisch gekommen war und um seine prinzipielle Verfügbarkeit wusste, fiel die Empörung umso größer aus, wenn es ihr vorenthalten wurde.

Angesichts der politischen Brisanz des Themas stiegen Kommunen wie Karlsruhe, Lübeck oder Charlottenburg mit eigenen Mastanstalten in die Fleischproduktion ein. Sebastian Matzinger, ein Abgeordneter der bayerischen Zentrumspartei, forderte gar, solchen Anstalten weibliche Strafgefangene als kostenlose Arbeitskräfte zur Verfügung zu stellen. Allerdings machte der Erste Weltkrieg die Hoffnung auf eine fleischlastige Ernährung für den Großteil der Deutschen wieder zunichte, und nach Kriegsende war Fleisch erneut ein Statussymbol. Die Nationalsozialisten rückten das Nahrungsmittel dann ins Zentrum ihrer spezifisch faschistischen Variante des Klassenkompromisses und traten mit der Losung »Nie wieder Kohlrüben!« an. Als sie an der Macht waren, wurde Fleisch staatlich rationiert, wobei die Menge, die einer Person zugestanden wurde, von ihrer Stellung in der NS-Rassenideologie abhing. Man plünderte besetzte Gebiete, ließ ausgegrenzte Gruppen systematisch hungern und konnte die »arische« Bevölkerung großzügiger versorgen als in den Jahrzehnten zuvor. Die Fleischversorgung war somit ein zentraler Pfeiler der Loyalitätsabsicherung im Rahmen einer klassenübergreifenden »Volksgemeinschaft«.[38]

Sofern Viehwirtschaft nicht auf ausgedehnten Weiden stattfindet, erfordert sie sehr große Flächen zur Produktion von Getreide. Das liegt vor allem daran, dass der sogenannte »Wirkungsgrad«, also das Verhältnis von investierter zu gewonnener Energie, bei Fleisch sehr niedrig ist: Bei Schweinen beträgt er durchschnittlich 11 zu 1, bei Rindern 36 zu 1. Es müssen also 36 Kalorien investiert werden, um eine Kalorie Rindfleisch zu produzieren.[39] Dadurch stellt die Fleischerzeugung hohe Produktivitätsanforderungen an den Ackerbau, die dieser zunächst nicht ansatzweise erfüllen konnte. Bis Mitte des 20. Jahrhunderts wirtschafteten die meisten Bäuerinnen und Bauern im Prinzip mit den gleichen Geräten wie ihre mittelalterlichen Vorfahren: Pflüge wurden von Menschen oder Tieren gezogen, und die Höfe waren weitgehend geschlossene Kreisläufe, denen kaum externes Kapital zugeführt wurde. Das ist insbesondere deshalb bemerkenswert, weil in allen anderen Sektoren bis zu diesem Zeitpunkt hohe Produktivitätssteigerungen erzielt worden waren. Die Erde wies allerdings eine spezifische Natureigenschaft auf, die ein vergleichbares Wachstum sehr lange unmöglich machte. So sinkt der Nährstoffgehalt des Bodens proportional zur Intensität seiner Nutzung, weshalb er sich anschließend über lange Zeit regenerieren muss. Es bestand also keinerlei Anreiz für technische Innovationen zur Intensivierung der Landwirtschaft, da diese an die Nährstoffgrenzen der Böden gestoßen wären.

Das zentrale chemische Element ist dabei Stickstoff. Er ist in der Atmosphäre in großen Mengen als Gas und im Boden in kleineren Mengen in Form von Mineralien enthalten. Allerdings sind die meisten dieser Quellen für Pflanzen nicht unmittelbar zugänglich, weshalb landwirtschaftliche Arbeit zu einem großen Teil darin besteht, Stickstoff für Pflanzen verfügbar zu machen. Vom Neolithikum bis in die frühe Moderne dominierten dabei drei Methoden: Die einfachste Option war, die Felder vorübergehend brachliegen zu lassen, bis sich der Nährstoffgehalt von selbst regeneriert hatte. Bei der zweiten Methode mischte man das Getreide, das meist die Hauptnahrungsquelle darstellte, mit Hülsenfrüchten wie Linsen, Erbsen oder Bohnen. Diese Leguminosen lockerten durch ihre Wurzeln den Boden auf und versorgten ihn effektiv mit Stickstoff. Die dritte Methode – die gemischte Landwirtschaft – erlaubte die größten Skaleneffekte. Man kombinierte den Anbau von Pflanzen mit der Züchtung von Vieh, versorgte die Tiere mit Futter von den eigenen Feldern und versah diese wiederum mit dem Dung, der dem Boden Stickstoff zurückgeben kann.[40]

Bei all diesen Methoden blieb der Agrarbetrieb ein weitgehend geschlossenes System, das nicht auf externe Zutaten angewiesen war, um die Produktivität zu steigern. Dies änderte sich im 19. Jahrhundert, als auch in Europa erstmals Guano eingesetzt wurde, ein Phosphatgemisch, das vor allem aus Vogelkot besteht. Während die Inkas Guano schon lange verwendet hatten, brachte Alexander von Humboldt 1806 erste Proben zur chemischen Analyse nach Europa. In der Folge entstand ein regelrechter Guanoboom, der den Stoff Mitte des 19. Jahrhunderts neben Zucker, Rum, Baumwolle, Tabak und Indigo zu einem der bedeutendsten Importgüter aus dem globalen Süden machte. Guano blieb jedoch eine äußerst knappe Ressource, weshalb Spanien von 1864 bis 1866 einen Krieg gegen Chile, Peru, Bolivien und Ecuador führte, um sich die Vorkommen auf den Chincha-Inseln vor der peruanischen Küste zu sichern.

Dank des Guanos wurden nun die vormals geschlossenen Systeme der Bauernhöfe aufgebrochen: Um ihre Produktivität zu steigern, waren die Landwirte gezwungen, ein Produktionsmittel zu kaufen, das sie nicht selbst herstellen konnten. Diese Abhängigkeit bedeutete neben verschärfter Konkurrenz einen höheren monetären Erfolgsdruck, da jetzt Geld eingesetzt werden musste, um die Produktion überhaupt aufrechtzuerhalten.

Auf äußerst schmerzliche Weise machten diese Erfahrung die Landwirte der Great Plains. Die Regierung in Washington hatte die Erschließung der Prärie mit dem Homestead Act von 1862 gezielt gefördert, der Siedlern Parzellen von 65 Hektar versprach. Mit der Fertigstellung der ersten transkontinentalen Eisenbahnlinie 1869 erreichten neue Einwanderer den Mittleren Westen und pflügten immer größere Teile der Prärie um. So schufen sie einige der fruchtbarsten Anbauflächen der Welt. Diese Produktivität war aber nur von sehr kurzer Dauer, da durch das tiefe Umpflügen die aus tief wurzelnden Gräsern bestehende Vegetation zerstört wurde, die zuvor selbst in Dürreperioden und bei starkem Wind Boden und Feuchtigkeit festgehalten hatte. Als das Gras verschwunden war, mussten die Bauern auf regelmäßige Regenfälle hoffen, doch diese blieben unweigerlich in manchen Jahren aus. Je weiter man nach Westen kam, desto dramatischer wurde die Trockenheit, und in den 1880er Jahren wurde den Landwirten klar, dass sie hier nur mithilfe von Bewässerungssystemen oder speziellen Trockenanbautechniken zuverlässig Getreide produzieren konnten. Die Regierung reagierte auf die sinkende Attraktivität, indem sie Siedlern Anfang des 20. Jahrhunderts immer größere Parzellen versprach, im Westen Nebraskas 260 Hektar und in anderen Teilen der Great Plains immerhin 130. So wurden immer neue Wellen europäischer Neuankömmlinge in den Mittleren Westen gelockt, die sich allesamt dem Umpflügen der Prärie widmeten. Zudem schritt die Entwicklung der landwirtschaftlichen Geräte schnell voran. Durch den Guano-Dünger und neue Techniken wie den Traktor erschien es möglich, das trockene Grasland in Ackerfläche umzuwandeln. Gleichzeitig erforderten diese oft teuren Produktionsmittel auch größere, meist hypothekenfinanzierte Investitionen, die eine Veränderung der Anbautechnik oder die Aufgabe der Landwirtschaft später unattraktiv machten.[41]

Dann blieb über die gesamten 1930er Jahre der Regen in den zentralen Plains fast vollständig aus. Die anhaltende Trockenheit führte zu Ernteausfällen, so dass die Felder zwar gepflügt, aber nicht bewachsen waren. Dadurch war der brüchige und pulvrig gewordene Mutterboden der Winderosion voll ausgesetzt. Ohne die Präriegräser wirbelten die starken Winde die Erde in die Luft und verursachten massive Staubstürme, bald war die Region als »Dust Bowl«, also als »Staubschüssel«, bekannt. Im Mai 1934 trug einer der stärksten Stürme riesige Mengen Mutterboden gen Osten. Die Staubwolken zogen bis nach Chicago, wo sich 5400 Tonnen Erde ablagerten. Wenige Tage später erreichten die Böen Boston, New York City und Washington. Ein Jahr später fegten noch stärkere Stürme von Kanada bis nach Texas durch die Great Plains, so dass mehrere Tage lang die Sonne verdeckt war. Insgesamt wurden in Texas, Oklahoma, New Mexico, Colorado und Kansas 400 000 Quadratkilometer Ackerland zerstört. Mehr als 500 000 Personen wurden obdachlos. Zwischen 1930 und 1940 verließen etwa 3,5 Millionen Menschen die Plains, da sie nicht länger Getreide anbauen oder ihre Hypotheken bezahlen konnten. Viele Familien wanderten nach Kalifornien aus. Dort war die wirtschaftliche Lage infolge der Großen Depression allerdings kaum besser.

Die verbliebenen Bauern versuchten, die Profitabilität ihrer Betriebe durch eine weitere Intensivierung wiederherzustellen. Zentrale Technik dieser neuen reaktiven Expansion sollte ein neues Verfahren zur synthetischen Produktion von Stickstoff werden, welches die Abhängigkeit von natürlichen Düngemitteln schließlich überwand. Das nach seinen Erfindern, den deutschen Chemikern Carl Bosch und Fritz Haber, benannte Haber-Bosch-Verfahren war eine Innovation von weltgeschichtlicher Bedeutung.[42] Da die Stickstoffsynthese extrem energieaufwendig ist, konnte es sich nur infolge der massenhaften Verfügbarkeit billiger fossiler Energie durchsetzen, die zu Beginn des 20. Jahrhunderts bereits gewährleistet war. Massenhaft zum Einsatz kam der chemische Dünger aber erst in den 1950er Jahren. Zwei Dinge waren dafür ausschlaggebend: Erstens mussten Pflanzen gezüchtet werden, die überhaupt so große Mengen an Düngemitteln aufnehmen konnten. Die bis dahin verfügbaren Getreidesorten wuchsen bei Einsatz des chemischen Düngers nämlich so hoch, dass sie auf den Feldern umkippten. Um das Problem zu lösen, wurden die Pflanzen mit Zwergsorten gekreuzt: Diese waren kurz und verwendeten die Nährstoffe aus der Düngung für das Wachstum der Körner. Der erste Hybridmais kam in den 1920er Jahren auf den Markt, aber erst in den 1940er Jahren wurden ertragreiche Zwergsorten verfügbar. Zunächst gelang dies beim Weizen; Reis und Mais folgten. Der zweite Faktor war der Umstand, dass synthetische Stickstoffverbindungen nicht nur als Düngemittel, sondern auch für die Herstellung von Sprengstoff verwendet wurden. Vor ihrem Eintritt in den Zweiten Weltkrieg veranlasste die US-Regierung den groß angelegten Bau von Ammoniakfabriken. Als die Bombenproduktion nach 1945 zurückgefahren wurde, überschwemmten diese Anlagen die Märkte mit Düngemitteln. Durch ihren massiven Einsatz explodierten die weltweiten Getreideerträge: 1961 ernteten die Landwirte in Nordamerika 2,2 Tonnen Getreide pro Hektar; 2010 waren die Erträge mit 6,3 Tonnen fast dreimal so hoch. In anderen Weltgegenden fallen die Erträge zwar niedriger aus, doch auch in Europa haben sie sich fast verdreifacht.[43]

Ein weiterer Grund für die massive Produktivitätssteigerung war die Motorisierung. Noch 1950 wurden 85 Prozent der in Europa eingesetzten Ackergeräte von Pferden und Ochsen gezogen. Danach nahm der Einsatz von Landmaschinen rasant zu: Im Jahr 1961 waren weltweit bereits 11,3 Millionen Traktoren im Einsatz, 90 Prozent davon im globalen Norden. In Verbindung mit dem Einsatz chemischen Düngers ermöglichte die Motorisierung eine stärkere Spezialisierung. Ackerbauern benötigten nun keine Tiere mehr, weder für die Produktion von Dung noch zum Ziehen ihrer Geräte. In flachen Regionen, die sich gut für industrielle Anbaumethoden eigneten und über die entsprechenden klimatischen und geologischen Bedingungen verfügten, gaben sie Futtermittelproduktion und Viehzucht auf, um sich ganz dem Anbau von Feldfrüchten zu widmen. Andere Betriebe spezialisierten sich auf die Viehzucht, die wiederum durch die zunehmende Verfügbarkeit von billigem Getreide begünstigt wurde.[44]

Ein letzter Faktor waren schließlich künstliche Pestizide. Der industrialisierte Ackerbau war auf Monokulturen angewiesen, da nur diese sich maschinell ausbringen und ernten lassen. Gleichzeitig sind diese aber enorm anfällig für auf die jeweilige Pflanze spezialisierte Parasiten. Ein wichtiges Beispiel ist hier der bereits erwähnte Baumwollkapselkäfer, der die US-amerikanische Produktion bis in die zweite Hälfte des 20. Jahrhunderts ernsthaft gefährdete. Noch in den 1960er Jahren wurden Geräte auf den Markt gebracht, die das Einsammeln der Käfer erleichtern sollten. In betroffenen Gebieten wurden ganze Schulklassen auf die Felder geschickt. Zudem investierte auch die Baumwollindustrie in die Entwicklung chemischer Pestizide, und die Monokultur wurde so zur Geburtshelferin einer ganzen Forschungslandschaft. 1918 entdeckte man einen Stoff namens Calciumarsenat, ein Pulver, das nach dem Versprühen in die Baumwollkapseln vordrang, wo es die Käfer tötete. Bereits 1920 wurden zehn Millionen Pfund davon verkauft. 1922 brachten Militärpiloten das Pestizid im Mississippi-Tal erstmals mit Flugzeugen aus, woraus später die Fluglinie Delta Airlines entstehen sollte. Noch 30 Jahre später floss ein Drittel des gesamten US-Pestizidverbrauchs in die Bekämpfung des Baumwollkapselkäfers. Ein großer Teil davon wurde freilich erst dadurch notwendig, dass die Chemikalien auch landwirtschaftlich nützliche Insekten töteten, deren »Ökosystemdienstleistungen« dann chemisch ersetzt werden mussten. Das klebrige Calciumarsenat blieb überdies nicht nur an den Pflanzen haften, sondern auch an den Arbeiterinnen und Arbeitern, welche die Felder bewirtschafteten. Heute gilt die Substanz als krebserregend. Nach dem Zweiten Weltkrieg wurde sie vom berüchtigten DDT abgelöst.[45]

1962 veröffentlichte die Biologin Rachel Carson ihr Buch *Der stumme Frühling*, in dem sie in drastischer Form die schädlichen Auswirkungen von Pestiziden wie DDT unter anderem auf Singvögel schildert.[46] Das Buch gilt als Ausgangspunkt der modernen Umweltbewegung. Doch bereits zuvor hatten Feld- und Plantagenarbeiterinnen gegen gefährliche Chemikalien gekämpft. Als das kalifornische Ministerium für öffentliche Gesundheit 1950 zum ersten Mal Krankheiten in Verbindung mit dem Einsatz von Pestiziden erfasste, wies die Landwirtschaft höhere Fallquoten auf als alle anderen Branchen. Die Mehrheit der dort Beschäftigten waren mexikanische und philippinische Immigranten, für die allgemeine Arbeitsrechte wie das auf gewerkschaftliche Organisierung nicht galten. Als es ihnen dennoch gelang, sich zu organisieren und erste Tarifverträge durchzusetzen, war ein zentraler Inhalt ein Verbot des Einsatzes von DDT und vergleichbaren Substanzen.[47]

Insgesamt wurde die Landwirtschaft durch Pestizide, synthetischen Dünger und große Maschinen von einem arbeitsintensiven zu einem kapitalintensiven Sektor. Während 1910 41 Prozent des Gesamtwerts der Nahrungsmittelproduktion an die Landwirte ging, waren es 1990 nur noch 9 Prozent. Der Anteil der Vorleistungen (Saatgut, Chemikalien, Maschinen) stieg dagegen von 15 auf 24 und derjenige der Verarbeitung, des Vertriebs und des Einzelhandels von 44 auf 67 Prozent. Da Landwirte von kommerziellen Anbietern kaufen, aber nur selten direkt an Verbraucher verkaufen, sehen sie sich gezwungen, für Betriebsmittel Einzelhandelspreise zu zahlen, während sie ihre eigenen Produkte zu Großhandelspreisen abgeben. Steigende Betriebsmittelkosten und niedrige Erzeugerpreise verringerten die Gewinne pro Flächeneinheit. Dadurch entstand ein massiver Druck zur Intensivierung der Landwirtschaft.[48]

Auch die Fleischverarbeitung wurde kapitalintensiver, und die Fabriken wurden zunehmend weiter automatisiert. Allein zwischen 1960 und 1970 stieg ihre Produktivität um fast 50 Prozent, die Zahl der Beschäftigten wurde im Gegenzug dramatisch reduziert. Technologische Innovationen wie neue Formen der Kühlung und Bewässerung, Vakuumverpackungen usw. erlaubten eine noch bessere Kontrolle über Verrottungsprozesse und eliminierten damit einen Machthebel der Beschäftigten. In der Folge ging die Streikaktivität stark zurück: In den vier Jahren zwischen 1949 und 1953 gab es in den Fleischfabriken der USA 2008 größere Streiks, an denen sich über zehn Millionen Beschäftigte beteiligten. Im gleichen Zeitraum kam es von 1997 bis 2001 nur noch zu 148 größeren Streiks mit weniger als 1,3 Millionen Beschäftigten. Entsprechend sanken die Reallöhne ab den 1980er Jahren um knapp 50 Prozent.[49]

Globalisierte Landwirtschaft

Die Intensivierung der Agrarindustrie begünstigte einen Globalisierungsschub. So produzierten die USA, die als erstes Land den Weg der kapitalintensiven Landwirtschaft eingeschlagen hatten, bald massive Überschüsse. Die Folge war eine starke Exportorientierung, die nach dem Zweiten Weltkrieg im zerstörten Europa begierige Absatzmärkte fand, die mit Mitteln aus dem Marshallplan bedient wurden. Die europäische Landwirtschaft erholte sich jedoch schnell, woraufhin die dortigen Regierungen billige Agrarimporte durch protektionistische Maßnahmen verhinderten. Nun waren die USA gezwungen, zunächst über verschiedene Nahrungsmittelhilfsprogramme neue Märkte im globalen Süden zu erschließen. Man verkaufte überschüssiges Getreide zu Vorzugsbedingungen an »Entwicklungsländer« und nahm über daran gekoppelte Auflagen Einfluss auf wirtschaftspolitische Entscheidungen. So entstanden tiefe Abhängigkeitsbeziehungen, und Anfang der 1970er Jahre exportierten die Vereinigten Staaten Agrargüter in fast alle Teile der Welt, inklusive der Sowjetunion.

Auch in der Europäischen Wirtschaftsgemeinschaft (EWG) produzierte die Landwirtschaft ab den Sechzigern größere Überschüsse, woraufhin die EWG eine Reihe von Exportförderprogrammen für Getreide, Fleisch und Milchprodukte verabschiedete. Den Löwenanteil der Subventionen erhielten die größten und produktivsten Betriebe, während in der bäuerlichen Landwirtschaft sehr wenig davon ankam. Zudem waren mit den Subventionen kaum Produktions- oder Preisauflagen verbunden, und sie waren meist direkt an das Volumen gekoppelt – als Ausgleich für die gedrückten Preise. Auf diese Weise konnten große Erzeuger auch dann rentabel bleiben und wachsen, wenn die Marktpreise nahe an oder sogar unter die tatsächlichen Produktionskosten sanken. Die erodierenden Margen begünstigten wiederum die intensive Landwirtschaft, da die daraus resultierenden massiven Wachstums- und Mechanisierungszwänge kleinere Betriebe weniger rentabel machten.[50]

Die Subventionen verschafften der europäischen und amerikanischen Landwirtschaft aber auch massive Vorteile gegenüber ihrer Konkurrenz im globalen Süden. Ab den 1980er Jahren folgte die Globalisierung der Landwirtschaft zunehmend aggressiven Mustern der Kapitalkonzentration. Infolge der globalen Rezession nach der Ölkrise hatten sich die meisten nichterdölproduzierenden Niedriglohnländer hoch verschuldet. Ab Ende der Siebziger stiegen dann die Zinsen, die Zahlungsbilanzdefizite wuchsen, und in den frühen 1980er Jahren kam es schließlich zu einer Schuldenkrise, die viele Länder an den Rand des Bankrotts brachte. Da weitreichende Zahlungsausfälle das globale Finanzsystem destabilisiert hätten, stellten der Internationale Währungsfonds (IWF) und die Weltbank massive Kredite in Aussicht, die jedoch an sogenannte Strukturanpassungsprogramme geknüpft waren, welche die Wirtschaftspolitik der Schuldner in einem Ausmaß beeinflussten, das an die direkte Verwaltung durch frühere Kolonialregierungen heranreichte. Die drei zentralen Eckpunkte dieser Programme waren die Privatisierung staatlicher Infrastrukturen, der Abbau von »Handelsbeschränkungen« (etwa Preisobergrenzen für bestimmte Lebensmittel) sowie die Abwertung lokaler Währungen, die Exportgüter auf dem Weltmarkt billiger machte. In der Folge wurde die Landwirtschaft der betroffenen Länder noch stärker auf *cash crops* wie Sojabohnen, Baumwolle, Kaffee und Kakao ausgerichtet. Doch auch die übrigen Lebensmittel wurden selbst im Fall von Hungersnöten weiter exportiert. In der Sahelregion kam es 1983/84 zu einer Dürreperiode, die wegen der Strukturanpassungsprogramme nicht abgefedert werden konnte und Millionen Menschen das Leben kostete.[51] 2021 waren trotz der massiven Produktivitätssteigerungen in der Landwirtschaft weltweit 828 Millionen Menschen unterernährt, was nach über einem Jahrzehnt eine Umkehr eines Fortschrittstrends bedeutete.[52]

Da die Strukturanpassungsprogramme in großen Teilen des globalen Südens exportorientierte Landwirtschaften erzwangen, entstand bei gleichzeitigen Engpässen in der Nahrungsversorgung ein zunehmendes Überangebot an agrarischen Exportgütern. Dies führte zu einem massiven Preisverfall und verschärfte die Armut in den entsprechenden Ländern weiter. So fielen etwa die inflationsbereinigten Weltmarktpreise für Kaffee bis 2002 auf 14 Prozent des Niveaus von 1980, was die Erzeuger zwang, ihre Kosten durch besonders zerstörerische Formen der agrarischen Nutzbarmachung weiter zu senken.[53]

Insgesamt trugen diese Entwicklungen dazu bei, dass vormalige Luxuslebensmittel in den frühindustrialisierten Ländern enorm billig wurden. In der Folge nahm insbesondere der Fleischkonsum stark zu; in den frühindustrialisierten Ländern werden heute etwa 80 Kilogramm Fleisch pro Person und Jahr konsumiert. Infolgedessen wuchs die weltweite Anzahl der Rinder von knapp einer Milliarde 1960 auf mehr als 1,6 Milliarden 2019, die Zahl der Schweine von 500 Millionen auf 1,6 Milliarden und die Zahl der Hühner von 5 auf 30 Milliarden.[54] Dies ging freilich mit einer zunehmenden Nachfrage nach Futtermittel einher, wobei Soja die Hauptrolle spielt. Der Anbau der Bohne beansprucht weltweit über 100 Millionen Hektar Land. Damit hat sich die globale Anbaufläche seit 1960 vervierfacht. Um Platz für Soja-Monokulturen zu schaffen, werden Regenwälder und andere Ökosysteme wie die artenreiche Cerrado-Savanne in Brasilien gerodet.

Eine ähnliche Entwicklung lässt sich bei einer anderen *cash crop* beobachten, die zwar nicht als Viehfutter verwendet wird, mittlerweile aber in jedem zweiten Produkt in deutschen Supermärkten enthalten ist und die Nahrungsmittelversorgung im globalen Norden ebenfalls günstiger macht: dem Palmöl. Seine Anbauflächen dehnen sich weltweit heute auf über 27 Millionen Hektar aus – ein Großteil davon ehemaliger Regenwald, da Ölpalmen nur in den feuchtwarmen Tropen nahe des Äquators gedeihen. Die Abholzung schreitet mit dem zunehmenden Flächenbedarf der globalisierten Landwirtschaft schnell voran: In Lateinamerika wuchs die Anbaufläche zwischen 1960 und 2010 um 79 Prozent, in Südostasien um 62 und im subsaharischen Afrika um 55 Prozent.[55] Dabei verlieren nicht nur Millionen Kleinbauern ihr Land und Einkommen, zugleich verschwindet mit den Regenwäldern auch ein immens wichtiger Speicher von CO_2.

Damit aber noch nicht genug, ist die Abholzung doch eine zentrale Ursache für die gegenwärtige Biodiversitätskrise. Im Zuge des »sechsten Massenaussterbens« sind zwischen 1970 und 2016 fast 70 Prozent aller Wirbeltierarten ausgestorben. Die zunehmende Nutzbarmachung des Bodens führt also zu einem dramatischen Anstieg der Nutztiere und gleichzeitig zum Verschwinden ganzer Populationen von Wildtieren.[56] Insbesondere aufgrund des Rückgangs der Bestäuberinsekten unterminiert dieses Massenaussterben seinerseits die landwirtschaftliche Produktivität; der Bestand an Bienen und vergleichbaren Insekten sinkt auf allen Kontinenten – mit Ausnahme der Antarktis, wo es kaum etwas zu bestäuben gibt. Weltweit sind jedoch 70 Prozent, in Europa sogar 80 Prozent aller Pflanzen auf diese Form der Bestäubung angewiesen, darunter die allermeisten Obst- und Nussbäume sowie viele Futterpflanzen. Global gesehen ist dadurch ein Drittel der gesamten Nahrungsmittelproduktion in Gefahr. Als Hauptgründe für den Rückgang der Insektenpopulationen werden der massive Pestizideinsatz und die Ausweitung von Monokulturen vermutet. In den entsprechenden Regionen können die Bestäuber außerhalb der Blütezeit der jeweiligen Kulturpflanze nicht überleben, da es für sie keine alternativen Nahrungsquellen mehr gibt. Da Wildbienen teilweise flächendeckend ausgestorben sind, ist die Landwirtschaft zunehmend auf domestizierte Honigbienen angewiesen. In Nordamerika werden Bienenstöcke daher in Lastwagen über den ganzen Kontinent transportiert. Allerdings erweisen sich die von domestizierten Bienen bestäubten Pflanzen als wesentlich weniger produktiv, weshalb auch diese Strategie keine adäquate Alternative darstellt. Während der Auslaugung der Böden infolge intensiver Landwirtschaft durch synthetischen Dünger entgegengewirkt werden kann, ist für die Bestäuberinsekten derzeit noch kein Ersatz in Sicht.[57] Stattdessen wird die Bestäubung teilweise in enorm arbeitsintensiven Verfahren manuell durchgeführt. Darin manifestiert sich das Paradox der Nutzbarmachung auf extreme Weise: Mit der Monokultur und den Pestiziden unterminieren zwei der wichtigsten Techniken zur Produktivitätssteigerung in der Landwirtschaft nun ebendiese Produktivität.

Ein weiteres Risiko, das mit der Abholzung der Wälder verbunden ist, sind zoonotische Übersprünge von Krankheitserregern von Wild- auf Nutztiere oder Menschen. In Tropenwäldern herrscht eine enorme Biodiversität, die auch die Entstehung neuer Krankheiten begünstigt. Genau diese Biodiversität dämmt diese Krankheiten allerdings auch ein: Einerseits finden spezialisierte Erreger weniger Wirte derselben Art vor, andererseits sterben besonders tödliche Waldkrankheitserreger zusammen mit ihren Wirtsarten aus. Durch die Abholzung oder die Errichtung von Straßen, Kanälen oder Zäunen werden Ökosysteme immer häufiger fragmentiert. Es bilden sich evolutionäre »Echokammern«, in denen sich die Entstehung neuer Krankheiten enorm beschleunigt, da die ausgleichenden Mechanismen der Biodiversität wegfallen. Zusätzlich werden Wildtiere aus ihren natürlichen Habitaten verdrängt. Sie wandern immer häufiger in besiedelte Gebiete ab, wo sie entweder Menschen oder Nutztiere mit neuen Erregern infizieren.[58]

Die Globalisierung der Viehzucht bedeutet zunehmend längere Transportwege für lebende Tiere. Dadurch nimmt die Vielfalt der Gensegmente zu, die zwischen den Krankheitserregern ausgetauscht werden. Die Evolution der Erreger beschleunigt sich, entsprechend treten häufiger neue, besonders ansteckende Krankheiten auf. Je länger die Lieferketten sind, desto vielfältiger sind die zoonotischen Erreger, die in die Nahrungskette gelangen.[59]

In den Ställen selbst leben sehr viele Tiere auf engem Raum zusammen, ein Umstand, der die Immunreaktionen der Tiere unterdrückt. Dass sie in einem immer niedrigeren Alter geschlachtet werden, führt zudem zu einem enormen Durchsatz, was wiederum für einen permanenten Nachschub an Erregern, aber auch an Wirtskörpern sorgt. Diese Kombination verschafft genau den Viren und Bakterien einen evolutionären Vorteil, die sich am schnellsten ausbreiten und damit besonders ansteckend sind. Da sich vor allem Jungtiere mit einem relativ robusten Immunsystem in den Anlagen befinden, werden überdies Erreger herangezüchtet, die selbst solchen leistungsfähigen Immunsystemen trotzen können.[60]

Infolge dieser Entwicklungen machen Zoonosen über 60 Prozent der seit 1941 neu aufgetauchten Infektionskrankheiten aus; etwa ein Viertel stammt von domestizierten Arten, drei Viertel von Wildtieren. Zu diesen Krankheiten, die auch auf die industrielle Landwirtschaft und Lebensmittelproduktion zurückzuführen sind, gehören die Afrikanische Schweinepest, die Durchfall auslösenden Campylobacter-Bakterien, Ebola, die Maul- und Klauenseuche (»Hand-Mund-Fuß«), Hepatitis E, Listerien, das Nipah-Virus, Salmonellen und eine Vielzahl neuer Influenzavarianten, darunter die »Schweine«- und die »Vogelgrippe«.[61] Die Herkunft des neuartigen Coronavirus konnte noch nicht abschließend geklärt werden, in der Forschung gilt es aber als sehr wahrscheinlich, dass es sich dabei ebenfalls um einen zoonotischen Erreger handelt.

Neben den biologischen Faktoren spielt bei der Ausbreitung von neuen Infektionskrankheiten auch die soziale Geografie eine entscheidende Rolle. Abholzung und monokulturelle Futtermittelerzeugung finden überwiegend in von postkolonialer Armut und Korruption gekennzeichneten Gebieten statt. Slums oder Vorstädte, in denen es für die allermeisten Menschen nur schlechte medizinische Versorgung gibt, wachsen in die Wälder hinein. Neoliberale Austeritätsprogramme haben die medizinische Situation in den Niedriglohnländern oft noch weiter verschlimmert.[62] Außerdem breiten sich Krankheiten dort oft selbst dann rasant aus, wenn eigentlich bereits Impfstoffe verfügbar wären. Die Patentierung und der profitorientierte Vertrieb von Medikamenten sorgt dafür, dass diese in ärmeren Weltregionen nicht zum Einsatz kommen und die entsprechenden Krankheiten nicht ausgerottet werden. Selbst relativ alte und bekannte Krankheiten wie Ebola, Zika, Malaria und Gelbfieber werden so immer wieder aufs Neue zu Bedrohungen. In diesem Sinne kann die Coronapandemie als erwartbares Resultat einer Kombination von drei Faktoren gelten: erstens einer Intensivierung der Landwirtschaft (Monokulturen, Abholzung, Massentierhaltung), welche die Entstehung neuer ansteckender Krankheiten wahrscheinlicher macht; zweitens der globalisierten Waren- und Personenströme, welche die Ausbreitung solcher Krankheiten beschleunigen; und drittens privatisierter Gesundheitssysteme und der Patentierung essenzieller Medikamente und Impfstoffe, die eine effektive Prävention und Behandlung verhindern. Vor diesem Hintergrund ist es eigentlich überraschend, dass nicht schon die durch ganz ähnliche Viren ausgelösten Mers- und Sars-Pandemien das Ausmaß der globalen Coronakrise angenommen haben.[63]

Das Ende der Landarbeit

Infolge der skizzierten Intensivierungs- und Globalisierungsprozesse gehörte die Landwirtschaft nach 1950 nicht länger zu den Schlusslichtern bei den jährlichen Wachstumsraten der Produktivität in einzelnen Branchen. Im Gegenteil: In vielen Ländern wuchs die Arbeitsproduktivität hier viel schneller als in jedem anderen Sektor einschließlich des verarbeitenden Gewerbes. In Italien zum Beispiel stieg sie zwischen 1951 und 2000 um mehr als 2100 Prozent, verglichen mit 701 Prozent in der Industrie und 408 Prozent insgesamt.[64] Von welthistorischer Bedeutung ist diese Entwicklung vor allem deshalb, weil sie nicht auf einzelne Regionen beschränkt war. Sie begann in den USA, setzte sich schnell in Europa durch und verbreitete sich dann im Rahmen der sogenannten Grünen Revolution ab den 1960er Jahren auch im globalen Süden. Weltweit wurden zwischen 1950 und 1990 die Getreideerträge pro Hektar um den Faktor 2,4 gesteigert, was vor allem am massenhaften Einsatz chemischer Düngemittel und am Ersatz von Muskelkraft durch motorisierte Maschinen lag.[65]

Doch während die landwirtschaftliche Produktivität im Hinblick auf die eingesetzte menschliche Arbeit drastisch wuchs, war dies im Hinblick auf Energie nicht der Fall. In den frühen 1970er Jahren führten mehrere Forschende Berechnungen zur Energieeffizienz landwirtschaftlicher Systeme durch, die bekanntesten dieser Studien stammen von David Pimentel.[66] Mit seinen Kollegen konnte der kalifornische Agrarwissenschaftler zeigen, dass der industrielle Getreideanbau in den USA 303 Liter Benzin verbrauchte, um einen Hektar Mais anzubauen. Das bedeutete einen Ertrag von 2,8 Kilokalorien Mais pro Kilokalorie aufgewandter Energie. Damit lag die Effizienz deutlich unter derjenigen des traditionellen Milpa-Maisanbaus der präkolumbianischen Bevölkerung Lateinamerikas. Vor diesem Hintergrund fürchteten die Forscherinnen sogar, die US-Agrarwirtschaft könne durch steigende Ölpreise unwirtschaftlich werden. Pineault argumentiert, dass wir es mit verschiedenen Regimen des Stoffwechsels zu tun haben. Das agrarische Regime war abhängig von der Produktivität ökologischer Zyklen, also der organischen Energieproduktion durch Photosynthese. Pflanzen wurden zur Ernährung von Menschen und Tieren kultiviert, Holz wurde zur Wärmegenerierung verfeuert. Auch der Zugriff auf Mineralien im Bergbau war durch solche organische Energie vermittelt, wurde er doch durch menschliche und tierische Muskelkraft ermöglicht, die wiederum durch agrarische Erzeugnisse wie Getreide reproduziert wurde. Im fossilen Regime kehrt sich dieses Verhältnis um: Die Produktion der Landwirtschaft wird vermittelt durch den Einsatz mineralischer Stoffe, insbesondere Erdöl. Somit ist diese Form des Stoffwechsels bis hin zur organischen Reproduktion abhängig von fossiler Energie.[67]

In der modernen Landwirtschaft geht somit eine sinkende Energieeffizienz mit einer explodierenden Arbeitsproduktivität einher. Zwar hatte es auch zuvor Produktivitätssteigerungen gegeben, diese waren aber in kleinen Schritten über Jahrtausende erfolgt. Innovationen hatten sich nur sehr langsam verbreitet und nichts daran geändert, dass der weit überwiegende Teil der Menschheit auf die eine oder andere Weise Landwirtschaft betrieb. Die Grüne Revolution dagegen stellte einen Schock dar, von dem sich das Bauerntum nicht mehr erholen sollte. Zwischen 1961 und 2010 nahm die Weltbevölkerung um 124 Prozent zu, während das weltweite Nahrungsmittelangebot um 217 Prozent wuchs. Im gleichen Zeitraum wurde die weltweite Anbaufläche nur um 12 Prozent ausgeweitet, so dass die Anbaufläche pro Person um die Hälfte zurückging. Zwischen 1951 und 2000 sanken die realen Weltmarktpreise für Nahrungsmittel zudem um 64 Prozent.[68] Dass die Gesamtnachfrage nach Lebensmitteln mit dem Wachstum der Bevölkerung steigt, ist keine große Überraschung. Die Produktivitätssteigerung in der Landwirtschaft hat hingegen einen ganz anderen Effekt als entsprechende Entwicklungen in der Industrie: Dort hat die Produktivitätssteigerung zu einer wachsenden Nachfrage nach immer mehr und immer spezialisierteren Gütern wie Kleidung, Haushalts- und Unterhaltungsgeräten geführt. Dies hat einerseits mit sinkenden Preisen und andererseits mit steigenden Einkommen zu tun, und im globalen Norden hat die Anzahl der Beschäftigten in der Industrie denn auch trotz der Automatisierung bis in die 1970er Jahre kontinuierlich zugenommen. In der Landwirtschaft entwickelt sich die Nachfrage hingegen genau andersherum: Die Haushalte geben bei steigendem Einkommen einen immer kleineren Teil ihres Budgets für Lebensmittel aus. Wo sie beispielsweise in Deutschland 1960 38 Prozent ihrer Konsumausgaben für Lebensmittel aufwendeten, waren es im Jahr 2000 – trotz einer Diversifizierung der Ernährung – nur noch 14,6 Prozent.[69] Für die Landwirtschaft bedeutet dieses Ausbleiben einer proportional zur Produktivität steigenden Nachfrage, dass sie eine geringere Wachstumsrate aufweist als andere Sektoren. Infolgedessen kommt es weltweit zu einer systematischen und rapiden Verdrängung von Arbeit aus diesem Sektor – ein welthistorischer Einschnitt. »Für 80 Prozent der Menschheit hörte das Mittelalter in den fünfziger Jahren mit einem Schlag auf«, schreibt der Historiker Eric Hobsbawm. »Genauer gesagt, in den sechziger Jahren wurden sich die Leute dessen bewußt, daß es zu Ende war.«[70]

Die in den Schlachtfabriken von Chicago zusammenfließenden ökonomischen und technischen Entwicklungen markieren die Geburtsstunde der modernen Arbeitswelt. Ohne die Eisenbahnen als Infrastruktur hätte sich der Markt als allgemeiner Koordinationsmechanismus der Arbeitsteilung nicht durchsetzen können. Die Fließbänder wurden zur Grundlage der radikalen Trennung von Hand- und Kopfarbeit und leiteten den Niedergang des Handwerks und den Aufstieg der Büroangestellten ein. Die Produktivitätssteigerungen in der Landwirtschaft machten es möglich, dass nicht länger die Mehrheit der Menschheit in der Lebensmittelproduktion tätig sein musste, was in der Folge zu einer enormen Ausdifferenzierung in der Arbeitswelt führte. All diese Entwicklungen standen in engster Wechselwirkung mit Prozessen der nichtmenschlichen Natur. Dabei kristallisiert sich mit der *reaktiven Expansion* ein übergreifendes Muster im Verhältnis zwischen der Rationalisierung der Arbeit und der Kontrolle der Natur heraus. Die Verderblichkeit des Fleisches und die hohen Arbeitskosten der Metzger schufen Anreize für Beschleunigung und Rationalisierung in Form des Fließbandes. Die massiv gesteigerte Produktivität bedeutete wiederum, dass die lokalen Märkte bald gesättigt waren und das Fleisch überregional verkauft werden musste. Der lange Transport verschärfte das Problem der Verderblichkeit. Diesem begegnete man mit neuen Kühltechniken, was eine Abhängigkeit von Eislieferungen aus weitentfernten Quellen schuf. In dem weitverzweigten Distributionsnetzwerk führten Ausfälle, etwa infolge von Streiks, zu großen wirtschaftlichen Schäden. Die Unternehmer starteten eine weitere Runde der Expansion und eröffneten neue Fabriken an anderen Orten. Die Koordination dieser dezentralen Produktionsstätten erforderte eine Ausweitung der Büroarbeit. Der Versuch, Naturprozesse zu kontrollieren, übersetzt sich also in einen sich selbst verstärkenden Expansionsdrang. Die immer weiter wachsenden soziotechnischen Systeme lösen zwar eine Reihe unmittelbarer Probleme, erreichen die angestrebte Emanzipation von Arbeit und Natur jedoch nicht. Stattdessen schaffen sie immer komplexere und entsprechend störungsanfällige Beziehungsgeflechte.

Auf ähnliche Dynamiken stoßen wir heute in der Massentierhaltung. Melkmaschinen setzen gleichförmige Euter voraus, eine effiziente Schlachtung ist nur mit einheitlichen Körpern möglich. Im Unterschied zu anderen Industriebranchen handelt es sich beim Arbeitsmaterial hier aber um organisches Leben. Die Autonomie dieses Lebens manifestiert sich in gegenseitigen Verletzungen und Kannibalismus unter Hühnern und Schweinen, die eng zusammengepfercht in großen Ställen vegetieren. Für diese Rationalisierungsfolgen wurden abermals wissenschaftlich-technische Lösungen gefunden, etwa das Kürzen von Schnäbeln und das Entfernen der Schwänze. Trotz des wachsenden technischen und züchterischen Aufwands lassen sich Geburt, Vermehrung, Wachstum und Verhalten jedoch strukturell nur unvollkommen standardisieren.[71]

Die moderne Arbeitswelt verdankt der reaktiven Expansion in den Fleischfabriken wesentliche Innovationen wie das Fließband. Maßgeblich für die weitere Geschichte der Arbeit ist jedoch auch, dass die Produktivitätssteigerung in der Nahrungsmittelerzeugung große Mengen menschlicher Arbeitskraft freisetzte. Beschäftigung fanden diese Menschen vor allem in den Fabriken der industriellen

Zentren. Die Transformation des Stoffwechsels mit der Natur brachte eine neue Kategorie von Beschäftigten hervor, deren politische Bedeutung ebenso schnell wuchs wie ihre Anzahl: die Massenarbeiter, die im Zentrum des folgenden Kapitels stehen.

Entsprechend diversifizierten sich auch die großen Agrarkonzerne jenseits der Landwirtschaft und Viehzucht. Armour machte in den 1950er Jahren ein Nebenprodukt zum Hauptgeschäft: Der Seife Dial wurde der keimtötende Wirkstoff AT-7 zugesetzt, wodurch der menschliche Körpergeruch durch die Reduktion von Bakterien auf der Haut eingeschränkt werden sollte. Das Deodorant war geboren. Swift expandierte in den 1960er Jahren unter anderem in die Bereiche Versicherung und Erdöl und gründete 1973 die Holdinggesellschaft Esmark, behielt aber seinen Status als einer der größten Rind- und Schweinefleischkonzerne der USA. Das Unternehmen änderte mehrmals seine Struktur und seinen Namen und wurde 1982 zur Swift Independent Packing Company (SIPCO). Im folgenden Jahr kaufte man die größte Fabrik des Armour-Konzerns mit einer Fläche von 95 000 Quadratmetern, die anschließend noch einmal verdreifacht wurde. 2007 wurde SIPCO vom brasilianischen Nahrungsmittelkonzern JBS übernommen, und die neu konsolidierte JBS Swift Group avancierte zum größten Rindfleischverarbeiter der Welt. Seit 2015 ist sie auch Marktführer bei Schweinefleisch, nachdem JBS den amerikanischen Fabrikanten Cargill aufkaufte. Damit ist der Konzern ein pointiertes Beispiel für die zunehmende Kapitalkonzentration in der Agrarindustrie.

Trotz all dieser Metamorphosen blieben Armour und Swift doch stets aufs Engste mit der differenziellen Nutzbarmachung von Arbeit und Natur verbunden. Die Ausweitung der globalen Fleischproduktion, die maßgeblich von den beiden Konzernen vorangetrieben wurde, wäre nicht möglich ohne die Ausweitung von der Futtermittelproduktion gewidmeten Flächen in Niedriglohnländern. Das Geschäftsmodell der Fabriken wiederum blieb seit den frühen Tagen der Stock Yards auf die differenzielle Nutzbarmachung der Arbeitskraft und die Errichtung rassifizierter Hierarchien angewiesen. Die Geschichte von Armour hält im Zusammenhang mit Arbeitsmigration dabei eine besondere Pointe bereit, wurde der Konzern doch 1970 von dem Busunternehmen Greyhound übernommen, dessen Hauptgeschäft im Transport von Arbeitskräften zwischen den Amerikas bestand. In den Fleischfabriken werden Migranten bis heute zu Niedriglöhnen beschäftigt. Im Dezember 2006 führte der Zoll Razzien in sechs Swift-Fabriken durch. Dabei wurden 1297 illegalisierte Migrantinnen und Migranten aufgegriffen. Sie stammten aus Mexiko, Guatemala, Honduras, El Salvador, Peru, Laos, dem Sudan und Äthiopien. Während der Anteil der auf die Agrarindustrie entfallenden menschlichen Arbeit immer weiter schrumpfte, hat die Bedeutung der differenziellen Nutzbarmachung also eher noch zugenommen.[72]

5. Autoarbeit und der fossile Klassenkompromiss

Erdöl ist die materielle Grundlage des modernen Lebens. Während sich der Preis der Kohle stets im Gleichschritt mit der allgemeinen Konjunktur entwickelt hatte, war der neue Treibstoff derart billig, dass Energieverschwendung bald das Grundprinzip der Produktion darstellte. Erst dadurch wurde jenes exponentielle Wirtschaftswachstum möglich, das wir heute mit einem funktionierenden Kapitalismus identifizieren. Auf dieser Basis konnten zudem die sich zuspitzenden Konflikte in der Arbeitswelt entschärft werden, waren die Unternehmen nun doch erstmals in der Lage, profitabel zu wirtschaften und gleichzeitig relativ hohe Löhne zu bezahlen. Der auf Massenkonsum ausgerichtete fossile Klassenkompromiss war geboren. Materiell kristallisierte sich dieses Arrangement im Automobil. Gefertigt wurde dieses Symbol von einer neuen Kategorie von Beschäftigten: den Massenarbeitern, deren Arbeitskraft mithilfe tayloristischer Rationalisierungsprogramme radikal nutzbar gemacht wurde. Diese Nutzbarmachung stieß jedoch auf Widerstand, der sich in zunehmend militanten Arbeitskämpfen äußerte – ein Zusammenhang, den ich im Folgenden vor allem anhand der Geschichte des Volkswagenkonzerns rekonstruiere. Mit dem weltweiten Ölschock wurde dem fossilen Klassenkompromiss dann jedoch temporär die materielle Grundlage entzogen. In der Folge geriet die Gewerkschaftsbewegung in eine tiefe Krise, wodurch in allen frühindustrialisierten Ländern die Institutionen des Wohlfahrtsstaates ohne effektive Gegenwehr geschliffen werden konnten. Der Wohlfahrtsstaat erwies sich also als temporäres Phänomen, die fossile Komponente des Klassenkompromisses blieb allerdings erhalten, so dass der Konsum der Arbeitenden sich weiter intensivierte. Ebendiese Komponente gerät jedoch in der ökologischen

Krise unter Druck, was ihre Bewältigung enorm konfliktträchtig macht.

Umstellung auf Erdöl

Während das kohlebasierte Regime seinen Ursprung im England des 19. Jahrhunderts hatte, setzte sich das Erdöl zu Beginn des 20. Jahrhunderts in den Vereinigten Staaten durch. Dass der Ölboom sich dort derart schnell vollzog, hat mit den materiellen Eigenschaften dieses Energieträgers, aber auch mit der spezifischen US-amerikanischen Institutionalisierung des Privateigentums zu tun. Zum einen verfügten die USA auf ihrem Territorium über sehr große Vorkommen des schwarzen Goldes. Dies war allerdings auch in anderen Staaten der Fall, die keinen vergleichbaren Boom erlebten. Anders als dort war das Öl in den USA aber nicht Eigentum des Staates, es gehörte vielmehr den – meist privaten – Landbesitzern. Die Grenzen ihrer Grundstücke deckten sich wiederum so gut wie nie mit der unterirdischen Ausdehnung der Vorkommen. Stieß man auf eine Ölquelle, war dies der Startschuss zu einem Wettrennen: Der Entdecker versuchte, rund um die Fundstelle möglichst viel Land aufzukaufen. Das gelang aber selten vollständig, so dass Konkurrenten von angrenzenden Grundstücken aus die Vorkommen anzapfen und das schwarze Gold abpumpen konnten. Daher galt es, nach der Entdeckung möglichst schnell möglichst viel Öl zu fördern – und dies unabhängig von der Nachfrage. In der Folge wuchsen in vielen Regionen ganze Wälder von Bohrtürmen empor, die dicht an dicht um die Wette pumpten. Die Preise waren entsprechend niedrig, teilweise war es schwierig, das geförderte Öl überhaupt zu verkaufen.

In besonders drastischer Form ließ sich das bei der Erschließung des riesigen East Texas Oilfield ab Oktober 1930 beobachten. Bereits bis Juni 1931 hatte man 700 Türme errichtet, die täglich 350000 Barrel Öl förderten. Das entsprach beinahe 15 Prozent des gesamten US-Verbrauchs. Der Preis fiel auf 15 Cent je Barrel, in einigen texanischen Regionen sogar auf 2 Cent – als Profitabilitätsminimum galt 1 US-Dollar. In ihrer Not verhängten die Gouverneure von Oklahoma und Texas das Kriegsrecht und ließen die Ölfelder durch die Nationalgarde besetzen. Die Produktion konnte gestoppt und der Preis wieder in die Höhe getrieben werden. In der Folge rief man die Texas Railroad Commission als Regulierungsbehörde ins Leben, die von nun an Förderquoten und Preisniveaus festlegen sollte. Erst dadurch verwandelte sich die Ölproduktion von einer Krisenquelle zum Rückgrat der globalen Vormachtstellung der USA.[1]

In Deutschland wurden die Grundsteine für die Ära des Öls von den Nationalsozialisten gelegt. Dafür waren zwei Gründe ausschlaggebend. Zum einen war ein großer Teil der Kohlebergleute, insbesondere an der Ruhr, dem Nationalsozialismus feindlich gesinnt, weshalb die Regierung die Bergwerke stärker kontrollieren und zugleich die Abhängigkeit von den Kumpeln reduzieren wollte. Vor allem aber strebten die Nationalsozialisten von Anfang an die Autarkie der Energieversorgung an, um Deutschland auf den Krieg vorzubereiten. Aus diesem Grund bauten sie zunächst die Braunkohleförderung als Alternative zur Steinkohle massiv aus. Doch während Industrie und Infrastruktur weitgehend mit Kohle betrieben werden konnten, galt dies nicht für Militärfahrzeuge, die unweigerlich große Mengen Benzin verschlangen. Da Deutschland über keine nennenswerten Erdölvorkommen verfügte, wurde zunächst vor allem in Alternativen investiert. Ein aussichtsreicher Kandidat war dabei das auf pflanzlicher Basis gewonnene Ethanol. Henry Fords T-Modelle ließen sich ab 1908 auch mit diesem Agraralkohol betreiben, und Ford glaubte fest an die Zukunft dieses Kraftstoffs. In Deutschland wurde 1925 die Reichskraftsprit GmbH (RKS) gegründet, die »Monopolin« mit bis zu 25 Prozent Ethanolanteil vertrieb. Im Jahr 1930 erging eine Verordnung, die alle Treibstoffunternehmen zur Beimischung von 2,5 Gewichtsprozenten Agraralkohol aus der RKS verpflichtete. Später wurde die Quote auf 10 Prozent erhöht (als »Biokraftstoff« erlebt der Agraralkohol aktuell eine politische Renaissance). Vor allem aber setzte Nazideutschland auf das Verfahren der »Kohleverflüssigung«, eine Technik, die Friedrich Bergius und Carl Bosch 1913 entwickelt hatten. Die IG Farben erwarb die Patente und begann 1927 mit einer jährlichen Produktion von 100000 Tonnen des nach dem sachsen-anhaltinischen Produktionsort benannten »Leuna-Benzins«.[2] Mit der »Verordnung über die Errichtung von Pflichtgemeinschaften in der Braunkohlewirtschaft« vom 28. September 1934 wurden die zehn wichtigsten Unternehmen der Branche zur Braunkohle Benzin AG zusammengeführt. Die Produktion des synthetischen Benzins konnte von 108 Millionen Tonnen 1933 über 476 im Jahr 1936 auf 1434 Millionen Tonnen 1939 gesteigert werden. Allerdings hinkte die Benzinsynthese bei der Energieeffizienz weit hinter dem unmittelbaren Einsatz der Kohle her. Das Problem verschärfte sich weiter, als 1944 der Ölnachschub aus dem verbündeten Rumänien abriss. Die Reichsregierung ließ kleine Syntheseanlagen bauen und in extrem aufwendigen, dem Fracking ähnlichen Verfahren Schieferöl fördern. Beide Methoden waren allerdings völlig unrentabel und nur unter Einsatz von Zwangsarbeit möglich. So brach die Treibstoffversorgung bald völlig zusammen, was wesentlich zur deutschen Niederlage beitrug.[3]

In Frankreich setzte die eng mit der Gewerkschaftsbewegung verbündete Kommunistische Partei nach dem Zweiten Weltkrieg die Verstaatlichung unter anderem der Kohleindustrie durch, die bis dahin von technologischer Rückständigkeit und allgemeinem Verfall gekennzeichnet gewesen war. Unter aktiver Mitwirkung der Gewerkschaften entwickelte sich der Sektor bis 1950 zu einem der modernsten in Europa. Im Zuge der galoppierenden Inflation sanken allerdings 1947 die Löhne der Bergleute, worauf diese mit großen Streiks reagierten. Die Regierung blieb stur und bat die USA um Unterstützung. Der spätere Ministerpräsident Pierre Mendès-France erklärte: »Die Kommunisten erweisen uns einen großen Dienst. Weil wir eine ›kommunistische Gefahr‹ haben, unternehmen die Amerikaner eine enorme Anstrengung, um uns zu helfen. Wir müssen diese unverzichtbare Angst vor den Kommunisten aufrechterhalten.«[4] Die amerikanische Hilfe nahm die konkrete Form des auch als Marshallplan bekannten European Recovery Program an.

In der mit der Verwaltung der Hilfsgelder betrauten Behörde gab es eine Abteilung für Arbeit, die sich zu einem Laboratorium für die Erprobung neuer, von den USA inspirierter Formen der industriellen Beziehungen entwickeln sollte. Höchste Priorität hatte dabei die Steigerung der Produktivität, was wiederum eine stärkere Kontrolle der Beschäftigten und ein relativ niedriges Lohnniveau rechtfertigte. Eine zentrale Maßnahme zur Bekämpfung der »kommunistischen Gefahr« in Gestalt der Bergleute bestand darin, schlicht ihre Zahl zu reduzieren, galten sie doch nicht nur in Frankreich als besonders militant.[5] In Großbritannien beispielsweise waren die Bergleute 1954 für drei Viertel aller registrierten Streiks verantwortlich. Und noch im Jahr 1974 trug ein landesweiter Ausstand dazu bei, eine britische Regierung zu stürzen.[6]

Dieser Produktionsmacht wollte der Marshallplan mit Rationalisierungen und vor allem einer Umstellung der Energieversorgung auf Erdöl begegnen. Man finanzierte den Bau von Raffinerien und die Installation ölbefeuerter Industrieanlagen. Um diese zu betreiben, flossen zehn Prozent der Marshallplan-Gelder – 1949 gar ein Viertel – in Ölimporte. Der Bau von Straßen wurde unterstützt, und man stellte 432,5 Millionen Dollar für den Kauf amerikanischer Fahrzeuge zur Verfügung. Zudem schränkte die 1958 gegründete EGKS den Wettbewerb im Steinkohlebergbau ein und förderte die Technisierung der Produktion. In der Bundesrepublik Deutschland wurden die Zölle auf Heizöl abgeschafft.[7]

Da Westeuropa über keine nennenswerten Quellen verfügte, sollte das zusätzliche Öl aus dem Nahen Osten kommen, insbesondere aus Saudi-Arabien, wo US-Unternehmen ihre Produktion steigern wollten. 1950 wurde die Transarabische Pipeline in Betrieb genommen, die von Qaisumah in Saudi-Arabien nach Sidon an der libanesischen Mittelmeerküste führte und einen raschen Anstieg der Lieferungen ermöglichte. Gleichzeitig entwarfen die Verwalter des European Recovery Program einen globalen Preisplan, der sicherstellte, dass die Lieferungen aus dem Nahen Osten in Europa zum wesentlich höheren Preis amerikanischen Öls verkauft wurden, um die Interessen der US-Konzerne nicht zu gefährden. Dies setzte wiederum eine Subventionierung der Importe durch Gelder aus dem Marshallplan voraus.[8]

All diese Maßnahmen trugen zu einer tief greifenden Verschiebung in der Energieversorgung bei: Hatte Westeuropa seinen Bedarf 1955 zu 75 Prozent aus Kohle und nur zu 23 Prozent aus Öl gedeckt, kehrten sich die Verhältnisse bis 1972 um: Auf die Kohle entfielen nun nur noch 22 Prozent, während der Anteil des Öls auf 60 Prozent angestiegen war. Gleichzeitig hatten viele Zechen geschlossen, und die Gesamtzahl der Bergleute wurde massiv reduziert. Die daraus resultierende Arbeitslosigkeit wurde wiederum mit Mitteln des Marshallplans abgefedert.[9]

Die Umstellung von Steinkohle auf Erdöl bedeutete einen welthistorischen Einschnitt, dessen Einfluss auf das Verhältnis von Arbeit und Natur kaum überschätzt werden kann. Wie wir in Kapitel 3 gesehen haben, war Kohlekraft einerseits die Grundvoraussetzung für ein sich selbst tragendes Wirtschaftswachstum. Andererseits machten die Lohnkosten aber einen großen Teil des Kohlepreises aus, der stets in relativ enger Kopplung mit der allgemeinen Konjunktur schwankte, wodurch energieaufwendige Produktionsformen wenig lukrativ waren. Demgegenüber waren für die Ölförderung zwar zunächst große Investitionen in die Förder- und Transportinfrastruktur notwendig, danach sprudelte das Öl aber quasi »von selbst« aus dem Boden. Der Anteil der Lohnkosten am Ölpreis war deshalb relativ klein. Aus diesem Grund folgte er nicht der allgemeinen Wirtschaftsentwicklung und blieb auch in Boomphasen relativ niedrig.

Zudem fielen nach der Suezkrise 1956 die Transportkosten stark. Zwischen 1951 und 1971 verfünffachte sich die Menge des per Tanker transportierten Erdöls.[10]

In der Folge sanken die Preise für Öl und Benzin massiv. In der Bundesrepublik kostete Heizöl 1960 nur noch halb so viel wie 1957. In der Schweiz war ein Liter Benzin 1950 mit 62 Rappen 20 Prozent teurer als ein Kilo Schwarzbrot, das für 51 Rappen zu haben war. Mit dem Lohn einer Arbeitsstunde konnte sich ein Facharbeiter somit gut 4 Liter Benzin kaufen. Auf den Straßen waren dementsprechend vor allem Kleinwagen, Motorräder und Kabinenroller zu sehen, der Besitz eines privaten Autos war nach wie vor ein Privileg des reicheren Teils der Bevölkerung. 1990 hingegen kostete Brot dreimal so viel wie Benzin, und ein Facharbeiter konnte sich mit einem Stundenlohn 20 Liter Benzin leisten – Energie war also um den Faktor 5 billiger geworden.[11] Aufgrund dieser Verbilligung stieg der Energieverbrauch insgesamt drastisch an. In der BRD etwa wuchs er zwischen 1950 und 1959 um 43 Prozent und zwischen 1961 und 1969 nochmals um knapp die Hälfte.[12]

Es war dieser Anstieg des Energieverbrauchs, der vor dem Hintergrund der immensen Kapitalvernichtung im Zweiten Weltkrieg in den frühindustrialisierten Ländern eine Ära des exponentiellen Wachstums einläutete. Die ohnehin eng aneinandergekoppelten Graphen zur Wirtschaftsentwicklung und zum Energieverbrauch weisen in den 1950er Jahren denn auch einen Knick nach oben auf, der ihnen die Form eines Hockeyschlägers verleiht. Im Gleichschritt mit den CO_2-Emissionen wuchs die Weltwirtschaft in einem nie da gewesenen Tempo. Das bedeutete notwendigerweise auch eine Ausweitung und Beschleunigung des gesellschaftlichen Stoffwechsels mit der Natur. So wurden die in Kapitel 4 beschriebenen Produktivitätssteigerungen in der Landwirtschaft – mit all ihren ökologischen Verheerungen – erst durch das billige Öl denkbar. Gleichzeitig ermöglichte diese Verbilligung innerhalb von zwei Jahrzehnten die weitreichende Technisierung der Haushalte, die mit energieintensi-

Abb. 1: Historische Entwicklung der globalen Produktion fossiler Energie in Mio. Tonnen Öläquivalente 1800-2009[13]

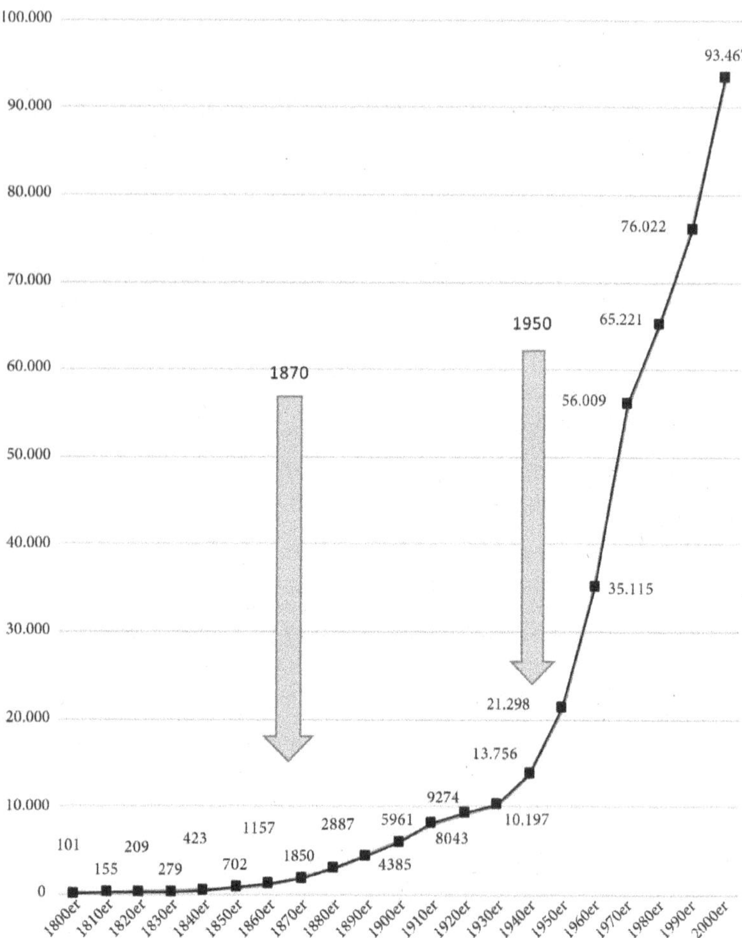

ven Kühlschränken und Waschmaschinen ausgestattet wurden; außerdem konnten sich nun immer mehr Familien ein Auto leisten – Entwicklungen, die überdies riesige Mengen mineralischer Werkstoffe wie Aluminium und Zement für den Straßenbau erforderten. Deshalb ist es zwar einerseits korrekt, den fossilen Kapitalismus mit dem massenhaften Einsatz der Steinkohle beginnen zu lassen. Andererseits brachte aber erst das Erdöl die Institutionen der modernen Arbeitswelt und die ökologische Krise hervor. Die spezifische Form, in der diese Institutionen und der Ursprung der Klimakrise konvergieren, ist das Automobil.

Taylorismus und die Körperpolitik der Differenz

Obwohl das Auto in Deutschland erfunden wurde, war die deutsche Automobilindustrie zu Beginn des 20. Jahrhunderts vergleichsweise rückständig. Es gab keine mit den USA vergleichbare Massenfertigung, und auch in Europa waren die französischen Autobauer weit voraus. Das änderte sich mit dem Nationalsozialismus. Der autobegeisterte Adolf Hitler rief die »Volksmotorisierung« zum wirtschaftlichen Ziel aus. Jeder deutsche Arbeiter sollte sich ein Auto leisten können – angesichts der Tatsache, dass dies bis dahin ein Privileg der Reichsten dargestellt hatte, eine sehr waghalsige Ankündigung. Hitler dekretierte die Produktion eines »Kraft durch Freude«-Wagens, der maximal 990 Reichsmark kosten sollte – ein Drittel weniger als das damals billigste in Deutschland verfügbare Auto. Der Ingenieur Ferdinand Porsche wurde beauftragt, diesen »Volkswagen« in einem Zwangszusammenschluss der deutschen Hersteller zu realisieren.

Da sich abzeichnete, dass der KdF-Wagen ein Verlustgeschäft werden würde, brachten die beteiligten Konzerne das Projekt jedoch gezielt zum Scheitern, weshalb es von der Deutschen Arbeitsfront (DAF) übernommen wurde, einem NS-Massenverband, in dem Arbeitgeberverbände und die zerschlagenen Gewerkschaften aufgegangen waren. So floss das beschlagnahmte Vermögen der Arbeitnehmerorganisationen nun in den Aufbau eines »Volkswagenwerkes« am Rande des niedersächsischen Örtchens Fallersleben. Dort wurde nicht nur eine Fabrik, sondern eine komplette Stadt errichtet, in der die zukünftigen Beschäftigten untergebracht werden sollten. Die Siedlung hieß »Stadt des Kdf-Wagens«, bis die britische Militärverwaltung die lokalen Behörden 1945 drängte, den Namen nach einem auf dem Stadtgebiet liegenden Schloss in Wolfsburg zu ändern.

Das ursprüngliche Automobilwerk wurde 1939 errichtet. Zur Finanzierung der Produktion rief man ein spezielles Sparsystem ins Leben: Hunderttausende zahlten wöchentlich mindestens fünf Reichsmark ein in der Hoffnung, irgendwann einen KdF-Wagen ihr Eigen zu nennen. Freilich sollte nie auch nur ein einziger Wagen ausgeliefert werden – das Programm erwies sich als groß angelegter Betrug. Stattdessen fertigte das Werk fast ausschließlich Kriegsgerät: vor allem den »Kübelwagen«, aber auch Kampfflugzeuge, Tellerminen und den Marschflugkörper »Vergeltungswaffe 1«. Aufgrund der immensen staatlichen Subventionen entsprach die Anlage aber dem neuesten, vom US-amerikanischen Hersteller Ford gesetzten Stand der Technik. Tatsächlich hatten die Nationalsozialisten die leitenden Ingenieure und Manager bei Ford in Detroit abgeworben, um am Mittellandkanal eine Kopie der dortigen Fabriken zu errichten.[14]

Henry Ford hatte in seinen Fabriken eine massive Produktivitätssteigerung realisiert, die zu wesentlichen Teilen auf die als »Taylorismus« bekannt gewordenen Rationalisierungsstrategien zurückging. Der Begriff verweist auf den Begründer des »wissenschaftlichen Managements«, Frederick W. Taylor. Taylors zentrale Rechtfertigung für das Rationalisierungsprogramm war das Postulat einer Krise der Nutzbarmachung – und zwar sowohl der Natur als auch der Arbeit:

> Wir sehen, wie die Wälder dahinschwinden, die Wasserkräfte vergeudet, der Boden und seine Schätze in das Meer gewaschen werden; die Erschöpfung der Kohlen und Eisenerzlager ist nur noch eine Frage der Zeit. Weniger offensichtlich, weniger leicht zahlenmäßig darstellbar und deshalb leider bisher nur hier und da in ihrer Bedeutung erkannt ist die viel größere tagtägliche Vergeudung menschlicher Arbeitskraft.[15]

Entsprechend formalisierte Taylor die in den Chicagoer Schlachtfabriken praktizierte Trennung von Hand- und Kopfarbeit weiter und ließ die einzelnen Arbeitsschritte von Spezialisten im Detail planen. Zu diesem Zweck führte man mittels der neuen Technologie der Stoppuhr »Bewegungsstudien« durch, bei denen die Dauer einzelner Kleinstbewegungen, wie etwa des Bückens nach einem Teil oder Werkzeug, gemessen wurde. Die »Aufgabe« bestand dann aus einer bestimmten Sequenz solcher Bewegungen, deren Dauer auf die Zehntelsekunde genau festgelegt war. Die Beschäftigten mussten diese Vorgaben möglichst ohne Abweichungen umsetzen. Taylor fasst zusammen: »Bisher stand die ›Persönlichkeit‹ an erster Stelle. In Zukunft wird die Organisation und das System an erste Stelle treten.«[16]

Die Nationalsozialisten griffen Taylors Programm begeistert auf, passte es doch hervorragend zur Strategie einer Militarisierung der Arbeit unter striktem Gehorsam der Beschäftigten. Wichtige Vorbereitungen hatte seit 1924 der Reichsausschuss für Arbeitszeitermittlung (REFA) geleistet, der die Ideen des wissenschaftlichen Managements im deutschen Sprachraum popularisierte (als Fachverband bietet diese Organisation bis heute Schulungen und andere Ausbildungsprogramme an). 1936 wurde der REFA in die DAF eingegliedert, woraufhin seine Bedeutung rapide zunahm: Hatte der Ausschuss 1929 1650 Zeitnehmer ausgebildet, waren es 1943 bereits rund 12000. Der Bedarf entstand vor allem im Zusammenhang mit der Einarbeitung von Zwangsarbeitern und der Einführung standardisierter Fertigungsverfahren. Unter den Beschäftigten, deren Tätigkeit bislang wesentlich nach handwerklichen Prinzipien erfolgt war, löste das wissenschaftliche Management heftigen Widerstand aus. Da es keine Gewerkschaften mehr gab, manifestierte sich dieser Protest vor allem in »Bummelstreiks«. Mit der zunehmenden Militarisierung der Arbeit wurden »Bummelanten« jedoch immer drakonischer bestraft. Viele wurden in Arbeitserziehungslager geschickt, und bald war der Widerstand gebrochen.[17]

Während das wissenschaftliche Management in vielen verschiedenen Betrieben zum Einsatz kam, war Ford der Erste, der es mit einer korrespondierenden technischen Infrastruktur verband: dem Fließband. In seiner Autobiografie gibt Ford offen zu, dass er diese häufig ihm zugeschriebene Innovation bei den Chicagoer Fleischfabrikanten abgekupfert hatte.[18] In Fords Werken hatten zunächst Teams aus einem erfahrenen Mechaniker und seinen Helfern selbstständig ganze Fahrzeuge montiert. Allmählich wurde dieser Prozess jedoch in einzelne Schritte zerlegt, so dass jedes Team nur noch bestimmte Teile hinzufügte, bevor ein anderes übernahm. Als 1913 schließlich das Highland-Park-Werk in der Nähe von Detroit eröffnet wurde, machte das Fließband (dieses Mal tatsächlich ein Förderband) endgültig Schluss mit den handwerklichen Ansprüchen der Arbeiter, die nun ähnlich standardisierte Handgriffe zu verrichten hatten wie zuvor bereits die Schlachter: Weitgehend unabhängig von der Überwachung durch Vorgesetzte erzwang das Band die Anpassung an zuvor festgelegte Prozeduren und Geschwindigkeiten. Ford selbst erklärte, der Hauptvorzug des Fließbandes bestehe darin, dass es erlaube, den Arbeitsprozess derart zu zergliedern, dass keinerlei Schulung mehr notwendig sei:

> Wir müssen die Ungleichheit der menschlichen Begabung als Voraussetzung anerkennen. Wenn jede Verrichtung unseres Betriebes Können erforderte, wäre unser Betrieb niemals zustande gekommen. […] Die große Masse der bei uns angestellten Arbeiter ist un-

> geschult; sie lernen ihre Aufgabe innerhalb weniger Stunden oder Tage. Haben sie sie nicht innerhalb dieser Zeit begriffen, so können wir sie nicht gebrauchen. Viele von ihnen sind Ausländer; alles, was wir von ihnen verlangen, ehe sie angestellt werden, ist, daß sie physisch imstande sind, so viel Arbeit zu leisten, um den Raum, den sie in der Fabrik beanspruchen, zu bezahlen.[19]

Fords Idee der grundsätzlichen Ungleichheit der Menschen passte hervorragend zur NS-Ideologie und musste nur noch um eine »rassenbiologische« Begründung ergänzt werden. Tatsächlich erklärte Otto Dyckhoff, der technische Direktor des Volkswagenwerks, statt des bislang in der deutschen Autoindustrie üblichen Facharbeiteranteils von 70 Prozent strebe er eine Relation von 3:3:1 zwischen Facharbeitern, Angelernten und Ungelernten an. Deutsche sollten zukünftig nur noch als Facharbeiter tätig sein, während für »die Bedienung der automatischen Maschine [...] in nicht allzu langer Zeit primitivere Menschen aus dem Osten und dem Süden« zur Verfügung stehen würden.[20] Tatsächlich wurden große Teile der Produktion von ausländischen Kräften gestemmt. Zunächst warb man vor allem Arbeiter aus dem verbündeten Italien an, während des Krieges setzte man immer stärker auf Zwangsarbeit. 1942 wurde ein eigenes Volkswagen-KZ namens »Arbeitsdorf« eingerichtet. Insgesamt waren etwa 20000 Zwangsarbeiter in der Fabrik tätig, die meisten von ihnen Osteuropäer.

Die radikale Ungleichheit innerhalb der Belegschaft wurde nicht nur durch Kontaktverbote dekretiert, sie wurde auch *körperpolitisch* hergestellt. Entsprechend der ausdifferenzierten nationalsozialistischen »Rassenhierarchie« wurden die verschiedenen Zwangsarbeitergruppen in getrennten Lagern untergebracht und in separaten Kantinen versorgt. Dabei kam ein auf biologischer Pseudoforschung basierender Ernährungsplan zum Einsatz, der den verschiedenen »Rassen« unterschiedlich große Kalorienmengen gestattete. Auf der untersten Stufe standen sowjetische Kriegsgefangene, deren Ernährung so schlecht war, dass viele von ihnen verhungerten. Neugeborene Kinder wurden den Zwangsarbeiterinnen abgenommen und in das »Ausländerkinder-Pflegeheim des Volkswagenwerks« gebracht, wo man sie fast alle sterben ließ.[21]

Demgegenüber wurden die deutschen Beschäftigten gezielt zu einer »Facharbeiterelite« herangezüchtet. Da es insbesondere im ländlichen Niedersachsen keine ausreichend qualifizierten Arbeiter gab, wurde bereits vor der Eröffnung des Werks die Ausbildungsstätte »VW-Vorwerk« in Braunschweig errichtet. Dort bildete das DAF-Amt für Berufserziehung ausgewählte Jugendliche für die Automontage aus. Lehrerinnen schlugen örtlichen Berufsberatern geeignete Kandidaten vor. Diese mussten ein ärztliches Gesundheitszeugnis und ein Empfehlungsschreiben der Hitlerjugend (HJ) vorlegen. Aus diesem Bewerberkreis wählte das Vorwerk dann etwa jeden Zweiten aus. Entscheidend waren dabei vor allem »erbbiologische, rassische, gesundheitliche und charakterliche« Merkmale. Der »Leistungswille« wurde mittels psychotechnischer Eignungstests überprüft, auf deren Grundlage auch, unabhängig vom Willen der Lehrlinge selbst, der zukünftige Beruf festgelegt wurde. Untergebracht wurden die angehenden Autowerker in einem von der HJ geführten Internat, wo man sie nach »wissenschaftlichen« Kriterien ernährte, sportlich schulte und ideologisch indoktrinierte.[22]

Die nationalsozialistische Ideologie einer »Elite« stählerner Arbeitersoldaten baute auf schon länger existierenden Leitbildern auf. So hatten sich in der Arbeiterbewegung viele von einem vermeintlich faulen und verwahrlosten »Lumpenproletariat« abgegrenzt, an das man genau die Diffamierungen weiterreichte, denen sich die Arbeiterklasse seitens des Bürgertums ausgesetzt sah.[23] Der disziplinierte Arbeiter und Revolutionär sollte sich demgegenüber durch eine Verbindung von Handwerkerstolz, Männlichkeit und instrumentellem Körperverständnis auszeichnen. Dieses Leitbild manifestierte sich nicht erst in der Propagandamaschinerie der Sowjetunion, sondern bereits in den Schriften sozialdemokratischer Arbeiterdichter. Der gelernte Kesselschmied Heinrich Lersch (1889-1936) beispielsweise schilderte die Tätigkeit der Nieter wie folgt:

> Sie waren alle vom Rausch des Arbeitens gepackt. In den schlaggewohnten Muskeln sang die Sicherheit ihrer Leiber, die Gewissheit ihrer Geschicklichkeit, brannte die unverbrauchte Kraft junger Männlichkeit und gab ihnen das Gefühl eigener, unabhängiger Stärke. [...] Eins in eins griff die Arbeit von fünf Männern zusammen. Es war eine Nietkolonne, es war ein Körper mit fünf Leibern, einem Willen, einem Wissen. Wie Blut durch die Adern eines Leibes kreiste die Arbeit durch die fünf Leiber und belebte sie miteinander, durcheinander, ineinander. Dies alles wuchs zusammen und ballte die Kraft in ein tempoverbundenes Einssein, weckte in ihnen eine brausende Lust am taumelnden Jagen und Voranhetzen, raset sie hinein in den atemberaubenden Flug des Schwebenden: Eine fünffach gekuppelte, werklustdurchbrauste Tier-Mensch-Maschine.[24]

Lerschs vitalistische Verherrlichung ist umso erstaunlicher, als er selbst infolge seiner Arbeit lungenkrank geworden war und die Kesselschmiede seines Vaters hatte aufgeben müssen. Seine Dichtung wurde später in die NS-Propaganda übernommen – teilweise aber auch in die der Sowjetunion.

Insgesamt wird deutlich, dass die NS-Ideologie eben nicht nur Ideologie war, sondern wesentlich auch eine körperpolitische Praxis, welche die biologischen Differenzen, die sie proklamierte, selbst in die Körper einschrieb. Ganz ähnlich wie die Sklavenplantagen der Karibik war das KdF-Werk auf eine Kooperation der verschiedenen »Rassen« angewiesen. Dort erledigten diese nun sogar meist dieselben Arbeiten. Die differenzielle Nutzbarmachung wurde dabei nicht nur durch ideologische Indoktrination und Kommunikationsverbote aufrechterhalten, sondern vor allem durch die Ernährung, Unterbringung und Disziplinierung, welche die Körpernaturen der verschiedenen Gruppen materiell transformierten. Wie die Aussagen von Ford, aber auch die Unterscheidung zwischen »Lumpenproletariat« und »Arbeiteraristokratie« zeigen, ist eine solche Körperpolitik nicht notwendigerweise mit einer »Rassenideologie« verbunden. Ihr Kern ist vielmehr die Idee *natürlicher Leistungsunterschiede*. Die Differenzierung zwischen »Leistungsträgern« und »Minderleistern« wurde zur zentralen Legitimation von Ungleichheit.[25] Damit sie diese Funktion dauerhaft erfüllen kann, darf sich die Beurteilung der Leistung jedoch nicht auf situative Praktiken beschränken. Stattdessen muss sie sich auf den stabilen »Charakter« oder die »Natur« eines Menschen beziehen. Deshalb ist sie auf ein breites Repertoire an Körperpolitiken angewiesen, welche die leistungsbezogene Differenzierung stabilisieren. So wird beispielsweise Leistungsbereitschaft vor allem durch die Produktion und Präsentation sportlicher Körper symbolisiert. Der Begriff der Körper*politik* verweist allerdings darauf, dass es keineswegs um eine einseitige Nutzbarmachung geht, sondern dass der Körper zum umkämpften Terrain wird. Zur Körperpolitik gehören also immer widerständige Praktiken. Auch solche gab es in der Geschichte der Autoarbeit.

Bummelei und wilder Streik

Ähnlich wie zuvor der Kohlebergbau wurde die Autoindustrie ab dem zweiten Drittel des 20. Jahrhunderts zu einer zentralen Arena, in der in den frühindustrialisierten Ländern Konflikte um die Organisation der Arbeit ausgetragen wurden. Stein des Anstoßes war dabei meist die Zerstückelung und Beschleunigung der Tätigkeiten am Fließband. In der zweiten Hälfte der 1930er Jahre kam es in der US-amerikanischen Autoindustrie zu einer großen Streikwelle. Besonders bedeutend war dabei ein »Sitzstreik«, den die Beschäftigten der General Motors-Werke in Flint, Michigan, von Dezember 1936 bis Februar 1937 durchführten. Zunächst legten etwa 50 Beschäftigte die

Arbeit nieder. Da sie damit die gesamte Produktion bedrohten, ließ das Management Maschinen auf Züge verladen, um sie zu einem anderen Werk in der Nähe zu transportieren. Wie zuvor die Fleischfabrikanten von Chicago hatte General Motors (GM) als Antwort auf wiederkehrende Ausstände die Produktion dezentralisiert. Das Verladen empörte die Beschäftigten aber so sehr, dass sie die gesamte Fabrik besetzten, um den Abtransport zu verhindern.

Die Streikenden forderten den Erhalt ihrer Fabrik, die Absenkung der Bandgeschwindigkeit und vor allem die Anerkennung ihrer Gewerkschaft, der United Auto Workers (UAW). Da GM auf diese Forderungen nicht einging, hielten sie die Besetzung über zwei Monate aufrecht und weiteten sie sogar auf andere Werke in der Stadt aus. Während dieser Zeit mussten sie den Alltag in den Betrieben selbst organisieren. Gruppen von 15 Personen, die meist bereits zuvor zusammengearbeitet hatten, bezogen in Ecken des Werkes Quartier. Jede Gruppe wählte einen Delegierten in eine koordinierende Versammlung. Die alltäglichen Aufgaben wurden von Ausschüssen erledigt, die für Ernährung, Freizeit, Information, Bildung, Postdienste, Hygiene, Regeleinhaltung usw. zuständig waren. Jeder Arbeiter gehörte mindestens einem Ausschuss an und musste dort sechs Stunden pro Tag mitwirken. Täglich um 15 Uhr rief eine Kranpfeife zum gemeinsamen Putzdienst. Auch die Maschinen wurden sorgfältig gewartet. Das Essen wurde von Hunderten Freiwilligen im Freien zubereitet und von ebenfalls streikenden Transportarbeitern in die Fabrik gebracht.

Damit riss der Ausstand auch die Grenze zwischen Produktion und Reproduktion ein. Fragen der Fabrikorganisation und der Befriedigung alltäglicher Bedürfnisse wurden gemeinsam politisiert, was eine Thematisierung der geschlechtlichen Arbeitsteilung notwendigerweise einschloss. Die Gewerkschaftsführung entschied, dass nur Männer die Fabrik besetzen sollten, da mit Angriffen durch Streikbrecher, Milizen, Polizei oder gar der Nationalgarde gerechnet wurde. Arbeiterinnen und Ehefrauen beteiligten sich jedoch trotzdem an den Ausschüssen. Zudem wurden eine Frauenhilfsorganisation und ein eigenes Kommunikationsbüro ins Leben gerufen. Diese betrieben eine Tagesstätte für die Kinder streikender Mütter, eine Erste-Hilfe-Station und einen Wohlfahrtsausschuss. Eine 350 Mitglieder starke Frauenbrigade bereitete sich auf einen Angriff der Polizei vor. »Durch den Streik wurde ein neuer Typus von Frau geboren«, berichtete eine Beteiligte. »Frauen, die noch gestern vor der Gewerkschaftsbewegung abgestoßen waren, die sich des Organisierens, Sprechens und Führens unfähig fühlten, wurden über Nacht zur Speerspitze ihres Kampfes.«[26]

Tatsächlich versuchten Polizei, Sicherheitsdienste und Milizen mehrfach, das Gebäude zu stürmen. Die Besetzerinnen und Besetzer verteidigten sich jedoch erfolgreich, nachdem sie zuvor unter anderem die Fenster der Fabrik in Schießscharten umgewandelt und mit Feuerwehrschläuchen ausgestattet hatten.

Die Besetzung inspirierte Streiks in GM-Werken in den gesamten USA, so dass das Unternehmen seine Fertigungsplanung für Januar 1937 von 224000 Autos auf 60000 anpassen musste. In den ersten zehn Februartagen wurden insgesamt gar nur 151 Autos produziert. Die UAW setzte ihre Anerkennung als Tarifgewerkschaft bei GM durch, und die Beschäftigten erkämpften sich einen gewissen Einfluss auf die Geschwindigkeit des Bandes. Bemerkenswert war an den Sitzstreik-Aktionen jedoch vor allem, dass die Arbeiter sie überwiegend selbstständig durchführten, ohne dass Gewerkschaftsfunktionäre eine zentrale Rolle gespielt hätten.[27]

Die Selbstorganisierung der Beschäftigten stellte die Trennung zwischen Produktion und Reproduktion auch hinsichtlich ihrer ökologischen Dimension infrage. So richtete die UAW 1939 eine Abteilung für Erholung ein, die zum Ausgleich für die entfremdete Arbeit frei zugängliche Naturschutzgebiete forderte. In den 1960er Jahren wurde die Gewerkschaft zu einem wichtigen Akteur der amerikanischen Umweltbewegung und setzte sich auch dann für entsprechende Maßnahmen ein, wenn Autoarbeitern dadurch Jobverluste drohten. Die, ließ die UAW dazu verlautbaren, atmeten schließlich »dieselbe Luft« und brauchten »dasselbe Wasser zum Trinken und Baden« wie alle anderen Menschen.[28]

Das Autowerk in der Stadt, die nun bald Wolfsburg heißen sollte, hatte die alliierten Bombenangriffe weitgehend intakt überstanden. Zudem entschied sich die britische Militärverwaltung gegen eine Demontage der Anlage und betrieb sie stattdessen auf eigene Rechnung weiter. Als die Fabrik 1949 in das Eigentum des Bundes überging, war sie daher technisch vollständig funktionsfähig. Allerdings herrschte zunächst ein drastischer Arbeitskräftemangel. Gegen Ende des Krieges hatte die Belegschaft zu zwei Dritteln aus Zwangsarbeitern bestanden, die bald in ihre Heimat zurückkehrten. Ein großer Teil der »deutschen Facharbeiterelite« wiederum war gefallen oder in Gefangenschaft geraten. Gleichzeitig stieg die Nachfrage nach Autos, und die Produktionskapazitäten waren hoch. In der Folge wurde eine neue Generation von Industriearbeitern rekrutiert, die entweder sehr jung oder zuvor in Sektoren wie der Landwirtschaft oder im Handwerk tätig gewesen waren. Viele von ihnen empfanden die repetitiven und zugleich stark beschleunigten Abläufe in den taylorisierten Fabriken als Zumutung, hatten sie bislang doch eine wesentlich größere Autonomie genossen, insbesondere hinsichtlich der zeitlichen Organisation ihrer Tätigkeit. Bald waren Konflikte zwischen dem Management und den Montagearbeitern an der Tagesordnung. Insbesondere wenn Zeiten gemessen werden sollten, legte die Belegschaft Solidarität und große Disziplin an den Tag: Man entschleunigte kollektiv die Produktion, um schnellere Taktzeiten zu verhindern. Gegen diese Form der Bummelei setzte das Management auf die sogenannte »Methoden-Zeit-Messung« (MTM), bei der Bewegungsstudien gleichsam experimentell außerhalb des Arbeitsplatzes durchgeführt wurden, um den Einfluss der Beschäftigten auszuschalten und »objektive« Zeitvorgaben zu bestimmen. Dass die Zeitdisziplin insgesamt nicht sonderlich ausgeprägt war, unterstreicht folgende Schilderung von Paul Noll, der als junger Mann in einem VW-Werk beschäftigt war:

> [E]s war ein herrlicher Tag, da hat einer gefragt: »Gehen wir heute zur Arbeit oder nicht?« Wir haben dann eine Münze geworfen: wenn Zahl, gehen wir zur Arbeit, wenn Kopf, bleiben wir zu Hause. Es gab dann die Zahl, und wir haben gesagt: »Wir gehen trotzdem nicht hin.« [...] Wir waren noch jung, im Gärungsprozeß.[29]

Solche Eigensinnigkeiten wuchsen sich bisweilen zu wilden Streiks aus, also nicht von den Gewerkschaften organisierten Arbeitsniederlegungen. Noll erinnert sich, wie er einmal gemeinsam mit seinen Kollegen eine Lohnerhöhung erreichte:

> Irgendwann jedenfalls haben wir gesagt: »Jetzt ist Schluß«, und haben uns in die Wagen gesetzt. [...] Wir haben uns einfach in die Karossen gesetzt und haben geschlafen. Wir wollten solange weiterschlafen, bis die Verhandlungen zu Ende sind. Es ging dann auch sehr schnell; wir haben das Geld gekriegt und weitergearbeitet. Es war für mich irgendwie selbstverständlich, daß wir das geschafft haben, und das nächste Mal wußte ich, wie man das machen kann.[30]

Neben der Autonomie der Arbeit übte auch die Autonomie der Natur Druck auf die Produktion bei VW aus. Diese kam einerseits im Materialmangel der Nachkriegszeit zum Ausdruck, andererseits in Launen des Klimas, von denen sich die Automobilproduktion trotz aller technischen Fortschritte nicht emanzipieren konnte. 1947 erlebte die BRD ein Dürrejahr, das nicht nur die Landwirtschaft, sondern auch die Industrie betraf. Im Rückhaltebecken des VW-Werks konnte beispielsweise nicht genügend Regenwasser gesammelt werden, um den jährlichen Verbrauch von 1,25 Millionen Kubikmetern zu decken. Deshalb wurde über eine Brunnenanlage zusätzlich Wasser in die Fabrik gepumpt, wodurch wiederum der Grundwasserspiegel absank, was zu einem Streit mit den landwirtschaftlichen Betrieben in der Umgebung führte. Zudem stellte sich das Wasser als extrem hart, salz- und eisenhaltig heraus, so dass Anlagen beschädigt wurden.[31] Infolge der kombinierten Widerspenstigkeit von Natur und Arbeit konnten die Produktionsziele wiederholt nicht erreicht werden.

Die wilden Streiks bei Volkswagen waren keineswegs ein Einzelfall. Zwar sank die Anzahl der Arbeitsniederlegungen in Westdeutschland von 313 im Zeitraum 1949-52 auf 121 in den Jahren 1961-64. Im Gegenzug stieg jedoch der Anteil der wilden Streiks von 45 auf 60,3 Prozent. In der Metallindustrie, zu der auch die Automobilbranche zählte, war der Anteil noch höher: So fanden dort bereits in den Jahren 1959-63 88,5 Prozent aller Arbeitskämpfe unabhängig von Gewerkschaften statt.[32]

Aufgrund des allgemeinen Arbeitskräftemangels konnten die Unternehmen die renitenten Beschäftigten nicht ohne Weiteres entlassen. Unmittelbar nach Kriegsende waren zunächst noch viele Arbeitssuchende aus der DDR in die BRD geströmt, wovon insbesondere das nah an der innerdeutschen Grenze gelegene Wolfsburg profitiert hatte. Ab Mitte der 1950er Jahre reichte dieser Zustrom aber nicht länger aus, bevor er 1961 durch den Mauerbau endgültig eingedämmt wurde. Nun rekrutierte man auch Frauen für den zuvor absolut männerdominierten Autobau. Vor allem aber unterzeichnete Bundeskanzler Konrad Adenauer (CDU) am 20. Dezember 1955 ein Anwerbeabkommen mit Italien. Die Bundesanstalt für Arbeit erhielt den Auftrag, auf der Apenninhalbinsel entsprechendes Personal zu suchen. (Heinrich Nordhoff, der Generaldirektor des Volkswagenwerkes, nutzte zusätzlich seine Kontakte zu Papst Pius XII., um weitere 3000 Arbeiter anzuwerben.) Zwischen 1960 und 1968 schloss die Bundesregierung ähnliche Verträge mit Spanien, Griechenland, der Türkei, Marokko, Südkorea, Portugal, Tunesien und Jugoslawien. In all diesen Staaten waren Menschen aufgrund massiver Produktivitätssteigerungen aus der Landwirtschaft verdrängt worden. In der Folge suchten sie Arbeit in den industriellen Zentren ihrer Heimatländer oder in reicheren Staaten wie der Bundesrepublik.

Bei VW wurden Frauen und »Gastarbeiter« als un- oder angelernte »mobile Reserve« eingesetzt. Ihre Anstellung war von vornherein temporär angelegt, die Arbeitsverhältnisse dementsprechend prekär. In einem eigens errichteten Lager lebten im November 1962 knapp 4000 Italiener hinter einem Maschendrahtzaun in 48 Holzbaracken. Bis 1966 wuchs ihre Zahl auf 6000 Menschen in 58 Häusern an. Nordhoff machte keinen Hehl daraus, dass man die »Gastarbeiter« als Antwort auf die Widerspenstigkeit der deutschen Belegschaft geholt hatte: »Sie werden Mitte Januar kommen und uns helfen, unser Programm zu fahren, mit dem wir durch die Nachlässigkeit der Bummelanten sehr in Rückstand gekommen sind.«[33]

Der Plan, mithilfe der »Gastarbeiter« die Beschäftigten zu disziplinieren, ging allerdings nicht auf. Vor allem aufgrund der Kasernierung und rassistischer Anfeindungen verließ ein Drittel der Italiener Wolfsburg bereits innerhalb eines Jahres wieder. Im zweiten Anwerbejahr nahm die Fluktuation auf 83,6 Prozent zu. 1971 registrierte man in einer Phase des akuten Arbeitskräftemangels gar eine Fluktuation von 105,8 Prozent – die Abwanderung war höher als der Zustrom.[34] Zudem erwiesen sich die italienischen Beschäftigten als besonders militant. Bereits im November 1962 war es zu einem wilden Streik gekommen: Aus Protest gegen die schlechte Unterbringung und mangelnde medizinische Versorgung zogen rund 1600 Italiener durch Wolfsburg; sie errichteten Barrikaden und blockierten die Zufahrt zum Werk. Die genauen Hintergründe sind bis heute unklar; einige Historikerinnen gehen davon aus, dass der italienische VW-Konkurrent Fiat die Arbeiter gezielt aufgestachelt hatte. So habe etwa eine zur Fiat-Gruppe gehörende italienischsprachige Zeitung Falschbehauptungen über die Zustände bei VW verbreitet.[35]

Tatsächlich hatten in dieser Zeit auch italienische Industrieunternehmen wie Fiat oder der Karosseriehersteller OSI massive Probleme mit widerspenstigen Beschäftigten. Ab 1962 kam es in Turin zu wilden Streiks und Aufständen. Vor allem junge Arbeiter organisierten Demonstrationen in den Fabriken, skandierten Parolen gegen Vorarbeiter und reformistische Gewerkschaftssekretäre und zerstörten Maschinen. Die italienische Politik befand sich seit Kriegsende fest im Griff der christdemokratischen Partei; Sozialdemokraten und vor allem Kommunisten wurden trotz hoher Stimmenanteile nicht an der Regierung beteiligt. Die Gewerkschaften wiederum hatten sich mit der Produktivitätsmaxime der Konzerne abgefunden und forderten lediglich eine gerechtere Verteilung der daraus resultierenden Gewinne. Im Zuge von Tarifverhandlungen führten sie symbolische Streikaktionen durch, aber diese wurden der Produktion zu keinem Zeitpunkt gefährlich. Die Proteste der radikalisierten jungen Massenarbeiter entglitten zunehmend ihrer Kontrolle.

1968/69 erreichte die internationale Studentenrevolte Italien, wo sie bald auf die Fabriken übergriff. Die Zahl der Arbeitsniederlegungen vervierfachte sich, und die Entwicklung gipfelte in einem landesweiten Generalstreik. Am 25. September 1969 nahmen in Turin 600 000 Beschäftigte an einer Massenkundgebung teil. Aus diesen Kämpfen entstand die Gruppe Lotta Continua, die bereits vier Monate nach ihrer Gründung Tausende militanter Arbeitender organisierte und eine Wochenzeitung mit einer Auflage von 65 000 Exemplaren herausgab. Lotta Continua grenzte sich sowohl von der Sozialdemokratie und den Gewerkschaften als auch vom Stalinismus ab und betonte die Autonomie der Arbeitskämpfe. In dieser Situation sahen sich die Gewerkschaftsspitzen gezwungen, die militanten Methoden anzuerkennen. Die autonom organisierten Fabrikkomitees wurden als Basisebene in die Gewerkschaften übernommen und durften Forderungen sowie Aktionsformen selbst festlegen. Die Bewegung wuchs derart dynamisch weiter an, dass die italienische Regierung zeitweise befürchtete, die Revolution stehe unmittelbar bevor.[36]

In der Bundesrepublik spitzte sich die Situation 1968/69 ebenfalls zu. In der Rezession 1966/67 waren die Gewerkschaften auf eine korporatistische Linie eingeschwenkt und der von der Großen Koalition initiierten »Konzertierten Aktion« beigetreten. Sie übten sich in Lohnzurückhaltung, was insbesondere in der Stahlindustrie zu Reallohnverlusten führte. Als die Konjunktur wieder ansprang, kam es zu einem Stahlboom und entsprechend hohen Profiten, die von den Unternehmen allerdings nicht an die Beschäftigten weitergegeben wurden. In der Folge organisierten Arbeiter der Dortmunder Hoesch AG am 2. September 1969 eine Demonstration und drangen in die Büros der Geschäftsführung ein, die sich gezwungen sah, einer Lohnerhöhung zuzustimmen. Nach diesem Erfolg kam es zu einer ganzen Reihe ähnlicher Aktionen. Bis zum 19. September beteiligten sich im Ruhrgebiet und im Saarland mindestens 140 000 Beschäftigte an Arbeitsniederlegungen; später folgten weitere Streiks in der Oberpfalz, in Kiel und in Bremen. Auf diese Weise konnten außerhalb turnusgemäßer Tarifverhandlungen für über acht Millionen Beschäftigte Lohnerhöhungen erkämpft werden. Die Automobilindustrie wurde von dieser Militanz erst mit Verzögerung erfasst, wobei erneut migrantische Beschäftigte eine Schlüsselrolle spielten. 1973 wurde bei Kolbenschmidt Pierburg in Neuss, bei Opel in Bochum, bei der Gutehoffnungshütte in Oberhausen sowie bei Hella in Lippstadt wild gestreikt. Die größte dieser Arbeitsniederlegungen fand bei Ford in Köln statt, wo bis zu 12 000 Beschäftigte gegen den Willen der IG Metall in den Ausstand traten.[37]

An vielen dieser migrantischen Streiks waren Frauen führend beteiligt. Gegenstand des Konflikts waren oft die sogenannten »Leichtlohngruppen«. Diese Kategorie stellte den Ersatz für die in der BRD ab 1955 verbotenen »Frauenlöhne« dar und formalisierte die geschlechtsbezogene Lohndiskriminierung. Beim Automobilzulieferer Pierburg etwa bekamen Männer 6,10 D-Mark pro Stunde und Frauen aufgrund der »Leichtlohngruppe« nur 4,70 D-Mark. Gegen diese Ungleichbehandlung traten im August 1973 rund 2000 Pierburg-Beschäftigte in den wilden Streik, darunter 1700 Frauen. Die meisten von ihnen stammten aus Jugoslawien, Spanien, der Türkei, Griechenland und Italien. Ihre Forderung: Abschaffung der Leichtlohngruppe 2 und eine Mark mehr Lohn für alle. Die Geschäftsleitung versuchte, die Streikenden einzuschüchtern, und die Polizei ging gewaltsam gegen die Proteste vor. Dies löste jedoch weitere Auseinandersetzungen aus, immer mehr Beschäftigte legten die Arbeit nieder, binnen einer Woche stand der Betrieb komplett still. So erreichten die Arbeiterinnen und Arbeiter tatsächlich die Abschaffung der Leichtlohngruppe 2 und eine Erhöhung des Stundenlohns um 30 Pfennig für alle.[38]

Die Militanz der neuen Massenarbeiterinnen steht in engem Zusammenhang zum gesellschaftlichen Stoffwechsel mit der Natur. Das beginnt bereits damit, dass die Entstehung dieser sozialen Gruppe eine Folge der Produktivitätsanstiege in der Landwirtschaft war. Gut nachvollziehen lässt sich das etwa am Beispiel Italiens: Während dort die Einkommen von 1951 bis 2000 um 478 Prozent stiegen, wuchs die Agrarproduktion nur um 163 Prozent – in der Industrie hingegen nahm der Output um fast 900 Prozent zu.[39] Entsprechend sank der Anteil der Beschäftigten in der Landwirtschaft von 40 Prozent 1950 auf 8 Prozent 1973.[40] Insbesondere die junge Generation sah in diesem Sektor keine Zukunft mehr und wanderte in die Städte Norditaliens ab, wo sie in den Fabriken der expandierenden Industrie Anstellungen fand – oder sie zogen weiter nach Deutschland. Viele der neuen Massenarbeiter begehrten spontan gegen die rigiden Abläufe in den Autofabriken auf. Die sich entwickelnde Protestbewegung war denn auch weniger von einem verletzten facharbeiterlichen Produzentenstolz angetrieben, vielmehr handelte es sich um eine Rebellion gegen die entfremdete Arbeit selbst. Entsprechend war der Ruf nach Arbeitszeitverkürzung eine der am weitesten verbreiteten Forderungen. Die Ausweitung der industriellen Tätigkeiten führte also zu ganz ähnlichen Konflikten, wie sie von der Einführung der standardisierten Uhrzeit im England des 17. Jahrhunderts überliefert sind.[41] Im 20. wie im 17. Jahrhundert manifestierte sich der Eigensinn der Arbeitenden wesentlich in *Praktiken der Nutzlosigkeit.*

Die Beschäftigten in der Automobilindustrie verfügten jedoch nicht über vergleichbar starke Machtmittel wie früher die Bergleute. Mit dem Bedeutungsverlust der Kohle war ein wichtiger Hebel für immer zerbrochen, und die Extraktion und Verarbeitung von Erdöl stellte in dieser Hinsicht keinen Ersatz dar. Einerseits war für die Förderung weit weniger menschliche Arbeit notwendig, so dass Streiks nicht sonderlich aussichtsreich waren. Andererseits machten die materiellen Eigenschaften des neuen Rohstoffs Blockaden schwieriger. Die Bewegungen der Kohle folgten meist einem einzigen Hauptkanal, so dass man wichtige Knotenpunkte lahmlegen konnte. Öl hingegen wird über gitterförmige Netze verteilt, so dass es stets möglich ist, den Energiefluss umzuleiten oder auf Pannen zu reagieren. Darüber hinaus unterscheidet sich die Arbeit mit Öl stark von jener in Bergwerken. Wo die Kumpel viele Entscheidungen unter Tage selbstständig trafen, genießen die Beschäftigten von Ölförderstationen oder Raffinerien weit weniger Autonomie. Stattdessen unterstehen sie der strengen Aufsicht von Managern, die sich der Verwundbarkeit der Energieinfrastrukturen sehr wohl bewusst sind.[42]

Ähnliches gilt für die Tagebaue, die nach dem Niedergang der Untertageförderung von Kohle an Bedeutung gewonnen haben. Dies trug zur Entstehung einer Organisationskultur bei, die sich vom autonomen Geist der frühen Bergleute weg und hin zu kooperativeren Beziehungen mit den Unternehmensleitungen entwickelte. Zu einer Konfrontation der beiden Arbeitskulturen kam es etwa in den USA nach dem Zweiten Weltkrieg, als Untertageminen durch Tagebaue ersetzt wurden, die weit weniger Arbeitskräfte benötigten. Im Osten Kentuckys schlossen sich Bergleute mit anderen Anwohnern zusammen, die unter den enormen Umweltschäden des sogenannten Mountaintop Removal Mining litten, bei dem Berggipfel weggesprengt werden, um an die Flöze zu kommen. Bekämpft wurde diese Form der Förderung, die zu Entwaldung sowie Bodenerosion führt und giftige Abwässer verursacht, vor allem durch direkte Aktionen wie die Blockade von Bulldozern; es wurden aber auch Bergbaumaschinen im Wert von mehreren Millionen Dollar in die Luft gesprengt.[43]

Der fordistische Konsummodus

Wie die Autoindustrie selbst hat auch der fossile Klassenkompromiss seinen Ursprung in den USA. Dort manifestierte er sich vor allem im Programm des New Deal, mit dem Präsident Franklin D. Roosevelt in den Jahren 1933 bis 1939 auf die schwere Wirtschaftskrise und zunehmende Arbeiterunruhen reagierte. Die Beschäftigungspolitik sowie Anreize zur Aufnahme von Privatkrediten beförderten eine nie zuvor da gewesene Form des Massenkonsums, für die vor allem die weite Verbreitung des vormaligen Luxusprodukts Automobil stand. Ford beispielsweise war es durch die Rationalisierung der Produktion gelungen, die Kosten seines Model T von 825 US-Dollar 1908 auf 290 Dollar im Jahr 1926 zu drücken.[44] Ganz allgemein verringerte sich durch die höhere Produktivität der Anteil der Löhne an den Gesamtkosten der Unternehmen, während die Reallöhne der Beschäftigten trotzdem stiegen. Die Verbilligung von Industrieprodukten erhöhte die Kaufkraft zusätzlich. Der vom New Deal angestoßene Anstieg des Massenkonsums schloss den Energieverbrauch explizit ein. Roosevelt erklärte:

> Wir werden erleben, dass […] Elektrizität so billig gemacht wird, dass sie zu einem Standardartikel wird, nicht nur für die Landwirtschaft und das verarbeitende Gewerbe, sondern auch für jedes Haus, das in Reichweite einer elektrischen Lichtleitung liegt […]. Die Erfahrung […] zeigt, dass je billiger der Strom ist, desto mehr davon genutzt wird.[45]

In Westeuropa entwickelten sich nach 1950 fordistische Konsumgesellschaften nach US-amerikanischem Vorbild. Entsprechend machte der Konsum der Privathaushalte auch hier bald einen wachsenden Anteil des rapide steigenden Energieverbrauchs aus. In Steinkohleeinheiten (SKE) ausgedrückt, konsumierten die Haushalte und Kleinverbraucher in der BRD 1950 Primärenergie im Umfang von 32,1 Millionen Tonnen SKE und 1969 bereits 94,4 Millionen Tonnen. Das waren 23,7 Prozent bzw. 30 Prozent des gesamten Primärenergieverbrauchs.[46] Im Zentrum dieses energieintensiven Modells stand das Automobil.

Über lange Phasen des 20. Jahrhunderts waren die Automobilindustrie und mit ihr verbundene Branchen wie Öl und Stahl die Motoren der Konjunktur. In den USA und später auch in Europa erzielten sie Wachstumsraten, die weit über denen der Gesamtwirtschaft lagen. Der Automobilindustrie kam dabei eine Schlüsselrolle zu. So schrieb der Managementguru Peter Drucker 1949: »Die Automobilindustrie steht für die gesamte Industrie der Welt. Sie ist für das 20. Jahrhundert das, was die Baumwollspinnereien von Lancashire für das frühe 19. Jahrhundert waren: die Industrie der Industrien.«[47]

Begründet war diese zentrale Stellung einerseits in der massenhaften Herstellung und andererseits in der Komplexität des Produkts Automobil, die vielfältige Investitionen in verschiedensten Bereichen notwendig machte. Um Autos herzustellen, braucht man Lieferketten für Stahl, Aluminium, Öl, Gummi, Kunststoffe, Lack, Glas, Blei und Platin; für ihre massenhafte Nutzung benötigt man zudem weitläufige materielle Infrastrukturen und soziale Institutionen wie Autobahnen, Tankstellen, Raststätten, Parkplätze, Werkstätten, Versicherungen, Geschäfte für Zubehör und vieles mehr. Darüber hinaus stimulierte die Automobilität zum Beispiel den mit der Suburbanisierung verbundenen Immobilienboom, der wiederum Investitionen in neue Strom- und Telefonleitungen, Abwasserkanäle, Schulen, Einkaufszentren usw. erforderte. Aus diesem Grund war eine erfolgreiche Autoindustrie bald ein zentraler Baustein volkswirtschaftlicher

Strategien. Der Staat profitierte davon ebenfalls und nutzte wachsende Steuereinnahmen für den Ausbau der Sozialsysteme. Diese Konstellation ermöglichte es, den offenen Klassenkonflikt im Rahmen institutionalisierter Auseinandersetzungen um die Früchte des Wachstums zu befrieden.[48]

Das Auto wurde das Symbol dieses Kompromisses. In Deutschland fand es ab den 1950er Jahren massenhafte Verbreitung, 1970 verfügte bereits mehr als die Hälfte der westdeutschen Arbeiterinnenhaushalte über einen Pkw.[49] Das führte auch zu kulturellen Verschiebungen: Während die Rücksichtslosigkeit der frühen Automobilbesitzer noch den Hass der unteren Klassen auf sich gezogen hatte, pazifizierte die Massenmotorisierung diese Gefühle bald. Zudem erwies sich das eigene Auto als wichtige Kompensation für die Zumutungen der Arbeitswelt. So gesehen, ist es wohl nur geringfügig zugespitzt, wenn man den fordistischen Konsummodus als einen Deal beschreibt, bei dem die Beschäftigten im Gegenzug für den strikten Gehorsam in der Fabrik ein Auto bekamen. Der Philosoph Michael Brie erklärt:

> Die Verwandlung des eigenen Körpers in eine Maschine, acht Stunden am Tag, fünf Tage in der Woche, hat die maschinelle Überhöhung männlicher Körperlichkeit in der Freizeit zur Kehrseite und als Ausgleich. Kein öffentliches Transportmittel, nur das private Eigentum kann derartige persönliche Kosten aufwiegen. Lohnarbeit wird als Abhängigkeit, das Auto als Freiheit erlebt. Und die Massenproduktion von Autos durch Lohnarbeit sichert die massenhafte Gleichheit in dieser Freiheit.[50]

Der »fordistische Konsummodus« beschränkte sich aber nicht auf das Auto, wie etwa der französische Ökonom Michel Aglietta gezeigt hat.[51] War das Zeitalter der Kohle von einer Kultur der Enthaltsamkeit und der protestantischen Arbeitsethik geprägt gewesen, herrschte im Ölzeitalter eine Norm des massenhaften Konsums. Getragen war diese Kultur vom Glauben an ein unerschöpfliches Wachstum, der sich wiederum in der Verfügbarkeit von Verbraucherkrediten manifestierte. Der Historiker Christian Pfister schreibt dazu:

> Die Tugend des haushälterischen Wirtschaftens ist unter diesen Voraussetzungen anachronistisch und weltfremd geworden, desgleichen die Spar-Logik der Industriegesellschaft, wurde dem Konsumenten doch beigebracht, dass er das Produkt auch erst später bezahlen könne.[52]

Wenn hier von einem *Modus* des Konsums die Rede ist, soll dies unterstreichen, dass die massive Ausweitung des ökologisch zerstörerischen Konsums ab den 1950er Jahren *nicht* als Resultat individueller Entscheidungen zu verstehen ist. Seine wesentlichen Ursachen sind stattdessen in der Sphäre der Produktion zu verorten.

So hat etwa der US-amerikanische Ökonom und Historiker Robert Brenner gezeigt, dass die ölbasierte Produktivitätssteigerung in den frühindustrialisierten Ländern nach 1945 zu einer strukturellen Überproduktion führte.[53] Die Unternehmen waren aufgrund der globalen Konkurrenz gezwungen, die Produktivität zu steigern, wurden ihre Waren aber oft nicht los. Wollte man Produkte massenhaft verkaufen, setzte dies Lohnerhöhungen, Konsumkredite usw. voraus. Zugleich entstanden Berufsfelder wie Marktforschung und Werbung, wo man ausschließlich damit beschäftigt war, Bedürfnisse zu identifizieren oder gar neue zu wecken. Produktivitätssteigerungen in der Geflügelzucht führten beispielsweise dazu, dass in den Siebzigern mehr Fleisch erzeugt wurde, als die Bevölkerung verzehrte. Ernährungswissenschaftler schufen daraufhin aggressiv beworbene Produkte wie Chicken Nuggets oder Salate mit Hühnerstückchen.[54] Der Überkonsum stellte eine Reaktion auf die Über*produktion* dar.

Parallel dazu wurden wenig nachhaltige Mobilitätsmuster in vielen Fällen zur Voraussetzung, um überhaupt einen Arbeitsplatz zu finden. Infolge der gesunkenen Transportkosten siedelten sich viele Unternehmen nicht länger in unmittelbarer Nähe ihrer Arbeitskräfte an. Stattdessen wurden Standortkosten (neben den Grundstückspreisen vor allem auch unterschiedlich hohe Löhne) immer relevanter, und diese sind abseits der Städte oft niedriger. Da sich der Verkehr zudem zunehmend von der Schiene auf die Straße verlagerte, bedeutet diese Dezentralisierung in vielen Fällen eine erzwungene Automobilität. Wer nicht über einen Pkw verfügte, lief Gefahr, Partizipationschancen einzubüßen, hatte einen schlechteren Zugang zum Arbeitsmarkt und musste komparative Zeitverluste in Kauf nehmen. Aufgrund dieser Verschiebung wurde das Auto in frühindustrialisierten Ländern für große Teile der Bevölkerung zur *conditio sine qua non* der sozialen Integration.[55]

Das soll nicht heißen, dass nicht viele Menschen gerne Auto fahren und teilweise eine geradezu libidinöse Bindung an die Maschine entwickeln. Doch über die Fetischisierung des Autos hinaus hat etwa Juliet Schor den engen Zusammenhang zwischen Überarbeitung und Überkonsum aufgezeigt. Laut der US-amerikanischen Ökonomin kann Letzterer als Defensiv- oder Kompensationskonsum verstanden werden, mit dem Menschen auf die immer stärkere Nutzbarmachung ihrer Körper reagieren.[56] Diesem Modus des Klassenkompromisses wurde jedoch mit der globalen Ölkrise 1973 zumindest temporär die materielle Grundlage entzogen.

Der postfordistische Konsummodus

Einsparungen der Unternehmen und Austeritätsprogramme der Regierungen bedeuteten in den frühindustrialisierten Ländern keineswegs eine Reduktion des Konsums. Im Gegenteil trugen die Globalisierung der Lieferketten und die Rationalisierung der Produktion – also die Maßnahmen, die ab den 1960er Jahren zur Deindustrialisierung führten – zu einer weiteren Verbilligung der Konsumgüter bei, so dass eine »postfordistische Konsumnorm« entstand.[57] Produktionsseitig setzte dies eine Diversifizierung der Waren voraus. Das fordistische Regime hatte weitgehend auf standardisierten Gütern beruht; die sogenannte »Lean Production« ermöglichte nun Schritt für Schritt eine individualisierte Massenproduktion. Autos beispielweise wurden modularisiert hergestellt, um ihnen einen individuellen Anstrich zu verpassen. Durch ein differenziertes Angebot wurde der Konsum zur primären Darstellungsform der eigenen Individualität. Gleichzeitig wurden neue Produktions- und Werbekonzepte entwickelt, die sich flexibel an die Trends der pluralisierten und volatilen Absatzmärkte anpassten. Das Prinzip der Mode, dem ehemals nur die wohlhabenden Schichten gefolgt waren, setzte sich als allgemeinverbindliche Logik durch. Während der beschleunigte technische Fortschritt Produkte rascher veraltern ließ, erlaubten vor allem immer neue und vielfältigere Designs eine Anpassung an schnell wechselnde Moden und damit ein stetiges Wachstum des Absatzes.[58] Infolgedessen entwickelten sich auch neue postfordistische Subjektivierungsformen: Die Individuen wurden nicht länger allein zur Wahl ermächtigt, sondern geradezu dazu verpflichtet: Sie sollten sich als souveräne Konsumentinnen begreifen und ihre Identität als Summe einzelner Kaufentscheidungen verstehen.[59]

Während der Sozialstaat also für den Klassenkompromiss an Bedeutung *verlor*, gewann der Konsum an Bedeutung weiter *hinzu*. Die weltweite Automobilproduktion verdreifachte sich zwischen 1982 und 2017. Parallel dazu wuchs der Flugverkehr um ungefähr den Faktor 8.[60] Dass der fossile Klassenkompromisses überlebte, hatte jedoch weniger mit dem freien Spiel der Marktkräfte als vielmehr mit komplexen institutionellen Arrangements zu tun. Ein Beispiel dafür ist der Aufstieg von Geländewagen (der sogenannten Sport Utility Vehicles oder kurz SUVs) in den USA. Nach der Ölkrise verpflichtete der Kongress die Autohersteller 1975 per Gesetz, die durchschnittliche Kraftstoffeffizienz ihrer Fahrzeuge bis 1985 auf 27,5 Meilen pro Gallone (etwa 8,5 Liter pro 100 Kilometer) zu verdoppeln. Dieses Ziel wurde jedoch bis heute nicht erreicht – der Grund dafür ist vor allem die massenhafte Verbreitung von SUVs. Die Automobillobby hatte damals darauf gedrängt, nicht alle Fahrzeuge denselben Standards zu unterwerfen. Daraufhin wurden »Trucks« von dem Gesetz ausgenommen, vielmehr lag es nun im Ermessen des Verkehrsministeriums, für sie eine Obergrenze festzulegen. So gelang es den Herstellern, für »Trucks« erheblich laxere Schadstoff- und Sicherheitsnormen durchzusetzen, wobei »Trucks« sehr weit als »geländegängige Kraftfahrzeuge« definiert wurden, die über Allradantrieb und ausreichende Bodenfreiheit verfügten. Aus diesem Schlupfloch entstand das SUV, das die Wirtschaftlichkeit der amerikanischen Automobilproduktion erheblich veränderte: Die Herstellung von Kleinwagen wurde aufgrund der strengeren Vorschriften teurer, SUVs waren bald die Goldesel der Branche. Ford beispielsweise brachte in den 1990er Jahren den Expedition auf den Markt, der mit etwa 17 Litern pro 100 Kilometer eine ähnliche Kraftstoffeffizienz aufwies wie ein Durchschnittsauto zwei Jahrzehnte zuvor. Allerdings verdiente das Unternehmen 12 000 Dollar pro verkauftem Fahrzeug, und so setzten bald alle großen Hersteller auf SUVs. Sie stießen freilich schnell auf ein Problem: Die meisten Menschen brauchten schlicht keine Geländewagen. Also gaben die Unternehmen sehr große Summen aus, um die Nachfrage nach ihren profitablen Spritfressern zu steigern. Hatten sie 1990 gerade einmal 172 Millionen Dollar für Geländewagenwerbung ausgegeben, war es im Jahr 2000 bereits eine Milliarde. Insgesamt investierte die Branche in diesem Jahrzehnt sage und schreibe neun Milliarden Dollar, um die Bevölkerung für SUVs zu begeistern. Mittlerweile übertrifft der Produktionsanteil der Geländewagen in den USA den normaler Pkws deutlich.[61]

Finanziell wurde die Ausweitung des Konsums durch Lockerungen bei der Kreditvergabe ermöglicht. Wie wir in Kapitel 8 noch detaillierter sehen werden, setzte man in den USA und bald auch in anderen frühindustrialisierten Ländern gezielt institutionelle Anreize für die Vergabe von Konsumkrediten, um die Nachfrage anzukurbeln. In der Folge verschuldeten sich Beschäftigte in Japan, Südkorea, Schweden oder Großbritannien mit immer höheren Summen, um einen konsumintensiven Lebensstandard aufrechterhalten zu können. Diese Entwicklung hatte massive Auswirkungen auf den Klassenkompromiss und den Niedergang der Gewerkschaftsbewegung, was allerdings oft übersehen wird. Ökonometrische Daten zeigen, dass es in den genannten Ländern für den Zeitraum 1970-2018 einen negativen Zusammenhang zwischen Verschuldung und Streikaktivität gibt. Verschuldete Beschäftigte neigen aus Angst vor Jobverlust und Zahlungsunfähigkeit zu mehr Fügsamkeit am Arbeitsplatz.[62] Konsumkredite erweisen sich in diesem Sinne als erfolgreiche Disziplinierungsstrategie.

Während in Diskussionen um den Klassenkompromiss meist der Wohlfahrtsstaat im Mittelpunkt steht, zeigt sich hier die herausragende Rolle der fossilen Energie, zumal der fossilistische Konsummodus den Rückbau der Sozialsysteme überlebte. In diesem Sinne scheint es angemessen, von einem fossilen Klassenkompromiss zu sprechen, der die übliche Einteilung in Fordismus und Postfordismus transzendiert. Darüber hinaus unterstreicht der Begriff die ökologischen Kosten dieser Form der Befriedung, ging sie doch mit einem explosionsartigen Anstieg des Verbrauchs fossiler Brennstoffe einher.

Entsprechend greifen staatliche Maßnahmen zur Eindämmung des Klimawandels regelmäßig die Grundpfeiler des Klassenkompromisses an. Oft geht es dabei um eine Bepreisung von Emissionen oder die Besteuerung umweltschädlicher Produkte wie Benzin. Umweltverschmutzung soll zu einer knappen Ressource werden, auf die weniger Menschen zugreifen können. Typischerweise trifft eine solche Austeritätsökologie vor allem die unteren Klassen – die sich dann etwa kein Benzin mehr leisten können –, ja sie kann sogar die Institutionen des Wohlfahrtsstaates untergraben.[63] Diese Politik zeigt Wirkung: Die ärmere Hälfte der Europäerinnen hat ihre Emissionen zwischen 1990 und 2015 um fast ein Viertel gesenkt, während die der wohlhabendsten zehn Prozent weiter stiegen.[64] In der Folge protestieren die unteren Klassen regelmäßig gegen Umweltschutzmaßnahmen, die ihnen auch weiterhin die Kosten für die Bekämpfung der ökologischen Krise aufbürden, die französischen Gelbwesten sind hier ein besonders spektakuläres Beispiel. Angesichts dieser Konstellation stellt Klimagerechtigkeit eine immens wichtige Aufgabe dar. Entweder gelingt es, den konsumbasierten Klassenkompromiss in Form eines Green New Deal auf regenerative Energien umzustellen (wobei an der ökologischen Tragfähigkeit eines solchen Vorhabens Zweifel bestehen),[65] oder der Klassenkompromiss wird sukzessive aufgekündigt, was zu erheblichen sozialen Konflikten führen wird. Es lohnt sich also, jene Krise genauer in den Blick zu nehmen, in welcher dem fordistischen Klassenkompromiss seine materielle Grundlage entzogen wurde.

6. Die Nutzbarmachung der Körper

Nutzbarmachung der Arbeitskraft, das haben wir in den vorigen Kapiteln immer wieder gesehen, bedeutet in vielen Fällen eine Vernutzung der arbeitenden Körper. In der Geschichte der industrialisierten Arbeit wurden immer wieder Zonen der Vernutzung geschaffen, die sich vor allem dadurch auszeichneten, dass die Extraktion von Arbeit und Natur nicht durch entsprechende Reproduktion kompensiert wurde. Diese Form der Vernutzung ist aber nicht nachhaltig, da sie ihre eigenen stofflichen Grundlagen unterminiert. Auch der Kapitalismus ist daher auf die Entwicklung und Bereitstellung von Reproduktivkräften angewiesen, die Arbeit und Natur zumindest teilweise wiederherstellen.

Reproduktion nimmt meist die Form menschlicher Arbeit an. Die Kategorie der Reproduktionsarbeit kann dabei relativ weit gefasst werden und bezieht sich sowohl auf Tätigkeiten im Haushalt und in der Pflege als auch auf Recycling, Subsistenz- oder nachhaltige Forstwirtschaft. Gemeinsam ist ihnen, dass sie auf eine Wiederherstellung des Lebens zielen. Den in diesen Feldern tätigen Menschen kommt demnach die Rolle der Reproduktivkräfte zu. Die Logik der Reproduktion wächst jedoch in vielen Fällen in Form einer umfassenden »Care-Ethik« über die professionelle Tätigkeit hinaus.[1] Für die australische Soziologin Ariel Salleh ist diese sorgende Haltung dadurch gekennzeichnet, dass die entsprechende Arbeit weniger an kurzfristigen Profiten und mehr an einem generationenübergreifenden Wohlergehen orientiert ist und dass sie mit einer Übernahme persönlicher Verantwortung einhergeht, und zwar nicht nur für menschliches Leben, sondern für die gesamte Natur.[2] Die portugiesische Umwelthistorikerin Stefania Barca erklärt dazu: »Die innere Logik der [menschlichen und nichtmenschlichen] Reproduktionsarbeit widersetzt sich der abstrakten gesellschaftlichen Arbeit und allem, was das Leben objektiviert und für andere Zwecke instrumentalisiert.« Ihr Produkt sei vielmehr das »Leben selbst«.[3] Den bewahrenden und lebensfördernden Reproduktivkräften werden in der ökofeministischen Theorie die Produktivkräfte, einschließlich der Naturwissenschaften, als wesentlich patriarchal und destruktiv gegenübergestellt.[4]

Auch ich möchte in diesem Kapitel dem transformativen Potenzial der Reproduktionsarbeit nachgehen. In meiner Lesart ergibt sich dieses jedoch nicht aus einem ontologischen Gegensatz zur Produktion (Nancy Fraser hat entsprechende Sichtweisen als »kritischen Separatismus« problematisiert).[5] Die Gegenüberstellung einer ausschließlich positiv verstandenen »Reproduktion des Lebens« und einer destruktiv gefassten Produktion verkennt nämlich, dass *beide* einer Logik der Nutzbarmachung folgen. So dient ein Großteil der Tätigkeiten in Erziehung, Medizin und Psychologie dazu, die Körper verwertbar zu machen.[6] Dass etwa der Humankapital-Diskurs, der die Bildung schon früh erreichte, nun auch in die frühkindliche Erziehung, die Medizin und die psychotherapeutische Praxis Einzug gehalten hat, ist in dieser Hinsicht bezeichnend.[7]

Zwischen der oben geschilderten Globalisierung und Rationalisierung der Produktion und der Reproduktionsarbeit besteht ein enger Zusammenhang. Als die Deindustrialisierung der Hochlohnländer voranschritt, musste das Gesundheits- und Sozialwesens dort massiv ausgeweitet werden, um die zurückgelassenen Arbeiterkörper zu verwalten. Zudem wurde Arbeit auf verschiedene Weisen intensiviert, was den Care-Bedarf zusätzlich ansteigen ließ. Doch just zu der Zeit, als mehr Menschen auf das Gesundheits- und Sozialwesen angewiesen waren, gingen neoliberale Reformer zum Angriff über. Entsprechende Leistungen wurden weiter kommodifiziert, also von Anrechten in Waren verwandelt, und der Sektor wurde von einer arbeitsintensiven zu einer kapitalintensiven Branche. Darunter litt auch die gesellschaftliche Resilienz gegenüber ökologischen Krisen, wie wir am Beispiel der Coronapandemie sehen werden.

Das Kapitel setzt dort an, wo das letzte endete: beim Niedergang des Fordismus. Reproduktionsarbeit wird dabei als immanenter Teil der Re/produktivkräfte verstanden – eine Herangehensweise, die es erlauben soll, die Widersprüchlichkeit der entsprechenden Tätigkeiten in den Blick zu nehmen. Diese führt zu strukturellen Konflikten, in denen immer wieder auch ein ökologischer Eigensinn der Beschäftigten durchscheint, der durchaus transformative Potenziale aufweist.

Deindustrialisierung

Am 6. Oktober 1973 griffen Syrien und Ägypten am Jom-Kippur-Feiertag Israel an. Um die USA und andere westliche Staaten, die Israel unterstützten, unter Druck zu setzen, erklärten arabische Länder eine Absenkung der Ölförderquoten sowie ein Embargo. In der Folge stieg der Preis dramatisch an, was die Weltwirtschaft in eine tiefe Krise stürzte. Die Wachstumsraten der 24 reichsten Länder fielen von durchschnittlich fünf Prozent auf null, in der BRD sogar auf minus ein Prozent.

Das hatte mit den materiellen Eigenschaften des Energieträgers, aber auch mit einer spezifischen politisch-ökonomischen Konstellation zu tun: Da Fracking und andere Verfahren noch kaum zur Verfügung standen, war Öl unter den damaligen technologischen Bedingungen nur begrenzt verfügbar. Das verlieh denjenigen Staaten enorme geopolitische Macht, die das Glück hatten, in ihrem Territorium über große Ölfelder zu verfügen.

Konkret bedeutete das, dass sich die Kräfteverhältnisse zuungunsten der westlichen Staaten änderten. Die Außenminister der USA, Japans und Frankreichs sprachen nacheinander in Riad bei König Faisal vor, um ein Ende des Embargos zu erbitten. Ihr britischer Amtskollege machte dem Schah von Persien während dessen Skiurlaub in St. Moritz die Aufwartung, um Lieferungen auszuhandeln. Die Ölkrise war auch ein Faktor bei der endgültigen Niederlage der USA in Vietnam: Südvietnam verfügte über fast keine Energiereserven, und die Inflation unterminierte den Wert des Dong. Infolgedessen konnten die Soldaten der Armee nicht mehr versorgt werden, was ihre Moral entscheidend schwächte und wesentlich zum Fall von Saigon 1975 beitrug. Der Machtverlust wog für die USA so schwer, dass sie zwischenzeitlich eine militärische Intervention in den arabischen Ölförderländern in Erwägung zogen.[8] Die BRD importierte unter dem Eindruck der Krise ab 1973 Erdgas aus der Sowjetunion.[9]

Auch auf den Lebensstil der frühindustrialisierten Länder wirkte sich die Krise drastisch aus. Öl stellte mittlerweile das Lebenselixier ihrer Kultur dar, nun wurde es ihnen in einer Schocktherapie entzogen.[10] Die USA baten ihre Bürger, auf Weihnachtsbeleuchtung zu verzichten. Auf Anordnung von Präsident Nixon verkauften Tankstellen an Wochenenden kein Benzin mehr. Autos mit geraden Zahlen auf dem Nummernschild durften nur noch an geraden Kalendertagen tanken und umgekehrt. Zusätzlich wurde ein Tempolimit von 55 Meilen in der Stunde verordnet. In Europa wurden ähnliche Maßnahmen getroffen: England, die BRD, Italien, die Schweiz und die Niederlande verboten den Betrieb privater Autos, Flugzeuge und Motorboote an Sonntagen. Schweden rationierte seine Heizenergie. In Deutschland und Österreich galt auch auf Autobahnen ein Tempolimit von 100 Stundenkilometern. Schulen wurden einwöchige Sonderferien verordnet, um Heizöl zu sparen. In der Bundesrepublik liebäugelte man sogar damit, erneut Benzin aus Braunkohle zu synthetisieren. Schließlich erhielt jedoch eine Subventionierung der Kernenergie den Vorzug.[11]

1974 gab die Bundesrepublik 17 Milliarden D-Mark mehr für Ölimporte aus als im Vorjahr. Das verstärkte die ohnehin bereits schwelende Wirtschaftskrise und hatte einen deutlichen Anstieg von Kurzarbeit, Arbeitslosigkeit, Sozialausgaben und Unternehmenspleiten zur Folge. Diese Kombination aus Inflation und Unterbeschäftigung wird seitdem als Stagflation bezeichnet.[12]

Die Ölkrise blieb nicht auf einen temporären Einschnitt begrenzt, sondern initiierte in den frühindustrialisierten Ländern eine Entwicklung, die Robert Brenner als »langen Abschwung« bezeichnet.[13] Zum Ausdruck kam dieser einerseits in der anhaltenden Deindustrialisierung und andererseits in Angriffen auf den Wohlfahrtsstaat, die man üblicherweise mit dem Schlagwort »Neoliberalismus« verbindet.

Besonders dramatisch gestaltete sich dieser Prozess in den Vereinigten Staaten. Dort hatten Unternehmen bereits in den 1960er Jahren begonnen, ihre Produktion in Billiglohnländer zu verlagern. Emblematisch steht dafür der Wandel der Industrieregion im Nordosten der USA, wo aus dem »Manufacturing Belt« der »Rust Belt« wurde. Städte wie Detroit oder Youngstown, Ohio, haben seit den Sechzigern über 60 Prozent ihrer Bevölkerung verloren und sind seitdem von Arbeitslosigkeit, Armut, Kriminalität und urbanem Verfall geprägt. Doch spätestens mit der Ölkrise erfasste die Deindustrialisierung auch Westeuropa. In Großbritannien beispielsweise verschwanden zwischen 1972 und 1982 25 Prozent (1,89 Millionen) der Industriearbeitsplätze und bis 1992 ein weiteres Viertel (1,457 Millionen). In der BRD war der Rückgang schwächer, aber die Tendenz zeigte in dieselbe Richtung: Zwischen 1972 und 1982 gingen auch hier 1,235 Millionen Jobs in der Industrie verloren – 13,5 Prozent; in den 1980er und 1990er Jahren waren es dann 11 beziehungsweise 12 Prozent. Ähnlich verhielt es sich in Frankreich.[14]

In fast allen frühindustrialisierten Ländern büßten die Eisen- und Stahlproduktion sowie die Kohleförderung ihre zentrale Rolle für die nationale Wirtschaftsleistung und die Beschäftigung ein. Betroffen waren aber auch die Textilbranche sowie die Werften, und selbst die Automobilwirtschaft und die Konsumgüterindustrie, die den Nachkriegsboom wesentlich angetrieben hatten, wurden in Mitleidenschaft gezogen. Technologisch einfache, aber arbeitsintensive Fertigungsprozesse, insbesondere in der Textilindustrie, wurden in »Entwicklungsländer« mit niedrigeren Lohnkosten verlagert. Dank staatlicher Subventionen stiegen Schwellenländer zu attraktiven Standorten für kapitalintensivere Branchen wie die Stahlindustrie oder für die Herstellung von Elektrogeräten und Solarzellen auf. Was für den einen Teil der Welt eine Deindustrialisierung war, bedeutete für einen anderen eine entgegengesetzte Entwicklung: In China etwa hat sich der Anteil der Industriebeschäftigten zwischen 1978 und 2012 beinahe verdoppelt.[15]

Gleichzeitig wurden in allen frühindustrialisierten Ländern neoliberale Reformen durchgeführt und die nach 1945 errichteten Wohlfahrtsstaaten geschliffen. Dieser Rückbau traf die Gesellschaften in genau dem Moment, als mehr Menschen denn je auf entsprechende Leistungen angewiesen waren. Eine ganze Alterskohorte, männliche Industriearbeiter über 50, schied vorzeitig aus dem Berufsleben aus. Auch ihre Kinder fanden oft keine Jobs, so dass die Jugendarbeitslosigkeit stark anstieg. In Großbritannien beispielsweise waren Ende der 1980er 50 Prozent der 16- bis 18-Jährigen arbeitslos oder befanden sich in staatlichen Berufsvorbereitungsmaßnahmen.[16] Der Wegfall der sozialen Absicherung erhöhte wiederum den Druck, jede Stelle anzunehmen, so dass in den meisten frühindustrialisierten Ländern ein wachsender Niedriglohnsektor entstand. In Deutschland macht dieser nach den Hartz-IV-Reformen etwa 20 Prozent des Arbeitsmarktes aus.

Politische Grundlage der Deindustrialisierung und des Sozialabbaus war eine enorme Schwächung der Gewerkschaften. Die Jahre vor der Ölkrise hatten gewissermaßen den Zenit ihrer Macht dargestellt: Wie wir gesehen haben, kam es in den späten 1960er und frühen 1970er Jahren zu einer weltweiten Welle militanter Streiks. Angesichts der Krise schränkten die Arbeitnehmerorganisationen nun jedoch ihre Lohnforderungen ein, um nationale Bemühungen zur Bekämpfung der Inflation nicht zu konterkarieren. In den folgenden Jahren verließen die Beschäftigten in den frühindustrialisierten Ländern massenhaft die Gewerkschaften. Hatten sie sich zunächst noch mit teilweise spektakulären Protesten gegen den Arbeitsplatzabbau in den industriellen Kernbranchen gewehrt, waren Massenentlassungen dann in den Achtzigern weitgehend Routine, und kaum jemand glaubte noch, sie durch aufsehenerregende Aktionen verhindern zu können.[17]

Reproduktionsarbeit als Nutzbarmachung

Der amerikanische Historiker Gabriel Winant hat den Zusammenhang zwischen der Deindustrialisierung und dem Aufstieg des reproduktiven Sektors anhand einer historischen Fallstudie über die Region Pittsburgh detailliert rekonstruiert. Die Stadt in Pennsylvania war einst das Zentrum der US- Stahlindustrie. Durch ihre militanten Kämpfe und die New-Deal-Reformen hatten die Stahlarbeiter zudem den Aufbau eines flächendeckenden Gesundheits- und Sozialwesens erwirkt. Ohne ihren Einsatz, aber auch ohne ihre Sozial- und Krankenversicherungen wäre die Care-Arbeit im modernen Sinn also gar nicht entstanden. Ihren eigentlichen Boom erlebte sie dann allerdings infolge der Deindustrialisierung: Im Großraum Pittsburgh sank die Zahl der Stahlarbeiter zwischen 1960 und 1990 von 160000 auf 40000. Fast exakt umgekehrt entwickelte sich in dieser Zeit die Anzahl der Beschäftigten im Gesundheits- und Sozialwesen (siehe Abb. 2). Laut Winant gibt es dafür im Wesentlichen zwei Ursachen: Zum einen habe das Elend der Deindustrialisierung zu einem steigenden Bedarf an Reproduktionstätigkeiten geführt. So erreichte die Arbeitslosenquote in der Region im Jahr 1983 einen Höchststand von 17 Prozent, und die Jobverluste wirkten sich verheerend auf die körperliche und geistige Gesundheit der Betroffenen aus. Unter den Beschäftigten, die in Pennsylvania zwischen 1980 und 1986 entlassen wurden, stieg das Sterblichkeitsrisiko um 50 bis 100 Prozent. Außerdem resultierte die Massenarbeitslosigkeit in psychischen Problemen, Alkoholismus und Herz-Kreislauf-Erkrankungen. Die Zahl der registrierten Fälle häuslicher Gewalt stieg zwischen 1983 und

1985 um 37 Prozent. Es waren die Institutionen des Gesundheits- und Sozialwesens, welche die Verwaltung der vernutzten Arbeiterkörper zu bewältigen hatten, und um diesen Teil der Bevölkerung am Leben zu erhalten, mussten massive antizyklische Ausgabenprogramme aufgelegt werden. Zwischen 1975 und 1981 wuchsen die Investitionen in die Krankenhäuser Pittsburghs um mehr als den Faktor 3, während alle übrigen Sektoren infolge der Rezession darbten. Die staatlichen Ausgaben zogen wiederum private Investitionen nach sich und schufen so einen neuen Arbeitsmarkt.[18]

Diese neuen Care-Institutionen, und das ist der zweite von Winant genannte Faktor, absorbierten dann wiederum Teile der aus der Stahlindustrie verdrängten Arbeitskräfte. Das betraf vor allem Frauen und Schwarze, zwei Gruppen, die von den Stellenstreichungen als Erste betroffen gewesen waren. Auch hier kamen die angesprochenen neoliberalen Reformen ins Spiel: Die Arbeitslosenunterstützung war fast gänzlich abgeschafft worden; ältere Menschen, die über Renten oder Ersparnisse verfügten, mussten nun für Angehörige aufkommen, die ihre Jobs verloren hatten. Dadurch wuchs der Druck, Stellen in den neuen, niedrig bezahlten Dienstleistungsbereichen anzunehmen. Viele Frauen, die – oder deren Männer – entlassen worden waren, kehrten ins Berufsleben zurück. In der Folge fehlte ihre unbezahlte Arbeit in den Haushalten, was wiederum die Nachfrage nach Pflege- und Erziehungsdienstleistungen erhöhte.

Winants Studie bezieht sich zwar auf eine ganz spezifische Region, ihre Ergebnisse lassen sich jedoch der Tendenz nach auf die frühindustrialisierten Länder verallgemeinern. In Deutschland, das von der Deindustrialisierung weniger extrem betroffen war als die USA, kam es ebenfalls zu einer Verlagerung der Beschäftigung in den Dienstleistungssektor, einschließlich der Pflege. Anhand der Wiedervereinigung lässt sich die Geschlechterdimension dieser Transition wie im Zeitraffer nachvollziehen. Für rund 40 Prozent der Ostdeutschen ging die Wende mit Arbeitslosigkeit einher, wobei Frauen einem doppelt so hohen Risiko ausgesetzt waren wie Männer. In der

Abb. 2: Beschäftigung in der Metallindustrie und im Gesundheits- und Sozialwesen, Region Pittsburgh, 1950-2010[19]

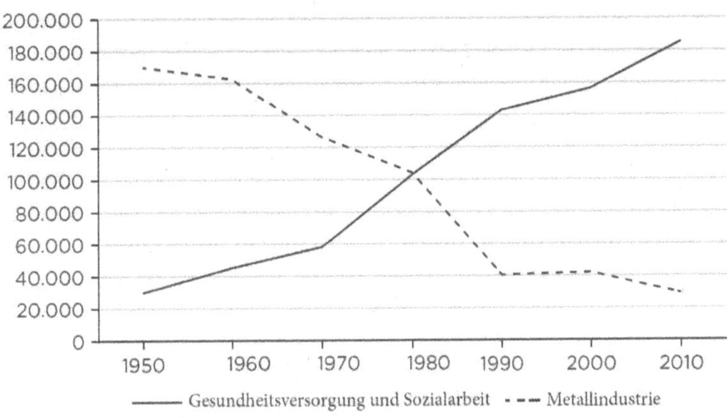

Textilindustrie etwa, wo Frauen zwei Drittel der Beschäftigten ausmachten, gingen unmittelbar nach der Wende rund 250000 Arbeitsplätze verloren, was etwa 80 Prozent der Stellen entsprach. Ähnlich war die Entwicklung in der Braunkohleförderung. Erst durch diesen Einschnitt wurde dieser Bereich zu der Männerdomäne, die er heute ist: Während im Lausitzer Revier vor der Wiedervereinigung 52 Prozent der Beschäftigten Frauen waren, sank dieser Anteil innerhalb von vier Jahren auf ein knappes Viertel, heute liegt er bei 18 Prozent.[20] Der Gesundheitssektor gilt demgegenüber als »Jobmotor«. Jeder sechste Erwerbstätige in der Bundesrepublik ist in dieser Branche tätig, mehr als drei Viertel der Beschäftigten sind weiblich.[21]

Auch die Rationalisierung des Gesundheitswesens verlief in der Bundesrepublik ähnlich wie in den USA. Von dort wurde unter anderem das Fallpauschalensystem übernommen (siehe unten), was zu einer Kommerzialisierung der Branche führte. So kam es paradoxerweise gleichzeitig zu einem Bedeutungszuwachs des Sektors und zu einer strukturellen »Care-Krise«.[22]

Schlanke Produktion

Die auf die Ölkrise folgenden Austeritätspolitiken beschränkten sich nicht auf den Rückbau des Sozialstaates. Auch in den Unternehmen selbst sollte fortan jede Form von Zeit- und Material-»Verschwendung« eliminiert werden. Das entsprechende Rationalisierungsparadigma wurde im Westen unter dem Namen »schlanke Produktion« bekannt, entwickelt hatte man es bei Toyota. Wie später die westliche Konkurrenz hatte der japanische Autobauer bereits ab den Fünfzigern eine schwere Krise durchgemacht. Im Januar 1950 gab die Japanische Nationalbank bekannt, man könne die Finanzierung des Unternehmens nur fortsetzen, wenn es sich einer drastischen Restrukturierung unterwerfe. Toyota musste den Vertrieb auslagern und seine Produktion an die Vorgaben dieser Tochter anpassen. Unter anderem sollten Tausende Beschäftigte entlassen werden. Vor allem letztere Forderung stieß auf den Widerstand der Gewerkschaft Zenji, die verschiedene Streik- und Protestaktionen durchführte, die Entlassung von über 2000 Arbeitern dadurch jedoch nicht verhindern konnte. Anschließend scheiterte die Gewerkschaft beim Kampf gegen Lohnkürzungen. Eine aus diesen Niederlagen resultierende Spaltung nutzte die Firma, um innerhalb der Gewerkschaft den managementfreundlichen Flügel zu stärken. In der Folge trennte sich Zenji 1954 von ihrer Föderation und wurde zu einer reinen Betriebsgewerkschaft sowie zu einem verlängerten Arm der Unternehmensführung. Als diese im Gegenzug für Arbeitsverdichtungsmaßnahmen und ein leistungsbezogenes Entlohnungssystem eine lebenslange Jobgarantie für alle verbliebenen Beschäftigten anbot, stimmte Zenji zu.[23] Die meisten Funktionäre waren Vorarbeiter, die es als ihre Aufgabe betrachteten, den Toyotianern eine stramme Arbeitsethik zu vermitteln. Auch Taiichi Ohno, der als Erfinder des Toyota-Produktionssystems (TPS) gilt, war eine Zeit lang für die Gewerkschaft tätig gewesen. Er sah seine Kontrolle über die Organisation als zentrale Voraussetzung für die Durchsetzung seines Modells: »Hätte ich es mit der japanischen Eisenbahnergewerkschaft zu tun gehabt, oder mit einer amerikanischen Gewerkschaft«, erklärte er, »hätte man mich wohl längst umgebracht.«[24]

Seine internationale Durchsetzung verdankte das TPS dann in erster Linie der Ölkrise. In den Vereinigten Staaten hatte man vor der Krise vor allem große Autos mit hohem Benzinverbrauch produziert. Ab 1973 sank die Nachfrage nach diesen Modellen, was wesentlich zur Schwächung der US-Autoproduktion beitrug. An die Stelle heimischer Fabrikate traten zunehmend kleinere und energieeffizientere japanische Alternativen, vor allem die Toyota-Modelle Corona und Corolla, aber auch Fabrikate von Datsun, Honda und Subaru, die sparsamer waren als die typischen amerikanischen V8- und Sechszylindermotoren. Mit den japanischen Autos verbreitete sich aber auch das TPS, das weltweit die industriellen Beziehungen revolutionieren sollte.

Am Anfang eines Aufsatzes über die Entstehung seines Konzepts schreibt Taiichi Ohno:

> Die Ölkrise im Herbst 1973 führte erstmals dazu, dass die Öffentlichkeit ein starkes Interesse am Toyota-Produktionssystem entwickelte. Egal aus welchem Blickwinkel man es betrachtet: die Ölkrise hatte einen großen Einfluss auf die Regierungen, die Industrie und sogar auf den persönlichen Lebensstil.[25]

Ohno hatte lange Zeit erfolglos für sein System geworben, ab 1973 änderte sich das schlagartig. Er selbst führt dieses plötzliche Interesse auf die neue Spardoktrin zurück. Einerseits habe sich die Weltwirtschaft nun in einer Phase der niedrigen Wachstumsraten befunden, was die Kalkulation mit massenhaften Absätzen, auf der die US-Autoindustrie aufbaute, schwierig gemacht habe. Andererseits sei aufgrund des Treibstoffmangels insbesondere die Automobilindustrie genötigt gewesen, die Effizienz drastisch zu steigern. Für beide Hausforderungen bot das TPS eine Lösung. Die oberste Maxime lautete: »umfassende Eliminierung aller verschwenderischen Praktiken«.[26]

Produkte sollen laut TPS nur dann hergestellt oder transportiert werden, wenn es Nachfrage gibt. Die Entnahme eines Produkts am Ende der Prozesskette (»Pull«) löst dabei automatisch die Information zur Nachbestellung am Anfang der Kette aus. Gibt es keinen Bedarf, kommt die Kette zum Stillstand, womit Überproduktion ausgeschlossen werden soll. Insbesondere durch die Analyse von Arbeitsprozessen sollen »Totzeiten« vermieden werden. Für diesen »kontinuierlichen Verbesserungsprozess« waren nun jedoch nicht mehr nur die Manager, sondern auch die Beschäftigten selbst verantwortlich.

Als das TPS in den frühindustrialisierten Ländern kopiert wurde, fiel ein Element meist unter den Tisch: die Beschäftigungsgarantien. Deshalb wurde die US-Variante bald unter dem Namen »lean and mean« bekannt. Ab den 1980er Jahren führten die meisten Unternehmen zudem digitale Technologien ein, um den Arbeitsprozess mithilfe von *key performance indicators* (KPIs) kontinuierlich zu quantifizieren und zu optimieren. Auch die vom TPS geforderte Flexibilisierung des Outputs hatte großen Einfluss auf die Arbeitsorganisation in der Industrie. Die meisten Unternehmen bauten Personal ab und setzten auf Leiharbeit. Ein weiteres Instrument der Flexibilisierung stellte die selbstorganisierte Teamarbeit dar: Die gegenseitige Unterstützung, aber auch die gegenseitige Kontrolle in den Teams sollte Teile des mittleren Managements ersetzen.[27]

Diese Form der Rationalisierung hinterlässt Spuren an den Körpern der Arbeitenden. So ging ein großer Teil der mit der »schlanken Produktion« verbundenen Produktivitätssteigerungen auf Arbeitsverdichtung zurück, die bis heute kontinuierlich weiter vorangetrieben wird.[28] In der Bundesrepublik gaben 2017 41 Prozent der befragten Beschäftigten an, nach der Arbeit »sehr häufig« oder »oft« zu erschöpft zu sein, um sich noch um private oder familiäre Angelegenheiten kümmern zu können.[29] Entsprechend kommt es vermehrt zu stressbedingten Erkrankungen wie Burnout oder Herzleiden. In Großbritannien führt arbeitsbedingter Stress jährlich zu 23,3 Millionen Krankheitstagen, was die Volkswirtschaft Schätzungen zufolge 28 Milliarden Pfund kostet.[30]

Vor diesem Hintergrund muss die etwa von dem Philosophen Byung-Chul Han aufgestellte Behauptung, »der Körper« sei heute »aus dem unmittelbaren Produktionsprozess entlassen«, als Mythos gelten.[31] Im Gegenteil führt gerade die intensivierte Nutzbarmachung der Körper dazu, dass immer mehr Arbeit in ihre Erhaltung und Reproduktion investiert werden muss. Diesen Zusammenhang hat Gabriel Winant am Beispiel Pittsburgh ausführlich nachgezeichnet.[32] Der Autor und Gewerkschaftsaktivist Kim Moody wiederum hat gezeigt, dass von dem Zuwachs, der sich in den USA zwischen 1990 und 2010 bei den wichtigsten privatwirtschaftlichen Dienstleistungstätigkeiten verzeichnen ließ, 90 Prozent auf die Wiederherstellung der Arbeitskraft und die Instandhaltung des wachsenden fixen Kapitals, etwa die Reinigung, entfallen.[33] Die Ausweitung der kommodifizierten Reproduktionsarbeit ist dabei nicht auf den Gesundheitssektor beschränkt. Sie umfasst auch die Auslagerung vormals unbezahlter Haushaltstätigkeiten wie Putzen oder Kochen. So gibt eine große Mehrheit der Personen, die regelmäßig bei Lieferdiensten bestellen, als Grund an, keine Zeit zu haben, selbst Essen zuzubereiten.[34] Auch hier manifestiert sich das Paradox der Nutzbarmachung: Die Intensivierung der Arbeit führt dazu, dass immer mehr gesellschaftliche Arbeit in die Reproduktion der arbeitenden Körper investiert werden muss.

Im Gesundheitsbereich wurde die Arbeitsorganisation allerdings ebenfalls »verschlankt«. In den USA geschah dies vor allem durch das 1983 eingeführte Fallpauschalensystem für Krankenhäuser. Seither rechnen diese Einrichtungen ihre Leistungen nach einem festen Preisschema ab, bei dem sie je Diagnose eine fixe Summe erhalten, und zwar unabhängig von den tatsächlichen Behandlungskosten. Das System verhinderte lange Krankenhausaufenthalte, bietet aber Anreize für aggressivere medizinische Eingriffe, weil diese höher vergütet werden. Das Gesundheitswesen wurde so von einer arbeitsintensiven zu einer kapitalintensiven Branche. Waren bisher die meisten Kosten auf die Pflegearbeit entfallen, überwogen nun die Ausgaben für teure medizinische Geräte. In der Folge kam es zu einem Konsolidierungs- und Konzentrationsprozess: Kleinere und ärmere Einrichtungen mussten schließen, während größere und reichere wuchsen. An die Stelle des alten kommunalen Gesundheitssystems traten aufstrebende Großkonzerne. Gleichzeitig sanken die Löhne, und die Beschäftigungsbedingungen wurden immer prekärer.[35]

Diese »Verschlankung« schwächte auch die Resilienz des Systems insgesamt, was während der Coronapandemie dramatisch sichtbar wurde. Überall fehlte es an Personal und funktionierender Schutzausrüstung. Angesichts der mit Covid-19 verbundenen Arbeitsbelastung verschärfte sich die Situation weiter. Aufgrund von Stress, andauerndem Personalnotstand und fehlender Wertschätzung denkt fast die Hälfte der Pflegekräfte regelmäßig an einen Berufswechsel. Betroffen waren aber nicht nur Arbeitnehmerinnen in Krankenhäusern, sondern zum Beispiel auch die – fast immer migrantischen – Beschäftigten in der 24-Stunden-Pflege. Ihre Arbeitsbedingungen verschlechterten sich weiter, viele hatten Verdienstausfälle zu verzeichnen, und auch die psychische Belastung nahm zu. Die Politik reagierte, indem man einerseits die Schichten verlängerte und andererseits Korridore für migrantische Care-Beschäftigte einrichtete, die man mit Charterflügen und Sonderzügen nach Deutschland brachte. Dadurch wurde aber wiederum ihre Abhängigkeit von Vermittlungsagenturen weiter verschärft.[36]

Als die Pflegekräfte während der Pandemie an vorderster Front standen, waren sie auch einem erhöhten Infektionsrisiko ausgesetzt. In einer repräsentativen Umfrage gab jedoch über die Hälfte der Beschäftigten im deutschen Sozial- und Erziehungsbereich an, nicht oder nur in geringem Maß vor Ansteckung geschützt zu sein (unter Befragten in der Hochschullehre und -forschung lag der entsprechende Wert bei sechs Prozent).[37] In der Folge kam es im Care-Sektor zu zahlreichen Konflikten, anhand derer sich exemplarisch zeigen lässt, welche Auswirkungen die Autonomie der Natur (man erinnere sich an den vermutlich zoonotischen Ursprung der Pandemie) in einer globalisierten Welt auf konkrete Arbeitsbedingungen in Pflegeeinrichtungen haben kann.

Reproduktionsarbeit und ökologischer Eigensinn

Ein besonders aufschlussreiches Beispiel für solche Arbeitskämpfe trug sich in der kanadischen Provinz British Columbia zu.[38] Auch dort war die Pflege in den Jahrzehnten zuvor privatisiert und rationalisiert worden. 2001 entließ die damalige Regierung 10 000 Beschäftigte des öffentlichen Gesundheitswesens, vor allem in Großküchen, Wäschereien sowie in der Reinigung; die Maßnahme gilt als die größte Massenentlassung von Frauen in der Geschichte Kanadas. Die entsprechenden Bereiche wurden dann an multinationale Konzerne vergeben, die auf Subunternehmer setzten, die ihrerseits sofort die Personalschlüssel anpassten, um Kosten zu sparen. Den Entlassenen bot man an, sich im neuen Modell auf ihre »alten« Stellen zu bewerben – allerdings zu schlechteren Löhnen und ohne die vorher üblichen betrieblichen Krankenversicherungen und Renten; ein Teil von ihnen ließ sich tatsächlich darauf ein. Gleichzeitig wurde durch den Personalabbau die Hospital Employees Union (HEU), die zuvor einen Großteil der Beschäftigten organisiert hatte, drastisch geschwächt, und mehrere Krankenhäuser verloren ihre Gewerkschaftsvertretungen.

Als die Pandemie ausbrach, beeinträchtigte die Privatisierung auch im Westen Kanadas massiv die Effektivität der Versorgung. Ansteckungswellen liefen durch Krankenhäuser und andere Einrichtungen, Pflegende fielen massenhaft aus, was den Personalnotstand weiter verschärfte. Die Gewerkschaft HEU konzentrierte sich daher im ersten Jahr der Pandemie auf Gesundheits- und Sicherheitsfragen und setzte eine flächendeckende Ausstattung mit funktionierender Schutzausrüstung durch.

Individuelle Beschäftigte hingegen brachen immer wieder die Regeln, um auch unter den Bedingungen der Pandemie gute Arbeit leisten zu können. Langzeitpflegekräfte ignorierten das Schichtende, um verwirrten und verängstigten Klientinnen beizustehen, die während Covid-19-Ausbrüchen ihre Zimmer nicht verlassen durften. Da Angehörige und Freunde oft keinen Zutritt zu den Einrichtungen mehr hatten, kauften die Beschäftigten für die Bewohnerinnen und Bewohner Hygiene- und Kosmetikprodukte oder besorgten frische Kleidung. Berichtet wurde auch von Pflegerinnen, die vor Beginn ihrer Schicht von Tür zu Tür gingen, nach Lieblingsliedern fragten und diese dann auf dem Flur sangen.

Bei solchen Praktiken verschwimmt die Grenze zwischen funktionalem und widerständigem Eigensinn. Die Beschäftigten brachen die Regeln, um in einem gewissen Sinn bessere Arbeit leisten zu können. Tatsächlich haben viele Studien gezeigt, dass die gesamte Care-Branche von unbezahlter Zusatzarbeit lebt. Das widerspricht zwar den standardisierten Prozeduren der Einrichtungen, ist jedoch ein wesentlicher Bestandteil der »Care-Ethik«.[39] Teilweise werden diese Haltung und die intrinsische Motivation der Beschäftigten vom Management gezielt instrumentalisiert, um das Personal einzubinden und Konflikte zu unterdrücken.[40] Zugleich kann darin aber eine bewusste Form des Widerstands gegen die alleinige Ausrichtung am Profit zum Ausdruck kommen. Im Fall der kanadischen Pflegerinnen wurde dieser individuelle Eigensinn durch eine kraftvolle kollektive Kampagne der HEU unterstützt.

Nachdem sich die Gewerkschaft zunächst auf das Thema Infektionsschutz konzentriert hatte, nutzte sie die sprunghaft gestiegene gesellschaftliche Anerkennung der Pflege als »systemrelevant« in der Folge zu einer Wiederbelebung ihres Kampfes gegen die Privatisierung des Gesundheitswesens. Nachdem man jahrelang – mit wechselndem Erfolg – juristisch gegen die Massenentlassungen von 2001 vorgegangen war, hatte man plötzlich ein zusätzliches Argument: Nach der Auslagerung vieler Bereiche an Subunternehmen arbeitete ein großer Teil der Beschäftigten nun nicht länger fest in einem Krankenhaus oder Pflegeheim, stattdessen wurden sie in mehreren Häusern eingesetzt, was zur Verbreitung des Virus in und zwischen den Einrichtungen beitrug. Die Gewerkschaft forderte in dieser Situation, dass eine Pflegekraft von nun an wieder ausschließlich an einem Ort tätig sein solle – und zwar zu denselben Bedingungen wie die Mitarbeitenden, die nach wie vor direkt beim Staat oder bei den Kommunen angestellt waren. Die Betreiber lenkten ein, was für 49 000 Beschäftigte von privaten oder gemeinnützigen Trägern in der Langzeitpflege eine Lohnerhöhung auf das Niveau der öffentlichen Einrichtungen bedeutete. So wurden einerseits viele Auswirkungen der Privatisierung rückgängig gemacht, andererseits wurde der Infektionsschutz deutlich verbessert, was vermutlich zahllosen Menschen das Leben rettete.

Ähnliche Kämpfe führten Care-Arbeiterinnen während der Pandemie rund um die Welt. In Griechenland etwa trat die Gewerkschaft der im öffentlichen Krankenhauswesen Beschäftigten mit Streiks und anderen Aktionen dafür ein, ca. 16 000 Teilzeitkräfte mit regulären Verträgen auszustatten. Das betraf zwar nur einen Bruchteil des Personals, stellte aber immerhin einen Versuch dar, die Regierung zu einer Rücknahme von Privatisierungs- und Prekarisierungsmaßnahmen zu bewegen. Der Staat reagierte in diesem Fall allerdings vor allem mit Repression und kündigte die strafrechtliche Verfolgung mehrerer Gewerkschafterinnen an, die im September 2020 einen Streik organisiert hatten.[41]

Es ist bemerkenswert, dass sowohl die eigensinnigen Praktiken der Beschäftigten als auch die Forderungen der Gewerkschaften sich nicht nur auf die Interessen der Pflegenden beziehen, sondern auch auf die Bedürfnisse der Patientinnen und Heimbewohner. Das lässt sich damit erklären, dass die interpersonale Arbeitslogik der Pflege regelmäßig mit einer starken normativen Orientierung der Beschäftigten auf das Wohlergehen der Klientinnen verbunden ist.[42] Im Anschluss an die ökofeministische Debatte lässt sich dabei auch eine unterbeleuchtete ökologische Dimension dieser Orientierung identifizieren. So manifestiert sich in Arbeitsprozessen, die einen starken Bezug zum menschlichen Körper aufweisen, eine *spezifische Form des ökologischen Eigensinns*. Menschen, die handwerklichen Tätigkeiten nachgehen und/oder im Freien mit Naturstoffen interagieren, sind direkten Naturerfahrungen ausgesetzt, aus denen ein spezifisches Umweltwissen resultiert. In Zeiten des Klimawandels handelt es sich dabei oft um Auswirkungen der ökologischen Krise, im Fall von Bauarbeitern zum Beispiel Hitzestress. Menschen in Pflegeberufen wiederum interagieren mit einem ganz spezifischen Segment der Natur, nämlich dem menschlichen Körper. Damit erwerben sie ebenfalls ein spezifisches Erfahrungswissen, insbesondere über die Verletzlichkeit dieser Körper. Vermittelt über diese Vulnerabilität erfahren Beschäftigte – wie etwa die kanadischen oder griechischen Pflegerinnen im Zuge der Pandemie – dann auch die ökologischen Krisen. Dementsprechend formiert sich ihr ökologischer Eigensinn: Er kommt in abweichenden Praktiken und kollektiven Protestaktionen zum Ausdruck, wenn das Erfahrungswissen über die Bedürfnisse der Klientinnen in Konflikt mit den formellen Anforderungen der Einrichtungen gerät. Es tritt aber besonders deutlich in ökologischen Großkrisen hervor. Auch den Klimawandel erleben Pflegerinnen in ihrem beruflichen Alltag wesentlich über seine Auswirkungen auf die ihnen anvertrauten Personen, etwa wenn während Hitzewellen mehr Menschen sterben. Hier kommt es dann häufig zu ganz ähnlichen Ausdrucksformen des ökologischen Eigensinns wie während der Pandemie. Der Deutsche Berufsverband für Pflegeberufe hat im Zusammenhang mit dem Klimawandel einen Katalog von Forderungen präsentiert. Arbeitgeber sollen beispielsweise die Warnungen von Wetterdiensten stärker beachten und Beschäftigte frühzeitig über Extremwetterereignisse wie Hitzewellen informieren, damit sie sich und ihre Klienten besser darauf vorbereiten können. Daneben werden bauliche Veränderungen oder Nachrüstungen wie Sonnenschutz, Beschattung, Isolierung und eine Begrünung der Außenbereiche von Krankenhäusern und anderen Pflegeeinrichtungen gefordert. Außerdem sollen die Arbeitgeber Untersuchungen zum Einfluss des Klimawandels auf das Gesundheitswesen durchführen und ihre gesamte Organisation auf den Umweltschutz ausrichten – etwa durch Energieeinsparung, nachhaltiges Wirtschaften oder effizientes Abfallmanagement.[43] In ähnlicher Weise mahnt das International Council of Nurses (ICN) die Entwicklung von Programmen für infolge des Klimawandels neu auftretende Krankheiten an, dazu die Anwendung nachhaltiger Praktiken, den Aufbau von Reaktionskapazitäten seitens des Personals und eine Beteiligung an der Gesundheits- und Klimaforschung. Von den Regierungen erwartet das ICN die Ausarbeitung und Umsetzung sektorübergreifender ökologischer Regulierungen.[44] Zudem zeigen statistische Analysen, dass Menschen, die im Care-Bereich tätig sind, auch jenseits des Arbeitsplatzes eine größere Affinität zu einer sozialökologischen Transformation aufweisen als andere Berufsgruppen.[45]

Wie von der ökofeministischen Theorie postuliert, scheint Care-Arbeit also tatsächlich regelmäßig transformative Orientierungen hervorzubringen. Die Umweltsoziologin Sabine Hofmeister und ihre Kolleginnen kritisieren allerdings, dass ökofeministische Ansätze teils essentialistische Vorstellungen von Weiblichkeit als naturnah und eine Verlagerung der ökologischen Verantwortung auf die einzelnen Care-Arbeiterinnen implizieren. Beides trage unter Umständen zu einer Feminisierung der Umweltverantwortung bei, die der Geschlechtergerechtigkeit entgegenwirke.[46] In diesem Sinne kann der *transformative ökologische Eigensinn* der Pflegenden stattdessen als Resultat spezifischer beruflicher Praktiken verstanden werden. Im Care-Sektor tätige Menschen bilden diesen Eigensinn einerseits in der Auseinandersetzung mit den Strukturen am Arbeitsplatz aus und andererseits in ihren berufsspezifischen Interaktionen mit der Natur – hier mit dem menschlichen Körper. Dabei entwickeln sie ein kritisches Wissen über die Bedürfnisse ihrer Klientinnen. Kritisch wird dieses Wissen insbesondere dann, wenn es zu der Erkenntnis führt, dass diese Bedürfnisse gerade aufgrund der kapitalistischen Logik nicht erfüllt werden können, der Krankenhäuser und andere Pflegeeinrichtungen unterworfen sind. Dazu gehört zum Beispiel Zeitmangel infolge von Arbeitsverdichtung, aber eben auch mangelnder Schutz vor ökologischen Risiken wie Pandemien oder dem Klimawandel.

In solchen Konstellationen kommt es also zu einem Zusammenwirken der Autonomie der Natur und des Eigensinns der Beschäftigten. Ganz ähnlich wie bei der in den vorigen Kapiteln besprochenen Entwicklung der Produktivkräfte stoßen wir auf Beispiele einer reaktiven Expansion. Historisch hatten etwa Cholerapandemien, die in der Folge der kolonialen Expansion ab dem frühen 19. Jahrhundert auch Europa erreichten, einen Entwicklungssprung der Reproduktivkräfte zur Folge. Durch Fortschritte in Diagnostik und Therapie verwandelten sich die »Siechenhäuser« in Krankenhäuser im modernen Sinn. Im britischen Empire begründete Florence Nightingale die Pflegetheorie und konzipierte ein standardisiertes Ausbildungsmodell. »Krankenwärter« wurden durch ausgebildetes Pflegepersonal ersetzt, das die Ärzte in der Behandlung unterstützte und freundlicher mit den Patientinnen umging. Im folgenden Kapitel werden wir sehen, dass die Coronapandemie einen ähnlichen Entwicklungssprung in der Epidemiologie auslöste, und auch im Gesundheitswesen zog Corona Reformen nach sich. Dabei wirkt die Autonomie der Natur mit der Autonomie der Arbeit zusammen, oft vermittelt über den ökologischen Eigensinn der Beschäftigten.

Sein transformatives Potenzial entfaltet der ökologische Eigensinn der Care-Arbeiterinnen vor allem dann, wenn diese von den Arbeitgebern nicht nur besseren Schutz gegen Umweltrisiken verlangen, sondern auch strukturelle Reformen angesichts der ökologischen Krise. Dabei kann es um Forderungen nach einer Beendigung des Subunternehmertums gehen, um die Ausbreitung des Virus zwischen verschiedenen Einrichtungen zu stoppen. Aber auch um Geschäftsmodelle, die dem Klimawandel konsequenter Rechnung tragen. In diesem Sinne hat etwa Gabriele Winker auf eine Parallele zwischen der ökologischen Krise und der strukturellen Krise der Care-Arbeit hingewiesen. Sowohl die Reproduktion der Natur als auch die Reproduktion des menschlichen Lebens werde durch den allgegenwärtigen Kostendruck unterminiert, weshalb Streiks und Proteste der Care-Arbeiterinnen auch ein wichtiger Anknüpfungspunkt für ökologische Belange sein könnten, da in ihnen Fluchtlinien einer nachhaltigen und solidarischen »Care-Ökonomie« aufscheinen.[47]

Angesichts der ökologischen Krise setzen viele Beobachterinnen große Hoffnungen in die Reproduktionsarbeit. Die Überlegungen in diesem Kapitel haben allerdings gezeigt, dass dieser Sektor nicht unabhängig von der Produktionssphäre und ihren strukturellen Konflikten verstanden werden kann. Aus dieser Perspektive erscheint es sinnvoll, die hier rekonstruierten Prozesse als Beispiele der Re/produktivkraftentwicklung zu betrachten. Die Reproduktionsarbeit ist dieser Entwicklung insofern immanent, als sie in ihrer professionalisierten Form wesentlich von der Industrialisierung und dann der Deindustrialisierung hervorgebracht wurde. Der Zusammenhang zwischen diesen Bereichen ist aber kein rein negativer im Sinne einer Reparatur der Verheerungen, welche die Verwertung der Körper anrichtet. Stattdessen hat die Care-Arbeit immer auch die Funktion, die Körper verwertbar zu machen. Um diesen Zusammenhang besser zu verstehen, lohnt es sich, im nächsten Schritt die fundamentale Rolle der Wissenschaft für die destruktiven wie die transformativen Potenziale der Re/produktivkräfte näher zu beleuchten.

7. Steuerungskräfte: Wissenschaft als Teil des gesellschaftlichen Stoffwechsels

»Hört auf die Wissenschaft!« – das ist der zentrale Schlachtruf der Klimaschützerinnen gegen die Verweigerungshaltung der Regierungen. In der Coronapandemie lautete so aber auch der Schlachtruf der Regierungen, als sich Querdenker und andere »autoritäre Libertäre« Infektionsschutzmaßnahmen verweigerten.[1] Was in beiden Fällen zum Ausdruck kommt, ist eine Anrufung der modernen Wissenschaft als Ausweg aus den globalen ökologischen Krisen. Auch ein Historiker wie Dipesh Chakrabarty setzt seine Hoffnung in die Erdsystemwissenschaften, die den Menschen helfen sollen, sich als Spezies wahrzunehmen und ihren Stoffwechsel mit der übrigen Natur nachhaltig zu steuern.[2] Damit spitzt er den dominanten wissenschaftsvermittelten Zugriff zu, der gleichermaßen die Klimabewegung wie staatliche Umweltpolitiken kennzeichnet.

Ohne die Erdsystemwissenschaften oder die Epidemiologie wäre ein Verständnis der sinnlich nicht direkt erfahrbaren globalen Krisen unmöglich. Wenn wir krank werden oder unter Hitzestress leiden, spüren wir zwar die Auswirkungen von Pandemien oder Klimawandel am eigenen Körper, die zugrunde liegenden globalen Dynamiken entziehen sich jedoch unserer Wahrnehmung. Vor allem aber machen diese Disziplinen mittels modellbasierter Prognosen die Zukunft sichtbar. In diesem Sinne manifestieren sich ökologische Krisen vor allem als erwartbare Katastrophen. In ebendieser Angewiesenheit auf wissenschaftliche Vermittlung liegt auch ein Grund für die Persistenz der Leugnung der Coronapandemie oder der Erderwärmung. Wer der Wissenschaft nicht traut oder sie nicht versteht, kann auch die Dramatik dieser Phänomene nicht nachvollziehen. Wissenschaftliche Aufklärung ist daher ein zentraler Teil jeder Bearbeitungsstrategie.

Die zweite zentrale Funktion dieser Fächer besteht in der Politikberatung. Auch wenn sich aus ihren Prognosen oft keine direkten Handlungsgebote ableiten lassen, folgen daraus doch zumindest Handlungs*verbote*, da sich etwa die Konsequenzen ungehemmter Kopräsenz für die Verbreitung von Viren oder der Verbrennung fossiler Energieträger für das Klima relativ zuverlässig vorhersagen lassen.

Der Nutzen der Erdsystemwissenschaften besteht also in ihrer Fähigkeit zur Prognostik und zur Verarbeitung global gesammelter Daten. Dazu in die Lage versetzt werden sie durch einen »gewaltigen Apparat« aus Technologie und sozialen Institutionen, auf den Paul Edwards im Titel seiner bahnbrechenden Geschichte der Klimawissenschaft anspielt.[3] Diese »vast machine« ist Teil der *Steuerungskräfte*, welche die Koordination des globalisierten Stoffwechsels mit der Natur ermöglichen.[4]

Im Mittelpunkt dieses Buches standen bislang jene Produktivkräfte, die das menschliche Potenzial zur Bewegung von Energie und Materie erweitern. In diesem Kapitel geht es nun darum, wie diese Bewegungen ihrerseits gesteuert werden. Der Begriff der *Steuerungskräfte* verweist dabei sowohl auf die Ausweitung der Nutzbarmachung als auch auf das Potenzial zu deren Transformation, etwa im Sinne Chakrabartys. Die Erdsystemwissenschaften sind jedoch nicht, wie der Historiker meint, »Sprachrohre des ›Erdsystems‹«, sondern selbst Teil des gesellschaftlichen Stoffwechsels.[5] Das disqualifiziert sie keineswegs als transformative Kräfte, ist aber ein entscheidender Faktor bei der Beurteilung ihrer Rolle im Umgang mit der ökologischen Krise.

In diesem Kapitel werde ich die Entwicklung der Steuerungskräfte in groben Zügen rekonstruieren. Einerseits werde ich zeigen, wie sie die Globalisierung des Stoffwechsels mit der Natur ermöglichten, dessen Grenzen nur mithilfe von Instrumenten wie dem nautischen Almanach oder der digitalen Ressourcenplanung verschoben werden konnten. Andererseits werde ich die grundlegende Ambivalenz dieser Entwicklung analysieren: Die Steuerungskräfte liefern Instrumente zur Bearbeitung der Krise, entspringen aber gleichzeitig dem Apparat, der diese überhaupt erst verursacht hat. Diese Widersprüchlichkeit wird im Folgenden sowohl für die objektive Seite der Steuerungskräfte – die Modelle und Technologien – als auch für deren subjektive Seite – die Wissensarbeiterinnen selbst – ausgeleuchtet.

Die Steuerung der differenziellen Nutzbarmachung

An einem stürmischen 2. November 1707 war ein Flottenverband der Royal Navy unterwegs von Gibraltar nach Portsmouth. Die Schiffe unter dem Kommando von Admiral Cloudesley Shovell hatten ihr Ziel schon fast erreicht, als sie auf die Felsen der Scilly-Inseln vor der Küste Cornwalls aufliefen. Vier Schiffe sanken, und 1450 Seeleute kamen ums Leben, darunter Cloudesley Shovell selbst. Die Katastrophe war ein Extrem-, aber keineswegs ein Einzelfall. Die aggressive Expansion der europäischen Imperien brachte neue Dimensionen der Autonomie der Natur zum Vorschein. Im transatlantischen Kolonialhandel manifestierte sich diese Autonomie vor allem in Gestalt des Ozeans selbst. Unzählige Schiffe gerieten in Stürme und sanken mitsamt ihrem kolonialen Raubgut. Viele weitere zerschellten an Klippen oder liefen unerwartet auf Grund. Als zentrales Hindernis bei der Kontrollierbarkeit maritimer Risiken erwies sich, dass die Seeleute nie genau wussten, wo sie sich gerade befanden. Während die Bestimmung des Breitengrades mit astronomischen Methoden schon lange möglich war, blieb die Ortung entlang des Längengrads ein ungelöstes Problem. 1675 war das königliche Observatorium in Greenwich gegründet worden; Paris und Sankt Petersburg hatten bald ähnliche Einrichtungen geschaffen. Doch die Navigation blieb so ungenau, dass Admiral Shovell die Scilly-Inseln erst bemerkte, als es bereits zu spät war.

1714 lobte das britische Parlament 20000 Pfund für eine alltagstaugliche Lösung des Längenproblems aus, zum heutigen Kurs ein zweistelliger Millionenbetrag. In den folgenden Jahrzehnten wurden mehrere Lösungsvorschläge ausgezeichnet, wobei sich zwei als besonders hilfreich erwiesen: Der Uhrmacher John Harrison entwickelte eine nautische Uhr, die genauer lief als alle bisher verfügbaren und so die Navigation bedeutend erleichterte. Dieser komplexe Apparat kostete freilich 500 Pfund, ungefähr ein Drittel des Preises eines kleineren Schiffs. Der Göttinger Kartograf und Mathematiker Tobias Mayer wiederum ertüftelte eine Methode zur Ermittlung der Monddistanz, die auf menschliche Rechenkünste setzte. Damit war sie billiger, aber auch fehleranfälliger. Mayers Verfahren wurde von Nevil Maskelyne, dem Leiter des Greenwich Observatory, in den sogenannten nautischen Almanach überführt, der zu öffentlichem Eigentum erklärt und jährlich neu herausgegeben wurde. Fortan wurden die Beobachtungen weltweit genutzt, und der Greenwich-Meridian etablierte sich als einer der ersten internationalen Standards, die fortan die koloniale Globalisierung ermöglichen sollten.[6]

Ein weiteres wichtiges Element der imperialen Steuerungskräfte war Carl von Linnés *Systema Naturae*. Das System des schwedischen Naturforschers erlaubte eine einheitliche Klassifikation von Pflanzen und Tieren. Durchgesetzt wurde es vom spanischen Hof, der es Mitte des 18. Jahrhunderts für alle Expeditionen verbindlich machte. Von nun an waren alle natürlichen Dinge vergleichbar, eine wesentliche Voraussetzung, um sie in »nützliche Ressourcen« zu verwandeln.[7]

Als erste dezidiert bürgerliche Vermessungsinitiative kann der Versuch gelten, Volumen-, Gewicht- und Längenmaße zu vereinheitlichen. Das metrische System mit Meter, Gramm und Sekunde wurde von der revolutionären Regierung Frankreichs ersonnen, um tradierte Maßeinheiten wie etwa den Scheffel zu ersetzen. Da diese bislang von den Fürsten zur Erhebung des Zehntes festgelegt worden waren, galten sie nicht nur als unpraktisch, sondern auch als inhärent feudalistisch. Das metrische System wurde ebenfalls zu einer Triebfeder

der Globalisierung: Statt eines lokalen wurde nun ein globaler Bezugspunkt zur Bestimmung des Meters gewählt, der als der zehnmillionste Teil der Entfernung zwischen Pol und Äquator definiert wurde. In dieser Idee kam zugleich die bürgerliche wie die imperiale Dimension des metrischen Systems zum Ausdruck.[8]

In ökologischer Hinsicht manifestierte sich die koloniale Globalisierung vor allem in der monokulturellen Plantagenwirtschaft in den Tropen. In Kapitel 2 haben wir gesehen, dass sich mit dieser tief greifenden Transformation auch die Autonomie der Natur auf neue Weise manifestierte, nämlich im Ausbruch von Gelbfieber- und Malariaepidemien. Während diese Krankheiten aufgrund der niedrigeren Temperaturen Europa praktisch nie erreichten, wurde die Cholera zur ersten Nemesis des Kolonialzeitalters. Nachdem die Britische Ostindien-Kompanie auf dem Subkontinent immer mehr Einfluss gewonnen hatte, kam es dort im frühen 19. Jahrhundert zu Hungersnöten, kriegerischen Auseinandersetzungen und massiver Binnenmigration. Die Lebensbedingungen verschlechterten sich massiv, die seit Jahrhunderten bekannte Cholera breitete sich aus und gelangte über die kolonialen Transportwege nach Ostafrika, in den Nahen und Mittleren Osten und schließlich nach Westeuropa und Russland. Auf eine erste Pandemie in den Jahren 1817 bis 1824 folgten bislang sechs weitere, die Millionen Menschen das Leben kosteten.[9]

Bald zeigte sich, dass der neuen globalisierten Autonomie der Natur mit den Mitteln der nationalstaatlichen Seuchenkontrolle nicht beizukommen war. Die Verbreitung der Pandemien konnte nur durch internationale Institutionen eingedämmt werden. Am 23. Juli 1851 trafen sich Vertreter von zwölf europäischen Staaten zu einer ersten Internationalen Gesundheitskonferenz; auf weitreichende gemeinsame Maßnahmen konnte man sich zunächst aber nicht verständigen. 1892 einigte man sich auf der siebten dieser Konferenzen zumindest auf Kontrollen von Schiffen, die den 1869 eröffneten Suezkanal passierten, der als wichtigster Verbreitungsweg der Cholera nach Europa galt. Mit der Gründung des Völkerbundes im Jahr 1920 wurde dann auch eine angegliederte Gesundheitsorganisation ins Leben gerufen, die Vorläuferin der Weltgesundheitsorganisation (World Health Organization, WHO) der Vereinten Nationen.[10]

Ein wesentliches Ziel dieser internationalen Konferenzen und Organisationen war eine Vereinheitlichung der Diagnosesysteme, da man nur so erkennen konnte, ob sich eine bestimmte Krankheit überregional verbreitete. 1893 stellte der französische Arzt Jacques Bertillon die nach ihm benannte Klassifikation der Todesursachen vor. Mehrere Länder übernahmen das System, das zwischen allgemeinen Krankheiten und solchen unterschied, die sich auf ein bestimmtes Organ oder eine bestimmte Körperstelle beschränken. Im Jahr 1900 wurde die Internationale Klassifikation der Todesursachen (International List of Causes of Death, kurz ICD) auf einer Konferenz überarbeitet, was seither alle zehn Jahre geschieht. Mittlerweile werden nicht nur Todesarten, sondern alle medizinischen Diagnosen klassifiziert (das Kürzel ICD steht nun für International Statistical Classification of Diseases and Related Health Problems). Seit ihrer Gründung ist die WHO für die Aktualisierung des ICD zuständig.

Auf der Grundlage dieser Klassifikationen wurde es möglich, statistische Daten über Krankheiten international zu aggregieren und zu vergleichen. Um die Datenmassen zu bewältigen, reichten menschliche Rechenfertigkeiten allein bald nicht mehr aus. Stattdessen griff man auf die Maschinen zurück, die zur Steuerung der kolonialen Ökonomie entwickelt worden waren, und der nautische Almanach wurde zu einem von vielen Vorläufern des digitalen Computers. Die britische Regierung beauftragte den Mathematiker Charles Babbage, eine technische Version von Maseklynes Almanach zu erstellen, um die Friktionen der imperialen Expansion zu minimieren. Seine Lösung bestand in der berühmten Differenzmaschine, mit der sich polynominale Funktionen berechnen ließen. Die Maschine trat an die Stelle der Menschen, die zuvor die Algorithmen des Almanachs ausgeführt hatten.

Ein weiterer Vorläufer des Computers war die Hollerithmaschine.

Der aus einer deutschen Einwandererfamilie stammende US-Ingenieur Herman Hollerith hatte beobachtet, dass Eisenbahnschaffner Fahrkarten an bestimmten Stellen lochten, um Informationen über die Passagiere (Geschlecht, Alter, Hautfarbe etc.) festzuhalten und so die mehrfache Nutzung eines Tickets durch verschiedene Personen zu verhindern. Dies inspirierte ihn, ein Lochkartensystem zu entwickeln, das die Verteilung individueller Merkmale in ganzen Bevölkerungsgruppen automatisch berechenbar machen sollte. Sein System umfasste eine Tabelliermaschine, einen Kartenlocher, einen Lochkartenleser und einen Lochkartensortierer. Von Anfang an diente es der differenziellen Nutzbarmachung, indem es die Bevölkerung in verschiedene Gruppen einteilte. Ihren Durchbruch erfuhr die Hollerithmaschine, als sie zur Auswertung des US-Zensus von 1890 eingesetzt wurde. Während zuvor 500 Angestellte sieben Jahre lang an solchen Auswertungen gearbeitet hatten, gelang diese nun in gerade einmal zwei Jahren. Der 21 000 Seiten starke Report enthielt neben den Bevölkerungsdaten auch Hunderte von Karten zur Vermessung der physischen, sozialen und wirtschaftlichen Geografie der USA. Somit lässt sich die Hollerithmaschine ebenfalls als Antwort auf die Autonomie der Natur in kolonialen Ökonomien verstehen. Die massive geografische und demografische Expansion der USA Mitte des 19. Jahrhunderts bereitete der staatlichen und unternehmerischen Verwaltung große Probleme. Nachdem die Phase des Siedlerkolonialismus weitgehend abgeschlossen war, stellte die neue Dateninfrastruktur die Grundlage für die ökonomische und politische Steuerbarkeit des Landes dar.[11]

Ihr weit weniger bekannter erster Einsatz war jedoch bereits 1888 erfolgt, als man eine Hollerithmaschine im US-Kriegsministerium installiert hatte. Dort berechnete man mit ihrer Hilfe, welche Anteile der US-Soldaten und Reservisten einsatzfähig waren. In den folgenden Jahrzehnten sollte das Lochkartensystem auch international eine zentrale Rolle bei der militärischen Nutzbarmachung der Körper spielen. So wäre die Personal- und Materiallogistik des Ersten

Weltkriegs ohne solche Maschinen kaum denkbar gewesen. Ebenjene massenhafte Nutzbarmachung der Körper brachte jedoch ihrerseits die Autonomie der Natur auf brutale Weise zum Vorschein. In den Kasernen und Schützengräben wütete bald »die Mutter aller Pandemien«: die Spanische Grippe, die zwischen 1918 und 1920 mindestens 50 Millionen Todesopfer forderte. Man vermutet, dass das Influenzavirus A/H1N1 in US-amerikanischen Militäreinrichtungen von Enten auf Soldaten übertragen wurde. Im Ersten Weltkrieg führte die massenhafte Konzentration von Soldaten in Verbindung mit den globalen Truppenbewegungen dazu, dass das Virus in fast jeden Winkel der Welt vordrang; nur Amerikanisch-Samoa, St. Helena und einige Inseln im Südatlantik blieben verschont.[12] Hier zeigte sich das Paradox der Nutzbarmachung auf neue Weise: Im Deutschen Kaiserreich sorgte die Spanische Grippe dafür, dass die Bevölkerung endgültig kriegsmüde wurde. Selbst wenn sie den Horror der Schützengräben überlebten, mussten Soldaten mit großer Wahrscheinlichkeit damit rechnen, sich in ihren Unterkünften mit dem Virus zu infizieren. Gleichzeitig verschärfte die Grippe die Lage der Zivilbevölkerung, die ohnehin unter wiederkehrenden Hungersnöten litt. Die Menschen glaubten nicht länger daran, dass die Krise der sozialen Reproduktion unter Kriegsbedingungen behoben werden konnte. Nachdem es schon ab 1916 zu vereinzelten Aufständen gekommen war, läutete die Novemberrevolution dann 1918 das Ende des Weltkriegs ein.[13]

Das Ende des Krieges bedeutete jedoch keineswegs das Ende der von ihm mit ausgelösten Pandemie, die sich im Gegenteil weiter ausbreitete. Das zeigten wiederum die automatisierten Auswertungen der Lochkarten-Maschinen, die nunmehr Patienten-Karten auslasen, welche auf den numerischen Codes des ICD aufbauten. Damit konnten erstmals automatisch Muster – also Epidemien – erkannt werden.[14] Die höchsten Todeszahlen fanden sich dabei stets dort, wo die Vernutzung des menschlichen Lebens besonders intensiv war, nämlich unter den indigenen Bevölkerungen in den Kolonien, die ohnehin bereits ihrer Resilienz beraubt worden waren. Indien hatte mit geschätzt 18,5 Millionen Toten die meisten Opfer zu beklagen. In Neuseeland war die Sterblichkeitsquote unter den Maori siebenmal höher als unter britischen Siedlern. Ähnliche Unterschiede zwischen der einheimischen und der europäischstämmigen Bevölkerung zeigten sich auf den Fidschi-Inseln und anderen Eilanden im Pazifik. In Südafrika lag die Sterblichkeitsrate unter Weißen bei 2,6 Prozent und bei Nichtweißen bei fast 6 – unter den schwarzen Arbeitern in den Diamantenminen von Kimberley sogar bei 22 Prozent.[15]

In diesen Zahlen offenbarte sich ein Wiederhall der *differenziellen Nutzbarmachung* von Arbeit und Natur, die stets auch Zerstörung und Gewalt bedeutete. Carolyn Merchant hat die Verstrickung der Wissenschaft in diese Prozesse nachgezeichnet. So konzipierte beispielsweise schon Francis Bacon seine Begründung des Empirismus in expliziter Analogie zur Praxis der Folter, die zum Alltag seines Hauptberufs als Staatsanwalt gehörte. Wie die Verdächtigen in Hexereiprozessen müsse die Natur gefoltert werden, bis sie ihre Geheimnisse preisgebe. Die modernen Naturwissenschaften waren in diesem Sinne von Anfang an ein zentraler Bestandteil der gewaltförmigen Nutzbarmachung.[16] Diese Gewaltförmigkeit war jedoch keineswegs gleichmäßig verteilt: Ein wesentlicher Unterschied zwischen Metropolen und Kolonien bestand darin, dass die Vernutzung in Ersteren durch Institutionen der Reproduktion systematisch eingeschränkt wurde. Gesetzliche Begrenzungen der Arbeitszeit etwa regulierten die Nutzung der menschlichen Arbeitskraft, Vorschriften zur nachhaltigen Forstwirtschaft die des Landes. Die Re/produktivkraftentwicklung war also in einem gewissen Sinne ambivalent. In den Kolonien hingegen wurden dem Regime der Vernutzung keine solchen Institutionen zur Seite gestellt: Sklaverei und andere Formen der Zwangsarbeit vernutzten die Körper, die Plantagenlandwirtschaft vernutzte das Land. Zwar gab es differenzielle Nutzbarmachung auch innerhalb der Metropolen, besonders stark manifestierte sie sich aber auf der globalen Ebene.

Mit dem Fortschritt der Steuerungskräfte beschleunigte sich die differenzielle Nutzbarmachung im 20. Jahrhundert noch einmal enorm. Die oben zitierten Daten zu unterschiedlich hohen Sterblichkeitsraten während der Spanischen Grippe sind in dieser Form nur verfügbar, weil in den Lochkarten-Datenbanken nicht nur standardisierte Diagnosen, sondern auch weitere Eigenschaften der Patientinnen, allen voran ihre »Rasse«, erfasst wurden. Schon in der ersten mithilfe von Hollerithmaschinen durchgeführten Volkszählung waren auf Wunsch der Behörden Angaben zur »Rasse« abgefragt worden, um Menschengruppen auf dieser Grundlage für unterschiedliche Zwecke nutzbar zu machen.[17]

Mit der kolonialen Expansion entstanden zudem für diverse Akteure massive Koordinationsprobleme. Immer mehr Unternehmen waren weltweit aktiv und daher auf fortgeschrittene Kommunikationstechnologien angewiesen. Entsprechend umspannte zu Beginn des 20. Jahrhunderts ein Netz von Telegrafen- und Telefonkabeln den Globus. Dieser Ausbau der Steuerungskräfte war natürlich seinerseits auf eine Intensivierung des Stoffwechsels mit der Natur angewiesen. Für die Herstellung der Telegrafenkabel benötigte man riesige Mengen Kupfer, so dass bald ganze Volkswirtschaften, etwa die chilenische, vom Abbau dieses Metalls abhingen. Außerdem mussten die interkontinentalen Leitungen isoliert werden. Als ideal für diesen Zweck erwies sich aus dem Guttapercha-Baum gewonnenes Latex, da es biegsam war und zugleich hervorragende Isolationseigenschaften aufwies. 1847 entwickelte Werner von Siemens eine Maschine, die es möglich machte, Guttapercha automatisch an den Kabeln anzubringen. Im Anschluss verlegte Siemens in ganz Deutschland unterirdische Leitungen. Diese dienten hauptsächlich militärischen Zwecken – und zwar nicht nur der Kommunikation: 1848 wurde im Kieler Hafen ein Kabel zur Zündung von Unterwasserminen installiert. 1857 verlegte die Guttapercha Company das erste transatlantische Unterseekabel. Bereits dieses Kabel verschlang 250 Tonnen des Materials. Zu Beginn des 20. Jahrhunderts gab es weltweit etwa

200 000 Seemeilen Unterseekabel. Der australische Historiker John Tully schätzt, dass in diesen Kabeln insgesamt etwa 27 000 Tonnen Guttapercha steckten, was fast 88 Millionen Bäumen entsprochen habe. Arbeiterinnen und Arbeiter fällten zu Hungerlöhnen und unter äußerst gefährlichen Bedingungen fast alle Exemplare in den Wäldern von Malaysia und auf der Insel Singapur. 1883 verbot die Kolonialmacht Großbritannien das Fällen der Bäume, um sich exklusiven Zugriff auf den wertvollen Rohstoff zu sichern, doch es war schon zu spät – die Pflanze wurde quasi ausgerottet. In der Folge wurde Guttapercha als Isolationsmaterial weitgehend durch verschiedene Kunststoffe abgelöst.[18]

Mit den Kommunikationsmöglichkeiten wuchsen die zu verarbeitenden Datenmengen, die für Unternehmen und staatliche Behörden zunächst kaum zu bewältigen waren. Auch deshalb entstand die neue Kategorie von Beschäftigten, der wir oben im Zusammenhang mit den Chicagoer Schlachtfabriken bereits begegnet sind: Angestellte, die mit Koordination und Informationsverarbeitung befasst waren. Während die Erwerbsbevölkerung in den USA zwischen 1890 und 1910 um 28 Prozent zunahm, stieg die Anzahl der Manager um 45 und die der Bürokräfte um 127 Prozent. Bis 1920 wuchs die Erwerbsbevölkerung um weitere 13 Prozent, die Gruppe der Büroangestellten um 70. Die Untergruppe der Stenografinnen, Schreibkräfte und Sekretärinnen verzeichnete von 1900 bis 1910 einen Zuwachs um 189 Prozent, bis 1920 um 103 und bis 1930 noch einmal um 40 Prozent. Ähnlich verhielt es sich mit der Zahl der Beschäftigten, die für den Betrieb der Büromaschinen notwendig waren: In den 1900er Jahren ergab sich ein Plus von 178 Prozent, in den 1910er Jahren von 102, in den 1920ern von 30 und bis 1940 noch einmal von 31 Prozent.[19] Hatten Manager und Angestellte im Jahr 1900 8,9 Prozent der zivilen Erwerbsbevölkerung ausgemacht, waren es 1940 bereits 16,9 Prozent, was beinahe einer Verdopplung entsprach.

Die oben angesprochenen Malaria-, Gelbfieber- und Cholera-Pandemien waren nicht die einzigen Gesundheitskrisen, in denen angesichts der kolonialen Expansion die Autonomie der Natur zum Ausdruck kam. Ein besonders dramatisches Beispiel dafür ist die Geschichte der Immunschwächekrankheit Aids. Das SI-Virus, aus dem später HIV hervorging, kursiert unter zentralafrikanischen Schimpansen schon seit 32 000 bis 75 000 Jahren. Im Gebiet der heutigen Staaten Kamerun, Gabun, Guinea und der Demokratischen Republik Kongo hatten Menschen wiederum seit mindestens 2000 Jahren Kontakt mit diesen Tieren. Es ist sehr wahrscheinlich, dass sich bereits damals insbesondere Jäger bei Affen ansteckten und das Virus über Sexualkontakte an andere Menschen weitergaben. Die weiträumige Verbreitung des Virus begann jedoch erst in der Kolonialzeit, da die Mobilität zwischen einzelnen Dörfern oder Regionen zuvor sehr eingeschränkt war. Das änderte sich Ende des 19. Jahrhunderts. Die Kolonisatoren hatten Schusswaffen nach Afrika gebracht, was die Jagd auf Affen erleichterte. Vor allem aber ließen sie Transportwege durch den Dschungel bauen, wodurch es wesentlich häufiger zu Begegnungen zwischen Schimpansen und Menschen kam.[20]

1892 wurde in der belgischen Kolonie Kongo eine Dampfschifflinie zwischen Léopoldville (Kinshasa) und Stanleyville (Kisangani) eingerichtet. Bislang getrennte Bevölkerungsgruppen waren nun miteinander verbunden, und Krankheitserreger, die in isolierten ländlichen Gebieten nur eine geringe Gefahr dargestellt hatten, gelangten in die wachsenden Städte. 1898 wurde die Matadi-Leo-Eisenbahn eröffnet, wodurch die Bevölkerung von Léopoldville weiter anwuchs. In Französisch-Kongo wurde der 511 Kilometer lange Chemin de Fer Congo errichtet, der Brazzaville mit der Hafenstadt Pointe-Noire an der Atlantikküste verband. Dabei setzte man 127 000 Zwangsarbeiter ein, die in den 1920er und 1930er Jahren in Waldgebiete geschickt wurden, in denen Schimpansen lebten, die das SI-Virus trugen. Die koloniale Zwangsnutzbarmachung der lokalen Bevölkerung war also ein wichtiger Faktor bei der weiteren Ausbreitung von Aids. Die belgische Kolonialpolitik beispielsweise zielte darauf ab, möglichst viele Männer zum Arbeitsdienst zu verpflichten. Frauen und Kinder hingegen durften ihre Dörfer nicht verlassen. In der Folge lebten in Léopoldville in den 1920er Jahren viermal mehr Männer als Frauen. Es kam zu einer massiven Ausweitung der Prostitution, wodurch sich das Virus in den urbanen Zentren rasant verbreitete.[21]

Risikogesellschaft in der Fabrik

Wie Ulrich Beck gezeigt hat, brachte die wissenschaftlich-technische Entwicklung in der Moderne sowohl neue ökologische Risiken als auch neue Techniken zur Risikoerkenntnis hervor.[22] So entstand aus Biologie, Chemie und Medizin ein eigenes Forschungsfeld, das sich den Gesundheitsrisiken in einer menschengemachten Umwelt widmete. Ihren öffentlichen Durchbruch erfuhr diese Forschung 1962 mit der Veröffentlichung von Rachel Carsons *Der stumme Frühling*, das, wie bereits angesprochen, als Gründungswerk der modernen, sich wesentlich über Risiken definierenden Umweltbewegung gilt. Die Entstehung des Buches ist dabei insofern aufschlussreich, als sie zeigt, dass das neue Risikobewusstsein nicht schlicht, wie es bei Beck erscheint, aus der Modernisierung und Individualisierung resultierte, sondern dass hier ein überaus enger Zusammenhang mit der industriellen Arbeitswelt und ihren Konflikten besteht. Carsons zentrale Quelle war nämlich das Feld der sogenannten Arbeitshygiene.

Die auf diesem Gebiet tätigen medizinischen Expertinnen und Experten waren die Ersten, die in großem Umfang Umwelt- und Chemikalienmessungen durchführten und Listen mit Grenzwerten toxischer Stoffe erstellten. Damit schufen sie jene wissenschaftlichen Methoden und Konzepte, die heute fast immer die Grundlage umweltpolitischer Diskussionen darstellen. Das wissenschaftlich vermittelte Wissen über Umweltgefahren entstand also wesentlich in Auseinandersetzung mit der industriellen Arbeit. Während in Europa bereits verschiedentlich Kenntnisse über die mit Industriechemikalien verbundenen Gefahren vorlagen, kam dieses Wissen in den USA erst Anfang des 20. Jahrhunderts auf, als neue Gesetze Unternehmen erstmals für Gesundheitsschäden verantwortlich machten, die ihre Beschäftigten bei der Arbeit erlitten. Bis dahin wurde die Regulierung der Gefahren den Mechanismen des Arbeitsmarktes selbst überlassen. Beschäftigte mit Vergiftungserscheinungen wurden meist gekündigt oder anderweitig genötigt, das Unternehmen zu verlassen.[23]

Die frühen US-Arbeitshygieniker waren eng mit den Gewerkschaften verbunden und versuchten, deren Kampf um gesunde Arbeitsplätze wissenschaftlich zu unterstützen. Es dauerte jedoch nicht lange, bis sich diese Verbindung auflöste und die Arbeitshygieniker sich eher auf die Seite der Arbeitgeber schlugen. Das hatte zwei Gründe: Zum einen konnten die Medizinerinnen ihre Untersuchungen nicht ohne Zustimmung des Managements durchführen, so dass unabhängige oder gar kritische Forschung praktisch unmöglich war. Zum anderen führte die Spezialisierung der Arbeit und die zunehmende Dauerhaftigkeit der Beziehungen zwischen Unternehmen und Beschäftigten zu einer Abkehr von der bislang üblichen Hire-and-fire-Politik. Stattdessen hatten die Firmen nun ihrerseits ein ökonomisches Eigeninteresse an der Gesundheit ihres Personals. Zugleich verschmolz aber die Arbeitshygiene mit den tayloristischen »Arbeitswissenschaften«. Entsprechend deren Optimierungsparadigma wurden nun weniger die Bedingungen in den Betrieben als vielmehr die Praktiken der Beschäftigten für Gesundheitsrisiken verantwortlich gemacht. Die Arbeitshygiene war in diesem Sinne nicht nur ein neuer Zweig der Medizin und des öffentlichen Gesundheitswesens, sondern auch eine Managementtechnik. In der Folge waren die Arbeiter gegenüber den Expertinnen bald ähnlich misstrauisch wie gegenüber den oben erwähnten Zeitnehmern, während Eigentümer und Manager sich für entsprechende Ansätze begeisterten, weil sie die Rolle von Krankheiten für ihre Kosten- und Gewinnkalküle erkannt hatten. Die Beschäftigten beeinflussten die neue Wissenschaft nicht nur durch individuelle Entscheidungen für Partizipation oder Widerstand, sondern auch durch ihre zunehmende Selbstorganisation und Militanz. Immer wieder erwirkte die Arbeiterbewegung gesetzliche Verschärfungen der betrieblichen Gesundheitsfürsorge. Im Gegenzug warfen sich viele Arbeitshygieniker für die Unternehmen in die Bresche, indem sie wissenschaftliche Argumente zur Delegitimierung der Kritik lieferten. Auch die Forschungsmethoden verschoben sich – ähnlich wie bei den Zeitstudien – in der ersten Hälfte des 20. Jahrhunderts zusehends weg von beschäftigtenzentrierten Methoden wie Interviews sowie Fabrikbesichtigungen und hin zu Laborexperimenten, die kaum durch organisierte Arbeiter beeinflusst werden konnten.[24]

Damit zeigt die Geschichte der Arbeitshygiene zweierlei: erstens die oft ausgeblendete Rolle der Arbeitswelt für den materiellen Stoffwechsel der Gesellschaft mit der Natur und bei der Entstehung der neuen Risikoforschung; und zweitens die Verstrickung der Umweltwissenschaften in die Konflikte der Arbeitswelt. Die Instrumentalisierung der Arbeitshygiene durch die Unternehmen ist dabei möglicherweise ein Grund, weshalb viele Arbeiterinnen die frühe Umweltbewegung als ein zutiefst bürgerliches Unterfangen begriffen, dem sie eher feindlich gegenüberstanden.[25]

Dabei verläuft die Entwicklung der Steuerungskräfte in Wechselwirkung mit technischen Fortschritten bei der Bewegung von Materie. Mit dem Beginn des fossilen Zeitalters wurde es möglich, viel größere Mengen an Rohstoffen zu transportieren als zuvor. Eisenbahngesellschaften versetzten ganze Berge, Dampfschiffe verfrachteten Menschen und Tiere über die Ozeane, der Bergbau fraß immer tiefere Löcher in die Erde. Wie der amerikanische Historiker James Beniger eindrucksvoll dargestellt hat, waren die frühindustrialisierten Länder von diesem neuen Potenzial schnell überfordert, und es kam zu einer »Kontrollkrise«.[26] Vor dem Hintergrund der vorangegangenen Kapitel können wir jedoch hinzufügen, dass derartige Krisen sich nicht allein aus der Produktion ergeben. Sie entstehen vielmehr dann, wenn die expansive Nutzbarmachung mit der Autonomie von Arbeit und Natur kollidiert. In solchen Situationen reagieren die Unternehmen mit einer Expansion der Steuerungskräfte, die dann wiederum eine Ausweitung der Nutzbarmachung ermöglicht.

Mit Pandemien wie der Spanischen Grippe bekamen diese Kontrollkrisen eine ganz neue Dimension. Hatte sich die Autonomie der Natur bislang vor allem in lokalen und bis zu einem gewissen Grade erwartbaren Ereignissen wie Überschwemmungen oder dem Einsturz eines Bergwerks manifestiert, waren die Zeitgenossen plötzlich mit einer Art Globalisierung der Natur konfrontiert. Auch jenseits von Pandemien nahmen Risiken nun zunehmend unvorhersehbare und translokale Formen an. Daraus ergab sich eine *Kontrollkrise der Komplexität*, die ihrerseits durch neue Steuerungskräfte beherrschbar gemacht werden musste.

Systemdenken und globalisierte Natur

Einen fundamentalen Beitrag zur Bearbeitung der neuen Komplexität leistete der britische Botaniker Arthur Tansley mit seinem Aufsatz »The use and abuse of vegetational concepts and terms« aus dem Jahr 1935.[27] Tansley begriff die Biosphäre in erster Linie als ein System, in dem abgrenzbare funktionale Einheiten interagierten. Die einzelnen Ökosysteme treten untereinander in Kontakt und bilden so ein globales System. Außerdem zeichnen sie sich wesentlich durch ihre *Selbstorganisation* aus. Das heißt, sie reagieren auf äußere Einflüsse so, dass stets wieder ein internes »Gleichgewicht« hergestellt wird. Mit diesem Gedanken hatte Tansley die Grundlage der Ökosystemwissenschaften und des modernen Umweltschutzes formuliert. Sein Ansatz erlaubte es, ökologische Risiken als komplexe Ketten von Ursache und Wirkung zu denken und so kontrollierbarer zu machen, indem man beispielsweise die Folgen bestimmter Maßnahmen für andere Spezies prognostizierte. Gleichzeitig legitimierte der neue Glaube an die notwendige Wiederherstellung eines Gleichgewichtszustandes weitreichende Eingriffe in die Natur.

Das Systemdenken informierte auch die Entwicklung neuer Ansätze im wissenschaftlichen Management. Ein Beispiel wäre hier die aus der Militärlogistik entstandene Disziplin der »Operations Research«, die großen Einfluss auf die Planung von Betriebsabläufen hatte, indem sie Unternehmen quantitative Modelle und Methoden lieferte, auf die sie ihre Entscheidungen stützen konnten. Die Welt wurde dabei wesentlich als komplexes System von Risiken konzipiert, das selbst von den versiertesten Firmenpatriarchen nicht durchschaut werden konnte. Stattdessen verlangte es den Einsatz von »computers«. Dieser Begriff bezeichnete bis Ende der 1930er Jahre vor allem weibliche Rechenspezialistinnen, die mithilfe simpler mechanischer Maschinen komplizierteste arithmetische Operationen durchführten. Die Daten wurden anschließend in Lochkartensystemen aggregiert, welche die Kapazität des menschlichen Geistes, aber auch der Geschäftsbücher überstiegen. Als Shell 1925 den deutschen Mineralöfabrikanten Ossag übernahm, bestand die erste Reform in der Umstellung der Buchhaltung auf Lochkarten. Das Hauptbuch, in dem man die Einnahmen und die Ausgaben des Unternehmens verzeichnete, war zuvor aufgeschlagen mehrere Meter lang gewesen, und der Buchhalter musste auf einer Brücke von einer Seite zur anderen rutschen, um Eintragungen vorzunehmen.[28]

Nach dem Zweiten Weltkrieg verschmolzen *operations research* und Systemökologie in der universellen Steuerungswissenschaft der Kybernetik. Der amerikanische Mathematiker und Philosoph Norbert Wiener definierte diese 1948 als Universalwissenschaft von Kommunikation und Kontrolle.[29] Nach Wiener können alle Arten von Systemen – Organisationen wie Maschinen – per Feedback gesteuert werden. Man erhebt Daten, bereitet sie auf und leitet sie an das System zurück, damit es sich auf dieser Basis selbst reguliert. Auf Wieners Werk stützte sich später sowohl die Informationstechnik als auch die Managementtheorie.[30] Vorangetrieben wurde die Verschmelzung von Technik und Management unter anderen von Jay Forrester, einem Kollegen Wieners am Massachusetts Institute of Technology (MIT). Forrester entwickelte ein Magnetspeichersystem für Computer, den Vorläufer des heutigen Random Access Memory (RAM). Dieser wurde zur Grundlage von Whirlwind, dem ersten elektronischen Digitalcomputer, der in Echtzeit arbeitete und 1951 in Betrieb ging. Wie Jahrhunderte zuvor die Differenzmaschine entstand auch der Whirlwind im Auftrag der Marine. Er wurde bereits im Folgejahr zur Entwicklung des SAGE-Luftabwehrsystems genutzt; fast alle Geschäfts- und Minicomputer der 1960er Jahre basierten indirekt auf dieser Technik.

Etwa zeitgleich wurde Forrester von General-Electric-Managern kontaktiert, die in einem Haushaltsgerätewerk in Kentucky mit starken Schwankungen sowohl der Lagerbestände als auch der Beschäftigtenzahlen zu kämpfen hatten. Forrester ging nicht mit ökonomischen Theorien an das Problem heran, sondern mit den servotechnischen Modellen der Kybernetik. Er modellierte die Fabrik als komplexes System, in dem verschiedene Faktoren über Feedbackkreisläufe zusammenwirkten – die Geburtsstunde eines neuen Ansatzes namens »Industrial Dynamics«. Bald modellierte man auch Konjunkturzyklen als komplexe Systeme, und die dazugehörige Programmiersprache DYNAMO brachte eine Managementtechnik hervor, die sowohl betriebs- als auch volkswirtschaftlich breite Anwendung finden sollte: die Simulation.[31]

Genau wie die Ökosysteme galt nun auch die Ökonomie als ein komplexes System, dessen Komponenten auf unvorhersehbare Weise zusammenwirkten. Früher und intensiver als in anderen Fächern wurde das Verfahren jedoch in der Epidemiologie aufgegriffen. Die Ausbreitung von Krankheiten wurde ab jetzt mithilfe von Computermodellen prognostiziert, wobei vor allem die Netzwerktheorie für die Modellierung von Infektionsverläufen bald zentral war.[32] In diese Zeit fallen aber auch die Anfänge der modernen Klimawissenschaft. Prinzipielle Zusammenhänge, ja selbst der Treibhauseffekt waren bereits seit Ende des 19. Jahrhunderts bekannt. Für ein zuverlässiges Verständnis der komplexen atmosphärischen Dynamiken waren jedoch globale Wetterdaten und Computer zu ihrer Verarbeitung notwendig. Etwa zeitgleich mit anderen internationalen Standardisierungsinstitutionen war 1873 auch die Weltorganisation für Meteorologie gegründet worden. Im Rahmen ihres World Weather Watch Programme rief man ein weltumspannendes Netzwerk von Wetterstationen ins Leben; im Zuge des *space race* zwischen der Sowjetunion und den USA wurden dann auch satellitengenerierte globale Wetterdaten verfügbar. Marshall McLuhan bemerkte in diesem Zusammenhang, der Start von Sputnik 1 markiere die »größte denkbare Revolution im Bereich der Information«:

> Zum ersten Mal wurde die natürliche Welt vollständig von einem vom Menschen geschaffenen Behälter umschlossen. In dem Moment, als die Erde in dieses neue Artefakt eintrat, endete die Natur, und die Ökologie war geboren. »Ökologisches« Denken wurde unvermeidlich, sobald der Planet in den Status eines Kunstwerkes aufstieg.[33]

Die zweite Grundlage des wissenschaftlichen ökologischen Denkens waren die »Supercomputer«, in denen die nun verfügbaren globalen Daten zu zunehmend komplexeren Modellen des Weltklimas aggregiert wurden. Mithilfe der neuen Technik gelang es Wissenschaftlern am Geophysical Fluid Dynamics Laboratory in Princeton, ein erstes Modell zur Untersuchung der globalen Erwärmung zu entwickeln. Zwischen 1956 und 1974 wuchs die Rechenkapazität der in dem Labor installierten Computer um den Faktor 3000. Finanziert wurden diese Supercomputer hauptsächlich vom US-Militär. Ursprünglich hatte man sie zur Konstruktion der Atombombe benötigt, später erhofften sich die Generäle, dass eine Vorhersage des Wetters auch seine Kontrolle ermöglichen und man eines Tages in der Lage sein würde, gezielt eine Dürre in der Sowjetunion herbeizuführen. Die Klimaforscherinnen bestärkten die Militärs teilweise entgegen besserem Wissen in dieser Hoffnung, um die fast unerschöpfliche Kriegskasse des Pentagons anzuzapfen – mit Erfolg.[34]

Insgesamt wird deutlich, dass Destruktion und Reproduktion in der Entwicklung der Steuerungskräfte konvergieren: Dieselben Techniken, die man verwendet, um expandierende Produktionsprozesse zu steuern, kommen zum Einsatz, um vor den desaströsen Auswirkungen ebendieser Expansion zu warnen. Die Entfaltung der zunehmend destruktiven Produktivkräfte wäre ohne die entsprechenden Steuerungskräfte nicht denkbar gewesen. Gleichzeitig waren es ebendiese Steuerungskräfte, die ein Verständnis des Destruktionszusammenhangs und damit Schutz- und Reparaturmaßnahmen ermöglichten. Das wird am Beispiel von Forresters Industrial Dynamics deutlich. Sie wurden nämlich nicht nur zur Grundlage für die neuen simulationsbasierten Managementtechniken, sondern auch für die wohl berühmteste Ökosystemstudie überhaupt: den Club-of-Rome-Bericht *Die Grenzen des Wachstums* aus dem Jahr 1972. Forrester hatte sein Modell in der Zwischenzeit zum Programm der »System Dynamics« weiterentwickelt, um zu einer Universalsimulation der Welt zu gelangen, in der ökologische und ökonomische Faktoren zusammenfließen sollten. Davon ausgehend, konzipierten Donella und Dennis Meadows und deren Mitarbeiter an Forresters Institut für Systemdynamik eine Langzeitsimulation der Erde, um die ökologischen Auswirkungen des exponentiellen Wirtschaftswachstums zu prognostizieren. Leitend war dabei die Überzeugung, dass sich die Welt auf dieselbe Weise modellieren lasse wie ein Industriesystem: als komplexe Interaktion von Subsystemen. Entsprechend unterteilte »World 1« die Welt in fünf große Teilsysteme (natürliche Ressourcen, Bevölkerung, Umweltverschmutzung, Kapital und Landwirtschaft), von denen man annahm, dass sie ein komplexes Feedbacksystem bildeten. Das Ergebnis der Simulationen war stets ein Szenario des

»overshoot and collapse«: Unbegrenztes Wirtschafts- und Bevölkerungswachstum würde innerhalb der kommenden 50 bis 100 Jahre zu einem Zusammenbruch der industriellen Zivilisation führen.[35]

Die Grenzen des Wachstums wurde wissenschaftlich vehement kritisiert. Allerdings unterstrich der Bericht zusammen mit anderen Arbeiten erstmals die globale Dringlichkeit der ökologischen Krise. Und so fand 1972, nur wenige Monate nach der Veröffentlichung, in Stockholm die erste globale Umweltkonferenz der Vereinten Nationen statt, aus der das United Nations Environment Programme (UNEP) hervorging. Darüber hinaus machte der Report das Systemdenken und das Verfahren der Simulation im Umweltdiskurs enorm populär: Die Abholzung eines Waldes war nicht länger allein ein lokales Problem, sondern erhielt ihre Dramatik gerade durch die Verbindung des Waldes mit anderen Systemen, nicht zuletzt der Atmosphäre. Die Autonomie der Natur drückte sich ab jetzt vor allem darin aus, dass sie als überaus komplexes System verstanden wurde, dessen Risiken nur auf der Grundlage globaler Modellierung durchschaut werden konnten. Das bedeutete zugleich, dass Umweltprobleme nun selbst dann katastrophale Dimensionen haben konnten, wenn sie sinnlich gar nicht wahrnehmbar waren. Im Gegenteil wurden eben jene unsichtbaren Prozesse und Tendenzen zur eigentlichen Katastrophe, während konkrete Phänomene wie Waldbrände oder Überflutungen nur noch untergeordnete Symptome darstellten. Die zugrunde liegenden Prozesse waren aber nicht nur unsichtbar, sondern spielten sich zudem in der Zukunft ab. Daher wurden Computer zu einem wesentlichen Element der Umweltpolitik. Kein Mensch war ohne technische Hilfsmittel in der Lage, die ökologischen Konsequenzen der industriellen Produktion vorauszusehen. Zum Zeitpunkt ihres Eintretens würde es jedoch bereits zu spät sein. Angesichts dieser Komplexität bedeutete Umweltwissen nun also notwendigerweise Modellwissen.

Die neuen Konzepte der Komplexität und des Systemdenkens wurden auch in der Managementwissenschaft begierig absorbiert. Vor diesem Hintergrund ging es nicht länger um die Standardisierung und Kompression einzelner Arbeitsschritte, sondern um die »systemische Rationalisierung« ganzer Wertschöpfungsketten.[36] Im Anschluss an Forrester dachte man Unternehmen und ihre Netzwerke als komplexe Systeme, in denen schon kleine Änderungen Auswirkungen an weit entfernten Orten haben konnten. Vor allem sollten die Firmen in die Lage versetzt werden, sich flexibel an dynamische Umweltbedingungen anzupassen. Zu diesem Zweck wollte man wiederum die Selbstorganisationsfähigkeit lebendiger Organismen kopieren. Das wichtigste frühe Beispiel dieses managerialen Systemdenkens war das oben erwähnte Toyota-Produktionssystem. Gemäß dem »Just in time«-Prinzip wurden bald Lagerbestände abgebaut, stattdessen sollten die Komponenten im genau richtigen Moment in der Fabrik ankommen. Was den Erdsystemwissenschaften dynamische Umweltbedingungen waren, das war dem TPS der volatile Markt.[37]

Wie in den vorherigen Expansionswellen spielten auch in diesem Fall technische und organisationale Aspekte der Steuerungskraftentwicklung eng zusammen. Ausgedehnte Systeme wie der internationale Gütertransport oder die weltweite Telefonie sind desto nützlicher, je mehr Gebiete bzw. Menschen sie erreichen. Hier stellten aber etwa unterschiedliche Spurbreiten und die Vielzahl lokaler Uhrzeiten ein großes Hindernis dar, so dass sich ein Bedarf an global einheitlichen Standards ergab. Entsprechende Initiativen existierten bereits im 19. Jahrhundert. Nachdem der Zweite Weltkrieg diese unterbrochen hatte, schritt die internationale Standardisierung ab 1945 umso schneller voran. 1947 wurde die International Organization for Standardization (ISO) gegründet, die Normen für praktisch alle Lebens- und Arbeitsbereiche entwickelt. Insbesondere die ISO-Norm 668 sollte die Welt weitreichend verändern: Die standardisierte Größe von Frachtcontainern revolutionierte den Zug- und Schiffsverkehr. Ähnliche Auswirkungen hatte später die Durchsetzung der TCP/IP-Protokolle, die es Computern verschiedener Bauart ermöglichten, auf standardisierte Weise miteinander zu kommunizieren, womit die Grundlage für die Entstehung des World Wide Web geschaffen war.[38]

Die neuen Möglichkeiten der Datenverarbeitung erlaubten nicht nur eine Globalisierung, sondern ebenso eine Synchronisierung von Produktionsketten. Entsprechend entwickelte sich die Automobilindustrie auch zu einem Vorreiter der betrieblichen Digitalisierung. Detroit etwa gehörte Anfang der 1980er Jahre zu den zehn größten Computerstandorten der USA. Der dort ansässige General Motors-Konzern (GM) ließ als erstes Industrieunternehmen einen Supercomputer installieren. Die globalisierte Autoproduktion war damit bald ähnlich informationsintensiv wie die Klimawissenschaft. GM verfügte 1984 über 250000 Telefone, auf denen monatlich acht Millionen Ferngespräche geführt wurden. Die Kosten für interne Datenverarbeitung, Kommunikation und Büroautomatisierung beliefen sich Schätzungen zufolge auf bis zu sechs Milliarden US-Dollar. Im selben Jahr übernahm GM die Firma Electronic Data Systems, um seine Datenverarbeitungs- und Kommunikationssysteme zu vereinheitlichen und zu rationalisieren. Das firmeneigene Electronic Data Interchange System verband die Zulieferer mit den Konstruktions-, Fertigungs- und Vertriebssystemen von GM. Im Folgejahr kaufte das Unternehmen dann auch noch den Satellitenhersteller Hughes Aircraft, um die transnationalen Produktionsprozesse zu koordinieren. Zum GM-Netzwerk gehörten mittlerweile mehr als zweihundert große Fabriken in drei Dutzend Ländern, 50000 weitere Standorte sowie Händler, Zulieferer und Finanzinstitutionen. Vergleichbare multinationale Konzerne entstanden in allen Branchen der materiellen Produktion. 1997 erwirtschafteten sie acht Billionen Dollar – etwa ein Viertel des globalen Bruttoinlandsprodukts (BIP).[39]

Auf Firmenebene setzten sich zur Steuerung der immer komplexeren Ressourcenströme digitale Enterprise-Resource-Planning-(ERP)-Systeme durch, die gemäß dem Just-in-time-Gebot nicht mehr nur einzelne Werke, sondern bald ganze Lieferketten steuerten. Mit dem Aufstieg des Internets entwickelten sich die ERP-Systeme weiter und integrierten immer mehr Daten, um globale Wertschöpfungsketten zu synchronisieren und zu optimieren. So konnten immer mehr Arbeitsschritte ausgelagert und die Produktion global verteilt werden.[40] Dank dieser Fortschritte im Bereich der Steuerungskräfte überstand die Automobilindustrie die Ölkrise und den langen Abschwung überraschend gut, ja sie wuchs sogar massiv. Die »Deindustrialisierung« bedeutete eben keineswegs ein Verschwinden der Autofabriken, sondern deren Verlagerung in Niedriglohnländer. Das kontinuierliche Wachstum der Branche ist aber eine der zentralen Ursachen des Klimawandels. Im Jahr 2019 waren Straßenfahrzeuge für rund 18 Prozent der weltweiten CO_2-Emissionen verantwortlich. Luftverkehr und Schifffahrt kamen »nur« auf jeweils knapp 3 Prozent. Von den Emissionen des Straßenverkehrs entfallen wiederum knapp zwei Drittel auf private Pkws und Motorräder.[41]

Auch die Ölindustrie bewies mithilfe der neuen Steuerungskräfte nach 1973 eine gewisse Resilienz. Aus Sorge vor neuen Krisen nutzte man DYNAMO und ähnliche Simulationstechniken nun zur Modellierung von Energiemärkten und Reserven. Daraus ergaben sich unter anderem Prognosen, die vor einem »peak oil« warnten, einer Erschöpfung der globalen Reserven und einem anschließenden wirtschaftlichen Zusammenbruch. Also investierte man in neue Fördertechniken, insbesondere in Fracking und den Abbau von Ölsanden, die ein Drittel der verbleibenden Vorkommen ausmachen, wobei diese neuen Formen der Nutzbarmachung bekanntlich dramatische Folgen haben. Ölsande liegen meist unter großen Waldgebieten, und die Abbaumethoden erfordern riesige Mengen an Süßwasser. Die Emissionen aus Fracking-Öl sind etwa um 30 Prozent höher als bei konventionell gefördertem Erdöl. Zudem werden beim Fracking giftige Chemikalien freigesetzt.[42] Eine wesentliche Voraussetzung für die Planung und Durchführung entsprechender Vorhaben ist wiederum die digitale 3D-Modellierung, die auf Modellen der Erdsystemwissenschaften beruht.[43]

Insgesamt zeigt sich also, dass die Erdsystemwissenschaften vor allem zur Entstehung von *Techniken der Resilienz* beitrugen: Das Systemdenken sensibilisierte für unbeabsichtigte Nebenfolgen, die unser Handeln in Bereichen haben kann, in die wir scheinbar gar nicht direkt eingegriffen haben. Mit den Prinzipien der Selbstorganisation stellte dieses Denken zugleich Paradigmen der Anpassung zur Verfügung. Und außerdem war es den Wissenschaftlerinnen gelungen, Militärgerät wie Supercomputer für die Erhaltung der natürlichen Lebensgrundlagen umzuwidmen. Eine Adaption der Ökonomie im Sinne einer Resilienz der menschlichen Gattung blieb jedoch weitgehend aus. Stattdessen wurden die neuen Steuerungskräfte vor allem genutzt, um die *Resilienz der Unternehmen* zu stärken, die nun wie nie zuvor in der Lage waren, die mit der Komplexität ihrer Wertschöpfungsketten wachsenden Risiken zu prognostizieren und zu kontrollieren. Viele Unternehmen nahmen die wissenschaftlichen Warnungen durchaus ernst, aber die Expansion der Produktivkräfte hatte sich verselbstständigt. Jeder Konzern und jeder Staat, der diese Entwicklung drosselte, würde in der internationalen Konkurrenz untergehen. Anstatt die Produktivkraftentwicklung aufzuhalten, waren die wissenschaftlichen Apparate ein Motor ihrer Beschleunigung. Sie wurden Re/produktivkräfte.

Die Resilienz der zweiten Natur

Auch die umweltpolitischen Debatten sollten bald von einem Computermodell beherrscht werden – allerdings nicht von dem, das die Autorinnen des Club-of-Rome-Berichts entwickelt hatten, sondern von dem ihres vehementesten Kritikers: William Nordhaus. Kurz nachdem der Ökonom den Ansatz der Meadows als unempirischen Katastrophismus abgekanzelt hatte, präsentierte er mit DICE Anfang der 1990er Jahre ein eigenes Modell zur Simulation der Erderwärmung (das Akronym steht für »dynamic integrated climate-economy model«). Wissenschaftliche Erkenntnisse über Naturprozesse spielten dabei quasi keine Rolle. Stattdessen modellierte Nordhaus die ökonomischen Konsequenzen des Klimawandels auf Basis des gegenwärtigen Zusammenhangs zwischen Temperaturen und BIP. Dabei ging er davon aus, dass der Klimawandel auf 90 Prozent der Ökonomie keine Auswirkungen haben werde, da die meisten Aktivitäten in Innenräumen stattfänden und damit nicht dem Wetter ausgesetzt seien. Zudem setzte Nordhaus sehr hohe Abschreibungsraten an, was nahelegte, dass Kapital sehr schnell an Wert verliert. Sein Modell ergab daher stets, dass sich Investitionen in Klimaschutz in der Gegenwart nicht lohnten, weshalb sie in die Zukunft verschoben werden sollten. Entsprechend hielt DICE 3,5 Grad globale Erwärmung für »ökonomisch optimal«. Zwar erklärten viele Erdsystemwissenschaftler und auch einige Ökonominnen Nordhaus' Annahmen für absurd, in der Politik stieß sein »Pragmatismus« aber auf offene Ohren. Sein Modell gilt heute als Standard der globalen Umweltpolitik und wurde sogar vom Intergovernmental on Planetary Climate Change (IPCC) lange als Grundlage seiner Empfehlungen genutzt. 2018 wurde Nordhaus mit dem »Wirtschaftsnobelpreis« ausgezeichnet.[44]

Mit Nordhaus' Modell hatte sich auch in der Umweltpolitik die Logik des Marktes durchgesetzt. Der Markt wurde damit zu so etwas wie einer »zweiten Natur«. Der oben bereits verwendete Begriff stammt von dem marxistischen Philosophen Georg Lukács, der davon ausging, dass die Gesetze des Warentauschs zu Quasi-Naturgesetzen werden, deren Logik sogar noch unerbittlicher wirkt als die Gesetze der ersten Natur.[45] Die Logik des Marktes würde demnach mit unerbittlicher Zuverlässigkeit all jene vernichten, die den Rufen nach einer Abkehr von der Wachstumsmaxime nachkämen. Auch die zuverlässigsten Klimaprognosen erschienen im Vergleich dazu als weit weniger gewiss, zumal sie sich auf ferne Zeiten und Räume projizieren lassen. Die Gesetze des Marktes übertrumpften alle anderen Naturgesetze, und zur Beherrschung der ersten wie der zweiten Natur wurden nun dieselben Modelltechniken angewendet. So sollten Ökosysteme, aber auch internationale Märkte modelliert und ihre Resilienz gestärkt werden. Das war insbesondere deshalb notwendig, weil die zunehmende Finanzialisierung der Weltwirtschaft mit einer bislang unbekannten Marktvolatilität einherging.

Im Zuge des langen Abschwungs wurde immer mehr Kapital aus der Produktion in die Finanzmärkte verschoben. Bereits in den 1980er Jahren vervierfachte sich in den USA das Kapital sogenannter institutioneller Anleger. Richtig ins Rollen kam das neue Regime dann in den Neunzigern, als der Gesamtwert aller börsennotierten Anlagen um das 22-Fache anschwoll.[46] Auch diese Entwicklung wäre ohne die hier diskutierten Steuerungskräfte nicht möglich gewesen. Sie beruhte einerseits auf einer Integration der nationalen Finanzsysteme durch Institutionen wie die Bank für Internationalen Zahlungsausgleich (BIZ) oder den IWF und andererseits auf globalen Infrastrukturen der Kommunikation und Datenverarbeitung.

In den 1980er Jahren stiegen die Summen, die US-Banken in Software und digitale Endgeräte investierten, jährlich um 19 Prozent. Bis zur globalen Finanzkrise war die Branche der zweitgrößte Kunde für IT-Produkte und -Dienstleistungen. Die Finanzialisierung war dabei zugleich ein Produkt der neuen Steuerungskräfte als auch ein Treiber für ihre weitere Entwicklung, was sich gut am Beispiel des Hochfrequenzhandels illustrieren lässt. Dabei wickeln von Algorithmen gesteuerte Supercomputer innerhalb von Sekundenbruchteilen mehr oder weniger selbstständig Transaktionen ab. Der Hochfrequenzhandel trieb die Forschung an immer mächtigeren Supercomputern an und brachte eigene Infrastrukturen hervor: 2010 wurde ein neues transatlantisches Unterseekabel verlegt, das Datentransfers um fünf Millisekunden beschleunigte. Für die private Internetnutzung ist diese Zeitersparnis irrelevant, für den algorithmischen Handel verspricht sie hohe Gewinne.[47]

Solche vernetzten Infrastrukturen diffundierten ab den 1990er Jahren immer stärker auch in die Alltagswelt. Die Mikroelektronik ermöglichte die Produktion immer kleinerer Computer, und aus diskreten Arbeitsmaschinen wurde ein Netzwerk, das Smartphones ebenso umfasste wie Kühlschränke und Autos. Das »Internet der Dinge« besteht aber nicht nur aus Computern, sondern auch aus Sensoren, die verschiedenste Lebensbereiche vermessen und überwachen.[48] Zugleich ermöglichten die allgegenwärtigen Sensoren einen weiteren Entwicklungssprung in den Erdsystemwissenschaften, da jetzt eine schier unüberschaubare Menge an Daten zur Verfügung stand, ob nun zur Luftqualität, zum Verkehrsaufkommen oder zu seismischen Aktivitäten. Dass in diesem Bereich im Moment eine Vielzahl wissenschaftlicher Initiativen gestartet wird, deutet darauf hin, dass die sensorische Überwachung von Erdprozessen großes Potenzial birgt, um Umweltveränderungen in Zukunft noch besser zu verstehen.[49]

In der Epidemiologie wurden schon Anfang des 20. Jahrhunderts auch Datenquellen jenseits der medizinischen Diagnostik genutzt, um Erkenntnisse über die Ausbreitung von Krankheiten zu gewinnen. Im Zeitalter der ubiquitären Sensorik bieten sich dazu nun allerdings bislang ungeahnte Möglichkeiten: Aus den Bewegungen von Computermäusen werden Parkinson-Diagnosen abgeleitet; Lebensmittelkrankheiten werden durch das automatische Auslesen von Restaurantbewertungen erkannt; die Verbreitung psychischer Erkrankungen wird durch bestimmte Muster des Onlineverhaltens vermessen, die Ausbreitung von Grippewellen aus Suchmaschinenanfragen abgeleitet etc. Corona war die erste Pandemie, bei der solche Big-Data-Methoden im großen Stil zum Einsatz kamen. Man korrelierte Flugbuchungsdaten mit Informationen über neue Ausbrüche, um transnationale Risiken zu berechnen. Social-Media-Daten, insbesondere von Twitter, wurden zur Vorhersage globaler Ausbreitungsmuster genutzt. Die sich hier abzeichnende Vision einer Echtzeit-Epidemiologie wird auch als »Nowcasting« bezeichnet. Die Ausbreitung von Krankheiten wird nicht länger aus historischen Daten abgeleitet, sondern kann auf der Grundlage großer Datenmengen und mithilfe avancierter Modelle ohne Verzögerung dargestellt werden.[50]

Wie sehr verschiedene Methoden, Disziplinen und Wissensbestände verschmelzen, zeigt sich unter anderem daran, dass das Nowcasting seinen eigentlichen Ursprung in der Meteorologie hat, wo man aktuelle Wetterdaten durch Atmosphärenmodelle laufen ließ, um Echtzeitdarstellungen der Wetter- und Klimalage zu generieren. Die größte Herausforderung liegt dabei darin, Wechselwirkungen zwischen verschiedenen Ökosystemen gerecht zu werden. Sogenannte Erdsystemmodelle (ESM) integrieren ursprünglich separate Modelle für die Atmosphäre und die Ozeanzirkulation, aber auch für andere klimarelevante Systeme wie die Landoberfläche, die Vegetation, die Kryosphäre (Gletscher, Meereis und Schneedecke) oder Hydrologie (Seen, Flüsse, Verdunstung und Niederschlag). Solche Unterfangen erfordern freilich die Kollaboration einer Vielzahl von Wissenschaftlerinnen aus den unterschiedlichsten Disziplinen, die sich wiederum auf gemeinsame Skalen und Heuristiken einigen müssen. Ab Mitte der 1990er Jahre erreichten diese Erdsystemmodelle eine Genauigkeit, die sich mit den verfügbaren empirischen Daten zu den jeweiligen Ökosystemen messen konnte – nur mit dem Unterschied, dass die Ergebnisse der Simulationen ohne Zeitverzögerung zur Verfügung standen.[51]

Während die Erdsystemwissenschaften immer mehr Ökosysteme in immer komplexere Modelle integrierten, verlief die politische Bearbeitung der ökologischen Krise in die entgegengesetzte Richtung. Nachdem die Warnungen des Club of Rome und anderer Wissenschaftlerinnen weitgehend verhallt waren, versuchte man sich auf der Grundlage von DICE und ähnlichen Modellen an einer *Integration* der Gesetze von erster und zweiter Natur. Vor diesem Hintergrund entstand das Konzept der Ökosystemdienstleistungen, bei dem die Natur in ihrer Gesamtheit als Kapital betrachtet wird. Der Beitrag einzelner Ökosysteme zur Wertschöpfung soll offengelegt werden, um diesen Preise zuzuweisen. So wird die Logik ökologischer Katastrophen in die Sprache der Ökonomie übersetzt, weil man hofft, die Wirtschaft auf diesem Weg doch noch zu einer Berücksichtigung natürlicher »Externalitäten« zu bewegen. Der World Wildlife Fund (WWF) etwa begründet die Notwendigkeit von Naturschutzgebieten damit, dass diese jährlich Ökosystemdienstleistungen im Wert von 4,4 bis 5,2 Milliarden US-Dollar generieren würden – die gesamte Biosphäre habe gar einen Wert von »mindestens 16 bis 64 Billionen US-Dollar«.[52]

Die monetäre Bewertung von Ökosystemdienstleistungen ist inzwischen eine eigenständige Disziplin. Dabei erarbeiten Wissenschaftlerinnen in einem ersten Schritt hierarchische Taxonomien, um Ökosysteme untereinander vergleichbar zu machen. Im Unterschied zu wissenschaftlichen Typologien geht es hierbei jedoch in erster Linie um die Bestimmung der Wertigkeit, also beispielsweise um eine Hierarchie verschiedener Typen von Feuchtgebieten je nach ihrer Fähigkeit, CO_2 zu binden. Ihren ökonomischen Hintergrund haben diese Bestrebungen darin, dass ab den 1990er Jahren ein Markt für sogenannte Klimakompensationen entstand: Unternehmen sollten sich über eine Beteiligung an Umweltschutzprojekten Gutschriften für ihre CO_2-Emissionen sichern können. Im Zuge der allgemeinen Finanzialisierung wurden somit auch Ökosysteme wie Feuchtgebiete kommodifiziert, und entsprechende Taxonomien waren die Voraussetzung dafür, dass private Unternehmen sich diesem Geschäft widmen konnte. 1991 wurde denn auch in den USA eine erste »Feuchtgebietsbank« zugelassen.

Auf internationaler Ebene setzen sich die Weltbank, die Vereinten Nationen und die EU für die Bilanzierung des »Naturkapitals« ein. Auf der UN-Konferenz für Nachhaltige Entwicklung wurde 2012 auf eine Initiative des globalen Finanzsektors hin eine »Naturkapital-Erklärung« (NCD) verabschiedet, die von 40 Vorstandsvorsitzenden von Banken, Versicherungen und anderen Unternehmen aus der Branche unterzeichnet wurde. Das »Naturkapital« der Erde müsse besser geschützt werden. Zwar lieferten die natürlichen Ökosysteme Jahr für Jahr Leistungen im Wert von mehreren Billionen US-Dollar, diese würden aber leider nicht adäquat bewertet, vielmehr würden sie als kostenlose Ressource betrachtet. Als »Motor des globalen Wirtschaftswachstums« könne jedoch gerade der Finanzsektor in Form von Krediten, Versicherungsdienstleistungen sowie weiteren Produkten und Services zur Lösung dieser Probleme beitragen.[53]

Die umfassende Kommodifizierung von Ökosystemen setzt aber eben ihre Zergliederung in diskrete Einheiten voraus. Dafür werden die Systeme in einzelne »service providers« unterteilt, die dann auf den Finanzmärkten gehandelt werden können. Tatsächlich hängt freilich jede Ökosystemdienstleistung von vielen anderen ab. Die Fähigkeit eines Moores zur Bindung von CO_2 beispielsweise bemisst sich unter anderem an der Wasserqualität. Außerdem behindert die Erbringung einer bestimmten Leistung unter Umständen die Bereitstellung einer anderen, etwa wenn ein zur Kohlenstoffbindung eingesetztes Feuchtgebiet nicht länger als saisonaler Lebensraum dienen kann. Gleichzeitig schafft die Finanzialisierung Anreize, um in einem gegebenen Ökosystem immer weitere Funktionen zu »entdecken«.[54] So fand ein Forschungsteam 2019 im Auftrag des Internationalen Währungsfonds heraus, dass große Wale über ihre Lebensdauer 33 Tonnen CO_2 binden. Damit erhöhte sich der Wert eines einzelnen Wals (der sich bis dahin vor allem aus seiner Funktion im Tourismus ergeben hatte) auf bis zu zwei Millionen Dollar. Darin erkannte man ein großes Potenzial für das Geschäft mit CO_2-Kompensationen.[55]

Die mit solchen »Entdeckungen« befassten Wissenschaftler konzipieren also vor allem Finanzmarktprodukte. In diesem Sinne kann von einer *fiktionalen Nutzbarmachung* der Natur gesprochen werden. Der Handel mit Kompensationszertifikaten bezieht sich zwar durchaus auf materielle Objekte, etwa ein real existierendes Feuchtgebiet. Die Spekulation damit bringt jedoch fiktive Waren wie neu entdeckte Ökosystemfunktionen hervor. Die tatsächliche Wertgrundlage der Zertifikate ist demnach nicht weniger fraglich als bei anderen Finanzmarktprodukten.

Das gilt in besonderem Maß für den im Kyoto-Abkommen eingeführten Handel mit Emissionszertifikaten, das »Cap-and-Trade«-System. Auf dem europäischen Markt war die Menge der Zertifikate lange so hoch, dass ihr Preis auf null fiel. Nachdem die Gesamtmenge 2021 politisch reduziert wurde und der Wert stieg, wurde das Geschäft plötzlich für institutionelle Investoren wie Hedgefonds, Versicherungen oder Pensionskassen interessant. Diese Akteure beeinflussen durch ihre Spekulationsaktivitäten den Preis, der entsprechend enorm volatil geworden ist. Zudem existieren verschiedene regionale Handelssysteme, die höchst unterschiedliche CO_2-Preise ausweisen. Laut internationalen Umfragen ist jedoch bislang keiner von ihnen hoch genug, um die Investitionsentscheidungen von Unternehmen zu beeinflussen.[56]

Der ökologische Eigensinn der Wissensarbeit

Die Autorinnen von *Die Grenzen des Wachstums* waren – wie viele Klimawissenschaftlerinnen nach ihnen – entsetzt darüber, dass ihr Bericht die Regierungen und Industriellen der Welt nicht zu einer Kehrtwende bewegte.[57] Auch die Anpassung des Klimaschutzes an die Marktlogik brachte nicht die erwarteten Erfolge. Angesichts dieser Lage macht sich unter Erdsystemforscherinnen zunehmend Verzweiflung breit. Diese äußert sich einerseits in einer Form der zynischen Vernunft – man produziert immer neue Erkenntnisse über bevorstehende Katastrophen, ohne dass es irgendwelche Optionen gäbe, um diese zu verhindern. Andererseits führt die Enttäuschung über die ausbleibende transformative Wirkung ihrer Erkenntnisse viele Wissenschaftlerinnen dazu, die Abgrenzung zur Politik auf eine andere Weise zu überschreiten, nämlich indem sie sich immer stärker dem Aktivismus widmen. Organisationen wie Scientist Rebellion bestehen zwar aus Wissenschaftlern; um ihre Standpunkte vernehmbar zu machen, setzen sie aber nicht länger auf fachliche Expertise, sondern vor allem auf zivilen Ungehorsam.[58] Inhaltlich wird wieder häufiger radikale Kritik am Wachstumsparadigma laut, nachdem dieses Genre aufgrund des Scheiterns des Club of Rome lange als tot gegolten hatte. Die Anzahl der wissenschaftlichen Publikationen zum Thema »Degrowth« stieg denn auch zwischen 2012 und 2022 um den Faktor 10. Und seit seinem sechsten Sachstandbericht diskutiert auch der IPCC Postwachstumspolitiken als mögliche Rettung vor der Klimakatastrophe.[59]

Darüber hinaus legen viele Wissenschaftler und andere Wissensarbeiterinnen, also Personen, die beruflich mit wissenschaftlichem Wissen zu tun haben (etwa Studierende, Lehrerinnen, Journalisten, oder Mitarbeiterinnen von Verbänden), eine spezifische Form des *transformativen ökologischen Eigensinns* an den Tag. Diese Haltung hat viel mit ihrer spezifischen Arbeitslogik zu tun, spielt Umweltwissen in ihrem Alltag doch eine zentrale Rolle. Im Unterschied zu den Bauarbeitern, die im Mittelpunkt des folgenden Kapitels stehen, handelt es sich dabei jedoch um kein verkörpertes, sondern um wissenschaftlich-abstraktes Wissen. Da sich ökologische Risiken der sinnlichen Wahrnehmung entziehen, ist es gerade diese Art von Wissen, aus dem sich ein Bewusstsein für die Bedrohlichkeit der Lage ergibt. Entsprechend ist das Feld der Wissenschaft auf vielfältige Weise mit der Klimabewegung verknüpft. Das beginnt damit, dass Wissensarbeiterinnen in ihr deutlich überrepräsentiert sind.[60] Die Nähe zur Wissenschaft prägt aber auch die symbolische Kommunikation. Prominente Beispiele sind hier die bereits angesprochene Hockeyschläger-Kurve, die Zahl 350 (eine CO_2-Konzentration von 350 ppm gilt als Obergrenze für ein stabiles Klima), von der sich auch der Name einer der weltweit größten Umwelt-NGOs (350.org) ableitet, und schließlich die von blau nach rot angeordneten »Klimastreifen«, die für die zeitliche Entwicklung der Erderwärmung stehen und in die Logos von Scientists for Future und anderen aktivistischen Gruppen integriert wurden. Deutlich wurde diese Nähe zur Wissenschaft auch in Interviews mit Klimaaktivistinnen, die ich mit Kolleginnen an der Universität Basel durchgeführt habe. Die Befragten erklären, die Ziele ihrer Bewegung würden »von der Wissenschaft gesetzt«. Von der Politik verlangen sie, »die Wahrheit zu sagen« und »dass man jetzt mal auf die Wissenschaft hört und das vorantreibt, was es braucht«. Insgesamt charakterisieren sie ihre Bewegung als »Sprachrohr der Wissenschaft in die Gesellschaft«.[61]

Der Umstand, dass Wissensarbeiterinnen in der Bewegung so stark vertreten sind, hat aber auch wichtige Folgen für die inhaltliche Ausrichtung des Klima- und Umweltschutzes. Laut dem US-amerikanischen Geografen Matthew Huber gehören viele Protagonistinnen zur »professionellen Klasse«, die dank akademischer Titel eine relativ gute Position auf dem Arbeitsmarkt hat.[62] In einem marxistischen Klassenschema stehen ihre Angehörigen sozusagen zwischen Kapital und Arbeit: Sie erzielen zwar einen Großteil ihres Einkommens aus Lohnarbeit, befinden sich aber gegenüber einfachen Beschäftigten regelmäßig in einer überlegenen Position der Kontrolle. Das gilt nicht nur für Ingenieure oder Managerinnen in Unternehmen, sondern auch für Lehrer oder Sozialarbeiterinnen, die durch die Vergabe von Noten oder andere Beurteilungen großen Einfluss auf die Lebenschancen von Arbeiterinnen haben.[63] Zudem werden die Angehörigen der professionellen Klasse durch ihre Ausbildung mit dem Rüstzeug ausgestattet, das notwendig ist, um die komplexe Dynamik des Klimawandels zu verstehen.

Auf der anderen Seite fühlen sich diese Menschen aber gerade aufgrund ihrer privilegierten Position auf dem Arbeitsmarkt und der daraus resultierenden Konsummuster häufig als Komplizen dieser zerstörerischen Dynamik. Daraus entsteht, so Huber, eine Art »Kohlenstoff-Scham«,[64] die in Techniken der Selbstkritik zum Ausdruck kommt, etwa in der Messung des eigenen CO_2-Fußabdrucks. Als wirksames Mittel zur Bewältigung der ökologischen Krisen gilt den Angehörigen dieser Gruppe denn auch nachhaltiger Konsum – eine Orientierung, die sich als überaus kompatibel mit den Selbstoptimierungsimperativen erweist, die die entgrenzte und subjektivierte Arbeitswelt dieser Klasse prägen.[65] Aus solchen Haltungen ergibt sich eine klassenspezifische Ethik, die Konsumverzicht und ökologischen Distinktionskonsum kombiniert.[66]

Jenseits der individuellen Ebene begünstigen die Orientierungen der professionellen Klasse technokratische Herangehensweisen wie das Setzen von Anreizen zu nachhaltigem Verhalten. So werden etwa ausgefeilte Win-win-Politiken entwickelt, die gleichzeitig Nachhaltigkeit, Wirtschaftswachstum und soziale Gerechtigkeit fördern sollen. Als technokratisch können solche Ansätze gelten, weil sie den politischen Gehalt, also die inhärente Konflikthaftigkeit, der Umweltpolitik leugnen. Stattdessen setzt man auf einen Konsens, der sich aus einer vernünftigen Würdigung der wissenschaftlichen Fakten wie von selbst ergeben soll. In diesem Sinne verstehen viele der von uns befragten Klimaaktivistinnen die Bewegung denn auch tatsächlich als im Grunde »unpolitisch«.[67] Der Soziologe Philipp Staab ist sogar der Auffassung, dass ein solcher technokratischer Politikstil viele soziale Bewegungen der Gegenwart charakterisiert.[68] Mit dieser Einschätzung dürfte Staab in den meisten Fällen recht haben. Der sozialstrukturelle Grund dafür ist aber vermutlich in der Klassenherkunft der Protagonisten zu suchen. Denn wie verschiedene Studien gezeigt haben, entspricht ein solcher technokratischer Politikstil – gerade in der Kombination mit einer Ethik des nachhaltigen Konsums – im Großen und Ganzen den typischen Orientierungen der professionellen Klasse.[69]

Mit ihrer Win-win-Rhetorik versucht die technokratische Umweltpolitik jedenfalls, über die politischen Lager hinweg einen Konsens herzustellen. Angesichts der großen Bedeutung fossiler Energien für einige der größten Unternehmen der Welt stößt dieser Ansatz aber natürlich relativ schnell an Grenzen. Nachhaltiger Klimaschutz ist, wie der IPPC betont, nur mit einer »erheblichen Verringerung des Gesamtverbrauchs an fossilen Brennstoffen« möglich.[70] Damit kann er keine Win-win-Politik sein, da er zwangsläufig die Geschäftsgrundlage vieler multinationaler Konzerne eliminieren würde. Aus diesem Grund geben fossile Unternehmen Jahr für Jahr Millionensummen für Desinformationskampagnen und Lobbyarbeit gegen wirksame Klimaschutzmaßnahmen aus. Während Desinformation zunächst jahrzehntelang eine glatte Leugnung der menschengemachten Erderwärmungen bedeutete, findet sie nun in subtileren, indirekten Formen und über Ablenkungsmanöver statt. In letztere Kategorie fallen für den renommierten Klimawissenschaftler Michael Mann auch die bereits mehrfach erwähnten Indizes zur Messung des individuellen CO_2-Fußabdrucks, die von dem Ölkonzern BP unter anderem gefördert wurden, um von der Notwendigkeit politischer Regulierungen abzulenken.[71]

Gerade an dieser Stelle erweist sich der Umstand, dass viele Wissensarbeiterinnen so sehr auf die Norm der Wahrheit setzen, aber häufig als kontraproduktiv. Dem »Wahrsprechen« im Angesicht der Macht kann durchaus transformatives Potenzial innewohnen – das haben wir oben am Beispiel der Arbeitshygienikerinnen gesehen. Als alleinige Strategie erweist es sich jedoch häufig als unzureichend. So fühlen sich viele Klimabewegte von den Un- und Halbwahrheiten der Gegenseite dermaßen provoziert, dass sie den Kampf allein auf der Ebene des Überzeugens und der Fakten austragen wollen. Doch gerade indem sie die Aktivistinnen auf diese Ebene zwingen, haben die Desinformations- und Ablenkungskampagnen ihr Ziel oft schon erreicht: Wer Klimaschutz vor allem als Diskurspolitik betrachtet, vernachlässigt nämlich häufig den Aufbau gesellschaftlicher Macht. Verschärft wird das Problem dadurch, dass dieser wissenschaftliche Diskurs nur einem kleinen Teil der Bevölkerung zugänglich ist. Zwar vollzog sich auch in der Bundesrepublik ab den 1970er Jahren eine massive Bildungsexpansion, durch die der Anteil der Wissensarbeiterinnen stark anwuchs; Personen mit Universitätsabschluss machen aber nach wie vor nur etwa 24 Prozent der 25- bis 64-Jährigen aus.[72] Während es ihnen oft ein zentrales Anliegen ist, dass der Rest der Bevölkerung wissenschaftliche Einsichten zum Klimawandel anerkennt, stößt diese Orientierung der Bewegung viele Nichtakademiker ab. Auch der schamgetriebene Verzichtsdiskurs erweist sich in großen Teilen der Gesellschaft als wenig anschlussfähig. Entsprechend verschreiben sich laut Umweltbundesamt auch vor allem Akademikerinnen der Idee der Nachhaltigkeit, und nur 12,7 Prozent der Bevölkerung bekennen sich zu einer Haltung des sozialen und umweltethischen Konsums.[73]

Damit soll nicht geleugnet werden, dass der ökologische Eigensinn der Wissensarbeiter durchaus transformatives Potenzial haben kann. Immerhin manifestiert er sich nicht nur in technokratischen Haltungen und einer Ethik des nachhaltigen Konsums, sondern auch in einer besonders hohen Affinität zu Postwachstumsansätzen.[74] Doch gerade weil die professionelle Klasse im Klima- und Umweltschutz so dominant ist, muss man sich mit den Grenzen ihrer spezifischen Orientierungen befassen. Die sozialökologische Transformation ist darauf angewiesen, auch jenseits der professionellen Klasse Zustimmung zu finden, die in der Gesellschaft nun mal nur eine Minderheit ausmacht. Umso mehr gilt es, zugleich Formen arbeitsbezogener Umweltorientierungen zu berücksichtigen, die sich nicht aus wissenschaftlichem Wissen ergeben. Aus diesem Grund kommen im folgenden Kapitel Bauarbeiter zu Wort.

Nachdem es in den vorherigen Abschnitten vor allem um die Entwicklung der Produktivkräfte ging, stand in diesem Kapitel die Geschichte der Steuerungskräfte im Mittelpunkt. Es zeigte sich, dass diesen Steuerungskräften durchaus transformatives Potenzial innewohnt, das sich gerade aus dem Paradox der Nutzbarmachung ergibt: Nutzbarmachung von menschlicher und nichtmenschlicher Natur bedeutet regelmäßig eine Vernutzung. Damit unterminiert sie ihre eigenen Grundlagen. Stößt sie in Form der Autonomie von Arbeit und Natur an Grenzen, kommt es zu einem Schub der reaktiven Expansion. So muss immer mehr gesellschaftliche Arbeit in die Nutzbarmachung investiert werden. Diese Expansion erschöpft sich jedoch nicht in der weiteren Vernutzung – sonst wäre sie schon lange an ihr Ende gelangt. Vielmehr geht sie stets mit einer Weiterentwicklung der gesellschaftlichen Re/produktivkräfte einher. Organisationen, die internationale Standards und Klassifikationssysteme erarbeiteten, waren Wegbereiter des neokolonialen Raubbaus, aber auch der Klimawissenschaften und der Epidemiologie. Computer entstanden, um den Raubbau besser zu koordinieren, erlaubten aber zugleich das Erkennen seiner desaströsen Folgen – und damit deren Kritik. Auf dem aktuellen Stand der technischen Steuerungsmittel wäre es prinzipiell möglich, die Produktion direkt an menschliche Bedürfnisse zu koppeln und nicht länger an die Logik der Profitabilität. Die Erdsystemwissenschaften wiederum geben uns Instrumente an die Hand, um die ökologischen Auswirkungen von Produktionsentscheidungen zu prognostizieren und auf dieser Grundlage die ökologischen Grenzen des Planeten zu respektieren.[75]

Eine solche Form des bedürfnisorientierten und nachhaltigen Wirtschaftens scheitert in der Gegenwart jedenfalls nicht vorrangig am Entwicklungsstand der Steuerungskräfte. 1972 wurde das Umweltprogramm UNEP ins Leben gerufen. Ab diesem Zeitpunkt war die Dringlichkeit der ökologischen Krise in der internationalen Politik nicht nur präsent, sondern auch institutionalisiert. Trotz hoch entwickelter Steuerungskräfte gelang es jedoch nicht, den Stoffwechsel mit der Natur vom nunmehr bekannten Katastrophenpfad abzubringen – im Gegenteil: Die Zerstörung beschleunigte sich weiter. Bis 2005 verdoppelte sich der globale CO_2-Ausstoß, und seitdem ist er noch einmal um 25 Prozent gestiegen.[76]

Steuerungskräfte verfügen selbst über keine eigene Souveränität, sondern sind im Wesentlichen Werkzeuge zur Koordination des Stoffwechsels mit der Natur. Über die Ausrichtung dieser Koordination wird demgegenüber wesentlich durch *Kapitalinvestitionen* entschieden. Denn wer in bestimmte Produktionsformen investiert, bestimmt damit über die Zukunft des gesellschaftlichen Stoffwechsels, von den Formen der Arbeit über die Technikentwicklung bis zum Konsum, von der Extraktion der Materie über ihre Formung zu spezifischen Artefakten bis hin zur Produktion von Abfällen. Die Dekarbonisierung der Weltwirtschaft etwa bleibt vor allem deshalb aus, weil weiterhin Kapital in den Ausbau fossiler Energien fließt. Die 60 größten Banken der Welt investierten in den sieben Jahren nach der Verabschiedung des Pariser Klimaabkommens im Dezember 2015 fast 5,5 Billionen Dollar in fossile Brennstoffe, davon 673 Milliarden Dollar im Jahr 2022.[77] Diese Investitionen folgen einer Logik der Rendite. Das Geld fließt in der Regel dorthin, wo die Erträge am höchsten sind. Die Renditen von Öl- und Gasprojekten liegen meist zwischen 10 und 20 Prozent, während die von Solar- und Windparks zwischen 5 und 8 Prozent rangieren. Entsprechend kündigte etwa Shell im Juni 2023 an, seine Ölproduktion nicht wie angekündigt zu drosseln, sondern auszubauen.[78] Dasselbe Kalkül leitet auch staatliche Investitionspläne, die nicht unmittelbar profitabel sein müssen, aber dennoch darauf abzielen, weitere private Gelder anzulocken. Dieses Paradox lässt sich allein aus der Logik der Steuerungskräfte nicht erklären. Es wirft vielmehr die Frage nach den Steuerungs*verhältnissen* auf, also den Mustern der Kapitalinvestition und den dahinterliegenden Institutionen der konzentrierten privaten Verfügung über den gesellschaftlichen Reichtum.[79] Im nächsten Kapitel werden wir sehen, dass diese Steuerungsverhältnisse auch jenseits der bekannten Probleme des Wachstumsimperativs bestimmte Eigenlogiken aufweisen,[80] die konkrete Formen der Nutzbarmachung, wie etwa die um sich greifende Betonierung des Planeten, stark befördern.

8. Steuerungsverhältnisse: Finanzialisierung und Beton

Ein schmächtiger Arbeiter hält mit beiden Armen einen sich windenden Schlauch umschlungen. Unter ohrenbetäubendem Dröhnen schießen Sand und Wasser in einen Frachtkahn, der das Material aus dem kambodschanischen Abschnitt des Mekong abtransportiert. Dieses Ringen scheint gefährlicher als dasjenige mit einem menschlichen Gegner. Die Schläuche hätten schon viele Männer über Bord geschleudert oder mit ihren kaum kontrollierbaren Zuckungen Knochen zerschmettert, berichten die Beschäftigten.[1] Geschätzte 100 Millionen Tonnen Sand werden jedes Jahr in Vietnam und Kambodscha aus dem Fluss entnommen – und dennoch ist dies nur ein kleiner Ausschnitt der gewichtigsten Rohstoffbranche der Welt. In Bezug auf das Abbauvolumen ist Sand das global wichtigste Bergbauprodukt; was den damit generierten Umsatz anbelangt, wird es nur von fossilen Brennstoffen übertroffen.[2] Abbildung 3 zeigt die Entwicklung der globalen Rohstoffextraktion. Sie illustriert nicht nur das kontinuierliche Wachstum des Materialdurchsatzes, sondern auch, dass der Abbau nichtmetallischer Mineralien wie Sand, Kies und Kalk überproportional zugenommen hat und mittlerweile etwa die Hälfte des gesamten Rohstoffabbaus ausmacht. Diese Materialien werden zur Herstellung von Beton benötigt, dem grundlegenden Baustoff unserer Zeit.

Beton ist nach Wasser die meistgenutzte Substanz der Welt. Jedes Jahr werden über vier Milliarden Tonnen hergestellt. Zum Vergleich: Die gesamte Plastikproduktion der letzten 60 Jahre beläuft sich auf acht Milliarden Tonnen. Dieses Kapitel wird zeigen, dass der Betonboom eng mit den Eigenlogiken der finanzialisierten Steuerungsverhältnisse zusammenhängt. Dies kommt schon allein darin zum Ausdruck, dass sich die Schwankungen der globalen Finanzmärkte direkt

Abb. 3: Globale Rohstoffextraktion 1970 bis 2019 nach Materialgruppen[3]

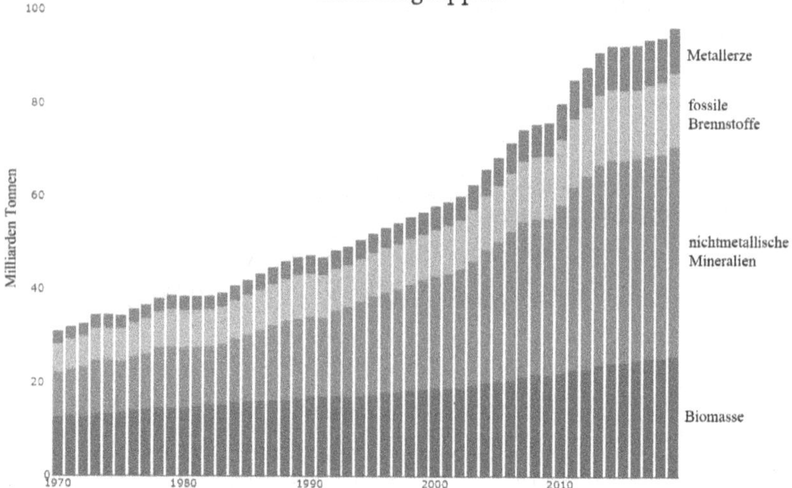

auf den Rohstoffdurchsatz auswirken. So führte etwa die globale Finanzkrise dazu, dass in den USA die Gesamtmenge des Materialverbrauchs von 30 Tonnen pro Jahr und Person 2006 auf 21 Tonnen im Jahr 2015 fiel.[4] Für die Bearbeitung solcher Wirtschaftskrisen wiederum hat sich international eine Art Standardverfahren etabliert: Investitionen in Infrastrukturen. Diese sind zu einer zentralen Triebfeder der zunehmenden Betonierung der Erdoberfläche geworden, die wiederum einen hohen ökologischen Preis hat: Zum einen entstehen bei der Produktion des Baustoffs enorme Mengen an Müll und Schadstoffen: Weltweit werden allein bei der Herstellung von Zement als wesentlichem Bestandteil des Materials jährlich 2,8 Milliarden Tonnen CO_2 emittiert. Wäre die Zementindustrie ein Land, würde ihr Ausstoß nur von China und den USA übertroffen. Insgesamt macht die Betonproduktion ca. acht Prozent der globalen CO_2-Emissionen aus. Zum anderen ist die Bodenversiegelung eine der Hauptursachen für den weltweiten Rückgang der Biodiversität. Außerdem verhindert sie das Abfließen von Wasser nach Überschwemmungen. Die Hurrikans Katrina in New Orleans und Harvey in Houston waren vor allem deshalb derart zerstörerisch, weil der Beton die Städte quasi in riesige Schwimmbäder verwandelt hatte, in denen das Wasser nicht mehr versickern konnte. Bei Sonne hingegen entstehen über betonierten Flächen Hitzeinseln, die jedes Jahr zum Tod vieler Menschen beitragen.[5]

Der Verbreitung des Baustoffs ist also nicht nur eine der Hauptursachen des Klimawandels, sondern auch ein Grund, weshalb wir so schlecht mit seinen Folgen zurechtkommen. Gleichzeitig ist er die zentrale stoffliche Manifestation der finanzialisierten Steuerungsverhältnisse – ein Zusammenhang, dem ich in diesem Kapitel nachgehen werde. Thema ist dabei auch das Verhältnis von Investitionen in Infrastrukturen und in fossile Energie. Der Punkt, an dem sich die stoffliche und die finanzielle Dimension der Steuerungsverhältnisse berühren, ist die Arbeit. Die Arbeiter (es sind fast immer Männer) in den Sandgruben, in den Zementfabriken und auf den Baustellen vollziehen diesen gewichtigsten Teil des Stoffwechsels mit der Natur. Doch ihre Perspektiven bleiben in den Debatten um eine notwendige ökologische Transformation des Sektors fast immer ungehört. Dabei könnten sie wichtige Anstöße geben, wie wir am Ende des Kapitels sehen werden.

Infrastrukturen der Überakkumulation

Beton ist keine Erfindung der Moderne. Bereits das Pantheon in Rom wurde aus diesem Baustoff errichtet. Während der noch früher verbreitete Mörtel Steine miteinander verbindet, ersetzt der Beton die Steine ganz. Dadurch war es den Römern erstmals möglich, Bauwerke zu »gießen«. Nach dem Niedergang des Römischen Reichs geriet das Material jedoch wieder in Vergessenheit. 1824 entwickelte der Franzose Joseph Aspin den »Portlandzement« als Basis und Vorläufer des heutigen Betons. Ab der zweiten Hälfte des 19. Jahrhunderts wurden in ganz Europa kohlebetriebene Zementfabriken eröffnet. Was den Beton heute so allgegenwärtig macht, ist jedoch die Kombination mit dem zweiten zentralen Baustoff der Moderne: Stahl. Der französische Ingenieur François Hennebique ließ sich ein Patent für Stahlbeton eintragen, das ihm für die folgenden Jahrzehnte quasi ein Monopol auf die Errichtung entsprechender Gebäude in ganz Europa einbrachte. Mit dieser Bauweise entstand zum Beispiel auch der Berliner Reichstag. Der entscheidende Vorteil des Stahlbetons bestand darin, dass er das Bauen enorm verbilligte. Anstelle teurer Steine konnten minderwertige Materialien verwendet werden. Vor allem aber war man so weniger von qualifizierten Maurern abhängig, da die Mauern nun schlicht in Formen gegossen wurden.

Heute steht Betonieren quasi synonym für Bauen. Wurde 1950 noch etwa gleich viel Zement wie Stahl hergestellt, ist die Zementproduktion seither um den Faktor 25 geradezu explodiert, dreimal schneller als die von Metall. Eine Ursache dieses Booms war der Wiederaufbau nach dem Zweiten Weltkrieg. Mindestens genauso wichtig war jedoch die Verfügbarkeit billiger Brennstoffe, ist die Herstellung von Zement doch enorm energieintensiv. Er basiert auf Klinker, der aus Ton und Kalk hergestellt wird, die gemahlen und auf 1450 Grad Celsius erhitzt werden müssen. Seit die Energie keine Schranke mehr darstellt, ist das Bauen mit Stahlbeton das preiswerteste Verfahren. Über die allgemeine Kosteneffizienz hinaus hat Beton jedoch eine wesentlich konkretere Bedeutung für die weltweite Industriearbeit, die sich nur durch eine eingehende Betrachtung seines Verhältnisses zur Finanzialisierung erschließt.[6]

Die Wirtschaft stößt in regelmäßigen Abständen an innere Grenzen. Mit der Globalisierung der Märkte hat sich offenkundig auch diese Krisentendenz globalisiert, wie etwa in den internationalen Rezessionen 1848, 1929, 1973 und 2008. Die diesen Krisen gemeinsame Dynamik haben Ökonomen als »Überakkumulation« beschrieben. Dabei handelt es sich um ein strukturelles Paradoxon des kapitalistischen Wachstumsimperativs, das gerade durch die Erfolge der Unternehmen erzeugt wird: Die Erschließung von Märkten, die Steigerung der Produktivität, die Schaffung neuer Bedürfnisse resultiert immer wieder in einer Überproduktion von Waren. Wenn die Unternehmen ihre Lagerbestände abbauen, können die Preise einbrechen. Fallende Preise wiederum senken die Profite und lassen Kreditquellen versiegen. Dann steht ungenutztes Kapital unbeschäftigten Lohnabhängigen gegenüber. Bereits Marx hat diese Tendenz zur Überakkumulation als die strukturelle Ursache der Finanzialisierung beschrieben.[7] Schon allein die Befürchtung, zukünftige Profite nicht realisieren zu können, führt unter Umständen dazu, dass verfügbares Kapital nicht in die Produktion investiert, sondern stattdessen auf die Finanzmärkte verschoben wird, von wo man es im Krisenfall leichter abziehen kann. Gewinne werden dann durch Wetten auf zukünftige Verwertungszyklen des Kapitals erzielt.

In einer Krise wiederum ist die Verfügbarkeit von Krediten der wichtigste Rettungsanker. Diese können direkt an Unternehmen gehen, damit sie in der Lage sind, ihre Profitabilität zu sanieren. Vor allem aber nehmen Staaten selbst Kredite auf, um mit öffentlichen Investitionen die Wirtschaft anzukurbeln. Insbesondere der Ökonom John Maynard Keynes wies dem Staat in der Bearbeitung solcher Krisen eine zentrale Rolle zu: Seine Theorie der produktiven Staatsausgaben besagt, dass die öffentliche Hand durch Infrastrukturinvestitionen das Privatkapital reanimieren könne, was wiederum zu einem höheren Steueraufkommen führe. Auf diese Weise würden sich die Investitionen nicht nur selbst tragen, sondern zusätzliche Einnahmen generieren, die ihrerseits in neue Straßen, Kraftwerke und Eisenbahnstrecken investiert werden könnten. Urbanisierung und der Bau von Infrastrukturen stellen damit zwei der wichtigsten Optionen zur Absorption überschüssigen Kapitals dar. Dass Investitionen in solche Projekte – wenn überhaupt – nur sehr spät Rendite abwerfen, bedeutet, dass entweder der Staat selbst sie finanzieren oder aber ein Finanzsystem existieren muss, das stark genug ist, um Kapital mit den gewünschten langfristigen Effekten einzusetzen. Angesichts der Weltwirtschaftskrise schrieb Keynes 1933 einen offenen Brief an US-Präsident Franklin D. Roosevelt. Darin plädierte er für eine Absenkung der Zinsen, um die Haushalte zu mehr Konsum und die Unternehmen zu mehr Beschäftigung anzuregen. Vor allem aber müsse der Staat durch schuldenfinanzierte Infrastrukturinvestitionen den Anstoß zur Überwindung der Krise geben.[8]

Diesen Weg schlug das New-Deal-Programm denn auch tatsächlich ein. Ikonisch steht dafür der Hoover-Damm, mit dem der Colorado River zur Stromgewinnung aufgestaut wird. Seine Errichtung verschlang 3,3 Millionen Kubikmeter Beton, damals ein Weltrekord. Herzstück des New Deal war jedoch die Works Progress Administration (WPA), eine Behörde, die Arbeitsbeschaffungsmaßnahmen organisierte, vor allem im Zusammenhang mit öffentlichen Infrastrukturprojekten. Die WPA brachte jährlich 2,3 Millionen Menschen in Arbeit, die fast eine Million Kilometer Straßen, 75 266 Brücken, Kanäle und zahlreich Flughäfen errichteten. Sie war 1956 Vorbild für den Federal Aid Highway Act, mit dem der Bau des nationalen Autobahnsystems finanziert wurde.[9] Damit kann der New Deal als bis dahin größte Betonieraktion der Weltgeschichte gelten.

Das nationalsozialistische Deutschland kopierte das US-amerikanische Modell. Hier wurde der Reichsarbeitsdienst ins Leben gerufen, der vor allem den Ausbau der Autobahnen bewerkstelligen sollte. Ähnlich wie in den USA geschah dies in unmittelbarer Konkurrenz zur Eisenbahn. Die Reichsautobahngesellschaft war eine Tochter der Reichsbahn. Die Bahn musste also die Infrastruktur für das konkurrierende Verkehrsmittel finanzieren und deren Bau mit ihrem Verwaltungsapparat koordinieren – indirekte Subventionen für die Automobilindustrie.[10] Außerdem wurden auch die Städte dem Autoverkehr angepasst. Die USA und später Europa erlebten eine massive Suburbanisierungswelle. In den entstehenden Vor- und Zwischenstädten sind Einrichtungen des täglichen Bedarfs meist nur mit dem Pkw erreichbar.[11]

Die Suburbanisierung stellte das zweite große Bauprojekt des

New Deal dar. Mit einer Reihe von Maßnahmen förderte man die Errichtung und den Erwerb von Einfamilienhäusern. Privates Wohneigentum wurde nun als zentraler Bestandteil des *American Dream* propagiert. In der Folge stieg die Hauseigentümerquote in der US-Bevölkerung bis 1950 auf 40 und bis 1960 auf 60 Prozent.[12] Die Roosevelt-Regierung verfolgte mit diesen Programmen zwei Ziele: eine Wiederbelebung der Wirtschaft und die Pazifizierung der sich verschärfenden Klassenkonflikte. Wie wir in Kapitel 5 gesehen haben, reagierten die New-Deal-Reformen auch auf eine Welle zunehmend militanter Arbeitskämpfe. Die Förderung des Hausbesitzes zielte ebenfalls explizit auf deren Befriedung ab. Bereits Roosevelts Vorgänger Herbert Hoover hatte vor den »Unruhen« gewarnt, »die sich unweigerlich« ergäben, würde der »Urinstinkt«, Wohneigentum zu besitzen, »unterdrückt«. Daher müsse man für einen hohen Anteil an Hausbesitzern sorgen, da diese an einem sozialen System interessiert seien, »das es dem Einzelnen« erlaube, »die Früchte seiner Arbeit anzusparen«. Der Immobiliengroßunternehmer William Levitt drückte es noch direkter aus: »Kein Mensch, der sein eigenes Haus und Grundstück besitzt, kann ein Kommunist sein … Er hat zu viel zu tun.«[13]

Inmitten der bis dahin größten Wirtschaftskrise der Geschichte mussten diese Bauprojekte zum größten Teil über Kredite finanziert werden. Der Staat verschuldete sich in einem bislang nicht da gewesenen Ausmaß, und verschiedene Innovationen im Finanzwesen erleichterten die private Kreditvergabe. Mit der Gründung der Federal National Mortgage Association (FNMA) wurde 1938 ein sekundärer Hypothekenmarkt geschaffen. Aufgabe der umgangssprachlich als »Fannie Mae« bekannten Bank war es, Darlehen zu versichern und es privaten Instituten und anderen Kreditgebern zu ermöglichen, diese weiterzugeben. So wurde der Wohnungsmarkt mit dringend benötigter Liquidität versorgt. Hinzu kamen steuerliche Anreize zur Aufnahme von Hypotheken und verschiedene Gesetze zur Bauförderung. Finanzialisierung und Immobilienboom sind also eng miteinander verwoben, so dass es nur eine geringfügige Zuspitzung darstellt, die betonierte Umwelt als den materiellen Ausdruck der Finanzialisierung zu bezeichnen.

1968 wurde die FNMA in ein staatlich gefördertes Privatunternehmen umgewandelt, und 1972 stellte man ihr mit der – kurz »Freddie Mac« genannten – Federal Home Mortgage Corporation eine »Konkurrentin« an die Seite. Die beiden Institutionen spielten eine zentrale Rolle bei der Aufblähung der Hypothekendarlehen, die heute etwa 40 Prozent der gesamten Privatschulden in den USA ausmachen. Zudem wurde die Kreditvergabe an Schuldner mit geringer Bonität massiv ausgeweitet, und es entwickelte sich eine Immobilienblase. Das Platzen dieser Blase hält etwa der Wirtschaftsgeograf David Harvey für einen maßgeblichen Auslöser der Weltwirtschaftskrise ab 1973, ganz ähnlich wie dann später bei der Finanzkrise 2008.[14]

Eine noch wichtigere Stellung hat der Bausektor in verschiedenen asiatischen Volkswirtschaften. Das klassische Beispiel ist Japan. Dort hatten die Verwüstungen des Zweiten Weltkriegs eine immense Nachfrage nach Beton ausgelöst. Die erstarkende Bauindustrie wurde zur Grundlage für ein neues Modell des exponentiellen Wirtschaftswachstums: Man errichtete Flughäfen, Brücken und Tunnel für die Shinkansen-Hochgeschwindigkeitszüge, Stadien für die Olympischen Spiele 1964 und stampfte viele weitere Infrastrukturen aus dem Boden. Dank des Baubooms lag das durchschnittliche jährliche Wirtschaftswachstum bis Ende der 1960er Jahre bei knapp, teilweise sogar über zehn Prozent, und die Arbeitslosigkeit wurde fast völlig eliminiert. Zeitweise galt Japan als Motor der Weltwirtschaft. Die regierende Liberaldemokratische Partei war eng mit der Bauindustrie verflochten. Sie richtete die Wirtschaftspolitik des Landes so sehr an der Branche aus, dass das politisch-ökonomische Regime oft als »doken kokka« (»Baustaat«) bezeichnet wurde. Auch in Fernost war der Boom wesentlich kreditgetrieben. Angefacht von den immer weiter steigenden Immobilienpreisen investierten Privatpersonen teilweise mehr Geld, als sie in ihrem gesamten Leben hätten verdienen können. Entsprechend tief war die Rezession, die ab 1990 auf das Platzen der Blase folgte. Nach den Aktienkursen fielen auch die Preise der Gebäude, und es kam zu einer Deflationsspirale. Nun hatten selbst die kreativsten Politikerinnen Mühe, neue Infrastrukturinvestitionen zu rechtfertigen. Doch der *doken kokka* hielt an seiner Strategie fest: Man baute außerordentlich teure Brücken in dünn besiedelten Regionen und mehrspurige Straßen zwischen winzigen ländlichen Gemeinden. Die wenigen verbliebenen natürlichen Flüsse wurden in Kanäle verwandelt, und 40 Prozent der japanischen Küste sind nun mit einer bis zu 13 Meter hohen Mauer vor Flutwellen geschützt. Folglich ist der japanische Betonverbrauch relativ zur Fläche des Staates 30-mal höher als in den USA.[15]

Für den Stoffwechsel mit der Natur haben solche Booms immense Folgen. Zentral ist dabei ein schier unstillbarer Hunger nach Sand. Insgesamt werden jedes Jahr weltweit über 40 Milliarden Tonnen abgebaut, vor allem für die Produktion von Beton. Für ein neues Wohnhaus werden vom Fundament bis zu den Dachziegeln durchschnittlich 400 Tonnen Sand benötigt; für einen Kilometer Autobahn (vom Unterbau bis zum Asphalt) rund 30 000 Tonnen. Angesichts des hohen Bedarfs drängt sich möglicherweise die Frage auf, warum man nicht einfach auf den in beinahe unerschöpflichen Mengen vorhandenen Wüstensand zurückgreift. Im Gegensatz zu Sanden aus Seen und Flüssen sind Wüstensandkörner aber vom Wind so rund geschliffen, dass sie sich kaum untereinander verbinden, was sie für die Produktion von Beton und für die Landverfüllung in der Regel unbrauchbar macht. Deshalb musste die Wüstenstadt Dubai tatsächlich Sand aus Australien importieren, um ihre berühmten künstlichen Inseln aufzuschütten. Andere expandierende Metropolen, vor allem in Asien, ringen auf ähnliche Weise dem Wasser Baugrund ab beziehungsweise stellen diesen neu her.[16]

Die Einwohnerzahl von Schanghai etwa hat sich seit 1980 auf über 24 Millionen vervierfacht. In der Megastadt stehen einige der höchsten Gebäude der Welt, und am Südufer des Jangtsekiangdeltas wurde neues Land gewonnen. Der für diese Baumaßnahmen notwendige Sand wird größtenteils im circa 500 Kilometer westlich gelegenen Poyang-See abgebaut. Pro Jahr sind es über 400 Millionen Tonnen – mehr als in den drei größten Minen der USA zusammen. Auf Schüttgutfrachtern werden sie anschließend nach Schanghai gebracht. Die Entnahme gefährdet ein hochsensibles Ökosystem: Unter anderem ist der Poyang Asiens wichtigstes Winterquartier für Zugvögel wie den vom Aussterben bedrohten Sibirischen Kranich. Die Fischbestände in dem See gingen ebenso dramatisch zurück wie die Anzahl der Schweinswale im Jangtsekiang.[17]

Der weltweit größte Sandimporteur ist Singapur, wo für die Gewinnung von einem Hektar Bauland je nach Wassertiefe bis zu 610000 Tonnen Sand ins Meer gekippt werden. Bereits in den frühen 1980er Jahren hatte der Stadtstaat seine eigenen Vorkommen erschöpft. Zunächst importierte man das Material vor allem aus Indonesien. Dort führte der hemmungslose Raubbau dazu, dass zwei Dutzend Inseln und ganze Strände verschwanden. Brücken stürzten ein, weil ihre Fundamente untergraben wurden. Nachdem sowohl Indonesien als auch Malaysia Exporte nach Singapur verboten, zogen die Unternehmen unter anderem nach Kambodscha weiter, wo quasi über Nacht eine Sandindustrie aus dem Boden gestampft wurde. Das Geschäft lag fest in der Hand einer kleptokratischen Elite mit direktem Zugang zur politischen Führung, so dass die ohnehin laxen Regulierungen umgangen werden konnten. Abgebaut wurde das Material vor allem in den bis dahin weitgehend naturbelassenen Flüssen der Provinz Koh Kong. Da Flusssand kein Salz oder andere Verunreinigungen aufweist, ist er besonders gut als Baumaterial geeignet. Durch das Abgraben von Flusssedimenten werden freilich ebenfalls Ökosysteme destabilisiert. Die Entnahme erhöht die Fließgeschwindigkeit, wodurch Ufer erodieren. Außerdem kommt es zu einem Absinken des Grundwasserspiegels im Schwemmland und zu einer Verschlechterung der Wasserqualität. Wenn Strände und Ufer als Pufferzonen verschwinden, erhöht sich die Anfälligkeit für Überschwemmungen und Sturmschäden. Zudem werden durch den Abbau Vegetation und Laichgründe zerstört, was zu einem Rückgang der Fisch- und Meeresfrüchtebestände führt. All das gefährdet die Lebensgrundlage der lokalen Bevölkerung. So etwa im kambodschanischen Dorf Koh Sralao. Dort konnten die Fischer einst mit einem Fang von 150 Kilogramm pro Tag rechnen, durch den Sandabbau hat sich die Menge auf 10 Kilogramm reduziert. Viele Menschen verschuldeten sich, um ihre Ausrüstung und ihren täglichen Bedarf zu finanzieren; einige waren nun sogar Ernährungsunsicherheit ausgesetzt. 25 Prozent der Bevölkerung verließen das Dorf, um anderswo Arbeit zu finden. Das Geschäft mit dem Sand stellte für sie keine alternative Einnahmequelle dar, da hier vor allem migrantische Arbeitskräfte eingesetzt wurden, die auf Lastkähnen lebten. Diese Arbeiter wiederum schufteten in überlangen Schichten, um die Lieferungen termingerecht abschicken zu können.[18]

Aufgrund des Einsatzes von Aktivistinnen wie den Mitgliedern der Umweltschutzorganisation Mother Nature ist der Sandabbau im kambodschanischen Koh Kong und der Export nach Singapur mittlerweile verboten. Ihren Sand importiert die Metropole, die sich gerne als »nachhaltigste und lebenswerteste Stadt Asiens« verkauft, nun aus anderen Regionen. Über die Insel verstreut finden sich Sandberge, die von bis zu 20 Meter hohen, mit Stacheldraht und Überwachungskameras bewehrten Zäunen blickdicht abgeschirmt sind. Die Überausbeutung von Natur und Arbeit, die hinter dem explosiven Wachstum des Stadtstaates steht, bleibt damit unsichtbar. Kriminalität, Umweltzerstörung und Überausbeutung werden an eine Kette von Subunternehmen ausgelagert, die man im Zweifelsfall für alle Unregelmäßigkeiten verantwortlich macht. Auch im kambodschanischen Abschnitt des Mekong wird weiter im großen Stil Sand abgebaut. Wie zuvor in Singapur wird dieser unter anderem dazu verwendet, in der Gegend der Hauptstadt Phnom Penh neues Bauland zu gewinnen, indem man Seen zuschüttet, so dass ehemalige Fischerdörfer nun in einer Sandwüste stehen.[19]

Zudem wird der Sand auch verwendet, um Küsten mit Beton zu befestigen – nicht nur in Singapur und Phnom Penh, sondern auch in Sydney, Hong Kong oder Japan – ein Trend, der sich angesichts des ansteigenden Meeresspiegels und zunehmender Stürme fortsetzen dürfte. Im Meer hat der Beton jedoch ebenfalls desaströse Folgen für die Biodiversität: Im Vergleich zu natürlichen Küsten bieten künstliche Strukturen weit weniger Lebensraum für heimische Tiere und Pflanzen. Stattdessen begünstigen sie neobiotische Arten und homogenisierte Artengemeinschaften. Da die Bauten eine geringe Oberflächenkomplexität aufweisen und die Gezeitenzone aufgrund steiler Gradienten stark verdichtet wird, steigen der Temperaturstress und das Risiko der Austrocknung. In der Meeresbiologie herrscht Konsens, dass die Ausweitung harter Küstenschutzanlagen eine große Bedrohung für die Artenvielfalt darstellt.[20]

Die zerstörerische Wirkung des Betons ergibt sich also aus seinen materiellen Eigenschaften in Verbindung mit spezifischen sozioökonomischen Strukturen. Zum ökologisch verheerenden Sandabbau in Flüssen kommt der Umstand, dass der großmaßstäbliche Einsatz des Materials überhaupt erst durch die Verfügbarkeit billiger fossiler Brennstoffe ökonomisch attraktiv wurde. Zusätzlich ermöglichten seine materiellen Eigenschaften eine enorme Verbilligung des Bauens, etwa durch eine Dequalifizierung der entsprechenden Arbeit.

Darüber hinaus zeigt sich, dass das Überleben des Kapitalismus von der Finanzierung materieller Infrastrukturen abhängt, deren Wachstum dem kontinuierlich expandierenden Stoffwechsel mit der Natur entspricht. Dass Bauprojekte besonders gut geeignet sind, um überakkumuliertes Kapital zu absorbieren, hat sowohl mit der Tatsache zu tun, dass für ihre Fertigstellung relativ viel Zeit benötigt wird, als auch mit der langen Lebensdauer der Infrastrukturen selbst. Aber gerade weil Bauprojekte so langfristig angelegt sind, erfordern sie eine Kombination aus Finanzkapital und staatlichem Engagement.

Die Investitionen sind auf lange Sicht spekulativ und laufen stets Gefahr, zu einem späteren Zeitpunkt – und möglicherweise in größerem Umfang – genau die Überakkumulationsbedingungen zu wiederholen, zu deren Beseitigung sie zunächst beitragen sollten. Daraus ergibt sich auch die Krisenanfälligkeit physischer Infrastrukturen. Sie erfordern eine permanente Instandhaltung, so dass ein wachsender Teil der Wirtschaftsleistung für ihren Erhalt aufgewendet werden muss. Dass dies oft nicht geschieht, zeigen regelmäßige Ausfälle und Störungen wie etwa das Versagen der Deutschen Bahn oder Blackouts in US-amerikanischen Großstädten.[21]

In diesem Sinne kann man also davon ausgehen, dass die ökonomischen Steuerungsverhältnisse – insbesondere die Dynamik der Konjunkturzyklen – den Stoffwechsel mit der Natur stark vorstrukturieren. Der Bau von Siedlungen, Straßennetzen usw. wurde zur Standardstrategie zur Bearbeitung von Überakkumulationskrisen. Da diese ihrerseits zyklisch wiederkehren, ergießen sich immer neue Wellen von Beton über die Landschaften – mit den entsprechenden Folgen für die betroffenen Ökosysteme. Die ökologische Krise lässt sich somit nicht allein durch die zweckrationale Nutzbarmachung der Natur erklären. Durch die immense Nachfrage nach Beton entsteht eine spezifische Variante des »Risses« im Stoffwechsel mit der Natur: Jedes Jahr wird mehr Sand aus Fließgewässern entnommen, als alle Flüsse der Welt zusammen transportieren. Damit wird die Bauindustrie zum geologischen Faktor, der ganze Ökosysteme nachhaltig verändert. Die neu entstehenden Infrastrukturen haben zwar durchaus einen praktischen Nutzen, ihr Hauptzweck besteht aber in der Absorption von überakkumuliertem Kapital.[22] Solche Investitionen werden freilich nicht nur im nationalen Rahmen getätigt, sondern auch im Ausland. Und gerade das sorgt dafür, dass Kapital kontinuierlich in besonders emissionsintensive Produktionsformen fließt.

China: Auslandsinvestitionen in die Klimakrise

Zur selben Zeit, als es in Japan, den USA und Europa zu einer massiven Krise des Bausektors kam, erlebte die Branche in China einen Höhenflug. Das lag vor allem daran, dass die Regierung sehr weitreichend in die Finanzmärkte intervenierte. Nach einer vergleichsweise milden Rezession, die den Immobilienmarkt in den späten 1990er Jahren erfasst hatte, saßen chinesische Banken auf einer großen Anzahl »unrentabler Vermögenswerte«. Die Zentralregierung setzte daraufhin ihre reichlich vorhandenen Devisenreserven zur Rekapitalisierung der Institute ein. Zudem wurde im Jahr 1998 der Wohnungsbau privatisiert, und in der Folge explodierten die Preise. Gleichzeitig realisierte man im ganzen Land kreditfinanzierte staatliche Infrastrukturprojekte. 1978 hatte China gerade einmal über 890000 Kilometer Nationalstraßen und 1000 Kilometer Schnellstraßen verfügt, bis 2017 war das Netz auf 4,774 Millionen bzw. 136000 Kilometer angewachsen. Das spektakulärste Projekt war jedoch die Drei-Schluchten-Talsperre, die 2012 nach einer Bauzeit von gut 15 Jahren eröffnet wurde. Bei dieser Talsperre handelt es sich um das größte Betonbauwerk der Welt, es besteht aus 27,2 Millionen Kubikmetern des Materials. Auf dem Gebiet des etwa 600 Kilometer langen Stausees wurden rund 1,4 Millionen Menschen umgesiedelt.

Auch zur Bewältigung der Finanzkrise von 2008 setzte die Regierung in Peking auf die bewährte Strategie. Infolge des Crashs brachen wichtige chinesische Exportmärkte zusammen, laut Schätzungen gingen innerhalb weniger Monate etwa 20 Millionen Arbeitsplätze verloren. Dennoch betrug der Nettoarbeitsplatzverlust bis Herbst 2009 nur drei Millionen, was zum größten Teil auf ein massives Infrastrukturinvestitionsprogramm zurückzuführen ist. Die Regierung stellte 600 Milliarden Dollar zur Verfügung und wies die Banken an, in großem Umfang Kredite für alle möglichen Bauprojekte zu vergeben, um auf diese Weise den Arbeitskräfteüberschuss zu absorbieren.[23]

So wurde etwa 2013 die östliche Route des Süd-Nord-Wassertransferprojekts eröffnet, mit dem Wasser aus dem Jangtsekiang in den Norden und insbesondere in die Hauptstadt Peking geleitet wird. Mit bislang rund 80 Milliarden US-Dollar ist der Kanal das teuerste Infrastrukturprojekt der Welt. Allein in der ersten Phase wurden 65 Millionen Kubikmeter Beton verbaut, mehr als doppelt so viel wie für die Drei-Schluchten-Talsperre. Zwischen 1978 und 2017 entstanden in China 151 Verkehrsflughäfen. 2019 ging der Flughafen Peking-Daxing in Betrieb, der aus mehr als 52 000 Tonnen Stahl und 1,6 Millionen Kubikmetern Beton besteht. Insgesamt hat China seit 2003 alle zwei Jahre mehr Beton verbaut als die USA im gesamten 20. Jahrhundert. Um diesen Bedarf zu decken, verfügt das Land über eine riesige Zementindustrie: 2017 produzierten chinesische Fabriken 2,4 Milliarden Tonnen, mehr als der Rest der Welt zusammen.[24]

Neben Kanälen, Straßen und Flughäfen wurden Millionen von Wohnungen und Häusern hochgezogen – oft wohl wissend, dass darin nie jemand leben würde. Obwohl mehrere Millionen Chinesen obdachlos sind oder in Slums wohnen, entstanden Retortensiedlungen, die von Anfang an Geisterstädte blieben. Der Hintergrund ist, dass Chinesen ihr Geld nicht ohne Weiteres im Ausland anlegen dürfen. Stattdessen wird weiter in Immobilien im Land investiert, deren Preise folglich steigen, so dass der ärmere Teil der Bevölkerung, der eigentlich auf Wohnraum angewiesen wäre, sich diesen nicht leisten kann.

Errichtet wurden all diese Gebäude zu einem Großteil von Wanderarbeitern. Aufgrund des rigiden Wohnortregistrierungssystems (*hukou*) sind sie von grundlegenden sozialen Rechten ausgeschlossen und bilden eine Art Unterklasse auf dem chinesischen Arbeitsmarkt. An ihrer schlechten Bezahlung hat auch der Bauboom wenig geändert: Während die Gewinne des Sektors zwischen 1993 und 2017 um den Faktor 119 gestiegen sind, wurden die Löhne im etwa gleichen Zeitraum nur um das Fünffache angehoben. Gleichzeitig gilt die Branche als überaus gefährlich, tödliche Unfälle sind praktisch an der Tagesordnung. Ein wesentlicher Grund für diese Verhältnisse ist das für die Branche typische System des Subunternehmertums. Dabei werden nicht nur die tatsächlichen Arbeiten an mehrere Stufen von Subunternehmen ausgelagert, sondern auch die Kapitalbeschaffung. Das unternehmerische Risiko trägt also nicht der ursprüngliche Auftragnehmer, sondern die Subunternehmen selbst müssen die Kosten für Material und Löhne vorstrecken. Wenn das Pyramidensystem zusammenbricht und der Kapitalfluss von unten nach oben versiegt, bleiben alle Subunternehmen auf ihren Kosten sitzen, und die Beschäftigten erhalten teils keinen Lohn für ihre geleistete Arbeit.[25]

Die Infrastrukturinvestitionen des chinesischen Staates erzielten jedoch den erwünschten Effekt: Sie lockten große Mengen ausländischen Kapitals ins Land, und China wurde zur sprichwörtlichen »Werkstatt der Welt«[26] – mit weitreichenden Konsequenzen für den gesellschaftlichen Stoffwechsel. Betrieben wird diese Werkstatt nämlich vor allem mit Kohle. Während die frühindustrialisierten Länder ihre eigene Energieerzeugung langsam dekarbonisierten, lagerten sie einen großen Teil ihrer Produktion ins Reich der Mitte aus, wo noch immer über 60 Prozent des Stroms mit Kohle erzeugt werden. Chinas Kohleverbrauch erreichte erst 2013 seinen Höhepunkt von 4,2 Gigatonnen im Jahr. Seitdem stagniert er mit kleineren Schwankungen auf diesem Niveau.[27]

Für das Klima war die Verschiebung der industriellen Produktion nach China daher katastrophal. Die Eigenlogik der globalen Steuerungsverhältnisse, insbesondere die Kapitalmobilität, trägt also wesentlich zum Anstieg der weltweiten Emissionen bei: Gut ausgebaute Infrastrukturen sind für internationale Anleger ein wichtiger Faktor. Allerdings ist dieser Zusammenhang nicht linear, würde das Kapital sonst doch stets in Hochlohnländern verweilen. An dieser Stelle kommt mit den Produktionskosten ein weiterer Faktor ins Spiel. Diese wiederum setzen sich vor allem aus den Kosten für Rohstoffe und für Arbeit zusammen – sei es in Form direkter Kosten oder in Form von Steuern und Umwelt- bzw. Arbeitsregularien. Besonders attraktiv sind also Standorte, die sowohl eine ausgebaute Infrastruktur als auch billige Arbeit und Natur bieten.

Man kann davon ausgehen, dass sich diese Kombination selten in Ländern findet, deren Produktionslandschaft sich durch eine niedrige CO_2-Intensität auszeichnet. Dafür wäre schließlich die effizienteste Technik in den Bereichen Produktion, Energieerzeugung und Transport notwendig. Dies wiederum ist nur in Staaten denkbar, deren Steuerkassen aufgrund eines hohen Lohnniveaus gut gefüllt sind. Schwellenländer hingegen greifen bei der Energieerzeugung auf veraltete Technik und billige Brennstoffe wie Kohle zurück. Da sie trotz beschränkter Mittel in Infrastrukturen investieren müssen, um die ökonomische Entwicklung zu fördern, werden sie mit hoher Wahrscheinlichkeit die Kosten über den Umweltschutz stellen. Haben sich erst einmal Fabriken angesiedelt, erhöht sich der Druck zu einem schnellen Ausbau der Energiekapazitäten weiter. Während ausländische Unternehmen teilweise ihre eigene Produktionstechnologie mitbringen, sind sie auf die vor Ort vorhandene Infrastruktur angewiesen. Das bedeutet, dass mobiles produktives Kapital die Neigung hat, in Länder zu wandern, die eine besonders hohe CO_2-Intensität aufweisen.

Diese Neigung erklärt den hohen Beitrag Chinas zu den globalen CO_2-Emissionen. Obwohl die Bevölkerung zwischen 1987 und 2008 um 20 Prozent wuchs, ging der Anteil der Privathaushalte am Energiekonsum stark zurück. Auch Landwirtschaft, Baugewerbe, Handel und andere Dienstleistungsbereiche reduzierten den Anteil der mit Kohle erzeugten Energie drastisch. In der Folge war die dank ausländischer Direktinvestitionen rapide angewachsene Industrie im Jahr 2002 für mehr als 90 Prozent des chinesischen Kohleverbrauchs verantwortlich.[28] Die überall aus dem Boden sprießenden Fabriken steigerten den Bedarf an Strom, Stahl und Zement, was ebenfalls die Nachfrage nach Kohle erhöhte. Entsprechend deregulierte die Regierung den Kohlemarkt, so dass neue Kraftwerke aller Wirkungsgrade eröffnet und bereits geschlossene Anlagen wieder hochgefahren wurden. In wiedereröffneten Bergwerken ereigneten sich in den letzten zehn Jahren immer wieder Unfälle, bei denen jedes Jahr Hunderte Arbeiter ums Leben kommen.[29]

Andreas Malm argumentiert, dass Auslandsinvestitionen auf diese Weise eine Umkehr der sogenannten Umwelt-Kuznets-Kurve bewirken. Der US-amerikanische Wirtschaftswissenschaftler Simon Kuznets formulierte in den 1950er Jahren die Hypothese, dass die soziale Ungleichheit im Zuge der ökonomischen Entwicklung eines Landes zunächst anwächst und dann allmählich sinkt, so dass sich die Form eines umgekehrten U ergibt. Später übertrugen Umweltökonominnen diese Logik auf den Zusammenhang von Wirtschaftswachstum und Umweltverschmutzung: Letztere nehme mit steigendem Pro-Kopf-Einkommen bis zu einem Gipfelpunkt zu, bevor sie aufgrund steigender technischer Effizienz wieder sinke. Verfechterinnen der Möglichkeit eines grünen Wachstums knüpfen ihre Hoffnungen häufig an diese Kurve. Die Gegenhypothese wurde bereits in den 1860er Jahren von dem britischen Ökonomen William Stanley Jevons formuliert. Das »Jevons-Paradox« besagt, dass steigende Effizienz selbst zu einer Ausweitung des Konsums führt – ein Zusammenhang, der sich gut anhand des Umstands illustrieren lässt, dass seit der Verfügbarkeit energieeffizienter LED-Lampen alle möglichen Haushaltsobjekte beleuchtet werden.[30] Wenn Malm von einer Umkehr der ökologischen Kuznets-Kurve spricht, bezieht er sich auf die Möglichkeit, dass Anleger ab dem Scheitelpunkt der Umweltschädlichkeit nicht in effizientere Technologien im eigenen Land investieren, sondern an Standorten, die diesen Zenit noch nicht erreicht haben. Mobiles Kapital wandere also tendenziell in Länder mit hoher CO_2-Intensität ab. Zu den Emissionen aus rückständigen Energieinfrastrukturen kommen dann noch die Abgase der Schiffe, Flugzeuge und Lkws, mit denen die Güter zum Ort des Konsums transportiert werden.[31]

Vieles spricht dafür, dass die chinesische Wirtschaft den Scheitelpunkt ihrer CO_2-Intensität bereits überschritten hat und Auslandsinvestitionen in andere Regionen weiterziehen. Ein wesentlicher Faktor sind dabei auch steigende Lohnkosten. Aufgrund der repressiven chinesischen Arbeitspolitik und des Fehlens unabhängiger Gewerkschaften verharrten die Löhne lange Zeit auf einem niedrigen Niveau. Um das Jahr 2010 kam es dann aber in den Werken ausländischer Unternehmen zu einer Reihe von Arbeitskämpfen. Verzweifelte Foxconn-Arbeiterinnen, die unter anderem iPhones für Apple montierten, stürzten sich aus Protest gegen die elenden Bedingungen von den Dächern der Fabriken. Kurz danach trat in einem Getriebewerk des Automobilherstellers Honda das Personal in den Streik. Aufgrund der starken Integration der Lieferketten im Sinne der Just-in-time-Maxime legten sie damit alle Honda-Fabriken im Land lahm. So konnten sie unter anderem eine Lohnerhöhung um 35 Prozent durchsetzen. Inspiriert durch diesen Erfolg streikten die Beschäftigten auch in der übrigen chinesischen Automobilindustrie sowie in anderen Sektoren. In der Folge erhöhten fast alle chinesischen Provinzen und Stadtverwaltungen den Mindestlohn um durchschnittlich 23 Prozent, so dass die Löhne in der Industrie zwischen 2007 und 2014 um ungefähr das Zweieinhalbfache anstiegen.[32]

Gleichzeitig siedelten ausländische Investoren ihre Fabriken nunmehr verstärkt in Ländern mit weniger fortgeschrittenen Infrastrukturen, aber auch niedrigeren Lohnkosten an. Entsprechend kam es in China bei Rohstoffen wie Zement, Kohle, Stahl, Glas usw. zu immensen Überkapazitäten. 2015 verschärften sich diese Turbulenzen zu einer veritablen Krise. An den chinesischen Aktienmärkten wurden allein im Juli des Jahres 3,2 Billionen US-Dollar vernichtet, was wiederum eine massive Kapitalflucht zur Folge hatte. Die Regierung in Peking reagierte mit Stützkäufen und industriepolitischen Eingriffen. So wurde beispielsweise der Ausbau von Zementfabriken verboten. Im Zuge von Restrukturierungen in der Kohle- und Stahlindustrie verloren 1,8 Millionen Beschäftigte ihre Stelle.[33]

Doch selbst nach diesem Einbruch entfällt bis heute die Hälfte des weltweiten Betonverbrauchs auf China, und der Bausektor ist für ein Drittel des chinesischen Wachstums verantwortlich. Die Branche spielt damit weiterhin eine entscheidende Rolle bei der Belebung des Binnenmarktes und derjenigen Volkswirtschaften, die durch Handel eng mit China verbunden sind. Das sind etwa Australien und Chile mit ihren Rohstoffen und Deutschland mit seinen Automobilexporten. Und auch die chinesischen Infrastrukturinvestitionen sind nicht an ihr Ende gelangt, sondern werden nunmehr vor allem im Ausland getätigt: Im Zuge der – auch als »Neue Seidenstraße« bekannten – Belt and Road Initiative (BRI) sollen Autobahnen und Eisenbahnstrecken von Westchina bis nach Europa gebaut werden; flankierend entstehen mit der Maritime Silk Road Initiative Häfen und Flughäfen im globalen Süden. Die Initiative gilt als mit Abstand größtes Investitionsprogramm seit dem Marshallplan. Sie zielt darauf ab, chinesischen Unternehmen Aufträge im Ausland zu verschaffen, Überkapazitäten in der Schwerindustrie abzubauen und zusätzliche Märkte für die Exportwirtschaft zu erschließen. Sogar Zementfabriken können so wieder gebaut werden: Das Unternehmen China National Building Material kündigte die Eröffnung von 100 Werken in 50 Ländern an.[34]

Während China seine eigenen Energiekapazitäten langsam auf regenerative Verfahren umstellt, fließt ein großer Teil der BRI-Investitionen in den Aufbau fossiler Infrastrukturen im Ausland. Von den 13 Milliarden Dollar, die 2022 in die 30 größten Kohlebergbauunternehmen der Welt investiert wurden, stammten 87 Prozent von Banken mit Sitz in China. Die Finanzierung der 30 größten Kohlekraftwerke wurde sogar zu 97 Prozent von chinesischen Instituten bereitgestellt. Insgesamt machten fossile Brennstoffe 2022 etwa 63 Prozent der Energieinvestitionen der BRI aus.[35] Sie fließen meist in Schwellenländer wie Indonesien oder Pakistan, in die das mobile Kapital weiterzieht, nachdem die Produktion in China teurer geworden ist. Damit trägt China nun nicht mehr nur als Empfängerin, sondern auch als Geberin von Auslandsinvestitionen zur Fortsetzung der umgekehrten ökologischen Kuznets-Kurve bei, die dafür sorgt, dass Kapital sich stets dort konzentriert, wo die CO_2-Intensität besonders hoch ist.

Klimaprekarität

Die Baubranche ist eine der zentralen Verursacherinnen der ökologischen Krise. Insbesondere in den postindustriellen Volkswirtschaften des globalen Nordens gehört sie zu den wichtigsten Quellen der CO_2-Inlandsemissionen. Wir haben oben gesehen, dass ihr diese Rolle vor allem aufgrund der Eigenlogiken der finanziellen Steuerungsverhältnisse zukommt. Dennoch ist es auch in diesem Sektor der Arbeitsprozess, in dem sich der Stoffwechsel mit der Natur konkret vollzieht. Deshalb lohnt es sich, noch einmal genauer in den Blick zu nehmen, wie Steuerungsverhältnisse und Arbeitsprozesse zusammenwirken. Für ein ökologisches Verständnis der Arbeit ist das einerseits deshalb besonders relevant, weil die Branche massiv zur Klimakrise beiträgt. In der Schweiz beispielsweise verursacht der Bausektor 84 Prozent aller Abfälle, 40 Prozent des CO_2-Ausstoßes und 45 Prozent des Energieverbrauches.[36] Andererseits gehört die Bauarbeit zu den am stärksten von den *Auswirkungen* des Klimawandels betroffenen Branchen: Die entsprechenden Tätigkeiten sind körperlich anstrengend und finden fast ausschließlich im Freien statt, weshalb die Beschäftigten Extremwetterereignissen wie Schnee, Regen oder Gewittern und insbesondere Hitze ausgesetzt sind. Während 1995 nur sechs Prozent der durch Hitzestress verlorenen Arbeitsstunden auf das Baugewerbe entfielen, wird dieser Anteil laut einer Prognose bis 2030 auf 19 Prozent ansteigen. In Nordamerika, West-, Nord- und Südeuropa sowie in den arabischen Staaten könnte sogar die absolute Mehrheit des Produktivitätsverlustes auf den Sektor entfallen.[37] Doch was bedeuten diese Entwicklungen für die

Bauarbeiter selbst? Wie positionieren sie sich zu den Risiken, die ihre Tätigkeit für sie und für die Umwelt produziert? Um dem nachzugehen, habe ich gemeinsam mit Nicole Gisler Schweizer Bauarbeiter zum Klimawandel befragt.[38]

Der Schweizer Fall ist in diesem Zusammenhang aus zwei Gründen interessant. Erstens zeigt er, dass selbst Beschäftigte in reichen Ländern mit gemäßigtem Klima die Auswirkungen der Erderwärmung bereits heute zu spüren bekommen. Zweitens spielt die Baubranche in der eidgenössischen Wirtschaft eine hervorgehobene Rolle. In der Schweiz wurden die Auswirkungen der Ölkrise ebenfalls insbesondere durch Investitionen in Infrastrukturen und den Immobiliensektor überwunden. Die Schweizerische Nationalbank verfolgte eine lockere Geldpolitik, Bauvorhaben wurden mit fortwährenden Impulsprogrammen des Bundes gefördert. Als Turbulenzen an den Aktienmärkten in den 1970er und 1980er Jahren die Anleger verunsicherten, stellten Immobilien eine scheinbar sichere Alternative dar. Die Banken unterstützten Investoren mit günstigen Krediten und lockerten die Kreditvergabepolitik. Verstöße gegen Bonitätsstandards waren an der Tagesordnung. Von nun an floss viel Kapital in Bauland, Projektentwicklungen sowie Geschäftsliegenschaften in den wirtschaftlichen Zentren. In der Folge verdoppelten sich bis etwa 1990 die Preise von Gewerbeimmobilien. Investoren entdeckten daraufhin auch eher periphere Lagen für sich, wo sich aufgrund kontinuierlicher Wertsteigerungen ebenfalls zweistellige Renditen erzielen ließen. Die Baukonjunktur brummte also, und die Unternehmen konnten ihre Aufträge nur dank einer stetigen Arbeitskräftezuwanderung bewältigen. In den 1990er Jahren stürzte die Branche dann jedoch in eine Krise, auf die ich unten noch detaillierter eingehen werde. Nichtsdestotrotz hat der Sektor bis heute eine zentrale Bedeutung im Land, immerhin erwirtschaftet er rund zehn Prozent des BIP. In den vergangenen 130 Jahre stellte die Branche stets zwischen fünf und neun Prozent der Schweizer Arbeitsplätze – ungewöhnlich viel für eine hoch entwickelte Ökonomie.[39]

Meinungsforschungsstudien gehen davon aus, dass Beschäftigte mit technischer Arbeitslogik ein eher geringes Umweltbewusstsein aufweisen.[40] Mit Umweltbewusstsein ist dabei meist die Anerkennung wissenschaftlicher Fakten, etwa zum Klimawandel, und eine darauf beruhende Bejahung individueller und politischer ökologischer Maßnahmen gemeint. Vor dem Hintergrund der in diesem Buch angestellten Überlegungen zu Formen des arbeitsbezogenen Umweltwissens kann man annehmen, dass sich solche Kenntnisse und Haltungen hauptsächlich bei Wissensarbeiterinnen finden. Daraus zu schließen, dass Bauarbeiter und Beschäftigte in anderen handwerklichen Berufen Umweltfeinde sind, wäre allerdings voreilig. Vielmehr ist davon auszugehen, dass sie sich in ihrer täglichen Auseinandersetzung mit der natürlichen Umwelt ein wesentlich implizites und verkörpertes Wissen aneignen.

Als wir mit Bauarbeitern über den Klimawandel sprachen, schienen ihre Antworten zunächst die pessimistischen Diagnosen der quantitativen Meinungsforschung zu bestätigen. Zwar erkennen die meisten Befragten die Problematik an, einige sind jedoch auch der Ansicht, »die ganze Klimasache« werde »eindeutig zu hochgespielt«. Andere verneinen sogar, dass die Erderwärmung menschengemacht sei. Dennoch berichten alle Befragten von teils dramatischen körperlichen Erfahrungen mit dem Klimawandel, den sie insbesondere in Form von Hitzestress zu spüren bekommen. Ein Maurer und Kranführer erzählt von Arbeiten an der Deckenschalung eines Hauses:

> Als ich aufstand, da musste ich fast erbrechen, einfach wegen dem Temperaturwechsel zwischen den brennenden Schaltafeln, wo ich mir die Finger verbrannte an den Nägeln, die schon drinnen waren. Und als ich dann aufgestanden bin – also das ist nicht mal der Punkt von es ist unangenehm heiß, sondern die grundsätzlichen Körperfunktionen, die mögen zum Teil einfach nicht mehr.

Ein anderer berichtet von einer Situation, »wo es siedend heiß gewesen ist. Die ganzen Alten, so 55- bis 56-Jährige, die haben sich unter der Deckenschale versteckt. Einfach weil sie sonst Herz-Kreislauf gekriegt hätten.«

Beschäftigte, die schon länger in der Branche tätig sind, berichten einhellig von einer Zunahme derartiger Extremwettersituationen: »Das merkst du. Also in den letzten 20 Jahren hat sich das stark verändert. Also sei es mit der Trockenheit oder dem Regen, sei es mit den Temperaturen. Warm ist es. Extrem.« Auch Kälte und lang andauernder Regen machen den Männern zu schaffen. Durchnässte Kleidung erschwert nicht nur die Erledigung der unmittelbaren Aufgaben, sondern kann über kurz oder lang zu Gesundheitsschäden führen. Viele der Befragten verweisen zudem auf eine erhöhte Verletzungsgefahr, etwa aufgrund schlechter Sichtverhältnisse oder weil Oberflächen oder die Griffe von Maschinen rutschig sind. Ähnliches gilt für große Hitze: Die Schweizerische Versicherungsgesellschaft SUVA hat berechnet, dass sich das Unfallrisiko auf Baustellen an Tagen mit mehr als 30 Grad Celsius um sieben Prozent erhöht.[41] »Du magst nicht mehr, bist unkonzentriert«, erklärt dazu ein Maurer, »und entsprechend machst du auch irgendwie Fehler.«

Solche körperlichen Erfahrungen kontrastieren die Befragten explizit mit medial vermitteltem wissenschaftlichem Wissen über den Klimawandel. Ein Maurer führt dazu aus:

> Also es ist ein Unterschied zwischen, hey fuck, es ist 35 Grad, und wir müssen schalen gehen, zu, ah, wow, die Kanaren gehen unter, das im Fernsehen zu sehen. Das Verständnis, dass wir am Aussterben sind, das hatte ich schon vorher gehabt, aber es zu spüren, das ist eben schon ein wenig anders. [...] Ich spüre es jetzt halt einfach mehr am eigenen Leib, würde ich sagen, das ist der Unterschied.

Die Bauarbeiter entwickeln also durchaus eine spezifische Form des verkörperten Umweltwissens, dieses weicht jedoch stark vom dominanten, wissenschaftlich geprägten Verständnis des Klimawandels ab. Letzteres beruht oft auf abstrakten Modellen und Prognosen, die vor allem das Handwerkszeug der professionellen Klasse sind. Einer der Befragten bezeichnet die Angehörigen dieser Klasse denn auch als »Zahlenmenschen«. Bauarbeiter lernen sie vor allem als Vorgesetzte kennen, die sie grundsätzlich misstrauisch betrachten: »Der kommt dann gerade so vom Studium und sagt: Oh ja, jetzt können wir da noch Geld einsparen.« Ihre Skepsis gegenüber »Zahlenmenschen« projizieren viele Bauarbeiter auch auf die akademisch geprägte Klimabewegung, bestehe diese doch aus Personen, die noch nie gearbeitet hätten, aber trotzdem immer alles besser wüssten.

Bezeichnenderweise ist das ökologische Bewusstsein der Bauarbeiter oft eng mit einer Problematisierung ihrer Arbeitsbedingungen verwoben. So werde etwa der Umgang mit widrigem Wetter durch den großen Termindruck enorm erschwert. Einer der Befragten erklärt dazu:

> Die Hitze ist ein Problem, auf das man sich zu einem gewissen Punkt einstellen kann. Dasselbe ist mit dem Regen. Wenn man immer Platzregen hat, aber man könnte sich 15, 20 Minuten rasch in einen Unterstand stellen, dann ist es nicht so schlimm, an dem Tag zu arbeiten. Aber wenn man solch einen Termindruck hat, dass man die ganze Zeit draußen sein muss, sich die kurzen Auszeiten nicht nehmen kann, […] dann wird es problematisch. Und deshalb finde ich es schwierig, jetzt zu sagen, das ist alles wegen der Hitze, da viele Unfälle nicht passiert wären, hätten wir uns mehr Zeit genommen. Und die Hitze ist dann einfach ein Faktor, der für uns den Zeitdruck schlimmer macht.

Mit seiner Wahrnehmung eines gestiegenen Zeitdrucks ist dieser Maurer nicht allein. In einer Umfrage unter 12 000 Schweizer Bauarbeitern gaben im Jahr 2020 73 Prozent an, Termindruck und Stress hätten zugenommen. 68 Prozent erlebten die Auswirkungen auch in ihrem Privatleben.[42]

Hintergrund des Zeitdrucks ist wiederum die krisenhafte Entwicklung der Kapitalinvestitionen. 1989 machten die Investitionen in den Bausektor 14 Prozent des Schweizer BIP aus, und das Volumen der vergebenen Darlehen wuchs jährlich um fast 14 Prozent. Die Gesamtsumme der von den Großbanken vergebenen Inlandskredite nahm in den 1980er Jahren um 170 Prozent zu. Der Bundesrat erkannte die Gefahr einer Blase und erließ 1990 unter anderem eine fünfjährige Sperrfrist für die Veräußerung von Bauland sowie Obergrenzen für Immobilienkredite. Die Maßnahmen zeigten Wirkung, schossen jedoch über das Ziel hinaus. Die Baukonjunktur wurde abgewürgt, und Darlehen wurden schlagartig teurer. Zwischen 1991 und 1996 wurden Kredite im Umfang von mehr als zehn Prozent der gesamten Schweizer Wirtschaftsleistung abgeschrieben. Der Wert von Renditeliegenschaften, also jenen Immobilien, die nicht vom Besitzer genutzt, sondern vermietet werden, halbierte sich in diesem Zeitraum, und die gesamte Wirtschaft rutschte in die Rezession.[43]

Die Krise hatte dramatische Auswirkungen für den Alltag auf den Baustellen. Die Anzahl der in der Branche Tätigen schrumpfte um nahezu die Hälfte. Es kam zu einer enormen Intensivierung der Arbeit bei gleichzeitiger Prekarisierung der Beschäftigungsformen. Heute ist nur noch ein kleiner Teil der Belegschaften direkt bei einem Hauptunternehmen angestellt. Stattdessen werden immer mehr Leiharbeiter eingesetzt, die nur vorübergehend Teil der Teams sind. Hinzu kommt das Personal kleinerer Subunternehmen, die bestimmte abgrenzbare Aufgaben ausführen und dann zur nächsten Baustelle weitergereicht werden. Solche Zeitarbeiter können innerhalb weniger Tage entlassen werden, und die große Mehrheit ist in den Wintermonaten regelmäßig ohne Beschäftigung. Daher müssen sie im restlichen Jahr möglichst viele Stunden arbeiten, so dass Pausen aufgrund von Hitzestress praktisch keine Option sind.[44] Einmal mehr sehen wir also, dass der Klimawandel seine Folgen nicht als isolierter Naturprozess entfaltet, sondern stets in Interaktion mit spezifischen gesellschaftlichen Strukturen – etwa mit dem schweizerischen Migrationsregime.

Besonders stark sind nämlich migrantische Beschäftigte den entsprechenden Risiken ausgesetzt. Einer unserer Befragten erklärt, er stecke seit zwölf Jahren in der Zeitarbeit fest, da er nicht über einen Schweizer Pass verfüge. Er gelte als »Saisonarbeiter« und müsse seine Bewilligung alle sechs Monate erneuern lassen. »Meine Saison geht dann einfach 365 Tage im Jahr«, stellt er lakonisch fest. Dadurch werde er zu einem »Mensch zweiter Klasse« gemacht, der stets die gefährlichsten Tätigkeiten zu erledigen habe. Beschäftigte wie er sind daher ebenfalls gezwungen, selbst dann möglichst viele Stunden anzusammeln, wenn die Wetterbedingungen dies eigentlich nicht zulassen.

Bis 2002 wurde die Rekrutierung ausländischer Arbeitskräfte über das sogenannte Saisonnierstatut organisiert. Es sah vor, dass ein genau definiertes Kontingent von Arbeitsmigranten eine befristete saisonale Beschäftigungserlaubnis ohne Recht auf Daueraufenthalt erhielt. Die Kontingente wurden nach Bedarf der einzelnen Branchen festgelegt und entsprechend verteilt – auch für das Baugewerbe. Die Saisonarbeiter lebten in Baracken und verfügten nur über eingeschränkte gesetzliche Rechte. Beispielsweise durften sie während ihres Aufenthalts weder ihren Arbeitgeber noch ihren Wohnsitz wechseln. Auf Druck der Gewerkschaften wurde das Saisonierstatut 2002 durch ein Freizügigkeitsabkommen mit der EU ersetzt, das keine festen Kontingente mehr definiert.[45]

Der hohe Bedarf an migrantischen Arbeitskräften hängt auch mit den materiellen Eigenschaften des Baugewerbes zusammen: Während andere industrielle Tätigkeiten mit vergleichbar niedrigen Qualifikationsanforderungen oft in Billiglohnländer ausgelagert werden, ist dies in der Branche nicht möglich. Schließlich müssen Gebäude stets am Ort ihrer späteren Nutzung errichtet werden. Somit erlebt der Sektor, ähnlich wie die Landwirtschaft oder das Reinigungsgewerbe, eine *umgekehrte Globalisierung der Arbeitsteilung*: Die Produktion wird nicht zu den billigen Arbeitskräften gebracht, sondern die billigen Arbeitskräfte zur Produktion.

Ganz ähnlich war dies bereits beim historischen Vorzeigeprojekt des Schweizer Tiefbaus zu beobachten. Beim Bau des Gotthardtunnels in den Jahren 1873 bis 1880 wurden fast ausschließlich italienische Arbeiter eingesetzt. Zwischen Luzern und Chiasso schufteten 5470 Mann, die sich mit Schwarzpulver, Pickeln und Schaufeln durch den Berg gruben. Regelmäßig kam es zu Vergiftungen, Einstürzen, Steinschlägen und anderen Unfällen. Laut der offiziellen Zahlen kamen 177 Menschen ums Leben, wobei dabei zumindest diejenigen fehlen, die sich verletzt hatten, anschließend mit einem Handgeld abgespeist und zum Sterben nach Hause geschickt wurden.[46] Ein Zeitzeuge schrieb: »Wenn die Arbeiter zur Tagfahrt antreten, sagen sie, sie gehen in die Battaglia, in die Schlacht. Es ist wie ein Krieg mit den Elementen und der Materie, in dem es täglich Marode, Verwundete und Tote gibt.«[47] Aus Protest legten die Italiener schließlich die Arbeit nieder. Sie forderten eine Reduzierung der Arbeitszeit von acht auf sechs Stunden pro Schicht sowie höhere Löhne. Doch der Aufstand wurde blutig niedergeschlagen.

Auch heute sind mindestens 63 Prozent der Beschäftigten im eidgenössischen Bauhauptgewerbe Nicht-Schweizer. Hinzu kommen eingebürgerte Beschäftigte mit Migrationshintergrund. Zwar setzt die Bauarbeit mehr formelle Qualifikationen voraus als die meisten Tätigkeiten in der Landwirtschaft oder Reinigung, trotzdem hat in dem Sektor mindestens jeder Dritte keinerlei Ausbildung. Ein weiteres Drittel besteht aus vormals »Ungelernten«, die mittlerweile eine Weiterbildung zum Maschinenschlosser oder Kranführer absolviert haben. Der Bedarf der Branche wird daher vor allem durch »ungelernte« oder angelernte migrantische Beschäftigte gedeckt. Jedes Jahr werden zwischen 8000 und 10000 neue Arbeitskräfte aktiv in die

Schweiz geholt, um allein die Personalfluktuation auf den Baustellen auszugleichen.[48] Die große Mehrheit der formal qualifizierten Maurer, Poliere und Equipenchefs sind hingegen Schweizer Staatsangehörige.

Hier kommt es also ebenfalls zu einer differenziellen Nutzbarmachung der Arbeitskraft, die auch mit einer abgestuften Exponiertheit gegenüber ökologischen Risiken einhergeht. Freya Newman und Elizabeth Humphrys, die den Umgang australischer Bauarbeiter mit dem Klimawandel untersucht haben, sprechen in diesem Zusammenhang von »Klimaprekarität«.[49] Damit betonen sie, dass nicht alle Menschen gleichermaßen von den Folgen der Erderwärmung betroffen sind. Insbesondere prekäre Arbeitsbedingungen sind ein wichtiger, aber oft übersehener Faktor der Vulnerabilität.

Ökologischer Eigensinn auf dem Bau

Angesichts solcher Gefahren entwickeln Bauarbeiter einen spezifischen ökologischen Eigensinn. Sie eignen sich implizites Wissen über Umwelt- und Wetterbedingungen an, um Risiken besser navigieren zu können. Ebenso wichtig ist das Bewusstsein für Autonomiespielräume, die es ihnen zum Beispiel erlauben, Hitzestress zu reduzieren. So berichten unsere Befragten von verschiedenen eigensinnigen Praktiken. Besonders wichtig ist das Verstecken – sowohl vor der Sonne als auch vor den Vorgesetzten. Der gewitzte Bauarbeiter findet dabei auf dem Areal eine Ecke, die einerseits schattig und andererseits den Blicken des Vorgesetzten entzogen ist. Besonders geeignet sind Orte, an denen sich, sollte man doch entdeckt werden, Arbeitsamkeit vortäuschen lässt. Solche individuellen Strategien im Umgang mit Umweltrisiken werden jedoch von einigen Befragten als unsolidarisch bewertet, da irgendwer die Arbeit am Ende nun einmal erledigen müsse. Darüber hinaus widersprechen diese Praktiken einem auf den Baustellen verbreiteten Männlichkeitsideal, das sich gerade aus dem stoischen Ertragen von Belastungen und Gefahren speist. Ein Maurer spricht in diesem Zusammenhang kritisch von einer »toxischen Machokultur«. Diese führe nicht nur dazu, dass individuelle Beschäftigte zu hohe Risiken eingingen, sondern sie delegitimiere auch die Einhaltung von Gesundheitsschutzvorschriften und ein kollektives gewerkschaftliches Vorgehen gegen die Arbeitsbedingungen. Wie groß die Gefahren sind, zeigt sich nicht zuletzt darin, dass 40 Prozent der Schweizer Bauarbeiter vor dem Erreichen des 65. Lebensjahres invalid werden.[50]

Der ökologische Eigensinn der Beschäftigten umfasst aber auch eine kritische Haltung zum ökologisch destruktiven Charakter ihrer Tätigkeit. Fast alle Befragten betonen, dass sie ihre eigene Arbeit für umweltschädlich halten. Ein Maurer und Kranführer gibt zu Protokoll:

> Die Natur ist das wichtigste Gut, das wir haben. Das ist mein Erholungsraum. Ich finde es mega scheiße, wenn wir alles verbauen. Ich sehe es ja selbst auf den Baustellen: Am Anfang gibt es unglaublich viele Eidechsen, und nachher gibt es keine mehr. Warum passiert das denn? Wegen uns. Das macht mir sehr zu schaffen. Es macht mir wirklich sehr, sehr zu schaffen. Aber ja, wir verdienen damit halt unser Geld.

Die Interviewten erkennen nicht nur den Zusammenhang zwischen Beton und Biodiversitätskrise, sondern prangern ganz generell die Materialintensität des Gewerbes an. Ein angelernter Bauarbeiter erklärt:

> Was [hinter]lassen wir der nächsten Generation? Haben Sie das mal überlegt? Was wir jetzt brauchen an Wasser, an Baustoffen [...]. Was wir der Welt alles angetan haben, das nicht gut war. [...] Schon seit mehreren Jahren haben wir immer mehr, mehr, mehr gebraucht [...]. Und das ist die Welt, die das nachher bezahlt. Und

die Welt, das sind wir. Das zahlen wir. Mit Krankheiten, mit Umweltverschmutzung, mit CO_2-Erhitzung, mit allem.

Interessanterweise ziehen die meisten Befragten Parallelen zwischen ihrer eigenen Behandlung und dem Umgang mit natürlichen Ressourcen, also zwischen der Vernutzung der Arbeit und jener der Natur. Ein kurz vor der Pensionierung stehender Kranführer schildert etwa, wie auf seiner aktuellen Baustelle Material in der Mulde lande und neues geliefert werde, obwohl man das alte noch verwenden könne. Da werde »zu viel weggeschmissen«, ein solches Wirtschaften habe mit »Umwelt gar nix mehr zu tun«. Die wahrgenommene Verschwendung verknüpft er explizit mit reduziertem Personal bei gleichzeitig ansteigendem Stress: »Es wird da an den Leuten gespart, was da an Material rausgefeuert wird. Und das ist der falsche Weg«, schlussfolgert er.

Über die ökologische Kritik hinaus formulierten fast alle Befragten konkrete Ideen, wie ihre Baustellen nachhaltiger werden könnten: durch die Verwendung nachwachsender Baustoffe wie Hanf oder Holz beispielsweise, durch den energiesparenden Einsatz von Maschinen und Logistik, aber auch durch architektonische Anpassungen. Hier wird deutlich, dass die Bauarbeiter aufgrund ihrer Tätigkeit über große technische Expertise verfügen, die sie durchaus auch kritisch wenden. Diese Beobachtung korrespondiert mit älteren Befunden der Arbeitssoziologie. Bereits 1989 hatten Hartwig Heine und Rüdiger Mautz 170 Beschäftigte besonders schmutziger norddeutscher Chemiefabriken zu ihrem ökologischen Bewusstsein befragt. Die Interviewten, so das Ergebnis, zeichneten sich durch einen »kritischen Technikoptimismus« aus: Sie kritisierten die Umweltschädlichkeit ihrer Betriebe vor dem Hintergrund einer technisch möglichen nachhaltigeren Produktionsweise. Dabei stützten sie sich insbesondere auf das Wissen, dass sie sich in ihrer langjährigen Tätigkeit in den Fabriken angeeignet hatten.[51]

Zahllose Studien, insbesondere in der Managementliteratur, fragen nach Möglichkeiten, Beschäftigte zu ökologischem Verhalten am Arbeitsplatz zu erziehen oder ihre »Expertise« anzuzapfen, um Effizienzpotenziale besser auszuschöpfen. Die Ausführungen der Bauarbeiter weisen jedoch in eine ganz andere Richtung: Sie wehren sich explizit dagegen, für die Unnachhaltigkeit von Unternehmen verantwortlich gemacht zu werden, in denen sie keinerlei Mitbestimmungsmöglichkeiten sehen.

> Interviewerin: Die Bauindustrie verursacht 25 Prozent der Schweizer Inlandsemissionen. Kannst du das in deiner Arbeit beeinflussen?
> Befragter: Gar nicht.
> Interviewerin: Aber du arbeitest mit, du musst das ausführen.
> Befragter: Ich habe keine andere Wahl, ich muss irgendwie meine Scheißmiete zahlen. Und ich habe null Mitbestimmung. Jetzt bereiten wir gerade einen Streik vor, also warum sollte ich mir Gedanken machen, was die da oben entscheiden, wenn ich das nicht mitbestimmen kann?

In diesem Sinne bleibt die ökologische Kritik der Bauarbeiter meist negativ, konstruktive Vorschläge an die eigene Unternehmensleitung bleiben weitgehend aus – sind aber auch nicht erwünscht. Nicht einmal die oben aufgeführten pragmatisch-kleinteiligen Ideen für technische Verbesserungen in Richtung mehr Nachhaltigkeit werden tatsächlich an das Management adressiert. Sie dienen nicht als Vorschläge, da man sich ohnehin keine Hoffnungen auf Einsicht der Unternehmensleitungen macht, sondern ausschließlich als Kritik: Aus Sicht der Befragten erbringen sie den Nachweis, dass nachhaltigeres Bauen ohne Weiteres möglich wäre, die Unternehmensleitungen sich jedoch aus Profitgründen bewusst dagegen entscheiden. In solchen Stellungnahmen verbindet sich die Skandalisierung mangelnder Rücksichtnahme auf die ökologischen Folgen der Produktion mit einer Skandalisierung mangelnder Rücksichtnahme auf die

Gesundheit der Beschäftigten. So erklärt ein angelernter Bauarbeiter:

> Da arbeiten wir zwölf Stunden, um die Baustelle vorher abschließen zu können, und dann, dann gehen wir nicht nach Hause, wir gehen zur nächsten Baustelle und immer noch mit demselben Rhythmus, und was bekommen wir dafür? Nichts. Nur die Bauleitung, die Bauleiter und, und, und, oder, die verdienen Geld, die kassieren das Geld. Aber kassieren das Geld, indem sie mit ihrem Stuhl am Tisch bleiben, klimatisiert oder mit Heizung, und wir da draußen, was machen wir, das ist nicht dasselbe. […] Ich will diese Herren vom Büro zu der Baustelle bringen und sie fragen, ob das so geht? Kommt ihr das machen? Bitte kommt lediglich mal einen Monat zu uns. Dann werde ich schauen, wie viele krank sind und wie viele gesund am Ende des Monats.

In diesem Sinne erklären unsere Befragten die andauernde Nichtnachhaltigkeit ihrer Branche mit der Profitorientierung der Unternehmen. Einer von ihnen betont, dass die Zementproduktion so umweltschädlich sei, weil »Holcim einen Scheiß darauf gibt, wie man's besser machen könnte«. Deshalb sei »Schweizer Beton das Billigste, was es gibt, billiger als alles andere. Und ich sehe von der Industrie und vom Gewerbe null Interesse, wie man da irgendetwas ändern könnte.«

Der Befragte bezieht sich mit dieser Aussage auf die Schweizer Holcim AG, den zweitgrößten Zementhersteller der Welt. Holcim betreibt 2300 Fabriken in 70 Ländern und erwirtschaftet mit insgesamt 70000 Beschäftigten einen Jahresumsatz von über 30 Milliarden Franken. Der Konzern gehört zu den weltweit größten CO_2-Emittenten und sieht sich zahlreichen Vorwürfen ausgesetzt: Er trage zur Verschmutzung von Luft, Boden und Gewässern bei und zerstöre somit die Umwelt; außerdem verursache er unter anderem durch Sondermüllverbrennung giftige Emissionen und Gesundheitsprobleme bei Beschäftigten und Anwohnenden; er verstoße gegen das Arbeitsrecht, leiste Schmiergeldzahlungen an terroristische Gruppen, stehe hinter gewaltsamen Übergriffen auf Streikende und setze auf Kinderarbeit.[52] Allein in den Jahren 2015 und 2016 starben laut Medienberichten 151 Holcim-Beschäftigte durch Arbeitsunfälle.[53]

Zum Holcim-Konzern (der damals noch Holderbank hieß) gehörte ab 1989 auch das Schweizer Unternehmen Eternit mit Hauptsitz in Niederurnen im Kanton Glarus, das den wohl giftigsten Baustoff der Welt produzierte: Asbestbeton. Das Material ist leicht, erosions- und feuerbeständig und vor allem billig in der Herstellung. Bereits seit 1924 war jedoch bekannt, dass Asbest Lungenkrebs verursacht, später wurde ihm das spezifische Krankheitsbild der Mesotheliose zugerechnet. Hunderte Arbeiter der Fabrik in Niederurnen und auch Anwohner erkrankten. Zwischen 1939 und 2017 wurden in der Schweiz offiziell 5138 berufsbedingte Erkrankungen und 2308 Todesfälle infolge von Kontakt mit Asbest registriert. Da es sich bei einem Großteil der betroffenen Arbeiter um Migranten, insbesondere aus Italien, handelte und die Symptome üblicherweise zeitlich stark verzögert auftreten, ist davon auszugehen, dass nur ein sehr kleiner Teil der Fälle in der Schweiz erfasst wurde. 1990 erreichten Gewerkschaften und Verbände ein Verbot von Asbest in der Eidgenossenschaft. Weltweit hingegen kommen jedes Jahr nach wie vor über 125 Millionen Menschen mit dem giftigen Stoff in Berührung, und über 100 000 sterben an daraus resultierenden Erkrankungen. Nachdem in Italien ein Ermittlungsverfahren wegen Totschlags gegen den ehemaligen Eternit-Chef eingeleitet worden war, trennte sich Holcim 2003 von den Werken in der Schweiz.[54]

Die befragten Bauarbeiter haben also stets beide Dimensionen im Blick: ihre schlechten Arbeitsbedingungen und die zerstörerischen Auswirkungen der Branche auf die Natur. Wenn sie Forderungen zur Bearbeitung der ökologischen Krise formulieren, denken sie diese beiden Aspekte denn auch regelmäßig zusammen. Mit einer Reduktion der Arbeitszeit etwa ließen sich auch die ökologischen Probleme abmildern. Indem sie sich auf die Arbeitsorganisation beziehen, gehen unsere Befragten über die von Heine und Mautz betonte technische Ebene hinaus. Stattdessen zielt ihre Kritik unmittelbar auf den Zusammenhang zwischen Vernutzung der Arbeitskraft und Vernutzung der Natur. Entsprechend sind Tarifverhandlungen mit den Unternehmen aus ihrer Sicht die relevanteste Arena der Umweltpolitik. Im Herbst 2022 spielten diese Themen denn auch eine wichtige Rolle in den Auseinandersetzungen über den Landesmantelvertrag (LMV). Da diesem Abkommen nicht nur die 80000 Beschäftigten des Schweizer Bauhauptgewerbes unterstellt sind, sondern sich auch weitere Bereiche der Branche daran orientieren, gilt es als einer der wichtigsten Tarifverträge der Eidgenossenschaft. In der Tarifrunde 2022 wurde hart um die bereits in der Einleitung angerissenen Fragen rund um die Auswirkungen des Klimawandels gerungen. Die Unternehmen argumentierten, angesichts häufiger werdender Extremwetterereignisse ließen sich Bauvorhaben immer schlechter planen. Entsprechend drängten sie auf eine Aufweichung von Arbeitszeitobergrenzen und eine Flexibilisierung des tatsächlichen Abrufs der Arbeitskraft, um bei Ausfällen infolge von Hitze oder starken Niederschlägen keine Löhne zahlen zu müssen. Die Gewerkschaften forderten dagegen besseren Schutz sowie klare Regeln für wetterbedingte Einstellungen des Betriebs. Ein Maurer erklärt im Interview:

> Der Baumeisterverband sieht das Problem am selben Ort wie wir, dass man bei diesem Wetter nicht arbeiten sollte. Wir sprechen von unserer Gesundheit, für die gibt es zu wenig Profit. […] Die einen sagen nun, dass wir uns zu wenig rentieren, und die anderen sagen, dass wir dabei draufgehn. Und ich bin nu auf der Seite, die findet, dass wir dabei draufgehn. […] Und dann ist es einfach die Frage, wie sehr tut's ihnen weh, bis wir dann am Schluss die Frage klären können, wer den Klimawandel bei uns auf dem Bau bezahlt.

Mit der Frage, wie sehr es ihnen wehtut, rekurriert der Maurer auf die landesweiten Streiks und Proteste der Gewerkschaften, welche die Aushandlung des neuen LMV begleiteten. Die sehr hohe Beteiligung an diesen Aktionen unterstrich noch einmal die Relevanz von Tarifverhandlungen als wichtiger Arena der Stoffwechselpolitik.[55]

Zusammenfassend lässt sich festhalten, dass bei den von uns befragten Bauarbeitern eine spezifische Form der Umweltorientierung zum Vorschein kommt, die sich deutlich vom dominanten wissenschaftsbasierten Zugriff vieler Klimaaktivisten unterscheidet: Die kollektive Aushandlung der Arbeitsorganisation ist für sie gleichzeitig die zentrale Arena der Klimapolitik. »Naturschutz« als von der Arbeit losgelöste Kategorie spielt für sie eine weit weniger wichtige Rolle.

Solche Orientierungen mögen auch zu den »Green Bans«, einer der spektakulärsten Verschmelzungen von Gewerkschafts- und Umweltpolitik, beigetragen haben. Dabei bestreikte die größte australische Bauarbeitergewerkschaft Builders Labourers Federation (BLF) in den 1970er Jahren umweltschädliche Projekte. Diese Ausstände erfolgten stets auf Anfrage und in Zusammenarbeit mit Anwohnerinnen. So auch beim ersten »Green Ban« gegen die Bebauung des letzten verbliebenen Buschlands in einem Vorort von Sydney. Eine lokale Frauengruppe organisierte eine Stadtteilversammlung, die wiederum die BLF aufforderte, die Bebauung des Geländes zu verhindern. Als der Bauträger ankündigte, Streikbrecher einzusetzen, bestreikte die BLF auch andere Projekte des Unternehmens. Insgesamt wurden zwischen 1971 und 1974 54 solcher »Green Bans« durchgeführt. Der Name der Initiative gilt auch als Ursprung der politischen Bezeichnung »grün«.[56]

Insgesamt widerlegen die hier angestellten Überlegungen den Mythos von der vermeintlich immateriellen Finanzwirtschaft. Diese hängt vielmehr aufs Engste zusammen mit dem gewichtigsten Teil des gesellschaftlichen Stoffwechsels: Das Gewicht des weltweit verbauten Betons ist mittlerweile höher als die gesamte Kohlenstoffmasse aller Bäume, Büsche und Sträucher auf dem Planeten. In diesem Sinne ist die gebaute Umwelt über die natürliche Umwelt hinausgewachsen. Dabei hinterlassen die Schwankungen der Kapitalmärkte mehr als deutliche materielle Spuren. Spekulationsblasen materialisieren sich in Infrastrukturbooms bis hin zu unbewohnten Geisterstädten, und Krisen übersetzen sich in den Zusammenbruch dieser Strukturen infolge mangelnder Wartung. Gleichzeitig wirken sich diese Schwankungen auch auf die Organisation der Bauarbeit aus. So haben wir am Beispiel der Schweiz gesehen, wie der Immobilienboom einen massiven Arbeitskräfteimport nach sich zog und die Rezession mit einer Prekarisierungsoffensive einherging. Dies wiederum strukturiert wesentlich vor, wie die Beschäftigten selbst mit den Folgen des Klimawandels umgehen.

9. Politiken der Nutzlosigkeit

Die Unterscheidung zwischen Nützlichkeit und Nutzlosigkeit stellt eine zentrale Kulturtechnik der Moderne dar, darauf hat insbesondere der polnisch-britische Soziologe Zygmunt Bauman immer wieder hingewiesen. Nützlichkeit werde dabei in der Regel gleichgesetzt mit ökonomischer Verwertbarkeit, also meist mit Arbeitsleistung. Durch die allumfassende Kommodifizierung unserer Lebensgrundlagen würden, so Bauman, immer mehr Menschen zu dieser Nützlichkeit in Form von Erwerbsarbeit gedrängt. Ein wachsender Anteil von ihnen finde jedoch aufgrund unaufhaltsamer Produktivitätsfortschritte keine Arbeit, in der er oder sie sich nützlich machen könne. Zudem gebe es kein Außen in Gestalt von Kolonien mehr, in das die Überflüssigen abgeschoben werden könnten. So entstehe eine permanente Überschussbevölkerung. Die Aussicht, eines Tages zu diesen Nutzlosen zu gehören, wird zur Urangst der Moderne:

> »Überflüssig« zu sein bedeutet, überzählig und nutzlos zu sein, nicht gebraucht zu werden – wie auch immer der Nutz- und Gebrauchswert beschaffen sein mag, der den Standard für Nützlichkeit und Unentbehrlichkeit liefert. Die anderen brauchen dich nicht; sie kommen ohne dich genauso zurecht, ja sogar besser. Es gibt keinen einleuchtenden Grund für deine Anwesenheit und keine nahe liegende Rechtfertigung für deinen Anspruch, hierbleiben zu dürfen. […] »Überflüssig« bewegt sich im gleichen semantischen Umfeld wie »Ausschussware«, »fehlerhaftes Exemplar«, »Müll« – wie Abfall. Die Arbeitslosen – die »industrielle Reservearmee« – sollten noch ins aktive Erwerbsleben zurückgeholt werden. Der Bestimmungsort von Abfall ist die Abfallecke im Hinterhof, die Müllhalde.[1]

In der ökologischen Krise nimmt diese Gefahr neue Dimensionen an. Nutzlosigkeit ist nicht länger, wie bei Bauman, auf die abnehmende Nachfrage nach menschlicher Arbeit beschränkt. Sie droht nun auch durch die Zerstörung der stofflichen Grundlagen des Wirtschaftens. Anhaltende Dürren und Wassermangel machen nicht nur Ackerbau unwirtschaftlich, sondern treiben auch die Kosten der industriellen Produktion in die Höhe; Überflutungen zerstören ganze Wirtschaftszweige. Die Bevölkerungen, deren Nützlichkeit auf diesen Natursegmenten beruhte, werden vertrieben und müssen versuchen, sich andernorts nützlich zu machen. Dabei stoßen sie jedoch auf Abwehr: Arbeitsmärkte bleiben für sie verschlossen, Staaten setzen an ihren Grenzen auf immer brutalere Formen der Abschreckung.

Diese ökologische Dimension der Nutzlosigkeit spielte bei Bauman noch keine Rolle. Er führte die strukturelle Überflüssigmachung nicht auf die materiellen Bedingungen des Stoffwechsels mit der Natur zurück, sondern auf eine »Kultur des Abfalls«, die nichts und niemandem intrinsischen Wert zuschreibe. Damit erweist sich die »Kultur des Abfalls« als Chiffre für Baumans Theorie der »flüchtigen Moderne«, die sich dadurch auszeichne, dass nichts mehr von Dauer sei: Die Bindung an den Boden habe sich ebenso aufgelöst wie die Bindung an Traditionen. Mit dieser Diagnose hat Bauman zum soziologischen Mythos einer dematerialisierten Gesellschaft beigetragen. »Nichts ist wirklich notwendig, nichts ist unersetzlich«, hält Bauman fest. »Keine Maßnahme und keine Entscheidung ist endgültig, nichts ist unwiderruflich.«[2] Baumans Beschreibung mag für die sozialen Beziehungen im flexiblen Kapitalismus zutreffen, sie blendet aber die materiell-ökologische Dimension von Gesellschaft aus. Die Klimakrise zwingt uns nun jedoch anzuerkennen, dass unsere Moderne keineswegs flüchtig ist, sondern dass unser Handeln auf dem Planeten tiefe Narben hinterlässt. Ökosysteme sind durchaus nicht unersetzlich, und ihre Zerstörung erweist sich in der Regel als unwiderruflich.

Vor diesem Hintergrund möchte ich in diesem Kapitel eine Konzeption der Nutzlosigkeit entwerfen, die auch ihre ökologische Dimension einbezieht. So verstanden, erweist Nutzlosigkeit sich als Schlüsselkategorie für das Verständnis der sozialen Konflikte, die sich aus der Bearbeitung der ökologischen Krise ergeben. Jede ökologische Politik wird – zum Guten oder zum Schlechten – vor allem eine Politik der Nutzlosigkeit sein: Dass weite Teile von Natur und Menschheit im Zuge des Klimawandels ihre Nützlichkeit einbüßen werden, ist Fakt. Ressourcen können nicht länger genutzt werden, Arbeitsplätze gehen verloren, Menschen werden verdrängt und dauerhaft nutzlos bleiben. Viele von ihnen werden schwere körperliche und seelische Verletzungen davontragen, die Pflege erfordern. Wie mit diesen verschiedenen Dimensionen der menschlichen und nichtmenschlichen Nutzlosigkeit umgegangen wird, ist die alles entscheidende Frage der nächsten Jahrzehnte.

Expansion in die Nutzlosigkeit

Zahllose Autoren haben festgestellt, dass der kapitalistische Wachstumsimperativ die strukturelle Ursache der ökologischen Krise darstellt. Ökonomisches Wachstum bedeutet notwendigerweise einen höheren Energie- und Ressourcendurchsatz und folglich eine Zerstörung der Umwelt.[3] Die Kategorie »Wirtschaftswachstum« ist dabei zunächst ein statistisches Artefakt, das sich aus der nationalen oder internationalen Aggregation monetärer Werte ergibt. Auf diese Weise abstrahiert das Konzept von konkreten ökonomischen Prozessen, was immer wieder zu Verwirrung darüber führt, was eigentlich die treibenden Kräfte dieses Wachstums sind. Ein Ziel dieses Buches bestand darin, diese Kräfte zu identifizieren und anschaulich zu machen. Dabei haben wir zunächst gesehen, dass sie ihren Ursprung in der Arbeitswelt haben. Durch Arbeit wird Natur in Güter transformiert. Wie die Arbeit organisiert wird, strukturiert – vor jeder

Konsumentscheidung – den gesellschaftlichen Stoffwechsel mit der Natur. Die wesentliche Eigenart des kapitalistischen Stoffwechsels ist seine Akkumulationsdynamik: Unternehmen eignen sich Naturstoffe an und geben sie als Produktionsmittel in die Hände ihrer Beschäftigten. Diese fertigen daraus Güter, die als Waren verkauft werden. Der dabei erzielte Gewinn wird wiederum in die Ausweitung der Produktion investiert. In diesem Prozess wächst nicht »die Wirtschaft« insgesamt, sondern das Kapital als spezifischer Teil von ihr. Der Wohlstand der Beschäftigten nimmt keineswegs automatisch im selben Maßstab zu. Im Verlauf der vorangegangenen Kapitel haben wir anhand verschiedener Beispiele gesehen, dass enormes Produktivitätswachstum durchaus mit elenden Lebensbedingungen einhergehen kann.

Darüber hinaus hat bereits Marx festgestellt, dass die Akkumulationsdynamik zu einem »Riss« im gesellschaftlichen Stoffwechsel mit der Natur führt: Wo vorher ökologische Kreisläufe bestanden, werden Naturstoffe nun an einem Ort entnommen und an einem anderen als Müll entsorgt – jeweils auf zerstörerische Weise. Besonders dramatische Folgen hat dies im Fall fossiler Energieträger. Sie werden verbrannt, um den Akkumulationsprozess selbst anzutreiben. Aufgrund dieser »produktiven Konsumption« sind sie kein beliebiger Rohstoff, sondern eine allgemeine Produktionsbedingung, vergleichbar mit der Arbeitskraft. Damit bedeutet jede Expansion des Stoffwechsels neben einer Beschleunigung des Ressourcendurchsatzes auch eine Steigerung der CO_2-Emissionen.[4]

Oben habe ich die kapitalistische Expansionsdynamik als immer weiter ausgreifende und zunehmend intensivere Nutzbarmachung von Arbeit und Natur historisch rekonstruiert. Dabei haben wir unter anderem gesehen, dass Arbeit und Natur sich dem Kapital nie reibungslos unterordnen. Stattdessen weisen beide eine inhärente Autonomie auf, welche die Geschichte der industrialisierten Arbeit an allen wichtigen Abzweigungen entscheidend geprägt hat. In diesem Sinne handelt es sich wesentlich um eine *reaktive Expansion*. Wir können das anhand der in Kapitel 3 diskutierten Fleischfabriken von Chicago rekapitulieren. In Form verwesender Tierkadaver stellte die Autonomie der Natur dort ein Hindernis für die Industrialisierung des Metzgereihandwerks dar. Der ökonomische Vorteil industrieller Verfahren beruht vor allem auf Skaleneffekten: Je mehr Waren mit denselben Produktionsmitteln hergestellt werden, desto niedriger sind die Stückkosten. Die riesigen Mengen an geschlachtetem Fleisch konnten jedoch weder schnell genug verarbeitet noch rechtzeitig an den Ort des Konsums gebracht werden, während der lokale Markt aufgrund der schieren Masse bald übersättigt war. Erst Innovationen wie gekühlte Eisenbahnwaggons und die Fließbandproduktion schufen die Grundlage dieser Industrialisierung. Diese technische Nutzbarmachung musste aber mit einer erweiterten organisationalen Nutzbarmachung der Arbeitskraft einhergehen, nämlich einer radikalen Trennung von Hand- und Kopfarbeit. Allerdings brachten die neuen Verfahren ihrerseits bald die Autonomie von Arbeit und Natur zum Vorschein: Die Eisvorräte der Umgebung waren schnell erschöpft, und die Beschäftigten konnten schon durch kurze Streiks massive Schäden anrichten. So sahen sich die Unternehmen gezwungen, ihre Netzwerke auszuweiten und in neue Technologien zu investieren, um den Eisnachschub sicherzustellen und im Fall von Unterbrechungen kurzfristig die Produktion verlagern zu können. Die Autonomien von Arbeit und Natur, die hier unter dem Oberbegriff *ökologischer Eigensinn* gefasst werden, stehen also in einer engen Beziehung zueinander.

Die Dynamik der reaktiven Expansion lässt sich jedoch noch weiter konkretisieren: Wie bereits Marx' Theorem des Risses im gesellschaftlichen Stoffwechsel nahelegt, handelt es sich bei einem Großteil der kapitalistischen Nutzbarmachung um eine *Ver*nutzung: Natürliche Ressourcen werden ausgeplündert, Arbeiterkörper werden bis zum Burnout oder in die Invalidität getrieben. Ab einem gewissen Punkt unterminieren diese Verheerungen jedoch die Produktion selbst: Es stehen keine gesunden, gut ausgebildeten Arbeitskräfte mehr zur

Verfügung, natürliche Ressourcen werden immer teurer. Das zentrale Versprechen des Programms der Nutzbarmachung ist deshalb, dass ihre destruktiven Effekte durch die Steigerung der *Effizienz* nach und nach eliminiert werden. Eine immer effizientere Produktion soll hohe Löhne ermöglichen und gleichzeitig die Umweltbelastung senken, da für denselben Output weniger Arbeit und Material benötigt werden. Das Programm des grünen Wachstums ist die aktuellste Version dieses Versprechens. Es beruht auf der paradoxen Annahme, dass die destruktiven Effekte des Wachstums gerade durch seine Intensivierung nach und nach verschwinden. Dieser Glaube hält sich relativ hartnäckig, obwohl bislang keine empirischen Belege gefunden werden konnten, dass ein solcher Mechanismus tatsächlich existiert. In Wahrheit hat die Intensivierung freilich den gegenteiligen Effekt: Je weiter die Nutzbarmachung von Arbeit und Natur voranschreitet, desto *mehr* gesellschaftliche Arbeit muss in sie investiert werden. Ein Beispiel sind die immer weiter steigenden Kosten für die Gesundheitsversorgung, nicht nur infolge ökologischer Krisen wie der Coronapandemie, sondern auch infolge der stetig zunehmenden Intensivierung der Arbeit. Ein anderes Beispiel ist die Schaffung von Schutzgebieten zum Ausgleich für Umweltzerstörung, auf die ich unten näher eingehen werde.

Wie wir gesehen haben, ist dieses Paradox der Nutzbarmachung keineswegs eine neue Erscheinung, es prägt die industrialisierte Arbeit vielmehr seit ihren Anfängen. Deshalb nimmt die reaktive Expansion die Form einer *Re/produktivkraftentwicklung* an: Gesteigert werden nicht nur die Potenziale der Vernutzung, sondern zugleich die der Reproduktion, etwa im Gesundheits- und Sozialwesen, aber auch in Gestalt der Erdsystemwissenschaften und verschiedener Techniken der Nachhaltigkeit. Aus der Verschränkung von Produktivkraft- und Reproduktivkraftentwicklung ergibt sich jedoch kein symmetrisches Verhältnis. Stattdessen führt die kapitalistische Akkumulationsdynamik dazu, dass die Reproduktion der Produktion strukturell untergeordnet bleibt. Aus dieser Unterordnung resultieren die diversen Krisen der sozialen Reproduktion und der Umweltzerstörung, die wachsende Teile der Natur der Nutzbarmachung dauerhaft entziehen.[5] Während der messianische Glaube an die erlösende Kraft der Effizienzfortschritte weiterhin aufrechterhalten wird, bearbeitet man die ökologische Krise in Wirklichkeit mehr und mehr mit *Politiken der Nutzlosigkeit*.

Idealtypisch kann man zwischen zwei Grundformen von Politiken der Nutzlosigkeit unterscheiden: Politiken der *Preisgabe* und Politiken der *Transformation*. Diese Kategorien sind keine Synonyme für Passivität und Aktivität, vielmehr handelt es sich in beiden Fällen um Politiken der Anpassung an die ökologische Krise.[6] Der Unterschied besteht im Verhältnis zur expansiven Nutzbarmachung: *Politiken der Preisgabe* wollen diese aufrechterhalten, um den Preis einer Aufgabe immer weiterer Teile des Planeten sowie steigender Zahlen von Menschenleben. Ein zugespitztes Beispiel ist Trumps Slogan »Drill baby, drill«, in dem angesichts der Klimakrise ein trotziges Jetzt-erst-recht zum Ausdruck kommt. Allerdings würde nur ein sehr kleiner Teil der Verfechterinnen solcher Politiken ihre dramatischen Konsequenzen für Menschen und die nichtmenschliche Natur leugnen. Selbst ganz rechts außen im politischen Spektrum trifft man kaum noch Personen, die den Klimawandel und die damit verbundenen gesellschaftlichen Probleme negieren würden – in Deutschland etwa bestreiten gerade einmal fünf Prozent der Bevölkerung die Realität der menschengemachten Erderwärmung.[7] Stattdessen werden die Zerstörung der Ökosysteme, das Massensterben an den Grenzen usw. *billigend in Kauf genommen*.

Letztendlich läuft die Politik der Preisgabe auf eine Situation hinaus, in der nur das Recht des Stärkeren gilt: Die Hochlohnländer wollen weiter von der Vernutzung profitieren und schirmen sich gleichzeitig gegen deren Konsequenzen ab. Zum Beispiel indem die Europäische Union auf steigende Zahlen von Klimaflüchtlingen mit immer neuen Einschränkungen des Rechts auf Asyl reagiert. Andreas

Malm und seine Mitstreiterinnen sehen in dieser Politik einen »fossilen Faschismus« heraufziehen.[8] Tatsächlich werden – auch angesichts der ökologischen Krise – chauvinistische und rassistische Diskurse zur Rechtfertigung der tödlichen Ausgrenzung zunehmend salonfähig. Meist werden die destruktiven Konsequenzen der Preisgabe heute jedoch nicht mit einer Rhetorik der Überlegenheit begrüßt, sondern mit *Bedauern* zur Kenntnis genommen. Es handelt sich also eher um eine Form der »zynischen Vernunft«.[9] Der Zynismus kommt etwa zum Ausdruck, wenn eine deutsche Regierung die Ausweitung des Braunkohletagebaus oder Einschränkungen des Asylrechts vorantreibt, dabei aber »Bauchschmerzen« zu Protokoll gibt.[10]

Politiken der Transformation zielen demgegenüber darauf ab, die nichtmenschliche Natur zu erhalten, indem die expansive Nutzbarmachung eingeschränkt oder aufgegeben wird. Solche Politiken sind gegenüber jenen der Preisgabe noch immer relativ marginal. So drängt etwa der IPCC auf eine radikale Reduktion der Nutzung fossiler Energie – bislang jedoch ohne Erfolg.[11] Teile der Klimabewegung und auch der Gewerkschaften fordern eine Arbeitszeitverkürzung. Solche Maßnahmen würden die expansive Nutzbarmachung massiv einschränken. Eine abgeschwächte, aber umso prominentere Politik der Transformation ist die Einrichtung von Schutzzonen zur Kompensation von Umweltzerstörung. Diese haben jedoch regelmäßig paradoxe Effekte.

Im Folgenden sollen die unterschiedlichen Politiken der Nutzlosigkeit und ihre Mischformen beleuchtet werden. Dabei geht es um drei Dimensionen: erstens nutzlose *Energie*, die entsteht, wenn verfügbare fossile Brennstoffe nicht gefördert und verbrannt werden; zweitens *Zonen* der Nutzlosigkeit, also nutzlose Landstriche und Räume; und drittens nutzlose *Körper*, die aufgrund von Hitze oder Viruserkrankungen nicht mehr arbeiten können oder durch Migrationspolitiken zu nutzlosen Anderen gemacht werden.

Nutzlose Energie

Eine zentrale transformative Forderung ist die nach einem Ende der fossilen Energie. Solange Kohle und Öl verbrannt werden, wird der Klimawandel sich weiter zuspitzen. Dementsprechend verlangen Bewegungen wie Fridays for Future: »Just leave it in the ground!« Fossile Energie wird damit auf doppelte Weise für nutzlos erklärt: Will man innerhalb der planetaren Grenzen wirtschaften, darf sie nicht länger eine Rolle spielen. Vor allem aber würden Kohle und Öl durch eine Dekarbonisierung ökonomisch nutzlos. Der Verzicht auf fossile Energien ist dabei zunächst einmal die nüchterne Schlussfolgerung aus den wissenschaftlichen Erkenntnissen zum Klimawandel. Dennoch zeichnet sie sich im Moment nirgends ab, im Gegenteil: Es werden weiterhin fossile Infrastrukturen errichtet, ohne dass dies auf allgemeine Empörung stoßen würde. Allein durch materielle Interessen lässt sich diese breite schweigende Unterstützung für eine Politik der Preisgabe nicht erklären. Zwar würde die Dekarbonisierung für viele Anleger, die Geld in fossile Unternehmen investiert haben, ökonomische Verluste bedeuten, in Ländern mit hohem Einkommen würden jedoch zwei Drittel dieser Verluste auf die wohlhabendsten zehn und die Hälfte gar nur auf das reichste Prozent entfallen.[12] Laut Berechnungen der Internationalen Arbeitsorganisation (ILO) könnten Maßnahmen zur Begrenzung der Erderwärmung auf zwei Grad bis 2030 weltweit rund sechs Millionen Jobs vernichten, allerdings würden durch die Umstellung auf erneuerbare Energien auch 24 Millionen neue Arbeitsplätze geschaffen.[13]

Umso erstaunlicher ist es, dass Politiken der Preisgabe auch in jenen Teilen der Bevölkerung hingenommen oder sogar befürwortet werden, die vom fossilen Regime ökonomisch nicht profitieren oder selbst von seinen destruktiven Folgen betroffen sind. Die Soziologin Arlie Russell Hochschild, die ethnografisch zur Rechten im US-amerikanischen Hinterland geforscht hat, notiert die frappierende Beobachtung: »Je größer das Risiko ist, gefährlichen Schadstoffen ausgesetzt zu sein, umso weniger Sorgen macht sich […] der Betreffende darüber und umso größer ist die Wahrscheinlichkeit, dass er ein konservativer Republikaner ist.«[14]

Ein zentraler Grund für dieses Paradox ist wohl das weitverbreitete und tief sitzende moderne Nützlichkeitsdenken, auf das Zygmunt Bauman hingewiesen hat. Nützlichkeit ergibt sich in dieser Logik jedoch nicht allein aus der Tatsache, »Arbeitsplatzbesitzer« zu sein. Das entscheidende Maß ist vielmehr die Leistung.[15] Bereits Adorno wies darauf hin, diese Norm sei für die moderne Gesellschaft so zentral, dass sie von der Arbeit ins Privatleben diffundiere, das verschlungen werde von einer »rätselhaften Geschäftigkeit, die alle Züge der kommerziellen trägt, ohne daß es eigentlich dabei etwas zu handeln gibt«.[16] Für die Gegenwart argumentiert etwa die Anthropologin Kate Crehan, dass sich der Imperativ der Nützlichkeit wesentlich in der allgemeinverbindlichen Norm der Arbeitsproduktivität konkretisiert.[17] Diese setzt sich wiederum zusammen aus der Verausgabung menschlicher und nichtmenschlicher – meist fossiler – Energie. So war der zentrale Zweck des Einsatzes von Kohle und Erdöl seit je die Steigerung menschlicher Produktivität. Entsprechend konvergierten nach der Industriellen Revolution in der Thermodynamik auch diskursiv die Konzepte »Arbeit« und »Energie«, so dass menschliche Leistungsfähigkeit häufig in Begriffen der Energie beschrieben wird und »Arbeit« zur physikalischen Maßeinheit für Energie wurde.[18]

Ernst Jünger, einer der literarischen Wegbereiter des deutschen Faschismus, bringt die enge Verknüpfung von Nützlichkeit und fossiler Energie auf den Punkt, wenn er von einer panischen Angst vor der Nutzlosigkeit berichtet, die ihn beschleicht, wenn die Schornsteine der Fabriken keinen Rauch ausstoßen: »Jeder kennt auch das Gefühl der Leere, das wir oft empfinden, wenn an Sonntagen die große Maschine ruht. Es scheint uns, als ob die Massen, die dann unbeschäftigt durch die Straßen fluten, ihren eigentlichen Sinn verloren hätten.«[19] Jüngers italienisches Pendant, der Futurist Filippo Marinetti, verband das Ideal der Produktivität mit der Forderung, das Leben insgesamt »dem alles beherrschenden Eifer des Motors« unterzuordnen.[20]

Vor diesem Hintergrund wird verständlich, dass fossile Energie auf einer symbolisch-affektiven Ebene aufs Engste mit einem Gefühl der Nützlichkeit verknüpft ist. Heute speist sich diese Verknüpfung vor allem aus einer Romantisierung der fordistischen Ära des »Wirtschaftswunders«, die zum zentralen Bezugspunkt der Gegner einer sozialökologischen Transformation geworden ist. Besonders prominent ist das etwa in den Bezugnahmen der AfD und anderer rechter Parteien auf die »gute alte Zeit«, in der die Familien noch »normal« waren und die Kohleindustrie ein Quell von Stolz anstatt von Scham. Befragungen zeigen, dass diese Nostalgie für die Ära, in der die Kohlearbeiter die »Helden der Nation« gewesen seien, gerade in Ostdeutschland verfängt, wo etwa das Lausitzer Revier einen dramatischen Umbruch durchmacht.[21] Die Sehnsucht nach einer Rückkehr zum klassischen Fordismus ist aber auch jenseits des rechten Lagers weit verbreitet, verweist sie doch auf real existierende Institutionen der sozialen Absicherung, die als Teil des in Kapitel 5 beschriebenen fossilen Klassenkompromisses entstanden. Auch in der kritischen Arbeitsforschung wird diese kurze Periode regelmäßig als Kontrastfolie zur Kritik späterer Formen der Prekarisierung glorifiziert. Laut dem progressiven Soziologen Erik Olin Wright handelte es sich um eine Win-win-Situation, in der Arbeit und Kapital ihre Position durch verschiedene Formen der aktiven Zusammenarbeit verbessern konnten.[22] Die spezielle Lage des sozial abgesicherten männlichen Familienernährers wurden zum »Normalarbeitsverhältnis« deklariert. Analog dazu erklärte die Theorie und Praxis der industriellen Beziehungen das fordistische Modell der Sozialpartnerschaft zur Norm.

Diese Interpretationen beruhen nicht nur auf einem systematischen Ausblenden der Rolle der Natur, sondern auch auf einer Überschätzung der räumlichen und sozialen Reichweite dieses Kompromisses. Zahlreiche Studien haben darauf hingewiesen, dass selbst in der frühindustrialisierten Welt keineswegs die gesamte Bevölkerung von diesem Arrangement profitierte (Frauen zum Beispiel blieben weitgehend ausgeschlossen) und dass das fordistische Modell im globalen Maßstab stets die absolute Ausnahme war, weshalb die Deklaration dieser Konstellation zur »Norm« bereits früh als eurozentrisch kritisiert wurde.[23] Auch die Annahme, sukzessive würden immer weitere Personenkreise und Weltgegenden von Sozialpartnerschaft und »Normalarbeitsverhältnis« profitieren, erwies sich als falsch. Vielmehr ist es umgekehrt so, dass die Kernländer des fossilen Klassenkompromisses ebenfalls zunehmend von Prekarisierung und Informalisierung betroffen sind und sich in dieser Hinsicht dem Rest der Welt angleichen.[24]

Ja, selbst im Hinblick auf männliche Arbeiter muss die postulierte »Norm« relativiert werden. Für die USA schätzt etwa Mike Davis, dass gerade einmal ein Viertel der Bevölkerung (hauptsächlich weiße Facharbeiter) in den 1950er Jahren in die »Mittelklasse« der Haus- und Autobesitzer aufstieg. Einem weiteren Viertel bis einem Drittel, darunter die meisten Schwarzen und alle Landarbeiter, blieb dieser Aufstieg verwehrt. Sie bildeten das »andere Amerika«, das in den Sechzigern rebellierte. Nach der Ermordung von Martin Luther King kam es dabei in etwa 40 Städten zu spontanen Aufständen.[25] Ähnliches deutete sich mit den wilden Streiks der migrantischen und weiblichen Arbeiterinnen auch in Europa an. In Zeiten des Klimawandels wird die Behauptung einer Win-win-Konstellation noch problematischer, da zuallererst die unteren Klassen unter der Krise leiden. So wird in einer viel zitierten Studie prognostiziert, dass die Erderwärmung bis 2100 zu einem Rückgang des durchschnittlichen globalen Einkommens um etwa 23 Prozent führen wird, was eine Wirtschaftskrise von bisher ungekanntem Ausmaß bedeuten würde. Zuallererst und vor allem betreffen solche Einkommensverluste – und die mit der Krise verbundenen Gesundheitsschäden – Lohnabhängige.[26]

All dies legt nahe, dass der emphatische Bezug auf den Fordismus über dessen tatsächliche ökonomische Integrationskraft hinaus vor allem eine symbolische Komponente hat, die für männliche Anhänger der Politiken der Preisgabe besonders attraktiv ist. Cara Daggett spricht an dieser Stelle von »fossiler Nostalgie«, die etwa in Donald Trumps Slogan »Make America Great Again« zum Ausdruck komme. Die amerikanische Politikwissenschaftlerin sieht darin eine Überlegenheitsfantasie, die aufs Engste mit dem Verbrennen fossiler Energie verbunden sei. Sie drücke eine Sehnsucht nach den Jahrzehnten des Nachkriegsbooms aus, als vollerwerbstätige weiße Männer ihre Familien allein ernähren und ihre Ehefrauen und Kinder unangefochten beherrschen konnten. Dieses patriarchale Modell beruhte wesentlich auf billigem Öl, billigen Autos und dem Eigenheim in der Vorstadt. Die Überlegenheitsfantasie bezieht sich aber auch auf die globale Vormachtstellung des US-amerikanischen Ölimperiums. In dieser Dimension verbindet sie sich mit der Angst vor der Immigration von Menschen, die durch den Klimawandel aus ihrer Heimat vertrieben werden.[27]

Darüber hinaus beinhaltet die fossile Nostalgie jedoch eine Identifikation mit der eigenen Nutzbarmachung. Sie erschöpft sich nicht in der Vorstellung, dass die fossilen Industrien des Nachkriegsbooms allen, die dies wollten, eine Arbeit boten, die Sicherheit und Würde versprach. Vielmehr besteht sie in einem Glaubensbekenntnis zur Produktivität, das stets auch Grundlage sozialdemokratischer und gewerkschaftlicher Umverteilungsforderungen war. Aus dieser Perspektive käme ein Ende der fossilen Energie einem Sakrileg gleich, würde es doch die Arbeitsproduktivität unterminieren. Noch heute ist dieser Produktivismus ein wichtiger Erklärungsfaktor für die Unterstützung von Politiken der Preisgabe in klassischen Arbeitermilieus. Die Dekarbonisierung bedroht in dieser Rhetorik nicht nur konkrete Arbeitsplätze, sondern das *Prinzip* der Arbeit selbst. Der in den USA verbreitete Auto-Aufkleber »Are you an environmentalist or do you work for a living?« bringt diese proletarischen Ressentiments gegen den Umweltschutz auf den Punkt.[28] Die deutsche Tageszeitung *Welt* greift ähnliche Mentalitäten auf, wenn sie titelt: »Radikale Klimaschützer: Kein Beruf, kein Einkommen, ich bin Vollzeit-Aktivist«.[29] Insofern ist es kein Zufall, dass die immer häufiger dokumentierten Gewaltausbrüche gegen Umweltaktivistinnen regelmäßig von der Aufforderung »Geht arbeiten!« oder »Sucht euch einen Job!« begleitet werden. Dieses Ressentiment konnte sich freilich nur deshalb so weit verbreiten, weil es auf real existierende Klassenverhältnisse verweist. Es wird jedoch zur Grundlage einer erstarkenden fossilen Reaktion, als deren Galionsfiguren sich etwa Donald Trump oder Jair Bolsonaro positionieren. Die Sorge vor dem Verlust von Arbeitsplätzen korreliert dabei positiv mit der Umweltschädlichkeit der entsprechenden Tätigkeiten. Am größten ist sie, wenn es um das Abholzen des Regenwalds oder den Kohlebergbau geht.

Entsprechend zeugt die fossile Nostalgie nicht nur von den skizzierten Überlegenheitsfantasien, sondern auch von einer *Identifikation mit der eigenen Unterwerfung*. Denn die destruktive Nutzbarmachung der Arbeitskraft war, wie wir in diesem Buch gesehen haben, eine zentrale Funktion von Kohle und Öl. Darin liegt auch der Schlüssel für das Verständnis ihrer heutigen Fetischisierung in reaktionären Kreisen. Zum Ausdruck kommt diese insbesondere in der Identifikation mit der Figur des Kohlekumpels, die zum Idealbild quasi aller rechten Parteien in den frühindustrialisierten Ländern geworden ist. Eine umweltpolitische Rede im Bundestag begann ein AfD-Politiker etwa mit einem »Gruß an die Kohlekumpel«, die durch die Regierung verraten würden. Die Darstellung eines Bergarbeiters zierte Plakate der Partei. Dabei orientiert sie sich wohl an Trumps Selbstinszenierung, der sich im Wahlkampf gerne mit Bergarbeiterhelm oder einer Baseball-Kappe mit der Aufschrift »Make Coal Great Again!« ablichten ließ und die Rückkehr von Jobs in diesem Sektor versprach. Eine seiner ersten Präsidialanordnungen war die Aufhebung des Verbots von Kohlebergbau auf staatseigenem Land. Freilich erwiesen sich die Versprechen als illusorisch, und am Ende seiner Amtszeit gab es weit weniger Kohlekumpel als zu deren Beginn.[30] Durch die tatsächliche Hoffnung auf eine Rettung der verschwindend kleinen Anzahl von Jobs in der Branche lässt sich die weitverbreitete Vernarrtheit in den Kohlearbeiter also kaum erklären. Vor allem aber scheint der Bezug auf ihn deshalb paradox, weil die Kumpel die Gruppe waren, die aufgrund ihrer strukturellen Macht den Herrschenden einst die größten Zugeständnisse abrangen. Ebendies brachte ihnen den Hass des historischen Faschismus ein, und auch in der Gegenwart hegen rechte Bewegungen wenig Sympathien für eine proletarische Emanzipation. Die plötzliche Liebe der fossilen Reaktion für den Kohlekumpel erklärt sich demnach gerade dadurch, dass seine Macht für immer gebrochen wurde. Heute ist er zu einem Symbol *proletarischer Unterwerfung* geworden. Das hat nicht nur mit der politischen Entmachtung der Bergleute zu tun. Im Vordergrund steht vielmehr die sadomasochistische Identifikation mit einem vermeintlich vom Kohlekumpel verkörperten Männlichkeitsideal, das mit einem Sieg sowohl über die äußere als auch die innere Natur verbunden ist: Die äußere Natur wird aufgerissen und mit Schadstoffen verpestet, indem die innere, die Körpernatur, der destruktiven Nutzbarmachung in lebensbedrohlichen Arbeitsverhältnissen unterworfen wird.

Dieses Männlichkeitsideal findet sich durchaus auch bei den von uns befragten Bauarbeitern, die gerade aus dem klaglosen Ertragen der Belastungen, die sich unter anderem aus den Folgen des Klimawandels ergeben, ihren Stolz schöpfen. Der Psychoanalytiker Erich Fromm interpretierte eine solche sadomasochistische Identifikation mit der eigenen Unterwerfung bereits in den 1940er Jahren als »Furcht vor der Freiheit«.[31] In Bezug auf die heutige Klimapolitik kann man daraus schließen, dass für viele Menschen die Identifikation mit ihrer Nutzbarmachung so weit fortgeschritten ist, dass eine Befreiung daraus – sei es in Form von Arbeitszeitverkürzung, sei es in Gestalt der Dekarbonisierung – selbst zur existenziellen Bedrohung wird. Der Klimaaktivismus löst gerade deshalb so viel Empörung aus, weil er als Negation all der Opfer aufgefasst wird, die man für die Arbeitswelt erbringen musste.

Bezeichnenderweise nimmt sich dieses Ressentiment jedoch selbst als *rebellisch* wahr, da es sich nicht nur gegen Klimaaktivistinnen richtet, sondern auch gegen Regierungen, die sich zumindest rhetorisch einer Politik der Nachhaltigkeit verschreiben. Angst bereitet der fossilen Reaktion etwa die staatliche Förderung von Wärmepumpen, die für sie die »letzte Entfremdung vom Feuer« darstellt.[32] Das Bespielen solcher Ängste war vermutlich ein Faktor, der im Juni 2023 über 13 000 Menschen zur Teilnahme an einer Demonstration gegen Wärmepumpen in Erding nordöstlich von München mobilisierte. Hauptredner dort waren Ministerpräsident Markus Söder und der bayerische Wirtschaftsminister Huber Aiwanger, Vertreter der Exekutive also, die sich mit Aussagen wie »die schweigende, große Mehrheit des Landes« müsse sich »die Demokratie wieder zurückholen« der Sprache der Rebellion bedienten[33] – eine Taktik, die sie allem Anschein nach von fossilen Reaktionären wie Donald Trump übernommen haben.

In diesem Sinne kehren auch hier die Muster der autoritären Rebellion wieder, die Erich Fromm Ende der 1920er Jahre in seiner Studie *Arbeiter und Angestellte am Vorabend des Dritten Reiches* analysiert hatte.[34] Dabei wurde eine Mehrheit der Befragten als »rebellisch-autoritäre Charaktertypen« eingeordnet. Autoritär war diese Rebellion insofern, als sie sich gegen die als »schwach« wahrgenommenen Autoritäten der Weimarer Republik richtete, also demokratische Politiker und vermeintliche Vertreter des »jüdischen Finanzkapitals«, die durch »wahre Autoritäten« ersetzt werden sollten. In ähnlicher Weise nimmt die fossile Reaktion heute den »grünen Mainstream« als schwache Autorität wahr – nicht nur aufgrund seines Politikstils, sondern vor allem, weil *das Erlöschen des fossilen Feuers selbst zum Symbol der Schwäche wird.*

In zugespitzter Form wird diese sadomasochistische Identifikation in einer Praxis sichtbar, die sich unter US-amerikanischen Rechten seit etwa 20 Jahren zunehmender Beliebtheit erfreut. Beim sogenannten »Rolling Coal« werden die Motoren von insbesondere Lkws und Diesel-SUVs so umgebaut, dass sie mehr Kraftstoff verbrauchen und die Partikelfilter ausgeschaltet werden können, damit besonders große und tiefschwarze Abgaswolken entstehen. Die Coal Roller veranstalten Treffen auf Privatgrundstücken, wo sie ihrem Hobby frönen. Überholen sie im Alltag Feindbilder wie Radfahrer oder Menschen in Hybrid-Fahrzeugen (das Toyota-Modell Prius ist ihnen ein besonders verhasstes Symbol), nebeln sie diese per Knopfdruck mit giftigen Schwaden ein. Im Netz finden sich Hunderttausende entsprechender Videos. Die exzessive und bewusst zur Schau gestellte Umweltverschmutzung ist ein fester Bestandteil von Anti-Klimaschutz-Protesten und wird auch als patriarchale Machtdemonstration gegenüber Frauen eingesetzt. Einige US-Bundesstaaten haben das Rolling Coal mittlerweile explizit verboten. Dennoch werden die dafür notwendigen Geräte weiterhin verkauft. 2019 hat etwa die US-Umweltbehörde festgestellt, dass die Firma Derive Systems in den vergangenen Jahren über 350000 illegale Tuning-Sets abgesetzt hat. Trump wies die Behörde jedoch an, die Strafe von bis zu 3750 Dollar pro Verstoß auf 90 Cent zu reduzieren.[35]

Cara Daggett hat die Videos der Rolling-Coal-Aktivisten ausgewertet und dabei vor allem drei Aspekte herausgearbeitet, die diese Praxis attraktiv machen: die Möglichkeit der weitgehend straflosen Gewaltausübung, ein intensives Erleben von Männlichkeit und ein Gefühl des Verschmelzens mit der Maschine. Im Wesentlichen gehe es um die Inszenierung einer »fossilen Männlichkeit« und um die zur Schau gestellte Unterwerfung unter die Maschine.[36] Diese symbolische Doppelbedeutung der fossilen Energie ist bereits bei Marinetti präsent, wenn dieser etwa von der Luftverschmutzung schwärmt:

> Wir haben große Zentren, die Tag und Nacht in Flammen stehen und ihre riesigen Feuer über die Landschaft ausbreiten. Wir haben mit unserem Schweiß einen ganzen Wald von riesigen Fabrikschloten durchtränkt, deren Kuppeln aus aufsteigendem Rauch unseren Himmel emporheben, der nichts Anderes sein will als eine riesige Fabrikdecke.[37]

Auch bei Jünger verbindet sich die Bewunderung der fossilen Produktivität mit einer eigentümlichen Freude an der Naturzerstörung: »Jeder kennt den Rausch, der den modernen Menschen überwältigt durch die Ausstrahlungen seines Werkes in Stunden und Minuten, in denen die Energie wie eine lodernde Flamme über den Riesenstädten verbrennt.«[38] Der Wille zur Zerstörung richtet sich aber auch auf Menschen. So feiert Jünger die fossile Maschinerie vor allem für ihren *Zwangscharakter* gegenüber den Arbeitern:

> Wer sich der Maschine entgegenstellt, über den wird sie hinwegrollen wie der Wagen der Vernichtung. Jeder Protest wird an ihrer stählernen Erscheinung zerschellen wie der Protest jener Maschinenstürmer im englischen Industriegebiet den ersten Auswirkungen der Dampfkraft gegenüber.[39]

Praktiken wie Rolling Coal können als eine *destruktive Form des ökologischen Eigensinns* verstanden werden, der eine Politik der Preisgabe zelebriert. Denkbar wird diese spezifische Variante der ökologischen Gewalt erst vor dem Hintergrund eines wachsenden Bewusstseins für den Klimawandel, da sie gerade daraus ihr Potenzial als Provokation bezieht. Die autoritäre Rebellion ist also ebenfalls mit dem Wissen um die Autonomie der Natur verknüpft, allerdings schlägt dieser Eigensinn hier in destruktive Praktiken sowie eine Fetischisierung von Kohleverbrauch und – im brasilianischen Fall – Waldrodung um. Gerade die Zerstörung hat anscheinend eine kompensatorische Funktion. Wenn wir verstehen wollen, warum Politiken der Preisgabe sich nach wie vor großer Unterstützung erfreuen, müssen wir diese affektive Bindung an die fossile Energie berücksichtigen.

Zonen der Nutzlosigkeit

Politiken der Preisgabe kommen nicht nur in der Weiternutzung von Kohle und Öl zum Ausdruck, sie haben auch eine geografische Dimension. Weltweit verwandeln sich Zonen der Vernutzung in *Zonen der Nutzlosigkeit*. Besonders dramatisch liegt dies auf der Hand, wenn Land buchstäblich verlorengeht. Die globale Erwärmung lässt Gletscher und Eisschilde abschmelzen. Der Meeresspiegel ist seit 1993 jährlich um 3,5 Millimeter gestiegen, insgesamt also um etwa zehn Zentimeter. Selbst wenn die Klimaerwärmung bis 2100 auf zwei Grad beschränkt werden kann, ist ein Anstieg des Meeresspiegels um bis zu 126 Zentimeter zu erwarten. Ein Anstieg um einen Meter würde ohne Gegenmaßnahmen zur Überschwemmung von 150000 Quadratkilometern Land führen, wodurch 180 Millionen Menschen verdrängt werden könnten. Auf kleineren Inseln tragen der Verlust von Küstenland, extreme Niederschläge und Flutwellen sowie immer häufigere Phasen der Trockenheit zur Nahrungsmittel- und Wasserversorgungsunsicherheit bei. Außerdem geht man davon aus, dass in manchen Teilen des Pazifiks die Fischvorkommen bis 2100 um über 50 Prozent zurückgehen werden, was viele Inselstaaten ebenfalls vor massive Probleme stellt.[40]

Doch auch auf dem Festland werden sich immer mehr Regionen in Zonen der Nutzlosigkeit verwandeln. Bereits 2018 erklärte die Zwischenstaatliche Plattform für Biodiversität und Ökosystem-Dienstleistungen (IPBES), mehr als 75 Prozent der globalen Landflächen seien in erheblichem Maße degradiert. Teilweise sind diese Landstriche zu Wüsten geworden, teilweise sind sie massiv verschmutzt; Wälder wurden abgeholzt, um Flächen für die Landwirtschaft nutzbar zu machen. Solche Entwicklungen untergraben die Lebensgrundlage von 3,2 Milliarden Menschen. Gleichzeitig sind sie die Hauptursache für das Artensterben, das wiederum wichtige Ökosystemdienstleistungen wie die Blütenbestäubung durch Insekten unterminiert. Bis 2050 werden die Ernteerträge aufgrund von Bodendegradation und Klimawandel weltweit um durchschnittlich 10 Prozent und in bestimmten Regionen um bis zu 50 Prozent zurückgehen, was einem jährlichen Verlust von 10 Prozent des globalen BIP entspricht. Die abnehmende Bodenproduktivität trägt bereits heute auch zu gesellschaftlicher Instabilität bei. Die IPBES verzeichnet bei extrem geringen Niederschlägen in Trockengebieten einen Anstieg gewaltsamer Konflikte um bis zu 45 Prozent und sieht hier einen engen Zusammenhang zum Klimawandel. Die Forscherinnen gehen davon aus, dass 2050 vier Milliarden Menschen in Trockengebieten leben werden.[41]

Politiken der Preisgabe nehmen die Ausweitung solcher Zonen der Nutzlosigkeit billigend in Kauf, und selbst ein transformativer Kurswechsel könnte diese Entwicklung nicht gänzlich aufhalten oder gar umkehren. Politiken der Transformation wiederum schaffen auf andere Weise Zonen der Nutzlosigkeit, zum Beispiel wenn Landstriche zu Naturschutzgebieten oder Senken erklärt werden, die der Umwelt Schadstoffe entziehen sollen. Meist handelt es sich um Wälder oder Feuchtgebiete, die etwa CO_2 binden. Im Gegensatz zu den Gegenden, die der Überflutung oder Desertifikation zum Opfer fallen, haben wir es hier jedoch mit einer *reproduktiven* Nutzlosigkeit zu tun: Sie dient der Regeneration der geschützten Landschaften, aber auch des Erdsystems als Ganzem. Andreas Malm schreibt dazu: »In gewissem Sinne sind die wilden Allmenden der Natur das räumliche Äquivalent der Freizeit: eine Sphäre der Existenz, die noch nicht von der expansiven Reproduktion verschlungen wurde. Wir sollten dafür kämpfen, sie zu schützen und zu erweitern.«[42] Dem würde wohl keine umweltbewusste Person widersprechen. Allerdings sind die Naturschutzgebiete und Senken in der Regel gerade keine Allmenden, sondern *reproduktives Kapital.* Sie werden zwar nicht abgeholzt oder trockengelegt, aber dennoch der ökonomischen Verwertung zugeführt. Wie wir in Kapitel 7gesehen haben, werden sie als kompensatorische Ökosystemdienstleistungen zu Waren gemacht und als solche gehandelt. Ein solcher Ausgleich ist der zentrale Mechanismus hinter der Vorgabe »Netto-Null«. Dieses Schlagwort wurde erst 2019 durch den IPCC popularisiert, ist aber bereits wenige Jahre später allgegenwärtig: 929 der im Forbes Global 2000 gelisteten Unternehmen haben sich dem Ziel verschrieben, die von ihnen verursachten CO_2-Emissionen – irgendwann – kompensieren zu wollen. Auf Ebene der Staaten sind die Zahlen sogar noch spektakulärer: Stand Juni 2023 haben 149 Länder, die für 92 Prozent der globalen Wirtschaftsleistung, 88 Prozent des Treibhausgasausstoßes und 89 Prozent der Weltbevölkerung stehen, entsprechende Zusagen gemacht.[43] Die Nachfrage nach Kompensationsleistungen ist also riesig. Klassische Formen des Ausgleichs sind das Aufforsten von Wäldern oder die Renaturierung von Feuchtgebieten. Der ökonomische Wert dieser Senken liegt gerade darin, dass sie der Nutzbarmachung entzogen werden. Gleichzeitig werden sie aber in die Verwertungskreisläufe integriert und sollen, wie jeder Boden, eine Rente abwerfen.[44] Senken entstehen also nicht einfach durch das Unterlassen der Nutzbarmachung. Stattdessen werden sie – durch den Einsatz von Kapital und Arbeit – hergestellt. In diesem Sinne sind die Senken ein Ausdruck des Paradoxes der Nutzbarmachung.

Da Senken in der sozialen Form des reproduktiven Kapitals produziert werden, bringen sie auf ähnliche Weise Herrschaft und Konflikte hervor wie die Herstellung des produktiven Kapitals. Da beide auf einer Trennung zwischen Produzenten und Produkt aufbauen, sind zu ihrer Aufrechterhaltung staatliche und nichtstaatliche Herrschaftsinstitutionen notwendig, die die Bedingungen der Ungleichheit absichern. Im Fall der Senken ist diese Ungleichheit vor allem eine räumliche, liegen sie doch fast ausschließlich in den Niedriglohnländern des globalen Südens. Dort sind sowohl Land als auch die für die Herstellung der Senken notwendige Arbeit wesentlich billiger zu haben als im globalen Norden.[45] Würden die Emissionen am Ort ihrer Verursachung kompensiert, also meist in den Hochlohnländern, würden die Kosten explodieren – und die Netto-Null-

Idee würde so schnell wieder verschwinden, wie sie sich ausgebreitet hat.

Auch bei der Reproduktion der Produktionsbedingungen stoßen wir folglich auf ein Regime der differenziellen Nutzbarmachung. Die Globalisierung der Reproduktion folgt derselben neokolonialen Logik wie die Globalisierung der Produktion: Niedriglohnländer sollen sich auf die Extraktion von Rohstoffen, auf Landwirtschaft und Senken konzentrieren und werden so auf ökonomische Entwicklungspfade gezwungen, welche die globale Ungleichheit verstärken, da sie nur minimale Gewinne abwerfen und den Aufbau profitabler Industrien verhindern. Geschaffen und aufrechterhalten wird diese Ungleichheit heute aber nicht länger allein von Institutionen wie dem IWF oder der Weltbank, sondern zunehmend auch durch die Institutionen des Umwelt- und Klimaschutzes. Der Agrarsoziologe Max Ajl beschreibt die Aneignung von Land für die Schaffung von Naturparks oder Senken als eine neue Form der ursprünglichen Akkumulation.[46] Wie die von Marx beschriebene ursprüngliche Akkumulation in Form der Privatisierung der Allmenden im England des 16. Jahrhunderts wird auch die Landnahme im Namen des Naturschutzes durch militärische Gewalt abgesichert, muss zur Schaffung entsprechender Zonen doch meist zunächst die indigene Bevölkerung vertrieben werden.

Ein Beispiel dafür ist der Kahuzi-Biéga-Nationalpark, der 1970 im damaligen Zaire, der heutigen Demokratischen Republik Kongo, gegründet wurde. Ins Leben gerufen wurde der Park von Belgiern, also Vertretern der ehemaligen Kolonialmacht. Seit 1986 ist die Bundesregierung wichtigster Geldgeber, weshalb er vor Ort als »der deutsche Park« bezeichnet wird. Das Gebiet war allerdings keineswegs unbesiedelt: Es war der traditionelle Lebensraum der auch als »Pygmäen« bekannten Batwa. Mit Nationalparks verbinden wir meist die Vorstellung »unberührter Natur«. Im Fall des Kahuzi-Biéga mussten jedoch 13 000 Batwa gewaltsam vertrieben werden, um diesen Zustand herzustellen. Danach wurde ein meterhoher, streng bewachter Zaun um das Areal gezogen. Es scheint naheliegend, diesen Zaun als Grenze zwischen Mensch und Natur zu interpretieren. Der Park ist allerdings ein äußerst beliebtes Tourismusziel. Die Reisemesse ITB zeichnete ihn 2019 als eine der Top 100 globalen Tourismusattraktionen aus. In diesem Sinne separiert die Barriere also vielmehr Natur und Arbeit. Sie verlief ursprünglich über die Äcker der lokalen Bauern und trennt nun »bearbeitetes« von scheinbar »unbearbeitetem« Land. Um die Batwa zu vertreiben, brannten die Wildschützer deren Dörfer nieder, wobei Kinder getötet und Frauen vergewaltigt wurden. Batwa, die in den Park eindrangen, wurden erschossen. 2012 klassifizierten die USA Wilderer sogar als Terroristen und machten sie so zu Zielen des »War on Terror«. Die Wildhüter wurden nun von westlichen Militärs ausgerüstet und trainiert. Der Rüstungskonzern Rheinmetall erarbeitete ein eigenes Überwachungs- und Bewaffnungskonzept, mit dem er Afrikas Naturschutzbehörden als Kunden gewinnen will.[47] Insgesamt wurden Schätzungen zufolge weltweit bereits 136 Millionen Menschen vertrieben, um Platz für Nationalparks zu machen.[48] Für ein Verständnis dieser Formen des neokolonialen Umweltschutzes ist es notwendig, sie im Kontext der globalen Stoffwechselpolitik zu verorten.

Aufgrund der expansiven Dynamik der Vernutzung werden Senken zu einer immer zentraleren Produktionsbedingung. Deshalb gewinnen ökologische Institutionen stetig an Bedeutung, regulieren diese doch die genauen Umstände und damit auch Preise für ihre Einrichtung. Damit erfüllen sie eine ähnliche Funktion wie die Institutionen der industriellen Beziehungen, die dafür zuständig sind, die Bedingungen der Produktion – und damit wesentlich auch ihre Kosten – auszuhandeln. Während Gewerkschaften und Arbeitgeberverbände die Grenzen und die Preise der Nutzbarmachung menschlicher Arbeit definieren, legt die Umweltpolitik die Grenzen und Preise der Nutzbarmachung der Natur fest. Da Letztere einen stetig wachsenden Anteil der Produktionskosten ausmachen, wird auch ihre Aushandlung politisch immer wichtiger. Das zeigt sich unter anderem darin, dass Unternehmen und ihre Verbände sich verstärkt der Klimapolitik zuwenden. Dabei geht es nicht mehr nur darum, strengere Umweltregularien, wie etwa Steuern auf fossile Energie, Schadstoffgrenzwerte oder Verbrennerverbote zu verhindern, sondern immer häufiger um die Maßgaben der Kompensation selbst. Folglich ist zunehmend umstritten, was überhaupt als Kompensation zählen kann. Als Beispiel kann man hier die Kompensationspolitik des Ölriesen Chevron anführen, der erklärt hat, bis 2050 Netto-Null-Emissionen erreichen zu wollen. Nach einer Analyse der NGO Corporate Accountability waren jedoch 93 Prozent der Kompensationen, die der Konzern zwischen 2020 und 2022 gekauft und auf seine Klimaziele angerechnet hat, ökologisch wertlos. Zusätzlich hätten gerade viele Großprojekte, wie etwa Staudämme in lokalen Gemeinden, erhebliche soziale Schäden verursacht. Chevron versucht demgegenüber, mithilfe von Wissenschaftlern und Zertifizierungsagenturen eigene Kriterien durchzusetzen, um die Kosten für die Kompensation niedrig zu halten und seine Emissionen nicht an der Quelle reduzieren zu müssen.[49] Eine aktuelle Studie zeigt, dass solche Manöver in zunehmendem Maße zum politischen Repertoire von Arbeitgeberverbänden gehören.[50] Da gleichzeitig die gewerkschaftliche Organisierung und die Tarifabdeckung tendenziell abnehmen, kann von einer *relativen Verschiebung des Fokus der Stoffwechselpolitik von der Tarif- auf die Umweltpolitik* ausgegangen werden. Dabei geht es auch um die Aushandlung des Verhältnisses von Preisgabe und Transformation im Umgang mit Zonen der Nutzlosigkeit.

Nutzlose Körper

Im Jahr 2020 wurden die globalen Arbeitsstunden durch die Coronapandemie um 8,8 Prozent reduziert, umgerechnet etwa 255 Millionen Vollzeitarbeitsplätze.[51] Auch die globale Erwärmung senkt die Leistungsfähigkeit menschlicher Körper. Bereits Temperaturen über

24 bis 26 Grad Celsius lassen die Arbeitsproduktivität geringer werden. Bei 33 bis 34 Grad reduziert sich die Arbeitsleistung um die Hälfte. Laut Prognosen werden schon bei einem globalen Temperaturanstieg von 1,5 Grad bis 2030 weltweit 2,2 Prozent der Gesamtarbeitszeit verlorengehen – das Äquivalent zu 80 Millionen Vollzeitstellen. Dabei handelt es sich um eine sehr vorsichtige Schätzung, da sie unter anderem auf der Annahme basiert, dass landwirtschaftliche und bauliche Arbeiten im Schatten durchgeführt werden.[52]

Zusätzlich zum Verlust ihrer eigenen Produktivität müssen die von Hitzestress, Virusinfektionen oder anderen Auswirkungen der ökologischen Krise betroffenen Körper häufiger und intensiver gepflegt werden, wodurch sie weitere gesellschaftliche Arbeitszeit binden. Deshalb werden stets neue Grenzen zwischen potenziell nutzbaren und nutzlosen Körpern gezogen. Diesem Ziel diente bereits die frühe Sozialstatistik im 19. Jahrhundert: Man entwickelte komplexe Typologien zur Klassifizierung der Armen. Auf dieser Grundlage traf man Unterscheidungen zwischen jenen, die man durch staatliche Unterstützung in den Arbeitsmarkt integrieren konnte, und den prinzipiell Nutzlosen, denen man mit Zwangsmaßnahmen und Einsperrung begegnete. Heute bleibt diese Unterscheidung oft implizit, teilweise wird sie aber auch offen formuliert. Exemplarisch stehen dafür Aussagen des stellvertretende Gouverneurs von Texas, der während der Hochphase der Coronapandemie dafür plädierte, die Wirtschaftseinschränkungen und insbesondere die Schutzmaßnahmen für ältere Menschen aufzugeben, seien diese doch bereit, sich »für die Ökonomie zu opfern«.[53]

Besonders prominent werden entsprechende Verhandlungen in der Migrationspolitik geführt. Einerseits werden dabei Exklusions- und Abschreckungspolitiken verschärft, andererseits versucht man händeringend, Fachkräfte anzuwerben. In Deutschland beispielsweise fehlen laut einer Studie des arbeitgebernahen Instituts der deutschen Wirtschaft allein für den Ausbau der Solar- und Windenergie rund 216 000 Arbeitskräfte.[54] Eine andere Studie hat ergeben, dass deutsche Unternehmer den Fachkräftemangel sogar für eine größere Herausforderung halten als den Klimawandel selbst.[55] Entsprechend trommeln ihre Verbände für den Abbau bürokratischer Hürden für den Zugang zum Arbeitsmarkt. Gleichzeitig soll aber insbesondere für Geflüchtete die Hierarchisierung und die Prekarität der Aufenthaltstitel beibehalten werden.[56] In der Folge kommt es auch hier zu einer differenziellen Nutzbarmachung, bei der zwischen »nützlichen« und »nutzlosen Anderen« unterschieden wird.[57]

In letztere Kategorie fällt ein Großteil der Menschen, die vor den Folgen der Landdegradation und des Klimawandels fliehen. Laut Berechnungen der IPBES wird ihre Zahl bis 2050 auf bis zu 700 Millionen ansteigen.[58] Da die Hochlohnländer bereits mit ihren eigenen überflüssig gemachten oder vernutzten Bevölkerungsteilen zu kämpfen haben, werden keine Anstrengungen unternommen, diese Menschen als Arbeitskräfte zu nutzen. Stattdessen werden sie als Überschussbevölkerung – oder in den Worten Baumans als »menschlicher Müll« – behandelt.[59]

Diese Entwicklung ist keineswegs neu, sondern inhärenter Teil der modernen Debatte über die ökologische Krise. Einer der prominentesten Akteure der Frühphase dieses Diskurses, der US-amerikanische Mikrobiologie Garrett Hardin, erklärte bereits 1974, man müsse sich Länder angesichts ökologischer Katastrophen als Rettungsboote vorstellen. Die Armen befänden sich auf überfüllten Booten und würden zwangsläufig über Bord gehen. Für die Reichen verbiete es sich jedoch, diese Schiffbrüchigen aufzunehmen, da sonst auch ihre Boote sinken würden.[60] Die hier implizierte Politik der Preisgabe liegt ganz auf der Linie des Arguments, das Hardin in seinem bekannten Aufsatz zur »Tragik der Allmende« entwickelt.[61] Der freie Zugang zu Ressourcen wie Weideland, so Hardin 1968, führe notwendigerweise zu einer Übernutzung und damit zu einer für alle Beteiligten schlechteren Situation. Stattdessen könnten nur die Exklusionsmechanismen der Privatisierung die Umwelt vor ihrer Zerstörung retten.[62]

Waren die überfüllten Boote bei Hardin noch eine Metapher, sind sie inzwischen zur Wirklichkeit geworden. Die gesellschaftlichen Anstrengungen konzentrieren sich auf Techniken der Ausweisung und Exklusion. Der Unterschied zwischen nützlichen und nutzlosen Anderen wurde überdeutlich, als Mitte Juni 2023 ein Unterseeboot vermisst wurde, das fünf reiche Touristen zum Wrack der Titanic bringen sollte, und gleichzeitig ein Schiff mit etwa 750 Geflüchteten an Bord im Mittelmeer sank. Während Liveticker von den Versuchen berichteten, das U-Boot zu bergen, wurden die Flüchtenden im Wortsinn dem Ertrinken preisgegeben: Die griechische Küstenwache hatte das Schiff wohl drei Mal zurück aufs offene Meer gezogen und dann nicht eingegriffen, als es unterging.[63]

Insgesamt hat die Menschenrechtsorganisation United zwischen 1993 und 2023 52760 Menschen registriert, die beim Versuch, nach Europa zu gelangen, gestorben sind – ein Resultat immer weiter militarisierter Grenzen.[64] Dabei ist die Militarisierung jedoch nicht nur ein Resultat der ökologischen Krise, sondern auch eine ihrer zentralen Ursachen. Die US-Streitkräfte sind die Organisation mit dem weltweit größten Energieverbrauch, und statistische Untersuchungen haben ergeben, dass die CO_2-Emissionen von Staaten stark mit dem Grad ihrer Militarisierung korreliert sind.[65] Militarisierung und ökologische Krise *verstärken sich also gegenseitig*.

Während Geflüchtete oft grundsätzlich als nutzlos klassifiziert werden, wechseln die meisten anderen Menschen üblicherweise zwischen den Kategorien hin und her. So haben wir im Laufe dieses Buches verschiedenste eigensinnige *Praktiken der Nutzlosigkeit* kennengelernt. Diese reichen von der notorischen Unpünktlichkeit und Trunkenheit der frühen Manufakturarbeiter über die Bummeleien in den Autofabriken bis hin zu Massenstreiks. Im Fall von Erschöpfung oder Krankheit verschwimmen dabei regelmäßig die Grenzen zwischen Autonomie der Arbeit und Autonomie der Natur: Ob eine Person nicht arbeiten kann oder nicht arbeiten will, ist oft nicht einmal ihr selbst vollständig klar.

Solche Praktiken der Nutzlosigkeit können selbst transformativen Charakter annehmen. Ein Bauarbeiter etwa antwortet auf die Frage nach der sinnvollsten Klimaschutzpolitik:

> Arbeitszeitverkürzung ist mal das Erste, was ich machen würde. [...] Also, ich arbeite jetzt neun Stunden, plus Pause, umziehen, hin- und herreisen. Neben dem, dass es für mich privat scheiße ist: In neun Stunden kannst du einfach viel mehr CO_2 verballern auf der Baustelle als in acht. Das summiert sich dann eben schon.

Tatsächlich haben verschiedene Studien Lohnarbeitszeit als zentralen volkswirtschaftlichen Einflussfaktor auf die CO_2-Emissionen identifiziert. Eine Berechnung geht davon aus, dass eine Verringerung der Arbeitszeit um ein Prozent die Treibhausgas-Emissionen um 0,8 Prozent reduzieren würde.[66] Eine andere Studie operiert mit dem Konzept des CO_2-Fußabdrucks und kommt auf Einsparungen von 1,46 Prozent; bei einer Reduktion um 25 Prozent wäre demnach mit einer Verkleinerung des Fußabdrucks um bis zu 36,6 Prozent zu rechnen.[67] Neben direkten Einsparungen bei der Arbeit und der Anreise hätten kürzere Arbeitszeiten auch einen indirekten positiven Effekt: Personen und Familien, die über mehr freie Zeit verfügen, nutzen sowohl im Haushalt als auch beim Transport im Durchschnitt signifikant weniger umweltschädliche Technologien.[68]

Vor allem hat die Forderung nach einer radikalen Verkürzung und Neuverteilung der Arbeitszeit das Potenzial, transformative Bündnisse zu stiften, nicht nur zwischen Arbeiterinnen- und Klimabewegung, sondern auch mit feministischen Kämpfen. Lange Arbeitszeiten sind immerhin eine der wichtigsten Ursachen der vergeschlechtlichten Trennung von Produktions- und Reproduktionsarbeit: Sie setzen einen Lohnarbeiter voraus, der nicht nur im marxschen Sinne doppelt frei ist (frei von Produktionsmitteln, frei zum Abschluss von Arbeitsverträgen), sondern dreifach frei, nämlich auch von häuslicher Reproduktionsarbeit.[69] Eine zeitliche Beschränkung der Lohnarbeit würde dementsprechend eine gleichere Verteilung der Care-Tätigkeiten zwischen den Geschlechtern begünstigen.

Wäre die Arbeitszeit die einzige politische Stellschraube, müsste sie in Deutschland auf unter zehn Wochenstunden begrenzt werden, um eine tatsächlich nachhaltige Arbeitswelt zu erreichen.[70] Eine solche Maßnahme wäre freilich mit einem entsprechend drastischen Rückgang der Gesamtproduktion verbunden und folglich nur in einem Postwachstumsszenario darstellbar. Obwohl ein solches Szenario allgemein als besonders schwer vermittelbar gilt, sprechen sich einige der von uns befragten Bauarbeiter für eine Beschränkung des Gesamtumfangs ihrer Branche aus. Ein Angelernter erklärt etwa:

> Wenn Sie denken, dass die Straßen, Gebäude oder sonstigen Strukturen alle 20 Jahre renoviert werden, das heißt, es braucht mehr Belag, mehr Baustoff, mehr Holz, was auch wieder eine Konsequenz darstellt für die Umwelt. Und in der Schweiz, in Deutschland, Italien, Amerika wurde [bis zum] 26. Mai alles, was für ein Jahr in der Reserve steht, verbraucht. Und wir arbeiten immer noch weiter. Wir bauen viel zu viel. Und alles immer noch schneller. Das geht nicht. Irgendwann müssen wir die Bremse ziehen. Das ist wichtig.

Diese Forderungen resultieren aus der alltäglichen Erfahrung sowohl überlanger Arbeitstage als auch der umweltzerstörenden Folgen der eigenen beruflichen Tätigkeit. Sie verbinden die Auseinandersetzungen auf den Baustellen mit einer breiteren Stoffwechselpolitik.

Eine lustvolle Politik der Nutzlosigkeit

Wenn Arbeit der Ort des gesellschaftlichen Stoffwechsels mit der Natur ist, dann bedeutet eine sozialökologische Transformation notwendigerweise eine Transformation der Arbeitswelt. Der Schlüssel dazu ist die Überwindung der expansiven Nutzbarmachung. Wir haben hier anhand zahlreicher Beispiele gesehen, dass diese Dynamik nicht nur die strukturelle Ursache der ökologischen Krise ist, sondern auch der Krise der sozialen Reproduktion. Arbeitende Menschen erleben die expansive Nutzbarmachung ihrer Körper in Form von Erschöpfung, Stress, Bandscheibenvorfällen, Burnouts. Es sind solche Erfahrungen, die uns eine kritische Luzidität gegenüber der Nutzbarmachung verleihen. So wissen die allermeisten von uns um die schädlichen Aspekte unserer Arbeit, nicht nur für uns selbst, sondern auch für die Umwelt. Wie den befragten Bauarbeitern ist auch der überwiegenden Mehrheit der anderen arbeitenden Menschen ziemlich genau klar, wie diese Probleme überwunden werden könnten. Auf dieses kritische Arbeitswissen muss eine sozialökologische Transformation aufbauen. Denn wie die verschiedenen hier diskutierten Beispiele zeigen, beeinflusst die Autonomie der Arbeit durchaus die Entwicklung der Re/produktivkräfte.

Freilich wird ökologisches Arbeitswissen allein ebenso wenig von selbst die notwendige Transformation herbeiführen wie zuvor das wissenschaftliche Wissen über die ökologische Krise. Eine solche Transformation kann nur durch Macht von unten durchgesetzt werden. Dabei besteht der Vorteil der arbeitenden Menschen darin, dass wir nicht nur Objekte, sondern Subjekte der Nutzbarmachung sind: Wir vollziehen sie selbst in unserer täglichen Praxis. Das bedeutet auch, dass es prinzipiell in unserer Macht steht, sie zu beenden – indem wir unsere Arbeit unterbrechen. Arbeitsniederlegungen haben allerdings nur dann einen politischen Effekt, wenn sie massenhaft erfolgen. Ein solcher Massenstreik ist insofern, wie Walter Benjamin anmerkte, nicht Mittel, sondern *Manifestation*: Er vollzieht zu großen Teilen selbst, worauf er abzielt.[71]

Es ist der globalen Jugendbewegung Fridays for Future zu verdanken, dass der Streik als klimapolitisches Instrument an Bedeutung gewonnen hat. Dabei geht es auch den jungen Aktivistinnen durchaus um eine Verweigerung der Nutzbarmachung. So berichten mehrere von uns befragte Schülerinnen und Studierende, dass sie sich nicht für eine Arbeitswelt ausbilden lassen wollen, die sie als inhärent zerstörerisch wahrnehmen. Doch anders als Beschäftigte können Schülerinnen und Studierende durch ihre Streiks kaum ökonomischen Druck aufbauen. Dazu müssten sich auch viele Arbeitnehmerinnen an entsprechenden Aktionen beteiligen. In Ländern des globalen Südens, wie Indien oder Südafrika, aber auch in den USA kommt es derzeit verstärkt zu solchen Massenstreiks, die sich fast immer gegen neoliberale Politiken richten.[72] Von solchen Aktionen könnte die Klimabewegung lernen. Neben der Durchsetzungskraft hätte ein konsequenter Klimastreik den Vorteil, dass eine massenhafte Arbeitsniederlegung – unabhängig davon, ob die Forderungen erfüllt werden – selbst bereits einen Beitrag zum Klimaschutz darstellen würde.

Ob eine solche Strategie sich auch auf die Gewerkschaften stützen kann, ist eine offene Frage. Generell spielen die Arbeitnehmerorganisationen in der Umweltpolitik regelmäßig eine ambivalente Rolle, weil ihnen die Jobs ihrer Mitglieder oft wichtiger sind als Umweltschutzmaßnahmen, die diese womöglich gefährden. Dies lässt sich jedoch nicht auf per se antiökologische Interessen »der Arbeiter« zurückführen, wie zahlreiche historische Arbeitskämpfe zeigen, von denen einige in diesem Buch erörtert wurden.[73] Der Soziologe Klaus Dörre erklärt die umweltpolitische Ambivalenz stattdessen mit einer Politik der »fraktalen Gewerkschaften«, bei der die Jobs bestimmter Beschäftigter – in Deutschland vor allem der Stammbelegschaften der Automobilkonzerne – über alles andere gestellt werden. Eine solche Politik gerät zwangsläufig in Widerspruch mit ökologischen Erfordernissen, aber auch mit den weiter gefassten Interessen der Lohnabhängigen: Sie verschärft die Konkurrenz zwischen den Beschäftigtengruppen und verhindert eine Transformation derjenigen Branchen, in denen eine ökologische Konversion Voraussetzung für zukunftsfähige Arbeit wäre.[74]

Es geht aber auch anders: Gewerkschaften aus aller Welt kämpfen zum Beispiel im Rahmen von Gesundheitskampagnen schon lange gegen Umweltverschmutzung und haben in den letzten Jahren stets zu den internationalen Mobilisierungen anlässlich der diversen Klimagipfel beigetragen.[75] Aktuell gibt es in Deutschland erste Vorstöße zu einer Zusammenführung sozialer und ökologischer Forderungen. Die Gewerkschaft Verdi und Fridays for Future kooperieren etwa bei einer Kampagne für den Ausbau des öffentlichen Nahverkehrs und bessere Arbeitsbedingungen.[76] Allerdings bleibt es im Moment noch bei solchen Ausnahmen, obwohl auch die Gewerkschaften ihren Forderungen mit ökologischen Argumenten zusätzlichen Nachdruck verleihen könnten, etwa wenn die IG-Metall die Vier-Tage-Woche für die Stahlindustrie diskutiert.[77]

In Deutschland ist ein wichtiges Hindernis für ein Bündnis zwischen Umweltbewegung und Gewerkschaften das Verbot von politischen Streiks – ein Verbot, das im Widerspruch zu der von Grundgesetz und Völkerrecht garantierten Koalitionsfreiheit und dem damit einhergehenden Streikrecht steht. Dort findet sich an keiner Stelle eine Einschränkung auf rein wirtschaftliche oder gar tarifbezogene Arbeitsniederlegungen. In diesem Sinne hat auch der Sachverständigenausschuss, der zur Überwachung der ILO-Übereinkommen berufen wurde, festgestellt, dass das deutsche Verbot völkerrechtswidrig ist.[78] In der Bundesrepublik ist es dabei trotz dieser Rechtslage immer wieder zu politischen Streiks gekommen, die aufgrund massenhafter Beteiligung nicht geahndet wurden. So etwa 1968 gegen die Notstandsgesetze, 1972 gegen das Misstrauensvotum zur Ablösung von Willy Brandt oder 1996 gegen eine Kürzung der Lohnfortzahlung im Krankheitsfall.[79] Das zeigt, dass für solche Vorhaben heute vor allem der politische Wille fehlt.[80]

Dieses Fehlen eines politischen Willens geht einerseits auf die Angst vor der Nutzlosigkeit zurück, welche die moderne Subjektivität tief greifend geprägt hat. Andererseits hat es aber auch mit der oben rekonstruierten engen Verschränkung der fossilen Energie mit den Institutionen der Arbeiterbewegung und des Klassenkompromisses zu tun. Die Kohle hat den Arbeitern die Macht verliehen, demokratische Rechte zu erkämpfen. Das wirft die zentrale Frage auf, welche *alternativen Machthebel* Beschäftigten in einer postfossilen Ökonomie zur Verfügung stehen. Solar-, Wind- oder Wasserkraft weisen jedenfalls keine Nadelöhre auf, mit deren Blockade Macht von unten ausgeübt werden könnte.

Außerdem bildete das Öl ja tatsächlich die Grundlage eines genuin fossilen Klassenkompromisses auf Basis des Massenkonsums. In der Folge erscheinen Forderungen und Maßnahmen, die diesen Massenkonsum angreifen, als Austeritätspolitiken und stoßen auf entsprechenden Widerstand; die Gelbwestenbewegung war hier nur ein besonders spektakuläres Beispiel.[81] Die ökologische Krise zeigt jedoch, dass es ein folgenschwerer Irrtum war, den fossilen Klassenkompromiss für eine Win-win-Situation zu halten. Diese Konstellation ging nicht nur von Anfang an auf Kosten der Natur, auch die Autonomie der vernutzten Natur trifft in Form von Hitze-, Flut- oder Krankheitswellen die unteren Klassen am härtesten, so dass diese am Ende die Verliererinnen bleiben. Ob sich der konsumbasierte Klassenkompromiss auf einer grüner Basis erneuern lässt, ist bislang mehr als fraglich.

In diesem Sinne erscheint eine harmonische Transformation zur Nachhaltigkeit sehr unwahrscheinlich. Wesentlich realistischer ist, dass die Politiken der Nutzlosigkeit – egal ob sie Politiken der Preisgabe oder Politiken der Transformation sind – auf weitreichende gesellschaftliche Konflikte hinauslaufen. Der Erfolg eines transformativen Projekts wird dabei vor allem davon abhängen, ob es gelingt plausibel zu vermitteln, dass das Ende der expansiven Nutzbarmachung keine weitere Sparmaßnahme ist, sondern dass es einen Gewinn an Lebensqualität bedeuten wird. Was wir brauchen, ist eine *lustvolle* Politik der Nutzlosigkeit. Eine der wenigen positiven Passagen, die sich im Werk Adornos finden lassen, erscheint in diesem Zusammenhang aktueller denn je:

> Vielleicht wird die wahre Gesellschaft der Entfaltung überdrüssig und läßt aus Freiheit Möglichkeiten ungenützt, anstatt unter irrem

> Zwang auf fremde Sterne einzustürmen. Einer Menschheit, welche Not nicht mehr kennt, dämmert gar etwas von dem Wahnhaften, Vergeblichen all der Veranstaltungen, welche bis dahin getroffen wurden, um der Not zu entgehen, und welche die Not mit dem Reichtum erweitert reproduzierten. [...] Auf dem Wasser liegen und friedlich in den Himmel schauen, »sein, sonst nichts, ohne alle weitere Bestimmung und Erfüllung« könnte an Stelle von Prozeß, Tun, Erfüllen treten.[82]

Im Zeitalter der Klimakatastrophe wird eine lustvolle Nutzlosigkeit aber nicht im hedonistischen Ideal des Müßiggangs aufgehen. Selbst im – unwahrscheinlichen – besten aller Fälle werden wir und unsere Nachfahren in einer Welt der Verheerungen leben. Wir werden viel mehr Zeit als bislang aufwenden müssen, um den versehrten Böden ihre Früchte zu entlocken. Vor allem aber werden wir uns in steigendem Ausmaß um körperlich und seelisch beschädigte Menschen kümmern, deren Nutzlosigkeit im heutigen Sinn wir akzeptieren lernen müssen. Lustvoll wäre diese Nutzlosigkeit also nicht, weil sie – wie die produktivistischen Ideologien – ein Leben in Überfluss und Müßiggang verspricht, sondern durch eine neue Beziehungsweise, die das menschliche und nichtmenschliche Andere nicht mehr als Mittel sich verselbstständigender Zwecke sieht. Andernfalls würden die zunehmenden ökologischen und zwischenmenschlichen Sorgeaufgaben, welche die Krise uns aufträgt, zuvorderst als Nachteil im allgemeinen Wettbewerb erscheinen – und damit zur Quelle neuer Ressentiments werden. Lustvolle Nutzlosigkeit wäre also das Ende der Arbeit, wie wir sie kennen, nämlich als Mittel der zum Selbstzweck gewordenen Produktion. Angesichts der planetaren Aufgaben, die sich uns heute stellen, ist diese schließlich nichts weiter als Prokrastination.

Anmerkungen

Einleitung

1 In den Erdsystemwissenschaften wurden in neun Bereichen planetare Grenzen (*planetary boundaries*) identifiziert, deren Überschreiten die Stabilität und Resilienz des Planeten bedroht. Dabei handelt es sich um die Bereiche Klima, Einbringung neuartiger Substanzen oder Organismen, Ozonloch, Partikelverschmutzung der Atmosphäre, Ozeanversauerung, biochemische Kreisläufe, Süßwasserverbrauch, Abholzung und Biosphäre. Zum Zeitpunkt der Drucklegung dieses Buches waren bereits sechs von neun planetaren Grenzen überschritten; siehe Katherine Richardson et al., »Earth beyond six of nine planetary boundaries«, in: *Science Advances* 9/37 (2023), online verfügbar unter: {https://www.science.org/doi/10.1126/sciadv.adh2458} (alle URLs Stand November 2023).

2 Karl Marx, *Das Kapital. Kritik der politischen Ökonomie*, Band I: *Der Produktionsprozeß des Kapitals* (1867), in: *MEW* 23, Berlin 1977.

3 Richard White, »Are you an environmentalist or do you work for a living? Work and nature«, in: William Cronon (Hg.), *Uncommon Ground: Rethinking the Human Place in Nature*, New York 1996, S. 171-185.

4 Paul Griffin, *The Carbon Majors Database CDP Carbon Majors Report* 2017, online verfügbar unter: {https://cdn.cdp.net/cdp-production/cms/reports/documents/000/002/327/original/Carbon-Majors-Report-2017.pdf}.

5 Lucas Chancel, »Global carbon inequality over 1990-2019«, in: *Nature Sustainability* 5/2022, S. 931-938.

6 Matthew Huber, »Ecological politics for the working class«, in: *Catalyst* 3/1 (2019), online verfügbar unter: {https://catalyst-journal.com/2019/07/ecological-politics-for-the-working-class}.

7 Michael Burawoy, *The Politics of Production: Factory Regimes Under Capitalism and Socialism*, London 1985.

8 Naomi Klein, *This Changes Everything: Capitalism vs. the Climate*, New York 2015.

9 Bill McKibben, *Das Ende der Natur*, München 1992 [1989].

10 Ulrich Beck, *Risikogesellschaft. Auf dem Weg in eine andere Moderne*, Frankfurt am Main 1986, S. 107.

11 Shouro Dasgupta et al., »Effects of climate change on combined labour productivity and supply: An empirical, multi-model study«, in: *The Lancet Planetary Health* 5/7 (2021), e455-e465.

12 Dipesh Chakrabarty, *Das Klima der Geschichte im planetarischen Zeitalter*, Berlin 2022.

13 Andreas Malm/Alf Hornborg, »The geology of mankind? A critique of the

Anthropocene narrative«, in: *The Anthropocene Review* 1/1 (2014), S. 62-69.

14 Norbert Elias, »Über den Rückzug der Soziologen auf die Gegenwart (I)« (1983), in: ders., *Gesammelte Schriften in 19 Bänden*, herausgegeben von Reinhard Blomert et al., Band XV: *Aufsätze und andere Schriften II*, Frankfurt am Main 2006, S. 389-408.

15 Chakrabarty, *Das Klima der Geschichte im planetarischen Zeitalter*, S. 75.

16 Jörg Nowak, »From Industrial Relations research to Global Labour Studies: Moving labour research beyond Eurocentrism«, in: *Globalizations* 18/8 (2021), S. 1335-1348.

17 Dies ist der Fall, obwohl *heute* der Großteil des Zuwachses an CO_2-Emissionen etc. in Schwellenländern stattfindet.

18 Ein zentraler Bezugspunkt ist dabei: Joan Martínez-Alier, *The Environmentalism of the Poor: A Study of Ecological Conflicts and Valuation*, Cheltenham 2003.

19 Die Fruchtbarkeit einer solchen »konstellativen« Herangehensweise demonstrierte jüngst etwa: Alexandra Schauer, *Mensch ohne Welt. Eine Soziologie spätmoderner Vergesellschaftung*, Berlin 2023.

20 Markus Schroer, *Geosoziologie. Die Erde als Raum des Lebens*, Berlin 2022.

21 Siehe z.B. Michael Hardt/Antonio Negri, *Empire. Die neue Weltordnung*, Frankfurt am Main 2003.

22 Siehe z.B. Klaus Dörre et al. (Hg.), *Abschied von Kohle und Auto? Sozial-ökologische Transformationskonflikte um Energie und Mobilität*, Frankfurt am Main 2020.

23 Vgl. James O'Connor, *Natural Causes: Essays in Ecological Marxism*, New York 1997; Adelheid Biesecker/Sabine Hofmeister, »(Re)Produktivität als ein sozial-ökologisches ›Brückenkonzept‹«, in: Christine Katz et al. (Hg.), *Nachhaltigkeit anders denken. Veränderungspotenziale durch Geschlechterperspektiven*, Wiesbaden 2015, S. 77-91; Stefania Barca, *Forces of Reproduction: Notes for a Counter-Hegemonic Anthropocene*, Cambridge 2020.

1. Ökologische Arbeit

1 McKibben, *Das Ende der Natur*.

2 Aristoteles, *Physikvorlesung*. Teilband I. Bücher I-IV, herausgegeben von Gottfried Heinemann, Hamburg: Felix Meiner 2021.

3 Keekok Lee, »Is nature autonomous?«, in: Thomas Heyd (Hg.), *Recognizing the Autonomy of Nature: Theory and Practice*, New York 2005, S. 54-74, S. 54.

4 Marx, *Das Kapital. Kritik der politischen Ökonomie*, Band III: *Der Gesamtprozeß der kapitalistischen Produktion* (1894), in: *MEW* 25, Berlin 1964, S. 270.

5 Ders., *Das Kapital*, Band I, S. 196.

6 Ders., »Grundrisse der Kritik der politischen Ökonomie« (1903), in: *MEW* 42, Berlin 1983, S. 397f.; siehe zur weiteren Diskussion des Naturbegriffs bei Marx: Christian Stache, *Kapitalismus und Naturzerstörung. Zur kritischen Theorie des gesellschaftlichen Naturverhältnisses*, Opladen 2017.

7 Gernot Böhme, *Leib. Die Natur, die wir selbst sind*, Berlin 2019.

8 Ron Sender et al., »Are we really vastly outnumbered? Revisiting the ratio of bacterial to host cells in humans«, in: *Cell* 164/3 (2016), S. 337-340.

9 Für eine ausführliche Rekonstruktion dieses Begriffs siehe: John Bellamy Foster, »Marx's theory of metabolic rift: Classical foundations for environmental sociology«, in: *American Journal of Sociology* 105/2 (1999), S. 366-405.

10 Brett Clark/Richard York, »Carbon metabolism: Global capitalism, climate change, and the biospheric rift«, in: *Theory and Society* 34/4 (2005), S. 391-428.

11 Siehe dazu z.B. Bruno Latour, *Wir sind nie modern gewesen. Versuch einer symmetrischen Anthropologie*, Berlin 2022 [1991]; Neil Smith, *Uneven Development: Nature, Capital, and the Production of Space*, Athens 2008; Jason W. Moore, *Kapitalismus im Lebensnetz. Ökologie und die Akkumulation des Kapitals*, Berlin 2019; Chakrabarty, *Das Klima der Geschichte im planetarischen Zeitalter*.

12 Für eine ausführliche Argumentation dieser Kritik siehe etwa Kohei Saito, *Marx in the Anthropocene: Towards the Idea of Degrowth Communism*, Cambridge 2022, S. 103-135.

13 Chakrabarty, *Das Klima der Geschichte im planetarischen Zeitalter*, S. 105.

14 Ebd., S. 120.

15 Smith, *Uneven Development*, S. 244.

16 Vgl. Andreas Malm, *Der Fortschritt dieses Sturms. Natur und Gesellschaft in einer sich erwärmenden Welt*, Berlin 2021.

17 Max Horkheimer/Theodor W. Adorno, *Dialektik der Aufklärung. Philosophische Fragmente*, Frankfurt am Main 1988 [1944]; Max Horkheimer, *Zur Kritik der instrumentellen Vernunft. Aus den Vorträgen und Aufzeichnungen seit Kriegsende*, Frankfurt am Main 2007 [1947].

18 Horkheimer/Adorno, *Dialektik der Aufklärung*.

19 Carolyn Merchant, *Autonomous Nature: Problems of Prediction and Control from Ancient Times to the Scientific Revolution*, New York 2015.

20 Moore, *Kapitalismus im Lebensnetz*, S. 120ff.

21 Für eine detaillierte Rekonstruktion von Marx dialektischer Konzeption des Stoffwechsels siehe: Alfred Schmidt, *Der Begriff der Natur in der Lehre von Marx*, Köln 1971.

22 Paul Burkett, *Marx and Nature: A Red and Green Perspective*, New York 1999; Foster, »Marx's theory of metabolic rift«; Saito, *Marx in the Anthropocene*; Éric Pineault, *A Social Ecology of Capital*, London 2023.

23 O'Connor, *Natural Causes*.

24 Vgl. zur Parallelisierung von Rationalisierung und Kontrolle der Arbeit und der Natur: Moore, *Kapitalismus im Lebensnetz*.

25 Amitav Ghosh, *Der Fluch der Muskatnuss. Gleichnis für einen Planeten in Aufruhr*, Berlin 2023.

26 Zit. n. Gabriel Winant, *The Next Shift: The Fall of Industry and the Rise of Health Care in Rust Belt America*, Cambridge 2021, S. 187.

27 Marx, »Ökonomisch-philosophische Manuskripte aus dem Jahr 1844« (1932), in: *MEW* 40, Ergänzungsband I, Berlin 1968, S. 465-588.

28 O'Connor, *Natural Causes*.

29 Gabriele Winker, *Care Revolution. Schritte in eine solidarische Gesellschaft*, Bielefeld 2015, S. 25.

30 Horkheimer, *Zur Kritik der instrumentellen Vernunft*, S. 110f.

31 Michel Foucault, *Überwachen und Strafen. Die Geburt des Gefängnisses*, Frankfurt am Main 1994 [1975].

32 Für eine ausführliche Rekonstruktion siehe: Alex Demirović, »Für die Entfesselung der Produktivkräfte. Überlegungen zur freien Kooperation«, in: Heinz-Josef Bontrup/Jürgen Daub (Hg.), *Digitalisierung und Technik – Fortschritt oder Fluch? Perspektiven der Produktivkraftentwicklung im modernen Kapitalismus*, Köln 2021, S. 49-73.

33 Marx, *Das Elend der Philosophie. Antwort auf Proudhons ›Philosophie des Elends‹* (1847), in: *MEW* 4, Berlin 1972, S. 63-182, S. 130.

34 Prominent vertritt dies etwa: Gerald A. Cohen, *Karl Marx' Theory of History: A Defence*, Princeton 1980.

35 Aaron Bastani, *Fully Automated Luxury Communism*, London 2019; Leigh Phillips/ Michal Rozworski, *People's Republic of Walmart: How the World's Biggest Corporations are Laying the Foundation for Socialism*, London 2019.

36 Zum quasireligiösen Charakter dieses Glaubens siehe Thimothée Parrique et al., »Decoupling debunked. Evidence and arguments against green growth as a sole strategy for sustainability«, European Environmental Bureau (8. Juli 2019), online verfügbar unter: {https://eeb.org/library/decoupling-debunked/}.

37 Barca, *Forces of Reproduction*; Vandana Shiva/Maria Mies, *Ecofeminism*, London 2014.

38 Ernst Lohoff, »Technik als Fetisch-Begriff. Über den Zusammenhang von alter Arbeiterbewegung und neuer Produktivkraftkritik«, in: *Marxistische Kritik* 3 (1987), S. 30-52.

39 Nancy Fraser, »Crisis of care? On the social-reproductive contradictions of contemporary capitalism«, in: Tithi Bhattacharya (Hg.), *Social Reproduction Theory: Remapping Class, Recentering Oppression*, London 2017, S. 21-36.

40 Thea Riofrancos et al., *Achieving Zero Emissions with More Mobility and Less Mining*, Davis 2023.

41 Bhattacharya (Hg.), *Social Reproduction Theory*; Biesecker/Hofmeister, »(Re)Produktivität als ein sozial-ökologisches ›Brückenkonzept‹«.

42 Georg Jochum/Simon Schaupp, »Die Steuerungswende. Zur Möglichkeit ei-

ner nachhaltigen und demokratischen Wirtschaftsplanung im digitalen Zeitalter«, in: Florian Butollo/Sabine Nuss (Hg.), *Marx und die Roboter. Vernetzte Produktion, Künstliche Intelligenz und lebendige Arbeit*, Berlin 2019, S. 327-344.

43 Søren Mau, *Stummer Zwang. Eine marxistische Analyse der ökonomischen Macht im Kapitalismus*, Berlin 2019, S. 58ff.

44 Marx, *Das Elend der Philosophie*, S. 140.

45 Sabine Pfeiffer, *Arbeitsvermögen. Ein Schlüssel zur Analyse (reflexiver) Informatisierung*, Wiesbaden 2004.

46 Richard Edwards, *Contested Terrain: The Transformation of the Workplace in the Twentieth Century*, New York 1979.

47 Beverly J. Silver, *Forces of Labor. Arbeiterbewegungen und Globalisierung seit 1870*, Berlin 2005.

48 Marx, *Zur Kritik der politischen Ökonomie* (1859), in: *MEW* 13, Berlin 1971, S. 3-160, S. 25.

49 Ders., *Das Kapital*, Band III, S. 833.

50 Thomas Malthus, *Das Bevölkerungsgesetz*, München 1977 [1798].

51 Für eine kritische Auseinandersetzung siehe etwa: Malm, *Fossil Capital*.

52 Jordan Dyett/Cassidy Thomas, »Overpopulation discourse: Patriarchy, racism, and the specter of ecofascism«, in: *Perspectives on Global Development and Technology* 18/1-2 (2019), S. 205-224.

53 ILO, *Working on a Warmer Planet: The Impact of Heat Stress on Labour Productivity and Decent Work*, Genf 2019.

54 Ulrich Beck und andere haben einen ähnlichen Prozess der reaktiven Expansion in Bezug auf Technik beschrieben: Die technische Entwicklung erzeugt Risiken, die wiederum mit neuer Technik bearbeitet werden. Hier wird der Prozess jedoch nicht auf Technik beschränkt, sondern umfasst verschiedene Dimensionen der Nutzbarmachung von Natur und Arbeit.

55 Für die Konkurrenz als zentrale Triebfeder argumentiert etwa: Robert Brenner, *The Economics of Global Turbulence: The Advanced Capitalist Economies from Long Boom to Long Downturn, 1945-2005*, London 2006.

56 Mariana Mazzucato, *Das Kapital des Staates. Eine andere Geschichte von Innovation und Wachstum*, München 2015.

57 Oskar Negt/Alexander Kluge, *Geschichte und Eigensinn*, Frankfurt am Main 1981, S. 90.

58 Alf Lüdtke, »Lohn, Pausen, Neckereien. Eigensinn und Politik bei Fabrikarbeitern in Deutschland um 1900«, in: Heiner Heiland/Simon Schaupp (Hg.), *Widerstand im Arbeitsprozess. Eine arbeitssoziologische Einführung*, Bielefeld 2023, S. 27-52, S. 38.

59 Zum »produktiven« Eigensinn siehe: Georg Barthel et al., »Eigensinn im marktgesteuerten digitalen Taylorismus. Eine empirische Untersuchung zu Aneignungsweisen im Produktionsmodell von Amazon«, in: Heiland/Schaupp (Hg.), *Widerstand im Arbeitsprozess*, S. 249-276.

60 Silvia Federici, *Jenseits unserer Haut. Körper als umkämpfter Ort im Kapitalismus*, Münster 2020; Wolfgang Hien, *Die Arbeit des Körpers. Von der Hochindustrialisierung bis zur neoliberalen Gegenwart*, Wien: 2022.

61 Für einen Überblick siehe etwa: Antonia Kupfer (Hg.), *Work Appropriation and Social Inequality*, Wilmington/Malaga 2021.

62 Boel Berner, »Working knowledge as performance: On the practical understanding of machines«, in: *Work, Employment and Society* 22/2 (2008), S. 319-336.

63 Simon Schaupp, *Technopolitik von unten. Algorithmische Arbeitssteuerung und kybernetische Proletarisierung*, Berlin 2021.

64 Michael Polanyi, *Implizites Wissen*, Frankfurt am Main 1985.

65 White, »Are you an environmentalist or do you work for a living?«, S. 171-185.

66 Friedrich Engels, »Die Lage der arbeitenden Klasse in England« (1845), in: *MEW* 2, Berlin 1972, S. 225-506.

67 Stefania Barca, »On working-class environmentalism: A historical and transnational overview«, in: *Interface: A Journal for and about Social Movements* 4/2 (2012), S. 61-80; Nora Räthzel et al. (Hg.), *The Palgrave Handbook of Environmental Labour Studies*, Cham 2021.

2. Differenzielle Nutzbarmachung und die Durchsetzung der Industriearbeit

1 Christian Degn, *Die Schimmelmanns im atlantischen Dreieckshandel. Gewinn und Gewissen*, Neumünster 1974, S. 67.

2 Fernand Braudel, *Civilization and Capitalism, 15th-18th Century*, Band III: *The Perspective of the World*, New York 1986, S. 39.

3 Ellen Meiksins Wood, *Der Ursprung des Kapitalismus. Eine Spurensuche*, Hamburg 2015; Robert Brenner, »The origins of capitalist development: A critique of neo-Smithian Marxism«, in: Hamza Alavi/Teodor Shanin (Hg.), *Introduction to the Sociology of »Developing Societies«*, New York 1982, S. 54-71.

4 Immanuel Wallerstein, *World-Systems Analysis: An Introduction*, Durham 2004; Moore, *Kapitalismus im Lebensnetz*.

5 William Hardy McNeill, *The Human Condition: An Ecological and Historical View*, Princeton 1980.

6 James C. Scott, *Die Mühlen der Zivilisation. Eine Tiefengeschichte der frühesten Staaten*, Berlin 2019.

7 Pineault, *A Social Ecology*, S. 77ff.

8 William Hardy McNeill, *Plagues and Peoples*, New York 1977.

9 Jennifer A. Swanson, *The Fall of the Mongol Empire: Disintegration, Disease, and an Enduring Legacy*, New York 2016.

10 Hans-Rudolf Bork, *Umweltgeschichte Deutschlands*, Berlin/Heidelberg 2020, S. 37.

11 Robert Castel, *Die Metamorphosen der sozialen Frage. Eine Chronik der Lohnarbeit*, Konstanz 2008, S. 65.
12 Silvia Federici, *Caliban und die Hexe. Frauen, der Körper und die ursprüngliche Akkumulation*, Wien 2012 [2004].
13 Ebd.
14 Degn, *Die Schimmelmanns*, S. 102.
15 Ebd., S. 109f. Es handelte sich hierbei wohl um eine Lebendimpfung mit Pockenviren, nicht mit dem später gängigen Vacciniavirus.
16 Ebd., S. 101.
17 Adam Smith, *Der Wohlstand der Nationen*, Frankfurt am Main 2009 [1776], S. 458.
18 Karl Marx, *Das Kapital*, Band I, Kapitel 26.
19 Wood, *Der Ursprung des Kapitalismus.*
20 John Merson, *The Genius that Was China: East and West in the Making of the Modern World*, New York 1990; Alexander Aposolides et al., *English Agricultural Output and Labour Productivity, 1250-1850: Some Preliminary Estimates*, Exeter 2008.
21 Tony Weis, *The Global Food Economy: The Battle for the Future of Farming*, London 2007, S. 47ff.
22 Bork, *Umweltgeschichte Deutschlands*, S. 23.
23 Ebd., S. 86.
24 Eric John Hobsbawm, *Die Banditen. Räuber als Sozialrebellen*, München 2007 [1969].
25 Castel, *Die Metamorphosen der sozialen Frage*, S. 82-86.
26 John Holloway/Edward P. Thompson, *Blauer Montag. Über Zeit und Arbeitsdisziplin*, Hamburg 2007, S. 54.
27 Degn, *Die Schimmelmanns*, S. 102.
28 Holloway/Thompson, *Blauer Montag*, S. 61.
29 Ebd., S. 26.
30 Ebd., S. 39.
31 John Foster zit. n. ebd., S. 63.
32 Stefan Winkle/Johann Friedrich Struensee, *Arzt, Aufklärer und Staatsmann. Beitrag zur Kultur, Medizin- und Seuchengeschichte der Aufklärungszeit*, Stuttgart 1983.
33 Degn, *Die Schimmelmanns*, S. 97.
34 Marx, *Das Kapital*, Band I.
35 Simon Schaupp, »Bewusstsein, Praxis, Konflikt: Herausforderungen für eine arbeitssoziologische Widerstandsforschung«, in: Heiland/Schaupp (Hg.), *Widerstand im Arbeitsprozess*, S. 185-206.
36 Liam Campling/Alejandro Colas, *Capitalism and the Sea: The Maritime Factor in the Making of the Modern World*, London 2021, S. 107-142.
37 Peter Linebaugh/Marcus Rediker, *Die vielköpfige Hydra. Die verborgene Geschichte des revolutionären Atlantiks*, Berlin/Hamburg 2008.

38 Degn, *Die Schimmelmanns*, S. 118-136.

39 Sven Beckert, *King Cotton. Eine Globalgeschichte des Kapitalismus*, München 2014, S. 95-104.

40 Ebd.

41 Zit. n. Andreas Malm, »In wildness is the liberation of the world. On maroon ecology and partisan nature«, in: *Historical Materialism* 26/3 (2018), S. 3-37, S. 12.

42 John R. McNeill, *Mosquito Empires: Ecology and War in the Greater Caribbean, 1620-1914*, New York 2010, S. 28-32.

43 Degn, *Die Schimmelmanns*, S. 60.

44 Simon L. Lewis/Mark A. Maslin, »Defining the Anthropocene«, in: *Nature* 519/7542 (2015), S. 171-180.

45 Ghosh, *Der Fluch*, S. 68ff.

46 McNeill, *Mosquito Empires*, S. 46.

47 Degn, *Die Schimmelmanns*, S. 219.

48 Ebd., S. 50.

49 Cedric J. Robinson, *Black Marxism: The Making of the Black Radical Tradition*, London 2020, S. 119.

50 Marx zit. n. Schmidt, *Der Begriff der Natur in der Lehre von Marx*, S. 80.

51 Iris Därmann, *Undienlichkeit. Gewaltgeschichte und politische Philosophie*, Berlin 2020.

52 Linebaugh/Rediker, *Die vielköpfige Hydra*.

53 Neville A.T. Hall, *Slave Society in the Danish West Indies: St. Thomas, St. John and St. Croix* 1992.

54 Beckert, *King Cotton*, S. 102.

55 McNeill, *Mosquito Empires*.

56 Beckert, *King Cotton*, S. 99f.

57 McNeill, *Mosquito Empires*, S. 196-266.

58 Degn, *Die Schimmelmanns*.

59 Hall, *Slave Society in the Danish West Indies*.

60 Beckert, *King Cotton*, S. 105ff.

61 Ebd., S. 112f.

62 Ned Sublette/Constance Sublette, *The American Slave Coast: A History of the Slave-Breeding Industry*, Chicago 2016.

63 Frank Uekötter, *Im Strudel. Eine Umweltgeschichte der modernen Welt*, Bonn 2021, S. 180ff.

64 Mark Fellowes, »Krankheitsüberträger«, in: Mark Fellowes/Becky Thomas (Hg.), *Warum der Mensch auf seine Umwelt angewiesen ist. 50 Konzepte und Herausforderungen*, Kerkdriel 2020, S. 126-127.

65 Malm, *Fossil Capital*, S. 44-60.

66 Katrina Honeyman, *Child Workers in England, 1780-1820: Parish Apprentices and the Making of the Early Industrial Labour Force*, London 2016.

67 Degn, *Die Schimmelmanns*, S. 103.

68 Zit. n. Malm, *Fossil Capital*, S. 133.
69 Degn, *Die Schimmelmanns*, S. 104.
70 Ebd., S. 402.
71 Zit. n. Malm, *Fossil Capital*, S. 110.
72 Zit. n. ebd., S. 123.
73 Pietro Basso, *Modern Times, Ancient Hours: Working Lives in the Twenty-First Century*, London 2003.
74 Holloway/Thompson, *Blauer Montag*.
75 Zit. n. Castel, *Die Metamorphosen der sozialen Frage*, S. 198.
76 Degn, *Die Schimmelmanns*, S. 257.
77 Ebd., S. 405-15.
78 Timothy Mitchell, *Carbon Democracy: Political Power in the Age of Oil*, London 2013, 16f.
79 Mike Davis, *Die Geburt der Dritten Welt. Hungerkatastrophen und Massenvernichtung im imperialistischen Zeitalter*, Berlin 2004.
80 Ebd.
81 Susanne Kuß, *Deutsches Militär auf kolonialen Kriegsschauplätzen. Eskalation von Gewalt zu Beginn des 20. Jahrhunderts*, Berlin 2012, S. 49ff.
82 Davis, *Die Geburt der Dritten Welt*.
83 Gurminder K. Bhambra, »Relations of extraction, relations of redistribution: Empire, nation, and the construction of the British welfare state«, in: *British Journal of Sociology* 73/1 (2022), S. 4-15.

3. Kohle und die Institutionalisierung der Stoffwechselpolitik

1 Malm, *Fossil Capital*.
2 Simon Pirani, *Burning Up: A Global History of Fossil Fuel Consumption*, London 2018, S. 11.
3 Die folgenden Ausführungen basieren auf: Malm, *Fossil Capital*.
4 Bereits ab dem 14. Jahrhundert sind in Europa illegale Gewerkschaften im modernen Sinne – mit Mitgliedsbeiträgen und teilweise bezahlten Anführern – dokumentiert; siehe Marcel van der Linden, *Workers of the World. Eine Globalgeschichte der Arbeit*, Frankfurt am Main 2017, S. 251.
5 Zit. n. Malm, *Fossil Capital*, S. 67.
6 Zit. n. ebd., S. 73.
7 Zit. n. ebd.
8 Edward P. Thompson, *Die Entstehung der englischen Arbeiterklasse*, Band I, Frankfurt am Main 1987 [1963], S. 93ff.
9 Malm, *Fossil Capital*.
10 Pineault, *A Social Ecology*, S. 93.
11 Juliane Czierpka, »Der Ruhrbergbau. Von der Industrialisierung bis zur Koh-

lekrise«, in: Anne Seibring (Hg.), *Abschied von der Kohle. Struktur- und Kulturwandel im Ruhrgebiet und in der Lausitz*, Bonn 2021, S. 105-106.

12 Franz-Josef Brüggemeier, »Das Zeitalter der Kohle in Europa, 1750 bis heute. Ein Überblick«, in: Seibring (Hg.), *Abschied von der Kohle*, S. 12-25, S. 16f.

13 Zit. n. Hien, *Die Arbeit des Körpers*, S. 83.

14 Franz-Josef Brüggemeier, *Grubengold. Das Zeitalter der Kohle von 1750 bis heute*, München 2018, S. 122ff.

15 Zit. n. Chad Montrie, *Making a Living: Work and Environment in the United States*, Chapel Hill 2008, S. 76.

16 Ebd., S. 82.

17 Hien, *Die Arbeit des Körpers*, S. 65.

18 Brüggemeier, *Grubengold*, S. 160f.

19 Horst Steffens, »Arbeiterwohnverhältnisse und Arbeitskampf. Das Beispiel der Saarbergleute in der großen Streikzeit 1889-1893«, in: Klaus Tenfelde/Heinrich Volkmann (Hg.), *Streik. Zur Geschichte des Arbeitskampfes während der Industrialisierung*, München 1981, S. 124-142.

20 Michael Grüttner, »Mobilität und Konfliktverhalten. Der Hamburger Hafenarbeiterstreik 1896/97«, in: Tenfelde/Volkmann (Hg.), *Streik*, S. 143-161, S. 157.

21 Brüggemeier, *Grubengold*, S. 173-178.

22 Timothy Mitchell, »Carbon democracy«, in: *Economy and Society* 38/3 (2009), S. 399-432, S. 404.

23 Uekötter, *Im Strudel*, S. 243.

24 John McNeill, *Blue Planet. Die Geschichte der Umwelt im 20. Jahrhundert*, Frankfurt am Main 2003, S. 80f.

25 Walther Müller-Jentsch, »Gewerkschaften und Korporatismus. Vom Klassenkampf zur Konfliktpartnerschaft«, in: ders. (Hg.), *Wirtschaftsordnung und Sozialverfassung als mitbestimmte Institutionen. Studien zur sozialen und industriellen Demokratie II*, Wiesbaden 2021, S. 63-78.

26 Amerigo Caruso, »Joining forces against ›strike terrorism‹: The public-private interplay in policing strikes in Imperial Germany, 1890-1914«, in: *European History Quarterly* 49/4 (2019), S. 597-624.

27 Albin Gladen, »Die Streiks der Bergarbeiter im Ruhrgebiet in den Jahren 1889, 1905 und 1912«, in: Jürgen Reulecke (Hg.), *Arbeiterbewegung am Rhein und Ruhr. Beiträge zur Geschichte der Arbeiterbewegung in Rheinland-Westfalen*, Wuppertal 1974, S. 111-148.

28 Dirk Neuber, *Energie- und Umweltgeschichte des niedersächsischen Steinkohlenbergbaus von der Frühen Neuzeit bis zum Ersten Weltkrieg*, Hannover 2001, S. 200.

29 Ebd., S. 208.

30 Ebd., S. 215.

31 Ebd., S. 225.

32 Jens Voss, »Nach dem Ende der Steinkohle. Land unter im Ruhrgebiet?«, in:

National Geographic (14. Dezember 2018), online verfügbar unter: {https://www.nationalgeographic.de/umwelt/2018/12/nach-dem-ende-der-stein kohle-land-unter-im-ruhrgebiet}.

33 Neuber, *Energie- und Umweltgeschichte*, S. 252.

34 Hans-Ulrich Wehler, *Deutsche Gesellschaftsgeschichte*, Band III: *Von der Deutschen Doppelrevolution bis zum Beginn des Ersten Weltkrieges 1849-1914*, München 1995, S. 645.

35 David Plowman, »Industrial legislation and the rise of employer associations, 1890-1906«, in: *Journal of Industrial Relations* 27/3 (1985), S. 283-309.

36 Mitchell, *Carbon Democracy*.

37 Christian Pfister, »Das 1950er Syndrom. Die Epochenschwelle der Mensch-Umwelt-Beziehung zwischen Industriegesellschaft und Konsumgesellschaft«, in: *GAIA: Ecological Perspectives for Science and Society* 3/2 (1994), S. 71-90, S. 75.

38 Winfried Wolf, *Eisenbahn und Autowahn. Personen- und Gütertransport auf Schiene und Straße. Geschichte, Bilanz, Perspektiven*, Hamburg 1986, S. 37.

39 Carolyn Merchant, *American Environmental History: An Introduction*, New York 2007, S. 71.

40 Wolf, *Eisenbahn und Autowahn*, S. 29f.

41 Merchant, *American Environmental History*, S. 44ff.

42 Wolf, *Eisenbahn und Autowahn*, S. 44-57.

43 Terry E. Boswell, »A split labor market analysis of discrimination against Chinese immigrants, 1850-1882«, in: *American Sociological Review* 51/3 (1986), S. 352-371.

44 Walter Licht, *Working for the Railroad: The Organization of Work in the Nineteenth Century*, Princeton 2014.

45 Jeremy Brecher, *Strike!*, Oakland 2014.

46 Todd DePastino, *Citizen Hobo: How a Century of Homelessness Shaped America*, Chicago 2005.

47 Siehe z. B. Adaner Usmani, »Democracy and the class struggle«, in: *American Journal of Sociology* 124/3 (2018), S. 664-704.

48 Zit. n. Müller-Jentsch, »Gewerkschaften und Korporatismus«, S. 68.

49 Lutz Niethammer, »Nachindustrielle Urbanität im Revier?«, in: ders. et al. (Hg.), *Die Menschen machen ihre Geschichte nicht aus freien Stücken, aber sie machen sie selbst*, Berlin 1984, S. 236-242.

50 Sergio Bologna/Massimo Cacciari, *Zusammensetzung der Arbeiterklasse und Organisationsfrage*, Leipzig 1973.

51 Ulrich Brinkmann/Oliver Nachtwey, *Postdemokratie und Industrial Citizenship. Erosionsprozesse von Demokratie und Mitbestimmung*, Weinheim 2017, S. 17.

52 Czierpka, »Der Ruhrbergbau«, S. 110f.

53 Destatis, »Arbeitnehmervertretungen«, Statistisches Bundesamt (2023), on-

line verfügbar unter: {https://www.destatis.de/DE/Themen/Arbeit/Arbeitsmarkt/Qualitaet-Arbeit/Dimension-5/arbeitnehmervertretungen.html}.

54 Jürgen Kädtler, »Editorial. Sozialpartnerschaft in der Krise – Bewährung oder Krise der Sozialpartnerschaft?«, in: *Industrielle Beziehungen* 19/4 (2012), S. 357-366, S. 358.

55 Arnold Lassotta et al. (Hg.), *Streik. Crimmitschau 1903 – Bocholt 1913*, Crimmitschau 1993, S. 21 f.

56 Ebd., S. 24.

57 Marx, *Das Kapital*, Band III.

58 John Bellamy Foster/Brett Clark, *The Robbery of Nature: Capitalism and the Ecological Rift*, New York 2020, S. 23 ff.

59 Bhattacharya (Hg.), *Social Reproduction Theory.*

60 Malm, *Fossil Capital*, S. 226 ff.

61 Lassotta et al. (Hg.), *Streik*, S. 17 ff.

62 Zit. n. Hans-Peter Ullmann, »Unternehmerschaft, Arbeitgeberverbände und Streikbewegung 1890-1914«, in: Tenfelde/Volkmann (Hg.), *Streik*, S. 194-208, S. 194.

63 Lassotta et al. (Hg.), *Streik*, S. 72.

64 Ullmann, »Unternehmerschaft«, S. 203.

65 Ebd.

66 Zit. n. Lassotta et al. (Hg.), *Streik*, S. 110.

67 Malm, *Fossil Capital.*

68 Pfister, »Das 1950er Syndrom«, S. 75.

69 Thomas Hughes, *Networks of Power: Electrification in Western Society 1880-1930*. Baltimore 1993.

70 Pfister, »Das 1950er Syndrom«.

71 Hien, *Die Arbeit des Körpers.*

72 Für einen Überblick siehe: Frances Flanagan/Caleb Goods, »Climate change and industrial relations: Reflections on an emerging field«, in: *Journal of Industrial Relations* 64/4 (2022), S. 479-498.

73 Guy Bellemare, »End users: Actors in the Industrial Relations system?«, in: *British Journal of Industrial Relations* 38/3 (2000), S. 383-405; Marie-Josée Legault/Guy Bellemare, »Theoretical issues with new actors and emergent modes of labour regulation«, in: *Industrial Relations* 63/4 (2008), S. 742-768; Edmund Heery et al., »The involvement of Civil society organizations in British Industrial Relations: Extent, origins and significance«, in: *British Journal of Industrial Relations* 50/1 (2012), S. 47-72.

74 Vgl. Malm, *Der Fortschritt dieses Sturms.*

4. Fleischfabriken und reaktive Expansion

1 William Cronon, *Nature's Metropolis: Chicago and the Great West*, New York 1991, S. 210.
2 Dominic A. Pacyga, *Slaughterhouse: Chicago's Union Stock Yard and the World It Made*, Chicago 2015.
3 Cronon, *Nature's Metropolis*, S. 213ff.
4 Alexis de Tocqueville, *Ueber die Demokratie in Nordamerika. Zweiter Theil*, Leipzig 1836, S. 201.
5 Ghosh, *Der Fluch*.
6 Cronon, *Nature's Metropolis*, S. 220ff.
7 Ebd.
8 Ebd., S. 246.
9 Ebd., S. 232ff.; Pacyga, *Slaughterhouse*, S. 53ff.
10 Cronon, *Nature's Metropolis*, S. 236-251.
11 Zit. n. Lawrence A. Scaff, *Max Weber in America*, Princeton 2011, S. 45.
12 Harry Braverman, *Labor and Monopoly Capital: The Degradation of Work in the Twentieth Century*, New York 1998, S. 56f.
13 Pacyga, *Slaughterhouse*, S. 1-16.
14 Upton Sinclair, *Der Dschungel*, Zürich 2014 [1905/06], S. 103f.
15 Gabriel Kuhn, »Einleitung«, in: ders. (Hg.), *»Neuer Anarchismus« in den USA. Seattle und die Folgen*, Münster 2008, S. 7-50, S. 14f.
16 Peter Birke, *Grenzen aus Glas. Arbeit, Rassismus und Kämpfe der Migration in Deutschland*, Wien/Berlin 2022.
17 Rick Halpern, »Race, ethnicity, and union in the Chicago Stockyards, 1917-1922«, in: *International Review of Social History* 37/1 (1992), S. 25-58, S. 47.
18 Edward P. Johanningsmeier, *Forging American Communism: The Life of William Z. Foster*, Princeton 1994, S. 88ff.
19 Halpern, »Race, ethnicity, and union«.
20 John Brueggemann/Cliff Brown, »The decline of industrial unionism in the meatpacking industry«, in: *Work and Occupations* 30/3 (2003), S. 327-360.
21 Ebd.
22 Chad Montrie, *The Myth of Silent Spring: Rethinking the Origins of American Environmentalism*, Oakland 2018, S. 78ff.
23 Pacyga, *Slaughterhouse*, S. 114.
24 James Beniger, *The Control Revolution: Technological and Economic Origins of the Information Society*, Cambridge 1989, S. 16; Wolf, *Eisenbahn und Autowahn*, S. 61ff.
25 Pacyga, *Slaughterhouse*, S. 13.
26 Beniger, *Control Revolution*, S. 17f.
27 Der Begriff der »zweiten Natur« stammt ursprünglich von Georg Lukács, siehe Georg Lukács, *Geschichte und Klassenbewußtsein*, Berlin 1968 [1923].

28 Cronon, *Nature's Metropolis*, S. 232.
29 Ebd., S. 212.
30 Beniger, *Control Revolution*, S. 23 ff.
31 Cronon, *Nature's Metropolis*, S. 235 ff.
32 Zit. n. Pacyga, *Slaughterhouse*, S. 124.
33 Roger Horowitz, *Putting Meat on the American Table*, Baltimore 2005.
34 Veronika Settele, *Deutsche Fleischarbeit*, München 2022, S. 29.
35 Salar Mohandesi/Emma Teitelman, »Without reserves«, in: Bhattacharya (Hg.), *Social Reproduction Theory*, S. 41.
36 Settele, *Deutsche Fleischarbeit*, 21. ff.
37 Ebd., S. 31 ff.
38 Ebd., S. 35-41.
39 Gidon Eshel et al., »Land, irrigation water, greenhouse gas, and reactive nitrogen burdens of meat, eggs, and dairy production in the United States«, in: *Proceedings of the National Academy of Sciences* 111/33 (2014), S. 11996-12001.
40 Wood, *Der Ursprung des Kapitalismus*.
41 Weis, *The Global Food Economy*.
42 Charles Patel/Jason W. Moore, *Entwertung. Eine Geschichte der Welt in sieben billigen Dingen*, München 2018.
43 Aaron Benanav, *A Global History of Unemployment: Surplus Populations in the World Economy, 1949-2010*, Los Angeles 2015, S. 126-128.
44 Ebd., S. 135-138.
45 Uekötter, *Im Strudel*, S. 185-190.
46 Rachel Carson, *Der stumme Frühling*, München 1963.
47 Montrie, *The Myth of Silent Spring*, S. 102 f.
48 Weis, *The Global Food Economy*, S. 82.
49 Brueggemann/Brown, »The decline of industrial unionism in the meatpacking industry«.
50 Weis, *The Global Food Economy*, S. 65 ff.
51 Naomi Klein, *Die Schock-Strategie. Der Aufstieg des Katastrophen-Kapitalismus*, Frankfurt am Main 2007.
52 Welthungerhilfe, *Welthunger-Index 2022*, Bonn 2022, S. 5.
53 Weis, *The Global Food Economy*, S. 123.
54 Serge Morand/Claire Lajaunie, »Biodiversity and COVID-19: A report and a long road ahead to avoid another pandemic«, in: *One Earth* 4/7 (2021), S. 920-923, S. 921.
55 Benanav, *A Global History of Unemployment*, S. 134.
56 Morand/Lajaunie, »Biodiversity and COVID-19«, S. 921.
57 Mark Fellowes, »Die Bedeutung der Bestäubung«, in: Fellowes/Thomas (Hg.), *Warum der Mensch auf seine Umwelt angewiesen ist*, S. 122-123.
58 Mike Davis, *Vogelgrippe. Zur gesellschaftlichen Produktion von Epidemien*, Hamburg 2005.

59 Rob Wallace, »COVID-19 and circuits of capital«, in: *Monthly Review* 72/1 (2020), S. 1-15.
60 Ebd.
61 Kate E. Jones et al., »Global trends in emerging infectious diseases«, in: *Nature* 451 (2008), S. 990-993.
62 Jacques Pepin, *The Origins of AIDS*, Cambridge/New York 2011.
63 Karl Heinz Roth, *Blinde Passagiere. Die Corona-Krise und die Folgen*, München 2022.
64 Benanav, *A Global History of Unemployment*, S. 140.
65 Weis, *The Global Food Economy*, S. 17.
66 David Pimentel et al., »Food production and the energy crisis«, in: *Science* 182/4111 (1973), S. 443-449.
67 Pineault, *A Social Ecology of Capital*, S. 74.
68 Benanav, *A Global History of Unemployment*, S. 115.
69 Sandra Ahrens, »Anteil der Ausgaben für Lebensmittel in Deutschland an den Konsumausgaben bis 2019«, Statista (6. März 2023), online verfügbar unter: {https://de.statista.com/statistik/daten/studie/75719/umfrage/ausgaben-fuer-nahrungsmittel-in-deutschland-seit-1900/}.
70 Eric Hobsbawm, *Das Zeitalter der Extreme. Weltgeschichte des 20. Jahrhunderts*, München 1998, S. 364.
71 Matthias Becker, »Fleischproduktion. Wie die industrielle Viehzucht in die Krise geriet«, Deutschlandfunk (19. September 2022), online verfügbar unter: {https://www.deutschlandfunk.de/wie-die-industrielle-viehzucht-in-die-krise-geriet-100.html}.
72 Jerry Kammer, *The 2006 Swift Raids: Assessing the Impact of Immigration Enforcement Actions at Six Facilities*, Washington 2009.

5. Autoarbeit und der fossile Klassenkompromiss

1 Matthew T. Huber, *Lifeblood: Oil, Freedom, and the Forces of Capital*, Minneapolis 2013, S. 196.
2 Rainer Karlsch/Raymond G. Stokes, *Faktor Öl. Die Mineralölwirtschaft in Deutschland 1859-1974*, München 2003, S. 128ff.
3 Henning Türk, *Treibstoff der Systeme*, Bonn 2022, S. 15-23.
4 Zit. n. Mitchell, *Carbon Democracy*, S. 29.
5 Anthony Carew, *Labour Under the Marshall Plan: The Politics of Productivity and the Marketing of Management Science*, Manchester 1987.
6 John Kelly, *Rethinking Industrial Relations: Mobilisation, Collectivism and Long Waves*, London 1998, S. 1.
7 Czierpka, »Der Ruhrbergbau«, S. 111.
8 Mitchell, *Carbon Democracy*, S. 30.

9 Ian Angus, *Im Angesicht des Anthropozäns. Klima und Gesellschaft in der Krise*, Münster 2020, S. 147.
10 Czierpka, »Der Ruhrbergbau«, S. 111.
11 Pfister, »Das 1950er Syndrom«, S. 84.
12 Türk, *Treibstoff der Systeme*, S. 43f.
13 Eigene Darstellung auf der Grundlage von: Pirani, *Burning Up*, S. 10.
14 Hans Mommsen/Manfred Grieger, *Das Volkswagenwerk und seine Arbeiter im Dritten Reich*, Düsseldorf 1996.
15 Frederick W. Taylor, *Die Grundsätze wissenschaftlicher Betriebsführung*, München 1922, S. 1f.
16 Ebd., S. 4.
17 Rüdiger Hachtmann, »Die Deutsche Arbeitsfront im Zweiten Weltkrieg«, in: Dietrich Eichholtz (Hg.), *Krieg und Wirtschaft. Studien zur deutschen Wirtschaftsgeschichte 1939-1945*, Berlin 1999, S. 69-107.
18 Henry Ford, *Mein Leben und Werk*, Leipzig 1923, S. 94.
19 Ebd., S. 90.
20 Zit. n. Mommsen/Grieger, *Das Volkswagenwerk*, S. 410.
21 Ebd., S. 44-46.
22 Ebd., S. 227-249.
23 Christopher Wimmer, *Lumpenproletariat. Die Unterklassen zwischen Diffamierung und revolutionärer Handlungsmacht*, Stuttgart 2021.
24 Zit. n. Hien, *Die Arbeit des Körpers*, S. 56f.
25 Zu Körperpolitiken der Differenzierung siehe: Jule Govrin, *Politische Körper. Von Sorge und Solidarität*, Berlin 2022.
26 Zit. n. Brecher, *Strike!*, S. 191.
27 Sidney Fine, *Sit-Down: The General Motors Strike of 1936-1937*, Ann Arbor 2020, S. 170ff.; Brecher, *Strike!*, S. 170ff.
28 Zit. n. Montrie, *The Myth of Silent Spring*, S. 105ff.
29 Noll, zit. n. Peter Birke, *Wilde Streiks im Wirtschaftswunder. Arbeitskämpfe, Gewerkschaften und soziale Bewegungen in der Bundesrepublik und Dänemark*, Frankfurt am Main 2007, S. 108.
30 Noll, zit. n. ebd., S. 107.
31 Bernd Graef et al., *Wasser, Boden, Luft. Beiträge zur Umweltgeschichte des Volkswagenwerks Wolfsburg*, Wolfsburg 2002, S. 4ff.
32 Birke, *Wilde Streiks*, S. 111.
33 Zit. n. Anne von Oswald, »Volkswagen, Wolfsburg und die italienischen ›Gastarbeiter‹ 1962-1975. Die gegenseitige Verstärkung des Provisoriums«, in: *Archiv für Sozialgeschichte* 42 (2002), S. 55-79, S. 55.
34 Ebd., S. 60.
35 Hedwig Richter/Ralf Richter, »Zum Streik der italienischen Arbeitsmigranten im Volkswagenwerk Wolfsburg 1962«, in: *Jahrbuch für Forschungen zur Geschichte der Arbeiterbewegung* 7 (2008), S. 72-88.

36 Dietmar Lange, *Aufstand in der Fabrik. Arbeitsverhältnisse und Arbeitskämpfe bei Fiat-Mirafiori 1962 bis 1973*, Köln 2021.
37 Birke, *Wilde Streiks*.
38 Dokumentationszentrum und Museum über die Migration in Deutschland e.V. (DOMiD), »Der Pierburg-Streik – Solidarität unter Arbeiter*innen«, (o. D.) online verfügbar unter: {https://domid.org/news/pierburg-streik-solidaritaet-unter-arbeiterinnen/}.
39 Benanav, *A Global History of Unemployment*, S. 141.
40 Statista Research, »Share of total employment in each sector in Italy in 1950 and 1973«, Statista (31. Dezember 2006), online verfügbar unter: {https://www.statista.com/statistics/1073174/italy-employment-by-sector-1950-1973/}.
41 Thompson, *Blauer Montag*.
42 Mitchell, »Carbon democracy«, S. 407.
43 Montrie, *The Myth of Silent Spring*, S. 118ff.
44 Matthew Paterson, *Automobile Politics: Ecology and Cultural Political Economy*, Cambridge 2007, S. 95.
45 Zit. n. Huber, *Lifeblood*, S. 29.
46 Türk, *Treibstoff der Systeme*, S. 43f.
47 Zit. n. Paterson, *Automobile Politics*, S. 93.
48 Bob Jessop, »Der Wohlfahrtsstaat im Übergang vom Fordismus zum Postfordismus«, in: *Prokla. Zeitschrift für kritische Sozialwissenschaft* 16/65 (1986), S. 4-33; Paterson, *Automobile Politics*, S. 96ff.
49 Günter Burkart, »Individuelle Mobilität und soziale Integration. Zur Soziologie des Automobilismus«, in: *Soziale Welt* 45/2 (1994), S. 216-241, S. 228.
50 Michael Brie, »Sind wir Auto?«, in: *Luxemburg* 9/1 (2009), S. 165-172, S. 167.
51 Michel Aglietta, *A Theory of Capitalist Regulation: The US Experience*, London 2000; Markus Wissen, »Klimakrise und Klassenkampf: Zum Verhältnis von ökologischen und sozialen Konflikten«, in: *Prokla. Zeitschrift für kritische Sozialwissenschaft* 50/200 (2020), S. 441-464.
52 Pfister, »Das 1950er Syndrom«, S. 79.
53 Brenner, *The Economics of Global Turbulence*.
54 Rob Wallace, *Was Covid-19 mit der ökologischen Krise, dem Raubbau an der Natur und dem Agrobusiness zu tun hat*, Köln 2020, S. 60.
55 Burkart, »Individuelle Mobilität und soziale Integration«.
56 Juliet B. Schor, *Wahrer Wohlstand. Mit weniger Arbeit besser leben*, München 2016.
57 Aglietta, *A Theory of Capitalist Regulation*.
58 Pfister, »Das 1950er Syndrom«, S. 79.
59 Jens Hälterlein, »Weder Konsumismus noch Askese – Interpassivität. Über das kritische Potential des SUV-Fahrens«, in: Robert Feustel et al. (Hg.), *Wir sind nie aktiv gewesen. Interpassivität zwischen Kunst- und Gesellschaftskritik*, Berlin 2011, S. 173-185.

60 Ulrich Brand/Markus Wissen, *Imperiale Lebensweise. Zur Ausbeutung von Mensch und Natur in Zeiten des globalen Kapitalismus*, München 2017.

61 Michael Thomas, »The loophole that made cars in America so big«, in: *Distilled* (21. April 2023), online verfügbar unter: {https://www.distilled.earth/p/the-loophole-that-made-cars-in-america}.

62 Giorgos Gouzoulis, »What do indebted employees do? Financialisation and the decline of industrial action«, in: *Industrial Relations Journal* 54/1 (2023), S. 71-94.

63 Milena Büchs/Max Koch, *Postgrowth and Wellbeing: Challenges to Sustainable Welfare*, New York 2017.

64 Oxfam, *Confronting Carbon Inequality in the European Union*, Brüssel 2020.

65 Tone Smith, »Wie radikal ist der Green New Deal?«, in: *Prokla. Zeitschrift für kritische Sozialwissenschaft* 1/1 (2021), S. 9-30.

6. Die Nutzbarmachung der Körper

1 Virginia Held, *The Ethics of Care: Personal, Political, and Global*, Oxford/New York 2006.

2 Ariel Salleh, »From metabolic rift to ›metabolic value‹: Reflections on environmental sociology and the alternative globalization movement«, in: *Organization & Environment* 23/.2 (2010), S. 205-219.

3 Barca, *Forces of Reproduction*, S. 6.

4 Shiva/Mies, *Ecofeminism*.

5 Fraser, »Crisis of care?«.

6 Siehe z.B. Foucault, *Überwachen und Strafen*.

7 Boris Traue, *Das Subjekt der Beratung. Zur Soziologie einer Psycho-Technik*, Bielefeld 2010; Stefan Kerber-Clasen/Franziska Meyer-Lantzberg, »Selbstverständliches und Ausgeblendetes der kritischen Care-Debatte«, in: *Prokla. Zeitschrift für kritische Sozialwissenschaft* 50/201 (2020), S. 707-725.

8 Michael Peck, »The time America almost invaded OPEC«, in: *The National Interest* (10. April 2014), online verfügbar unter: {https://nationalinterest.org/feature/the-time-america-almost-invaded-opec-15726}.

9 Karlsch/Stokes, *Faktor Öl*, S. 377.

10 Huber, *Lifeblood*.

11 Karlsch/Stokes, *Faktor Öl*, S. 377.

12 Fiona Venn, *The Oil Crisis*, London 2013.

13 Brenner, *The Economics of Global Turbulence*.

14 Lutz Raphael, *Jenseits von Kohle und Stahl. Eine Gesellschaftsgeschichte Westeuropas nach dem Boom. Frankfurter Adorno-Vorlesungen 2018*, Berlin 2019, S. 45-49.

15 Ebd., S. 39f.

16 Ebd, S. 84f.

17 Jefferson Cowie, *Stayin' Alive: The 1970s and the Last Days of the Working Class*, New York 2010.

18 Winant, *The Next Shift*, S. 199ff.

19 Ebd., S. 7.

20 Virginia Kimey Pflücke/Heike Jacobsen, »Keine Zukunft ohne Kohle? Industrialistische Orientierungen gefährden einen geschlechtergerechten Strukturwandel in der Lausitz«, in: *Prokla. Zeitschrift für kritische Sozialwissenschaft* 53/3 (2023), S. 515-535.

21 N.N., »Gesundheitswirtschaft als Jobmotor«, Bundesministerium für Gesundheit (6. Januar 2023), online verfügbar unter: {https://www.bundesgesundheitsministerium.de/themen/gesundheitswesen/gesundheitswirtschaft/gesundheitswirtschaft-als-jobmotor}.

22 Zur Verallgemeinerung der »Care-Krise« siehe etwa: Emma Dowling, *The Care Crisis: What Caused It and How Can We End It?*, London 2021.

23 John Price, »Lean production at Suzuki and Toyota: A historical perspective«, in: *Studies in Political Economy* 45/1 (1994), S. 66-99, S. 86.

24 Zit. n. Ulrich Jürgens, »Der japanische Produktivitätserfolg. Soziale und arbeitsorganisatorische Voraussetzungen«, in: Manfred Muster/Udo Richter (Hg.), *Mit Vollgas in den Stau. Automobilproduktion, Unternehmensstrategien und die Perspektiven eines ökologischen Verkehrssystems*, Hamburg 1990, S. 64-77, S. 77.

25 Taiichi Ohno, »How the Toyota production system was created«, in: *Japanese Economic Studies* 10/4 (1982), S. 83-101, S. 83.

26 Ebd., S. 87.

27 Kim Moody, *Workers in a Lean World: Unions in the International Economy*, London/New York 1997.

28 Hien, *Die Arbeit des Körpers*, 265ff.

29 DGB-Index Gute Arbeit, *DGB-Index Gute Arbeit. Der Report 2017*, Berlin 2017, S. 5.

30 N.N., »The true cost of running on empty«, AXA CEBR (29. März 2023) online verfügbar unter:{https://www.axa.co.uk/newsroom/media-releases/2023/the-true-cost-of-running-on-empty-work-related-stress-costing-uk-economy-28bn-a-year/}.

31 Byung-Chul Han, *Psychopolitik. Neoliberalismus und die neuen Machttechniken*, Frankfurt am Main 2014, S. 39.

32 Winant, *The Next Shift*.

33 Kim Moody, *On New Terrain: How Capital is Reshaping the Battleground of Class War*, Chicago 2017, S. 21.

34 Simon Schaupp, »Digitale Unterschichtung. Migrantische Arbeit bei Dienstleistungsplattformen«, in: Nicole Mayer-Ahuja/Oliver Nachtwey (Hg.), *Verkannte Leistungsträger:innen. Berichte aus der Klassengesellschaft*, Berlin 2021, S. 305-324.

35 Winant, *The Next Shift*, S. 218ff.

36 Emma Dowling et al., »Pandemische politische Ökonomie. Zur kapitalistischen Verarbeitung der Corona-Krise«. Universität Wien (2023), online verfügbar unter: {https://www.soz.univie.ac.at/fileadmin/user_upload/i_soziologie/5_ueber_uns/5.5_rising_scholars/ifs_working_papers/autorinnenkollektiv_governance__demokratie__solidaritaet_emma_dowling.pdf}.

37 N.N., »Unter erschwerten Bedingungen«, Index Gute Arbeit (November 2021), online verfügbar unter: {https://index-gute-arbeit.dgb.de/++co++034808ca-493c-11ec-99ed-001a4a160123}.

38 Die folgenden Ausführungen basieren auf: Donna Baines, »Interwoven, cross-sector, situational and enduring solidarities: Crisis, resistance and de-privatisation in care work«, in: *Work in the Global Economy* 3/1 (2023), S. 49-67.

39 Held, *The Ethics of Care*.

40 Ian Cunningham et al., »›You've just cursed us‹: Precarity, austerity and worker's participation in the non-profit social services«, in: *Industrial Relations* 72/2 (2017), S. 370-393.

41 Andrew Herod et al., »The impact of the COVID-19 pandemic upon employment and inequality in the Mediterranean EU: An early look from a Labour Geography perspective«, in: *European Urban and Regional Studies* 29/1 (2022), S. 3-20, S. 12.

42 Für grundlegende statistische Analysen siehe: Daniel Oesch, *Redrawing the Class Map: Stratification and Institutions in Britain, Germany, Sweden and Switzerland*, New York 2006; für eine Ausdifferenzierung im Care-Bereich siehe: Kerber-Clasen/Meyer-Lantzberg, »Selbstverständliches und Ausgeblendetes der kritischen Care-Debatte«.

43 DBfK, *Pflege im Umgang mit dem Klimawandel. Informationen und Tipps für Pflegende zum Umgang mit Auswirkungen der Wetterextreme*, Berlin 2020.

44 International Council of Nurses, *Position Statement: Nurses, Climate Change and Health*, Genf 2018.

45 Martin Fritz/Max Koch, »Public support for sustainable welfare compared: Links between attitudes towards climate and welfare policies«, in: *Sustainability* 11/15 (2019), 4146; Dennis Eversberg, »Who can challenge the imperial mode of living? The terrain of struggles for social-ecological transformation in the German population«, in: *Innovation: The European Journal of Social Science Research* 33/2 (2020), S. 233-256.

46 Sabine Hofmeister et al., »Für welche ›Natur/en‹ sorgen wir? Kritisch feministische Perspektiven auf aktuelle Care-Debatten im sozial-ökologischen Kontext«, in: Sabine Hofmeister/Tanja Mölders (Hg.), *Für Natur sorgen? Dilemmata feministischer Positionierungen zwischen Sorge- und Herrschaftsverhältnissen* 2021, S. 33-48.

47 Gabriele Winker, *Solidarische Care-Ökonomie*, Bielefeld 2021.

7. Steuerungskräfte: Wissenschaft als Teil des gesellschaftlichen Stoffwechsels

1 Carolin Amlinger/Oliver Nachtwey, *Gekränkte Freiheit. Aspekte des libertären Autoritarismus*, Berlin 2022.
2 Chakrabarty, *Das Klima der Geschichte im planetarischen Zeitalter.*
3 Paul N. Edwards, *A Vast Machine: Computer Models, Climate Data, and the Politics of Global Warming*, Cambridge, Mass 2010.
4 Jochum/Schaupp, »Die Steuerungswende«.
5 Chakrabarty, *Das Klima der Geschichte im planetarischen Zeitalter*, S. 301.
6 Mary Croarken, »Tabulating the heavens: Computing the Nautical Almanac in 18th-Century England«, in: *IEEE Annals of the History of Computing* 25/3 (2003), S. 48-61.
7 Ghosh, *Der Fluch*, S. 105 f.
8 Theodore M. Porter, *Trust in Numbers: The Pursuit of Objectivity in Science and Public Life*, Princeton 1995, 25 f.
9 Philip Alcabes, *Dread: How Fear and Fantasy Have Fueled Epidemics from the Black Death to Avian Flu*, New York 2009, S. 58.
10 Michael McCarthy, »A brief history of the World Health Organization«, in: *The Lancet* 360/9340 (2002), S. 1111-1112.
11 Nathan Ensmenger, »The environmental history of computing«, in: *Technology and Culture* 59/4S (2018), S. 7-33, S. 13.
12 Mark Honigsbaum, *Das Jahrhundert der Pandemien. Eine Geschichte der Ansteckung von der Spanischen Grippe bis Covid-19*, München 2021.
13 Simon Schaupp, »De-centering the revolution: Class composition in the making and defeat of the Bavarian Council Republic«, in: *International Labor and Working-Class History* 100 (2021), S. 1-21.
14 Leonard T. Kurland/Craig A. Molgaard, »The patient record in epidemiology«, in: *Scientific American* 245/4 (1981), S. 54-63.
15 Honigsbaum, *Das Jahrhundert der Pandemien*, S. 25 ff.
16 Carolyn Merchant, *The Death of Nature: Women, Ecology, and the Scientific Revolution*, New York 1990.
17 Demnach ist es auch nicht verwunderlich, dass die Lochkartenmaschine zu einer wesentlichen technischen Grundlage der »Rassen«-Politik des Dritten Reichs wurde. Zuständig war dafür vor allem der Konzern IBM, der die Hollerith-Technologie zur Grundlage seines Geschäfts machte. Dessen deutsche Tochtergesellschaft Dehomag wurde von den Nazis stark subventioniert. Sie lieferte nicht nur die Technologie für die genaue Identifizierung von Juden, Roma und anderen unerwünschten Gruppen, sondern führte diese teilweise auch selbst durch; siehe Edwin Black, *IBM und der Holocaust. Die Verstrickung des Weltkonzerns in die Verbrechen der Nazis*, Berlin 2001.
18 John Tully, »A Victorian ecological disaster: Imperialism, the telegraph, and gutta-percha«, in: *Journal of World History* 20/4 (2009), S. 559-579.

19 Beniger, *The Control Revolution*, S. 395.
20 Pepin, *The Origins of AIDS*.
21 Ebd.; Honigsbaum, *Das Jahrhundert der Pandemien*, 205 ff.
22 Ulrich Beck, *Risikogesellschaft*.
23 Christopher C. Sellers, *Hazards of the Job: From Industrial Disease to Environmental Health Science*, Chapel Hill 1997, S. 1-44.
24 Ebd., S. 45-186.
25 Ebd., S. 1-12, S. 187-240.
26 Beniger, *The Control Revolution*.
27 Arthur George Tansley, »The use and abuse of vegetational concepts and terms«, in: *Ecology* 16/3 (1935), S. 284-307.
28 Karlsch/Stokes, *Faktor Öl*, S. 129.
29 Norbert Wiener, *Kybernetik. Regelung und Nachrichtenübertragung in Lebewesen und Maschine*, Reinbek 1968.
30 Andrew Pickering, *The Cybernetic Brain: Sketches of Another Future*, Chicago 2010.
31 Sie wurde etwa zur Grundlage von Cybersyn, der Infrastruktur für Wirtschaftsplanung im sozialistischen Chile; siehe Simon Schaupp, »Vergessene Horizonte. Der kybernetische Kapitalismus und seine Alternativen«, in: Paul Buckermann et al. (Hg.), *Kybernetik, Kapitalismus, Revolutionen. Emanzipatorische Perspektiven im technologischen Wandel*, Münster 2017, S. 51-73.
32 Leon Danon et al., »Networks and the epidemiology of infectious disease«, in: *Interdisciplinary Perspectives on Infectious Diseases* (2011), S. 1-28.
33 Marshall McLuhan, »At the moment of Sputnik the planet became a global theater in which there are no spectators but only actors«, in: *Journal of Communication* 24/1 (1974), S. 48-58, S. 49.
34 Edwards, *A Vast Machine*, S. 113-173.
35 Donella H. Meadows/Jørgen Randers/William W. Behrens III, *Die Grenzen des Wachstums*, Stuttgart 1972.
36 Norbert Altmann/Dieter Sauer (Hg.), *Systemische Rationalisierung und Zulieferindustrie. Sozialwissenschaftliche Aspekte zwischenbetrieblicher Arbeitsteilung*, Frankfurt am Main 1989.
37 Monika Dommann, *Materialfluss. Eine Geschichte der Logistik an den Orten ihres Stillstands*, Frankfurt am Main 2023.
38 Ingo Braun/Bernward Joerges (Hg.), *Technik ohne Grenzen*, Frankfurt am Main 1994.
39 Dan Schiller, *Digital Depression: Information Technology and Economic Crisis*, Champaign 2014, 34 f.
40 Peter Bruun/Robert N. Mefford, »Lean production and the Internet«, in: *International Journal of Production Economics* 89/3 (2004), S. 247-260.
41 Destatis, »Straßenverkehr: EU-weite CO_2-Emissionen seit 1990 um 21 % gestiegen«, Statistisches Bundesamt (31. Mai 2023), online verfügbar unter:

{https://www.destatis.de/Europa/DE/Thema/Umwelt-Energie/CO2_Strassenverkehr.html}.

42 Lorenzo Rosa et al., »Environmental consequences of oil production from oil sands«, in: *Earth's Future* 5/2 (2017), S. 158-170.

43 Bin Chen et al., »A review of hydraulic fracturing simulation«, in: *Archives of Computational Methods in Engineering* 29/4 (2022), S. 1-58.

44 Für einen kritischen Überblick über DICE und verwandte Modelle siehe: Adrienne Buller, *The Value of a Whale: On the Illusions of Green Capitalism*, Manchester 2022.

45 Lukács, *Geschichte und Klassenbewußtsein*.

46 Raphael, *Jenseits von Kohle und Stahl*, S. 76.

47 Schiller, *Digital Depression*, S. 46ff.

48 Florian Sprenger/Christoph Engemann, *Internet der Dinge. Über smarte Objekte, intelligente Umgebungen und die technische Durchdringung der Welt*, Bielefeld 2015.

49 Jennifer Gabrys, *Program Earth: Environmental Sensing Technology and the Making of a Computational Planet*, Minneapolis 2016.

50 Lukas Engelmann, »Digital epidemiology, deep phenotyping and the enduring fantasy of pathological omniscience«, in: *Big Data & Society* 9/1 (2022).

51 Edwards, *A Vast Machine*, 418ff.

52 Günter Mitlacher, »Welchen Wert hat die biologische Vielfalt?«, in: WWF (September 2010), online verfügbar unter: {https://www.wwf.de/fileadmin/fm-wwf/Publikationen-PDF/Welchen_Wert_hat_die_biologische_Vielfalt.pdf}.

53 UNEP, *The Natural Capital Declaration*, New York 2012, S. 3.

54 Morgan Robertson, »Measurement and alienation: Making a world of ecosystem services«, in: *Transactions of the Institute of British Geographers* 37/3 (2012), S. 386-401.

55 Buller, *The Value of a Whale*, S. 1.

56 Simon Schmid, »Spekulieren fürs Klima«. in: *Republik* (21. Februar 2022), online verfügbar unter: {https://www.republik.ch/2022/02/21/spekulieren-fuers-klima}.

57 Donella H. Meadows et al., *Grenzen des Wachstums. Das 30-Jahre-Update. Signal zum Kurswechsel*, Stuttgart 2006.

58 Daniele Artico et al., »›Beyond being analysts of doom‹: Scientists on the frontlines of climate action«, in: *Frontiers in Sustainability* 4 (2023), online verfügbar unter: {https://www.frontiersin.org/articles/10.3389/frsus.2023.1155897/full}.

59 IPCC, *Climate Change 2022: Mitigation of Climate Change: Summary for Policymakers*, Geneva 2022.

60 Joost de Moor et al., »New kids on the block: Taking stock of the recent cycle of climate activism«, in: *Social Movement Studies* 20/5 (2021), S. 619-625.

61 Zit. n. Simon Schaupp et al., *Woher kommt und wohin geht der Schweizer*

Klimastreik?, Bern 2022, S. 23, S. 46, S. 41. Insgesamt haben wir 27 Interviews mit Aktiven aus verschiedenen Flügeln des Schweizer Klimastreiks geführt.

62 Matthew T. Huber, *Climate Change As Class War: Building Socialism on a Warming Planet*, London/New York 2022, S. 109ff.

63 Barbara Ehrenreich/John Ehrenreich, »The professional-managerial class«, in: Pat Walker (Hg.), *Between Labor and Capital*, Boston 1979, S. 5-45.

64 Huber, *Climate Change As Class War*, S. 143-178.

65 Georg Jochum, »Lebensführung? Zur Transformation des Naturverhältnisses des Subjekts«, in: Georg Jochum et al. (Hg.), *Transformationen alltäglicher Lebensführung – Konzeptionelle und zeitdiagnostische Fragen*, Weinheim 2020, S. 348-370.

66 Sighard Neckel, »Ökologische Distinktion. Soziale Grenzziehung im Zeichen der Nachhaltigkeit«, in: Sighard Neckel et al. (Hg.), *Die Gesellschaft der Nachhaltigkeit. Umrisse eines Forschungsprogramms*, Bielefeld 2018, S. 59-76.

67 Zit. n. Simon Schaupp et al., *Woher kommt und wohin geht der Schweizer Klimastreik?*, S. 62.

68 Philipp Staab, *Anpassung. Leitmotiv der nächsten Gesellschaft*, Berlin 2022.

69 Huber, *Climate Change As Class War*.

70 IPCC, *Mitigation of Climate Change*, S. 36.

71 Michael E. Mann, *The New Climate War: The Fight to Take Back Our Planet*, New York 2021.

72 Beck, *Risikogesellschaft*.

73 Statista Research, »Anteil der Verbraucher mit ethischer Konsumhaltung in Deutschland«, Statista (29. Januar 2016), online verfügbar unter: {https://de.statista.com/statistik/daten/studie/270686/umfrage/haushalte-mit-umwelt-und-sozialethischer-konsumhaltung-in-deutschland/}.

74 Dennis Eversberg, »The social specificity of societal nature relations in a flexible capitalist society«, in: *Environmental Values* 30/3 (2021), S. 319-343.

75 Simon Schaupp, »Democratising the forces of re/production: Digital planning as sensing apparatus for a degrowth economy«, in: Jan Groos/Christoph Sorg (Hg.), *Creative Construction: Planned Economies in the 21st Century and Beyond*, Bristol 2024 (im Erscheinen).

76 Statista Research, »CO_2-Emissionen weltweit«, Statista (26. September 2023), online verfügbar unter: {https://de.statista.com/statistik/daten/studie/37187/umfrage/der-weltweite-co2-ausstoss-seit-1751/}.

77 OCI Team, »Banking on climate chaos: 2023 Fossil Fuel Finance Report«, Oil Change International (2023), online verfügbar unter: {https://priceofoil.org/2023/04/13/banking-on-climate-chaos-2023/}.

78 Ron Bousso, »Shell pivots back to oil to win over investors«. Reuters (9. Juni 2023), online verfügbar unter: {https://www.reuters.com/business/energy/shell-pivots-back-oil-win-over-investors-sources-2023-06-09/}.

79 Jochum/Schaupp, »Die Steuerungswende«.

80 Das Problem besteht darin, dass Wirtschaftswachstum stets mit erhöhtem Material- und Energiedurchsatz verbunden ist und damit die effektive Bearbeitung der ökologischen Krise erschwert; siehe etwa Jason Hickel, *Less Is More: How Degrowth Will Save the World*, New York 2020.

8. Steuerungsverhältnisse: Finanzialisierung und Beton

1 Ich danke Robert John und den Aktivistinnen der Organisation Mother Nature für die Organisation eines Besuchs in Kambodscha.

2 Subel Rai Bhandari, »More than 100 million tons of sand mined from lower Mekong, Experts Say«, in: *Radio Free Asia* (14. März 2023), online verfügbar unter: {https://www.rfa.org/english/news/environment/mekong-sand-03142023064512.html}.

3 Wirtschaftsuniversität Wien, »Material flows by material group, 1970-2019«; Visualisierung auf Basis der UN IRP Global Material Flows Database (2022), online verfügbar unter: {materialflows.net/visualisation-centre}.

4 Pineault, *A Social Ecology*, S. 38.

5 Jonathan Watts, »Concrete. The most destructive material on earth«, in: *The Guardian* (25. Februar 2019), online verfügbar unter: {https://www.theguardian.com/cities/2019/feb/25/concrete-the-most-destructive-material-on-earth}.

6 Anselm Jappe, *Beton. Massenkonstruktionswaffe des Kapitalismus*, Wien 2023, 20ff.

7 Marx, *Das Kapital*, Band III.

8 John Maynard Keynes, »An open letter to President Roosevelt«, in: *New York Times* (16. Dezember 1933), S. 5.

9 Huber, *Lifeblood*, S. 40ff.

10 Wolf, *Eisenbahn und Autowahn*, S. 131.

11 Peter Freund/George Martin, »The commodity that is eating the world: The automobile, the environment, and capitalism«, in: *Capitalism Nature Socialism* 7/4 (1996), S. 3-29.

12 David Harvey, »The urban roots of financial crises: Reclaiming the city for anti-capitalist struggle«, in: *Socialist Register* 48 (2012), S. 1-35, S. 15ff.

13 Beide zit. n. Huber, *Lifeblood*, S. 38.

14 Harvey, »The urban roots of financial crises«.

15 William Steele, »Constructing the construction state: Cement and postwar Japan«, in: *Asia-Pacific Journal* 15/11 (2017), S. 1-11; Watts, »Concrete«.

16 Robert John, »Sand geographies: Disentangling the material foundations of the built environment«, in: *Geography Compass* 15/5 (2021), S. 1-13.

17 Fred Pierce, »The hidden environmental toll of mining the world's sand«, in: *Yale Environment 360* (5. Februar 2019), online verfügbar unter: {https://

e360.yale.edu/features/the-hidden-environmental-toll-of-mining-the-worlds-sand}.

18 Robert John/William Jamieson, »Singapore's Scentless Growth is Built on the Brutal Extraction of Cambodian Sand and Imported Labour«, in: *Failed Architecture* (3. März 2020), online verfügbar unter: {https://failedarchitecture.com/singapores-scentless-growth-is-built-on-the-brutal-extraction-of-cambodian-sand-and-imported-labour/}.

19 Ebd.

20 Eliza C. Heery et al., »Identifying the consequences of ocean sprawl for sedimentary habitats«, in: *Journal of Experimental Marine Biology and Ecology* 492 (2017), S. 31-48.

21 David Harvey, *The Enigma of Capital: And the Crises of Capitalism*, Oxford 2010, S. 86.

22 Vgl. für den privaten Immobiliensektor: Robert John/Annika Mattissek, »Material dimensions of the spatio-temporal fix: Socio-ecological consequences of the Cambodian building boom under the Belt and Road Initiative«, in: *SSRN Electronic Journal* (2023), online verfügbar unter: {http://dx.doi.org/10.2139/ssrn.4437230}.

23 Harvey, »The urban roots of financial crises«, S. 20-25.

24 Amy Hawkins, »The grey wall of China. Inside the World's concrete superpower«, in: *The Guardian* (28. Februar 2019), online verfügbar unter: {https://www.theguardian.com/cities/2019/feb/28/the-grey-wall-of-china-inside-the-worlds-concrete-superpower}.

25 N.N., »Understanding and resolving the fundamental problems in China's construction industry«, in: *China Labour Bulletin* (18. März 2019), online verfügbar unter: {https://clb.org.hk/en/content/understanding-and-resolving-fundamental-problems-china%E2%80%99s-construction-industry}.

26 Stefan Schmalz, *Machtverschiebungen im Weltsystem. Der Aufstieg Chinas und die große Krise*, Frankfurt am Main 2018.

27 John A. Mathews/Carol X. Huang, »Greening trends within China's energy system: A 2019 Update«, in: *Asia-Pacific Journal* 18/17 (2020), S. 2-12.

28 Malm, *Fossil Capital*, S. 229ff.

29 N.N., »Workers' interests sidelined as China pushes ahead with coal mining consolidation«, in: *China Labour Bulletin* (28. Oktober 2020), online verfügbar unter: {https://clb.org.hk/en/content/workers%E2%80%99-interests-sidelined-china-pushes-ahead-coal-mining-consolidation}.

30 Hickel, *Less Is More*.

31 Malm, *Fossil Capital*, S. 229ff.

32 Zhang Lu, *Arbeitskämpfe in Chinas Autofabriken*, Wien 2018, S. 27.

33 Schmalz, *Machtverschiebungen im Weltsystem*.

34 Hawkins, »The grey wall of China«.

35 OCI Team, »Banking on climate chaos«.

36 Giulia de Marco/Rifka Fehr, »Zirkularität in der Schweizer Baubranche. Es

stockt in der Umsetzung«, in: *Circular Hub* (März 2023), online verfügbar unter: {https://circularhub.ch/magazin/details/zirkularitaet-in-der-schweizer-baubranche-es-stockt-in-der-umsetzung}.

37 ILO, *Working on a Warmer Planet*, S. 13-14.

38 Insgesamt haben wir 25 Interviews mit ausführenden Bauarbeitern geführt, die im Freien tätig sind.

39 Martin Lüscher, »Die Schweizer Immobilienblase der Neunzigerjahre«, in: *Finanz und Wirtschaft* (17. November 2015), online verfügbar unter: {https://www.fuw.ch/article/die-schweizer-immobilienblase-der-neunzigerjahre}.

40 Immanuel Stieß et al., *Repräsentativumfrage zum Umweltbewusstsein und Umweltverhalten im Jahr 2020*, Berlin 2022; René John/Inka Bormann/Jana Rückert-John, *Repräsentativumfrage zum Umweltbewusstsein und Umweltverhalten im Jahr 2012 einschließlich sozialwissenschaftlicher Analysen*, Berlin 2014.

41 N.N., »An Hitzetagen gibt es auf Baustellen mehr Unfälle«, in: *Swissinfo* (5. Juli 2017), online verfügbar unter: {https://www.swissinfo.ch/ger/alle-news-in-kuerze/an-hitzetagen-gibt-es-auf-baustellen-mehr-unfaelle/43310096}.

42 Chris Kelley, *Termindruck auf dem Bau. Eine Gefahr für die Gesundheit, Arbeitssicherheit und Qualität der Arbeit*, Bern 2020.

43 Lüscher, »Die Schweizer Immobilienblase der Neunzigerjahre«.

44 Christopher Kelley, *Building Power: How Organized Labor is Shaping Industrial Relations in the Changing Swiss Construction Industry*, Universität Zürich 2017, S. 156.

45 Ebd., S. 125ff.

46 N.N., »Der Bau des Gotthardtunnels (1872 bis 1880)«, in: *Neue Zürcher Zeitung* (3. Juni 2006), online verfügbar unter: {https://www.nzz.ch/articleF8BO2-ld.414070}.

47 Zit. n. Wolf, *Eisenbahn und Autowahn*, S. 41.

48 Kelley, *Building Power*, S. 125-141.

49 Freya Newman/Elizabeth Humphrys, »Construction workers in a climate precarious world«, in: *Critical Sociology* 46/4-5 (2020), S. 557-572.

50 Ralph Hug, »Bau. Schweizweite Streiks«, in: Vania Alleva/Andreas Rieger (Hg.), *Streik im 21. Jahrhundert*, Zürich 2017, S. 90-107.

51 Hartwig Heine/Rüdiger Mautz, *Industriearbeiter contra Umweltschutz?*, Frankfurt am Main 1989, S. 202ff.

52 Greenpeace Schweiz, *Holcim-Report. Eine Skandalreportage*, Zürich 2020, online verfügbar unter: {https://www.greenpeace.ch/static/planet4-switzerland stateless/2020/11/6171a8d5-derholcimreport_greenpeaceschweiz_4nov2020.pdf}.

53 Andreas Fagetti, »Arbeitsunfälle. 151 Tote in zwei Jahren«, in: *WOZ. Die Wochenzeitung* (10. Mai 2018), online verfügbar unter: {https://www.woz.ch/1819/lafarge-holcim/arbeitsunfaelle-151-tote-in-zwei-jahren}.

54 Maria Roselli, *Die Asbestlüge. Geschichte und Gegenwart einer Industriekatastrophe*, Zürich 2007.

55 Die Ausweitung der Arbeitszeit wurde am Ende verhindert. Zudem wurde eine Arbeitsgruppe eingerichtet, in der die Verhandlungen zum Gesundheitsschutz und der Organisation der Arbeitszeit weitergeführt werden.

56 Meredith Burgmann/Verity Burgmann, *Green Bans, Red Unions: The Saving of a City*, zweite, überarbeitete Auflage, Sydney 2017.

9. Politiken der Nutzlosigkeit

1 Zygmunt Bauman, *Verworfenes Leben. Die Ausgegrenzten der Moderne*, Hamburg 2005, S. 21.

2 Ebd., S. 136.

3 Für eine Übersicht siehe: Matthias Schmelzer/Andrea Vetter, *Degrowth/Postwachstum zur Einführung*, Hamburg 2019.

4 Malm, *Fossil Capital*, S. 279ff.

5 Biesecker/Hofmeister, »(Re)Produktivität als ein sozial-ökologisches ›Brückenkonzept‹«.

6 Zur zunehmenden gesellschaftlichen Zentralität der Anpassung siehe Staab, *Anpassung*.

7 N. N., »Umweltbewusstsein in Deutschland«, Umweltbundesamt (8. September 2023), online verfügbar unter: {https://www.umweltbundesamt.de/themen/nachhaltigkeit-strategien-internationales/umweltbewusstsein-in-deutschland}.

8 Andreas Malm/Zetkin Collective, *White Skin, Black Fuel: On the Danger of Fossil Fascism*, London 2021.

9 Peter Sloterdijk, *Kritik der zynischen Vernunft*, Band II, Frankfurt am Main 1983.

10 Mohamed Amjahid, »Es sind doch bloß Bauchschmerzen«, in: *die tageszeitung* (15. Juni 2023), online verfügbar unter: {https://taz.de/Recht-auf-Asyl/!5940669/0}.

11 IPCC, *Mitigation of Climate Change*.

12 Gregor Semieniuk et al., »Potential pension fund losses should not deter high-income countries from bold climate action«, in: *Joule* (22. Juni 2023), online verfügbar unter: {https://doi.org/10.1016/j.joule.2023.05023}.

13 ILO, *Employment and the Role of Workers and Employers in a Green Economy*, Genf 2018.

14 Arlie Russell Hochschild, *Fremd in ihrem Land. Eine Reise ins Herz der amerikanischen Rechten*, Frankfurt am Main 2017, S. 336f.

15 Bauman, *Verworfenes Leben*.

16 Theodor W. Adorno, *Minima Moralia. Reflexionen aus dem beschädigten Leben*, Frankfurt am Main 2003 [1951], S. 23.

17 Kate A.F. Crehan, *Gramsci's Common Sense: Inequality and its Narratives*, Durham 2016.

18 Für eine umfangreiche historische Rekonstruktion dieser Konvergenz siehe: Cara New Daggett, *The Birth of Energy: Fossil Fuels, Thermodynamics and the Politics of Work*, Durham 2019.

19 Ernst Jünger, »Die Maschine« (1925), in: ders., *Politische Publizistik 1919 bis 1933*, Sven Olaf Berggötz (Hg.), Stuttgart 2001, S. 157-162, S. 159.

20 Zit. n. Malm/Zetkin Collective, *White Skin*, S. 402.

21 Dörre et al., *Abschied von Kohle und Auto?*; Simon Schaupp, »Das Ende des fossilen Klassenkompromisses. Die Gelbwestenbewegung als ökologischer Konflikt des ›Hinterlands‹«, in: *Prokla. Zeitschrift für kritische Sozialwissenschaft* 51/204 (2021), S. 435-453.

22 Erik Olin Wright, »Working-class power, capitalist-class interests, and class compromise«, in: *American Journal of Sociology* 105/4 (2000), S. 957-1002.

23 Richard Hyman, »Pressure, protest and struggle: Some problems in the concept and theory of industrial conflict«, in: ders. (Hg.), *The Political Economy of Industrial Relations: Theory and Practice in a Cold Climate*, London 1989, S. 96-119.

24 Jan Breman/Marcel van der Linden, »Informalizing the economy: The return of the social question at a global level«, in: *Development and Change* 45/5 (2014), S. 920-940.

25 Mike Davis, *Prisoners of the American Dream: Politics and Economy in the History of the US Working Class*, London 2000.

26 Marshall Burke et al., »Global non-linear effect of temperature on economic production«, in: *Nature* 527/7577 (2015), S. 235-239.

27 Cara Daggett, »Petro-masculinity: Fossil fuels and authoritarian desire«, in: *Millennium* 47/1 (2018), S. 25-44.

28 White, »Are you an environmentalist or do you work for a living?«.

29 Kristian Frigelj, »Kein Beruf, kein Einkommen, ich bin Vollzeit-Aktivist«, in: *Welt* (30. Oktober 2019), online verfügbar unter: {https://www.welt.de/politik/deutschland/plus202730122/Radikale-Klimaschuetzer-Kein-Beruf-kein-Einkommen-Vollzeit-Aktivist.html}.

30 Oliver Milman, »›My friends were lied to‹: Will coalminers stand by Trump as jobs disappear?«, in: *The Guardian* (24. September 2020), online verfügbar unter: {https://www.theguardian.com/us-news/2020/sep/24/donald-trump-coal-miners-us-election}.

31 Erich Fromm, *Die Furcht vor der Freiheit*, München 1989 [1941].

32 Marcus Woeller, »Die Wärmepumpe als letzte Entfremdung des Menschen vom Feuer«, in: *Welt* (13. April 2023), online verfügbar unter: {https://www.welt.de/kultur/plus244698950/Waermepumpe-Die-letzte-Entfremdung-des-Menschen-vom-Feuer.html?icid=search.product.onsitesearch}.

33 Andreas Glas/Philipp Schmitt, »Buhrufe für Söder, Applaus für Aiwanger«, in: *Süddeutsche Zeitung* (12.6.2023), online vefügbar unter: {https://www.

sueddeutsche.de/muenchen/erding/erding-demonstration-monika-gruber-soeder-aiwanger-heizung-1.5918497?reduced=true}.

34 Erich Fromm, *Arbeiter und Angestellte am Vorabend des Dritten Reiches*, Gießen 2019.

35 Paul Rauber, »›Rolling coal‹ backfires. Trump's EPA goes easy on mega-polluting trucks«, in: *Sierra* (13. April 2019), online verfügbar unter: {https://www.sierraclub.org/sierra/rolling-coal-backfires}.

36 Daggett, »Petro-Masculinity«.

37 Zit. n. Malm/Zetkin Collective, *White Skin*, S. 402.

38 Jünger, »Die Maschine«, S. 159.

39 Ebd., S. 160.

40 IPCC, »Fact sheet – small islands«, IPCC (November 2022), online verfügbar unter: {https://www.ipcc.ch/report/ar6/wg2/downloads/outreach/IPCC_AR6_WGII_FactSheet_SmallIslands.pdf}.

41 IPBES, *Assessment Report on Land Degradation and Restoration*, Bonn 2018.

42 Malm, »In wildness is the liberation of the world«, S. 29.

43 Net Zero Tracker, *Net Zero Stocktake 2023*, NewClimate Institute, Oxford Net Zero, Energy and Climate Intelligence Unit and Data-Driven EnviroLab (Juni 2023), online verfügbar unter: {https://ca1-nzt.edcdn.com/Reports/Net_Zero_Stocktake_2023.pdf?v=1696255114}.

44 Neil Smith, »Nature as accumulation strategy«, in: *Socialist Register* 43 (2007), S. 16-36.

45 Brand/Wissen, *Imperiale Lebensweise*.

46 Max Ajl, *A People's Green New Deal*, London 2021.

47 Simone Schlindwein, *Der grüne Krieg. Wie in Afrika die Natur auf Kosten der Menschen geschützt wird – und was der Westen damit zu tun hat*, Berlin 2023.

48 Charles Geisler, »A new kind of trouble: Evictions in Eden«, in: *International Social Science Journal* 55/175 (2003), S. 69-78.

49 Nina Lakhani, »›Worthless‹: Chevron's carbon offsets are mostly junk and some may harm, research says«, in: *The Guardian* (24. Mai 2023), online verfügbar unter: {https://www.theguardian.com/environment/2023/may/24/chevron-carbon-offset-climate-crisis}.

50 Caleb Goods/Bradon Ellem, »Employer associations: Climate change, power and politics«, in: *Economic and Industrial Democracy* (2022), online verfügbar unter: {https://doi.org/10.1177/0143831X221081551}.

51 ILO, »COVID-19 and the world of work. 7th edition«, ILO (25. Januar 2021), online verfügbar unter: {https://www.ilo.org/global/topics/coronavirus/impacts-and-responses/WCMS_767028/lang–en/index.htm}.

52 Dies., *Working on a Warmer Planet*.

53 Lois Beckett, »Older people would rather die than let Covid-19 harm US economy – Texas official«, in: *The Guardian* (24. März 2020), online verfügbar unter: {https://www.theguardian.com/world/2020/mar/24/older-peop

le-would-rather-die-than-let-covid-19-lockdown-harm-us-economy-texas-official-dan-patrick}.

54 Institut der Deutschen Wirtschaft, »Elektrik-Fachkräfte – das Nadelöhr der Energiewende«, in: *KOFA* (28. November 2022), online verfügbar unter: {https://www.kofa.de/media/Publikationen/Pressemitteilungen/22.11.18._Wind-Solarenergie.pdf}.

55 Siegrun Brink/Annette Icks, *Zukunftspanel 2022. Institut für Mittelstandsforschung*, Bonn 2022, S. 9.

56 Simon Schaupp, »Algorithmische Arbeitssteuerung und marktorientiertes Migrationsregime. Eine verkannte Wahlverwandtschaft«, in: *WSI-Mitteilungen* 76/2 (2023), S. 103-111.

57 Sebastian Friedrich, »Die diskursive Erschaffung des ›nutzlosen Anderen‹. Zur Verschränkung von Einwanderungs- und Unterschichtendiskurs«, in: Margarete Jäger/Heiko Kaufmann (Hg.), *Skandal und doch normal*, Münster 2012, S. 96-111.

58 IPBES, *Assessment Report on Land Degradation and Restoration.*

59 Bauman, *Verworfenes Leben.*

60 Garrett Hardin, »Commentary: Living on a lifeboat«, in: *BioScience* 24/10 (1974), S. 561-568.

61 Garrett Hardin, »The tragedy of the commons«, in: *Science* 162/3859 (1968), S. 1243-1248.

62 Kritisch etwa Ghosh, *Der Fluch*, S. 191 f.

63 N.N., »Überlebende berichten von drei Pushbacks«, Tagesschau.de (17. Juni 2023), online verfügbar unter: {https://www.tagesschau.de/ausland/europa/bootsunglueck-griechenland-102.html}.

64 Eine Liste mit den Namen der Toten ist online verfügbar unter: {https://unitedagainstrefugeedeaths.eu/wp-content/uploads/2014/06/ListofDeathsActual.pdf}.

65 Andrew K. Jorgenson et al., »Militarization and the environment: A panel study of carbon dioxide emissions and the ecological footprints of nations, 1970-2000«, in: *Global Environmental Politics* 10/1 (2010), S. 7-29; Melike E. Bildirici, »The causal link among militarization, economic growth, CO_2 Emission, and energy consumption«, in: *Environmental Science and Pollution Research* 24/5 (2017), S. 4625-4636.

66 Jonas Nässén/Jörgen Larsson, »Would shorter working time reduce greenhouse gas emissions? An analysis of time use and consumption in Swedish households«, in: *Environment and Planning C: Government and Policy* 33/4 (2015), S. 726-745.

67 Kyle Knight et al., »Reducing growth to achieve environmental sustainability: The role of work hours«, in: Jeanette Wicks-Lim/Robert Pollin (Hg.), *Capitalism on Trial*, Northampton 2013.

68 Giorgos Kallis et al., »›Friday off‹: Reducing working hours in Europe«, in: *Sustainability* 5/4 (2013), S. 1545-1567.

69 Sigrid Pohl, *Entwicklung und Ursachen der Frauenlohndiskriminierung. Ein feministisch-marxistischer Erklärungsansatz*, Frankfurt am Main/New York 1983, S. 329ff.

70 Philipp Frey, »The ecological limits of work: On carbon emissions, carbon budgets and working time«, in: *Autonomy* 4 (2019), S. 1-10. Diese Zahl variiert hinsichtlich der durchschnittlichen CO_2-Effizienz der geleisteten Arbeitsstunden. Die Zehn-Stunden-Woche wäre nur bei einer hohen CO_2-Effizienz, wie sie etwa in Schweden gegeben ist, klimaverträglich, in anderen Volkswirtschaften fällt die Zahl entsprechend noch geringer aus.

71 Walter Benjamin, »Zur Kritik der Gewalt« (1921), in: ders., *Gesammelte Schriften*, Band II.1, herausgegeben von Rolf Tiedemann und Hermann Schweppenhäuser, Frankfurt am Main 1999, S. 179-204.

72 Alexander Gallas, »Mass strikes in a global conjuncture of crisis: A Luxemburgian analysis«, in: Vishwas Satgar (Hg.), *BRICs and the New American Imperialism: Global Rivalry and Resistance*, Johannesburg 2020, S. 182-202.

73 Für weitere Beispiele siehe: Räthzel et al. (Hg.), *The Palgrave Handbook of Environmental Labour Studies*.

74 Klaus Dörre, »Funktionswandel der Gewerkschaften. Von der intermediären zur fraktalen Organisation«, in: Thomas Haipeter/Klaus Dörre (Hg.), *Gewerkschaftliche Modernisierung*, Wiesbaden 2011, S. 267-301.

75 Für Beispiele siehe: Räthzel et al. (Hg.), *The Palgrave Handbook of Environmental Labour Studies*.

76 Steffen Liebig/Kim Lucht, *Fahren wir zusammen? Die öko-soziale Allianz von ver.di und Fridays for Future im ÖPNV*, Hamburg 2022.

77 N.N., »Fragen und Antworten zur Vier-Tage-Woche«, IG Metall (19. Mai 2023), online verfügbar unter: {https://www.igmetall.de/tarif/faq-zur-vier-tage-woche}.

78 Detlef Hensche, »Das Tabu des politischen Streiks in Deutschland. Rechtliche und politische Aspekte«, in: Alexander Gallas et al. (Hg.), *Politische Streiks im Europa der Krise*, Hamburg 2012, S. 219-226.

79 Lucy Redler, *Politischer Streik in Deutschland nach 1945*, Köln 2007.

80 Simon Schaupp, »Jenseits der Austeritäts-Ökologie. Einführung in eine Umweltpolitik von unten«, in: *Sozial.Geschichte Online* 28 (2020), S. 43-68.

81 Schaupp, »Das Ende des fossilen Klassenkompromisses«.

82 Adorno, *Minima Moralia*, S. 179.

Literatur

Adorno, Theodor W., *Minima Moralia. Reflexionen aus dem beschädigten Leben*, Frankfurt am Main: Suhrkamp 2003 [1951].

Aglietta, Michel, *A Theory of Capitalist Regulation: The US Experience*, London: Verso 2000.

Ajl, Max, *A People's Green New Deal*, London: Pluto 2021.

Alcabes, Philip, *Dread: How Fear and Fantasy Have Fueled Epidemics from the Black Death to Avian Flu*, New York: PublicAffairs 2019.

Altmann, Norbert/Dieter Sauer (Hg.), *Systemische Rationalisierung und Zulieferindustrie. Sozialwissenschaftliche Aspekte zwischenbetrieblicher Arbeitsteilung*, Frankfurt am Main: Campus 1989.

Amlinger, Carolin/Oliver Nachtwey, *Gekränkte Freiheit. Aspekte des libertären Autoritarismus*, Berlin: Suhrkamp 2022.

Angus, Ian, *Im Angesicht des Anthropozäns. Klima und Gesellschaft in der Krise*, Münster: Unrast 2020.

Aposolides, Alexander et al., *English Agricultural Output and Labour Productivity, 1250-1850: Some Preliminary Estimates*, Exeter: University of Warwick Press 2008.

Aristoteles, *Physikvorlesung*. Teilband 1. Bücher I-IV, herausgegeben von Gottfried Heinemann, Hamburg: Felix Meiner 2021.

Artico, Daniele et al., »›Beyond being analysts of doom‹: Scientists on the frontlines of climate action«, in: *Frontiers in Sustainability* 4 (2023), online verfügbar unter: {https://www.frontiersin.org/articles/10.3389/frsus.2023.1155897/full}.

Baines, Donna, »Interwoven, cross-sector, situational and enduring solidarities: Crisis, resistance and de-privatisation in care work«, in: *Work in the Global Economy* 3/1 (2023), S. 49-67.

Barca, Stefania, »On working-class environmentalism: A historical and transnational overview«, in: *Interface: A Journal for and About Social Movements* 4/2 (2012), S. 61-80.

Dies., *Forces of Reproduction: Notes for a Counter-Hegemonic Anthropocene*, Cambridge: Cambridge University Press 2020.

Barthel, Georg/Felix Gnisa/Hans-Christian Stephan, »Eigensinn im marktgesteuerten digitalen Taylorismus. Eine empirische Untersuchung zu Aneignungsweisen im Produktionsmodell von Amazon«, in: Heiner Heiland/Simon Schaupp (Hg.), *Widerstand im Arbeitsprozess. Eine arbeitssoziologische Einführung*, Bielefeld: Transcript 2023, S. 249-276.

Basso, Pietro, *Modern Times, Ancient Hours: Working Lives in the Twenty-First Century*, London: Verso 2003.

Bastani, Aaron, *Fully Automated Luxury Communism*, London: Verso 2019.

Bauman, Zygmunt, *Verworfenes Leben. Die Ausgegrenzten der Moderne*, Hamburg: Hamburger Edition 2005.

Beck, Ulrich, *Risikogesellschaft. Auf dem Weg in eine andere Moderne*, Frankfurt am Main: Suhrkamp 1986.

Becker, Karina et al., »Das Wertschöpfungssystem ›Automobil‹ im Umbruch«, in: Klaus Dörre et al. (Hg.), *Große Transformation? Zur Zukunft moderner Gesellschaften. Sonderband des Berliner Journals für Soziologie*, Wiesbaden: Springer Fachmedien Wiesbaden 2019, S. 245-258.

Beckert, Sven, *King Cotton. Eine Globalgeschichte des Kapitalismus*, München: C.H. Beck 2014.

Bellemare, Guy, »End users: Actors in the industrial relations system?«, in: *British Journal of Industrial Relations* 38/3 (2000), S. 383-405.

Benanav, Aaron, *A Global History of Unemployment: Surplus Populations in the World Economy, 1949-2010*, Los Angeles: University of California Press 2015.

Beniger, James, *The Control Revolution: Technological and Economic Origins of the Information Society*, Cambridge: Harvard University Press 1989.

Benjamin, Walter, »Zur Kritik der Gewalt« (1921), in: ders., *Gesammelte Schriften*, Band II.1, herausgegeben von Rolf Tiedemann und Hermann Schweppenhäuser, Frankfurt am Main: Suhrkamp 1999, S. 179-204.

Berger, Stefan, »Was ist das Ruhrgebiet? Eine historische Standortbestimmung«, in: Anne Seibring (Hg.), *Abschied von der Kohle. Struktur- und Kulturwandel im Ruhrgebiet und in der Lausitz*, Bonn: bpb 2021, S. 90-103.

Berner, Boel, »Working knowledge as performance: On the practical understanding of machines«, in: *Work, Employment and Society* 22/2 (2008), S. 319-336.

Bhambra, Gurminder K., »Relations of extraction, relations of redistribution: Empire, nation, and the construction of the British welfare state«, in: British Journal of Sociology 73/1 (2022), S. 4-15.

Bhattacharya, Tithi (Hg.), *Social Reproduction Theory: Remapping Class, Recentering Oppression*, London: Pluto 2017.

Biesecker, Adelheid/Sabine Hofmeister, »(Re)Produktivität als ein sozial-ökologisches ›Brückenkonzept‹«, in: Christine Katz et al. (Hg.), *Nachhaltigkeit anders denken. Veränderungspotenziale durch Geschlechterperspektiven*, Wiesbaden: Springer Fachmedien 2015, S. 77-91.

Bildirici, Melike E., »The causal link among militarization, economic growth, CO_2 emission, and energy consumption«, in: *Environmental Science and Pollution Research* 24/5 (2017), S. 4625-4636.

Birke, Peter, *Wilde Streiks im Wirtschaftswunder. Arbeitskämpfe, Gewerkschaften und soziale Bewegungen in der Bundesrepublik und Dänemark*, Frankfurt am Main: Campus 2007.

Ders., *Grenzen aus Glas. Arbeit, Rassismus und Kämpfe der Migration in Deutschland*, Wien/Berlin: Mandelbaum 2022.

Black, Edwin, *IBM und der Holocaust. Die Verstrickung des Weltkonzerns in die Verbrechen der Nazis*, Berlin: Propyläen 2001.
Böhme, Gernot, *Leib. Die Natur, die wir selbst sind*, Berlin: Suhrkamp 2019.
Bologna, Sergio/Massimo Cacciari, *Zusammensetzung der Arbeiterklasse und Organisationsfrage*, Berlin: Merve 1973.
Bork, Hans-Rudolf, *Umweltgeschichte Deutschlands*, Berlin/Heidelberg: Springer 2020.
Boswell, Terry E., »A split labor market analysis of discrimination against chinese immigrants, 1850-1882«, in: *American Sociological Review* 51/3 (1986), S. 352-371.
Brand, Ulrich/Markus Wissen, *Imperiale Lebensweise. Zur Ausbeutung von Mensch und Natur in Zeiten des globalen Kapitalismus*, München: Oekom 2017.
Braudel, Fernand, *Civilization and Capitalism, 15th-18th Century*, Band III: *The Perspective of the World*, New York: Harper & Row 1986.
Braun, Ingo/Bernward Joerges (Hg.), *Technik ohne Grenzen*, Frankfurt am Main: Suhrkamp 1994.
Braverman, Harry, *Labor and Monopoly Capital: The Degradation of Work in the Twentieth Century*, New York: Monthly Review Press 1998.
Brecher, Jeremy, *Strike!*, Oakland: PM Press 2014.
Breman, Jan/Marcel van der Linden, »Informalizing the economy: The return of the social question at a global level«, in: *Development and Change* 45/5 (2014), S. 920-940.
Brenner, Robert, »The origins of capitalist development: A critique of neo-Smithian Marxism«, in: Hamza Alavi/Teodor Shanin (Hg.), *Introduction to the Sociology of »Developing Societies«*, London: Palgrave 1982, S. 54-71.
Ders., *The Economics of Global Turbulence: The Advanced Capitalist Economies from Long Boom to Long Downturn, 1945-2005*, London: Verso 2006.
Brie, Michael, »Sind wir Auto?«, in: *Luxemburg* 9/1 (2009), S. 165-172.
Brink, Siegrun/Annette Icks, *Zukunftspanel 2022. Klima und Energie gewinnen als Herausforderungen an Bedeutung*, Bonn: Institut für Mittelstandsforschung 2022.
Brinkmann, Ulrich/Oliver Nachtwey, *Postdemokratie und Industrial Citizenship. Erosionsprozesse von Demokratie und Mitbestimmung*, Weinheim: Beltz Juventa 2017.
Brueggemann, John/Cliff Brown, »The decline of industrial unionism in the meatpacking industry«, in: *Work and Occupations* 30/3 (2003), S. 327-360.
Brüggemeier, Franz-Josef, *Grubengold. Das Zeitalter der Kohle von 1750 bis heute*, München: C.H. Beck 2018.
Ders., »Das Zeitalter der Kohle in Europa, 1750 bis heute. Ein Überblick«, in: Seibring (Hg.), *Abschied von der Kohle*, S. 12-25.
Bruun, Peter/Robert N. Mefford, »Lean production and the Internet«, in: *International Journal of Production Economics* 89/3 (2004), S. 247-260.

Büchs, Milena/Max Koch, *Postgrowth and Wellbeing: Challenges to Sustainable Welfare*, New York: Palgrave Macmillan 2017.
Buller, Adrienne, *The Value of a Whale: On the Illusions of Green Capitalism*, Manchester: Manchester University Press 2022.
Burawoy, Michael, *The Politics of Production: Factory Regimes Under Capitalism and Socialism*, London: Verso 1985.
Burgmann, Meredith/Verity Burgmann, *Green Bans, Red Unions: The Saving of a City*, Sydney: NewSouth Publishing 2017.
Burkart, Günter, »Individuelle Mobilität und soziale Integration. Zur Soziologie des Automobilismus«, in: *Soziale Welt* 45/2 (1994), S. 216-241.
Burke, Marshall/Solomon M. Hsiang/Edward Miguel, »Global non-linear effect of temperature on economic production«, in: *Nature* 527 (2015), S. 235-239.
Burkett, Paul, *Marx and Nature: A Red and Green Perspective*, New York: St. Martin's Press 1999.

Campling, Liam/Alejandro Colas, *Capitalism and the Sea: The Maritime Factor in the Making of the Modern World*, London: Verso 2021.
Carew, Anthony, *Labour Under the Marshall Plan: The Politics of Productivity and the Marketing of Management Science*, Manchester: Manchester University Press 1987.
Carson, Rachel, *Der stumme Frühling*, München: Biederstein 1963.
Caruso, Amerigo, »Joining forces against ›strike terrorism‹: The public-private interplay in policing strikes in Imperial Germany, 1890-1914«, in: *European History Quarterly* 49/4 (2019), S. 597-624.
Castel, Robert, *Die Metamorphosen der sozialen Frage. Eine Chronik der Lohnarbeit*, Konstanz: Universitätsverlag Konstanz 2008.
Chakrabarty, Dipesh, *Das Klima der Geschichte im planetarischen Zeitalter*, Berlin: Suhrkamp 2022.
Chancel, Lucas, »Global carbon inequality over 1990-2019«, in: *Nature Sustainability* 5 (2022), S. 931-938.
Chen, Bin et al., »A review of hydraulic fracturing simulation«, in: *Archives of Computational Methods in Engineering* 29/4 (2022), S. 1-58.
Clark, Brett/Richard York, »Carbon metabolism: Global capitalism, climate change, and the biospheric rift«, in: *Theory and Society* 34/4 (2005), S. 391-428.
Cohen, Gerald A., *Karl Marx' Theory of History: A Defence*, Princeton: Princeton University Press 1980.
Cowie, Jefferson, *Stayin' Alive: The 1970s and the Last Days of the Working Class*, New York: The New Press 2010.
Crawford, Kate, *Atlas of AI: Power, Politics, and the Planetary Costs of Artificial Intelligence*, New Haven: Yale University Press 2021.
Crehan, Kate A.F., *Gramsci's Common Sense: Inequality and its Narratives*, Durham: Duke University Press 2016.

Croarken, Mary, »Tabulating the heavens: Computing the Nautical Almanac in 18th-Century England«, in: *IEEE Annals of the History of Computing* 25/3 (2003), S. 48-61.

Cronon, William, *Nature's Metropolis: Chicago and the Great West*, New York: Norton 1991.

Cunningham, Ian/Donna Baines/John Shields, »›You've just cursed us‹: Precarity, austerity and worker's participation in the non-profit social services«, in: *Industrial Relations* 72/2 (2017), S. 370-393.

Czierpka, Juliane, »Der Ruhrbergbau. Von der Industrialisierung bis zur Kohlekrise«, in: Seibring (Hg.), *Abschied von der Kohle*, S. 104-116.

Därmann, Iris, *Undienlichkeit. Gewaltgeschichte und politische Philosophie*, Berlin: Matthes & Seitz 2020.

Daggett, Cara, »Petro-masculinity: Fossil fuels and authoritarian desire«, in: *Millennium* 47/1 (2018), S. 25-44.

Dies., *The Birth of Energy: Fossil Fuels, Thermodynamics and the Politics of Work*, Durham: Duke University Press 2019.

Danon, Leon et al., »Networks and the epidemiology of infectious disease«, in: *Interdisciplinary Perspectives on Infectious Diseases* (2011), S. 1-28.

Dasgupta, Shouro et al., »Effects of climate change on combined labour productivity and supply: An empirical, multi-model study«, in: *The Lancet Planetary Health* 5/7 (2021), e455-e465.

Davis, Mike, *Prisoners of the American Dream: Politics and Economy in the History of the US Working Class*, London: Verso 2000.

Ders., *Die Geburt der Dritten Welt. Hungerkatastrophen und Massenvernichtung im imperialistischen Zeitalter*, Berlin: Assoziation A 2004.

Ders., *Vogelgrippe. Zur gesellschaftlichen Produktion von Epidemien*, Berlin: Assoziation A 2005.

Degn, Christian, *Die Schimmelmans im atlantischen Dreieckshandel. Gewinn und Gewissen*, Neumünster: Karl Wachholtz 1974.

Demirović, Alex, »Für die Entfesselung der Produktivkräfte. Überlegungen zur freien Kooperation«, in: Heinz-Josef Bontrup/Jürgen Daub (Hg.), *Digitalisierung und Technik – Fortschritt oder Fluch? Perspektiven der Produktivkraftentwicklung im modernen Kapitalismus*, Köln: PapyRossa 2021, S. 49-73.

DePastino, Todd, *Citizen Hobo: How a Century of Homelessness Shaped America*, Chicago: University of Chicago Press 2005.

Destatis, »Arbeitnehmervertretungen«, in: Statistisches Bundesamt (2023), »online verfügbar unter: {https://www.destatis.de/DE/Themen/Arbeit/Arbeitsmarkt/Qualitaet-Arbeit/Dimension-5/arbeitnehmervertretungen.html}.

Dommann, Monika, *Materialfluss. Eine Geschichte der Logistik an den Orten ihres Stillstands*, Frankfurt am Main: S. Fischer 2023.

Dörre, Klaus, »Funktionswandel der Gewerkschaften. Von der intermediären zur fraktalen Organisation«, in: Thomas Haipeter/Klaus Dörre (Hg.), *Ge-*

werkschaftliche Modernisierung, Wiesbaden: VS Verlag für Sozialwissenschaften 2011, S. 267-301.
Ders. et al. (Hg.), *Abschied von Kohle und Auto? Sozial-ökologische Transformationskonflikte um Energie und Mobilität*, Frankfurt am Main 2020: Campus.
Dowling, Emma, *The Care Crisis: What Caused It and How Can We End It?* London: Verso 2021.
Dies. et al., »Pandemische politische Ökonomie. Zur kapitalistischen Verarbeitung der Corona-Krise«, Universität Wien (2023), online verfügbar unter: {https://www.soz.univie.ac.at/fileadmin/user_upload/i_soziologie/5_Ueber_uns/5.5_Rising_Scholars/IfS_Working_Papers/AutorInnenkollektiv_Governance__Demokratie__Solidaritaet_Emma_Dowling.pdf}.
Dyett, Jordan/Cassidy Thomas, »Overpopulation discourse: Patriarchy, racism, and the specter of ecofascism«, in: *Perspectives on Global Development and Technology* 18/1-2 (2019), S. 205-224.

Edwards, Paul N., *A Vast Machine: Computer Models, Climate Data, and the Politics of Global Warming*, Cambridge/Mass: MIT Press 2010.
Edwards, Richard, *Contested Terrain: The Transformation of the Workplace in the Twentieth Century*, New York: Basic Books 1979.
Ehrenreich, Barbara/John Ehrenreich, »The professional-managerial class«, in: Pat Walker (Hg.), *Between Labor and Capital*, Boston: South End Press 1979, S. 5-45.
Elias, Norbert, »Über den Rückzug der Soziologen auf die Gegenwart (I)« (1983), in: ders., *Gesammelte Schriften in 19 Bänden*, Band XV: *Aufsätze und andere Schriften II*, herausgegeben von Reinhard Blomert et al., Frankfurt am Main: Suhrkamp 2006, S. 389-408.
Engelmann, Lukas, »Digital epidemiology, deep phenotyping and the enduring fantasy of pathological omniscience«, in: *Big Data & Society* 9/1 (2022), 20539517211066.
Engels, Friedrich, »Die Lage der arbeitenden Klasse in England« (1845), in: Karl Marx/Friedrich Engels, *Werke* (*MEW*) 2, Berlin: Dietz 1972, S. 225-506.
Ensmenger, Nathan, »The environmental history of computing«, in: *Technology and Culture* 59/4 (2018), S. 7-33.
Eshel, Gidon et al., »Land, irrigation water, greenhouse gas, and reactive nitrogen burdens of meat, eggs, and dairy production in the United States«, in: *Proceedings of the National Academy of Sciences* 111/33 (2014), S. 11996-12001.
Eversberg, Dennis, »Who can challenge the imperial mode of living? The terrain of struggles for social-ecological transformation in the German population«, in: *Innovation: The European Journal of Social Science Research* 33/2 (2020), S. 233-256.
Ders., »The social specificity of societal nature relations in a flexible capitalist society«, in: *Environmental Values* 30/3 (2021), S. 319-343.

Federici, Silvia, *Caliban und die Hexe. Frauen, der Körper und die ursprüngliche Akkumulation*, Wien: Mandelbaum 2012.

Dies., *Jenseits unserer Haut. Körper als umkämpfter Ort im Kapitalismus*, Münster: Unrast Verlag 2020.

Fellowes, Mark, »Die Bedeutung der Bestäubung«, in: ders./Becky Thomas (Hg.), *Warum der Mensch auf seine Umwelt angewiesen ist. 50 Konzepte und Herausforderungen*, Kerkdriel: Librero 2020, S. 122-123.

Ders., »Krankheitsüberträger«, in: ders./Becky Thomas (Hg.), *Warum der Mensch auf seine Umwelt angewiesen ist*, S. 126-127.

Fine, Sidney, *Sit-Down: The General Motors Strike of 1936-1937*, Ann Arbor: University of Michigan Press 2020.

Flanagan, Frances/Caleb Goods, »Climate change and industrial relations: Reflections on an emerging field«, in: *Journal of Industrial Relations* 64/4 (2022), S. 479-498.

Ford, Henry, *Mein Leben und Werk*, Leipzig: List 1923.

Foster, John Bellamy, »Marx's theory of metabolic rift: Classical foundations for environmental sociology«, in: *American Journal of Sociology* 105/2 (1999), S. 366-405.

Ders./Brett Clark, *The Robbery of Nature: Capitalism and the Ecological Rift*, New York: Monthly Review Press 2020.

Foucault, Michel, *Überwachen und Strafen. Die Geburt des Gefängnisses*, Frankfurt am Main: Suhrkamp 1994 [1975].

Fraser, Nancy, »Crisis of care? On the social-reproductive contradictions of contemporary capitalism«, in: Bhattacharya (Hg.), *Social Reproduction Theory*, S. 21-36.

Freund, Peter/George Martin, »The commodity that is eating the world: The automobile, the environment, and capitalism«, in: *Capitalism Nature Socialism* 7/4 (1996), S. 3-29.

Frey, Philipp, »The Ecological Limits of Work: On carbon emissions, carbon budgets and working time«, in: *Autonomy* 2019/4 (2019).

Friedrich, Sebastian, »Die diskursive Erschaffung des ›nutzlosen Anderen‹. Zur Verschränkung von Einwanderungs- und Unterschichtendiskurs«, in: Margarete Jäger/Heiko Kaufmann (Hg.), *Skandal und doch normal*, Münster: Unrast 2012, S. 96-111.

Fritz, Martin/Max Koch, »Public support for sustainable welfare compared: Links between attitudes towards climate and welfare policies«, in: *Sustainability* 11/15 (2019), 4146.

Fromm, Erich, *Die Furcht vor der Freiheit*, München: DTV 1989 [1941].

Ders., *Arbeiter und Angestellte am Vorabend des Dritten Reiches*, Gießen: Psychosozial-Verlag 2019 [1980].

Gabrys, Jennifer, *Program Earth. Environmental Sensing Technology and the Making of a Computational Planet*, Minneapolis: University of Minnesota Press 2016.

Gallas, Alexander, »Mass strikes in a global conjuncture of crisis: A Luxemburgian analysis«, in: Vishwas Satgar (Hg.), *BRICs and the New American Imperialism: Global Rivalry and Resistance*, Johannesburg: Wits University Press 2020, S. 182-202.

Geisler, Charles, »A new kind of trouble: evictions in Eden*«, in: *International Social Science Journal* 55/175 (2003), S. 69-78.

Ghosh, Amitav, *Der Fluch der Muskatnuss. Gleichnis für einen Planeten in Aufruhr*, Berlin: Matthes & Seitz 2023.

Gladen, Albin, »Die Streiks der Bergarbeiter im Ruhrgebiet in den Jahren 1889, 1905 und 1912«, in: Jürgen Reulecke (Hg.), *Arbeiterbewegung am Rhein und Ruhr. Beiträge zur Geschichte der Arbeiterbewegung in Rheinland-Westfalen*, Wuppertal: Peter Hammer 1974, S. 111-148.

Goods, Caleb/Bradon Ellem, »Employer associations: Climate change, power and politics«, in: *Economic and Industrial Democracy* (2022), 0143831X 221081551.

Gouzoulis, Giorgos, »What do indebted employees do? Financialisation and the decline of industrial action«, in: *Industrial Relations Journal* 54/1 (2023), S. 71-94.

Govrin, Jule, *Politische Körper. Von Sorge und Solidarität*, Berlin: Matthes & Seitz 2022.

Graef, Bernd et al., *Wasser, Boden, Luft. Beiträge zur Umweltgeschichte des Volkswagenwerks Wolfsburg*, Wolfsburg: Volkswagen 2002.

Griffin, Paul, *The Carbon Majors Database CDP Carbon Majors Report* 2017; online verfügbar unter: {https://cdn.cdp.net/cdp-production/cms/reports/documents/000/002/327/original/Carbon-Majors-Report-2017.pdf}.

Grüttner, Michael, »Mobilität und Konfliktverhalten. Der Hamburger Hafenarbeiterstreik 1896/97«, in: Klaus Tenfelde/Heinrich Volkmann (Hg.), *Streik. Zur Geschichte des Arbeitskampfes während der Industrialisierung*, München: C.H. Beck 1981, S. 143-161.

Hachtmann, Rüdiger, »Die Deutsche Arbeitsfront im Zweiten Weltkrieg«, in: *Krieg und Wirtschaft. Studien zur deutschen Wirtschaftsgeschichte 1939-1945*, Berlin: Metropol 1999, S. 69-107.

Hälterlein, Jens, »Weder Konsumismus noch Askese – Interpassivität. Über das kritische Potential des SUV-Fahrens«, in: Robert Feustel et al. (Hg.), *Wir sind nie aktiv gewesen. Interpassivität zwischen Kunst- und Gesellschaftskritik*, Berlin: Kadmos 2011, S. 50-62.

Hall, Neville A.T., *Slave Society in the Danish West Indies: St. Thomas, St. John and St. Croix*, Mona u.a.: University of the West Indies Press 1992.

Halpern, Rick, »Race, ethnicity, and union in the Chicago stockyards, 1917-1922«, in: *International Review of Social History* 37/1 (1992), S. 25-58.

Han, Byung-Chul, *Psychopolitik. Neoliberalismus und die neuen Machttechniken*, Frankfurt am Main: S. Fischer 2014.

Haraway, Donna J., *When Species Meet*, Minneapolis: University of Minnesota Press 2007.

Hardin, Garrett, »The tragedy of the commons«, in: *Science* 162/3859 (1968), S. 1243-1248.

Ders., »Commentary: Living on a lifeboat«, in: *BioScience* 24/10 (1974), S. 561-568.

Hardt, Michael/Antonio Negri, *Empire. Die neue Weltordnung*, Frankfurt am Main: Campus 2003.

Harvey, David, *The Enigma of Capital: And the Crises of Capitalism*, Oxford: Oxford University Press 2010.

Ders., »The urban roots of financial crises. Reclaiming the city for anti-capitalist struggle«, in: *Socialist Register* 48 (2012), S. 1-35.

Heery, Edmund/Brian Abbott/Stephen Williams, »The involvement of civil society organizations in British industrial relations: Extent, origins and significance«, in: *British Journal of Industrial Relations* 50/1 (2012), S. 47-72.

Heery, Eliza C. et al., »Identifying the consequences of ocean sprawl for sedimentary habitats«, in: *Journal of Experimental Marine Biology and Ecology* 492 (2017), S. 31-48.

Heine, Hartwig/Rüdiger Mautz, *Industriearbeiter contra Umweltschutz?*, Frankfurt am Main: Campus 1989.

Held, Virginia, *The Ethics of Care. Personal, Political, and Global*, Oxford, New York: Oxford University Press 2006.

Hensche, Detlef, »Das Tabu des politischen Streiks in Deutschland. Rechtliche und politische Aspekte«, in: Alexander Gallas/Jörg Nowak et al. (Hg.), *Politische Streiks im Europa der Krise*, Hamburg: VSA 2012, S. 219-226.

Herod, Andrew et al., »The impact of the COVID-19 pandemic upon employment and inequality in the Mediterranean EU: An early look from a labour geography perspective«, in: *European Urban and Regional Studies* 29/1 (2022), S. 3-20.

Hickel, Jason, *Less is More: How Degrowth Will Save the World*, New York: Random House 2020.

Hien, Wolfgang, *Die Arbeit des Körpers. Von der Hochindustrialisierung bis zur neoliberalen Gegenwart*, Wien: Mandelbaum Verlag eG 2022.

Hobsbawm, Eric, *Das Zeitalter der Extreme. Weltgeschichte des 20. Jahrhunderts*, München: DTV 1998.

Ders., *Die Banditen. Räuber als Sozialrebellen*, München: C. Hanser 2007 [1969].

Hochschild, Arlie Russell, *Fremd in ihrem Land. Eine Reise ins Herz der amerikanischen Rechten*, Frankfurt am Main: Campus 2017.

Hofmeister, Sabine et al., »Für welche ›Natur/en‹ sorgen wir? Kritisch feministische Perspektiven auf aktuelle Care-Debatten im sozial-ökologischen Kontext«, in: Sabine Hofmeister/Tanja Mölders (Hg.), *Für Natur sorgen? Dilemmata feministischer Positionierungen zwischen Sorge- und Herrschaftsverhältnissen*, Leverkusen: Barbara Budrich 2021, S. 33-48.

Holloway, John/Edward P. Thompson, *Blauer Montag. Über Zeit und Arbeitsdisziplin*, Hamburg: Nautilus 2007.
Honeyman, Katrina, *Child Workers in England, 1780-1820. Parish Apprentices and the Making of the Early Industrial Labour Force*, London: Routledge 2016.
Honigsbaum, Mark, *Das Jahrhundert der Pandemien. Eine Geschichte der Ansteckung von der Spanischen Grippe bis Covid-19*, München: Piper 2021.
Horkheimer, Max, *Zur Kritik der instrumentellen Vernunft. Aus den Vorträgen und Aufzeichnungen seit Kriegsende*, Frankfurt am Main: Athenäum Fischer Taschenbuch 2007 [1947].
Ders./Theodor W. Adorno, *Dialektik der Aufklärung. Philosophische Fragmente*, Frankfurt am Main: S. Fischer 1988 [1944].
Horowitz, Roger, *Putting Meat on the American Table*, Baltimore: Johns Hopkins University Press 2005.
Huber, Matthew T., *Lifeblood: Oil, Freedom, and the Forces of Capital*, Minneapolis: University of Minnesota Press 2013.
Huber, Matthew T., »Ecological politics for the working class«, in: *Catalyst. A Journal of Theory and Strategy* 3/1 (2019), online verfügbar unter: {https://catalyst-journal.com/2019/07/ecological-politics-for-the-working-class}.
Ders., *Climate Change as Class War: Building Socialism on a Warming Planet*, London/New York: Verso Books 2022.
Hug, Ralph, »Bau. Schweizweite Streiks«, in: Vania Alleva/Andreas Rieger (Hg.), *Streik im 21. Jahrhundert*, Zürich: Rotpunktverlag 2017, S. 90-107.
Hughes, Thomas, *Networks of Power: Electrification in Western Society 1880-1930*. Baltimore: JHU Press 1993.
Hyman, Richard, »Pressure, protest and struggle: Some problems in the concept and theory of industrial conflict«, in: Richard Hyman (Hg.), *The Political Economy of Industrial Relations: Theory and Practice in a Cold Climate*, London: Palgrave Macmillan UK 1989, S. 96-119.

International Labour Office (ILO), *Working on a Warmer Planet. The Impact of Heat Stress on Labour Productivity and Decent Work*, Genf: ILO 2019, online verfügbar unter: {https://www.ilo.org/wcmsp5/groups/public/---dgreports/---dcomm/---publ/documents/publication/wcms_711919.pdf}.

Jappe, Anselm, *Beton. Massenkonstruktionswaffe des Kapitalismus*, Wien: Mandelbaum 2023.
Jessop, Bob, »Der Wohlfahrtsstaat im Übergang vom Fordismus zum Postfordismus«, in: *Prokla. Zeitschrift für kritische Sozialwissenschaft* 16/65 (1986), S. 4-33.
Jochum, Georg, »Lebensführung? Zur Transformation des Naturverhältnisses des Subjekts«, in: ders. et al. (Hg.), *Transformationen alltäglicher Lebensführung. Konzeptionelle und zeitdiagnostische Fragen*, Weinheim: Beltz Juventa 2020, S. 348-370.

Ders./Simon Schaupp, »Die Steuerungswende. Zur Möglichkeit einer nachhaltigen und demokratischen Wirtschaftsplanung im digitalen Zeitalter«, in: Florian Butollo/Sabine Nuss (Hg.), *Marx und die Roboter. Vernetzte Produktion, Künstliche Intelligenz und lebendige Arbeit*, Berlin: Dietz 2019, S. 327-344.

Johanningsmeier, Edward P., *Forging American Communism: The Life of William Z. Foster*, Princeton: Princeton University Press 1994.

John, René/Inka Bormann/Jana Rückert-John, *Repräsentativumfrage zum Umweltbewusstsein und Umweltverhalten im Jahr 2012 einschließlich sozialwissenschaftlicher Analysen*, Berlin: Umweltbundesamt 2014.

John, Robert, »Sand geographies: Disentangling the material foundations of the built environment«, in: *Geography Compass* 15/5 (2021), S. 1-13.

Ders./Annika Mattissek, »Material dimensions of the spatio-temporal fix: Socioecological consequences of the Cambodian building boom under the belt and road initiative«, in: *SSRN Electronic Journal* (2023).

Jones, Kate E. et al., »Global trends in emerging infectious diseases«, in: *Nature* 451 (2008), S. 990-993.

Jorgenson, Andrew K./Brett Clark/Jeffrey Kentor, »Militarization and the environment: A panel study of carbon dioxide emissions and the ecological footprints of nations, 1970-2000«, in: *Global Environmental Politics* 10/1 (2010), S. 7-29.

Jünger, Ernst, »Die Maschine« (1925), in: Sven Olaf Berggötz (Hg.), *Politische Publizistik 1919 bis 1933*, Stuttgart: Klett-Cotta 2001, S. 157-162.

Jürgens, Ulrich, »Der japanische Produktivitätserfolg: soziale und arbeitsorganisatorische Voraussetzungen«, in: Manfred Muster, Udo Richter (Hg.), *Mit Vollgas in den Stau. Automobilproduktion, Unternehmensstrategien und die Perspektiven eines ökologischen Verkehrssystems*, Hamburg: VSA-Verlag 1990, S. 64-77.

Kädtler, Jürgen, »Editorial: Sozialpartnerschaft in der Krise. Bewährung oder Krise der Sozialpartnerschaft?«, in: *Industrielle Beziehungen 19/4* (2012), S. 357-366.

Kallis, Giorgos et al., »›Friday off‹: Reducing working hours in Europe«, in: *Sustainability* 5/4 (2013), S. 1545-1567.

Kammer, Jerry, *The 2006 Swift Raids: Assesing the Impact of Immigration Enforcement Actions at Six Facilities*, Washington: Center for Immigration Studies 2009.

Karlsch, Rainer/Raymond G. Stokes, *Faktor Öl. Die Mineralölwirtschaft in Deutschland 1859-1914*, München: C. H. Beck 2003.

Kelley, Christopher, *Building Power: How Organized Labor is Shaping Industrial Relations in the Changing Swiss Construction Industry*, Zürich 2017.

Kelly, John, *Rethinking Industrial Relations: Mobilisation, Collectivism and Long Waves*, London: Routledge 1998.

Kerber-Clasen, Stefan/Franziska Meyer-Lantzberg, »Selbstverständliches und

Ausgeblendetes der kritischen Care-Debatte«, in: *Prokla. Zeitschrift für kritische Sozialwissenschaft* 50/201 (2020), S. 707-725.

Klein, Naomi, *Die Schock-Strategie. Der Aufstieg des Katastrophen-Kapitalismus*, Franfurt am Main: S. Fischer 2007.

Dies., *This Changes Everything: Capitalism vs. the Climate*, New York: Simon and Schuster 2015.

Knight, Kyle/Eugene A. Rosa/Juliet B. Schor, »Reducing growth to achieve environmental sustainability: The role of work hours«, in: Jeanette Wicks-Lim/Robert Pollin (Hg.), *Capitalism on Trial*, Northampton: Edward Elgar Publishing 2013.

Kuhn, Gabriel, »Einleitung«, in: ders. (Hg.), *›Neuer Anarchismus‹ in den USA. Seattle und die Folgen*, Münster: Unrast 2008, S. 7-50.

Kupfer, Antonia (Hg.), *Work Appropriation and Social Inequality*, Wilmington/Malaga: Vernon Press 2021.

Kurland, Leonard T./Craig A. Molgaard, »The patient record in epidemiology«, in: *Scientific American* 245/4 (1981), S. 54-63.

Kuß, Susanne, *Deutsches Militär auf kolonialen Kriegsschauplätzen. Eskalation von Gewalt zu Beginn des 20. Jahrhunderts*, Berlin: Christoph Links Verlag 2012.

Lange, Dietmar, *Aufstand in der Fabrik. Arbeitsverhältnisse und Arbeitskämpfe bei FIAT-Mirafiori 1962 bis 1973*, Köln: Böhlau 2021.

Lassotta, Arnold et al. (Hg.), *Streik. Crimmitschau 1903 – Bocholt 1913*, Crimmitschau: Landschaftsverband Westfalen-Lippe 1993.

Latour, Bruno, *Wir sind nie modern gewesen. Versuch einer symmetrischen Anthropologie*, Berlin: Suhrkamp 2022 [1991].

Lee, Keekok, »Is Nature autonomous?«, in: Thomas Heyd (Hg.), *Recognizing the Autonomy of Nature: Theory and Practice*, New York: Columbia University Press 2005, S. 54-74.

Legault, Marie-Josée/Guy Bellemare, »Theoretical issues with new actors and emergent modes of labour regulation«, in: *Relations industrielles/Industrial Relations* 63/4 (2008), S. 742-768.

Lewis, Simon L./Mark A. Maslin, »Defining the anthropocene«, in: *Nature* 519/7542 (2015), S. 171-180.

Licht, Walter, *Working for the Railroad: The Organization of Work in the Nineteenth Century*, Princeton: Princeton University Press 2014.

Linebaugh, Peter/Marcus Rediker, *Die vielköpfige Hydra. Die verborgene Geschichte des revolutionären Atlantiks*, Berlin/Hamburg: Assoziation A 2008.

Liebig, Steffen/Kim Lucht, *Fahren wir zusammen? Die öko-soziale Allianz von ver.di und Fridays for Future im ÖPNV*, Hamburg: VSA 2022.

Lohoff, Ernst, »Technik als Fetisch-Begriff. Über den Zusammenhang von alter Arbeiterbewegung und neuer Produktivkraftkritik«, in: *Marxistische Kritik* 3 (1987), S. 30-52.

Lu, Zhang, *Arbeitskämpfe in Chinas Autofabriken*, Wien: Mandelbaum 2018.
Lüdtke, Alf, »Lohn, Pausen, Neckereien. Eigensinn und Politik bei Fabrikarbeitern in Deutschland um 1900«, in: Heiner Heiland/Simon Schaupp (Hg.), *Widerstand im Arbeitsprozess. Eine arbeitssoziologische Einführung*, Bielefeld: transcript 2023, S. 27-52.
Lukács, Georg, *Geschichte und Klassenbewußtsein*, Berlin: Luchterhand 1968 [1923].

Malm, Andreas, *Fossil Capital: The Rise of Steam Power and the Roots of Global Warming*, London: Verso 2016.
Ders., »In wildness is the liberation of the world: On maroon cology and partisan nature«, in: *Historical Materialism* 26/3 (2018), S. 3-37.
Ders., *Der Fortschritt dieses Sturms. Natur und Gesellschaft in einer sich erwärmenden Welt*, Berlin: Matthes & Seitz 2021.
Ders./Alf Hornborg, »The geology of mankind? A critique of the Anthropocene narrative«, in: *The Anthropocene Review* 1/1 (2014), S. 62-69.
Ders./Zetkin Collective, *White Skin, Black Fuel: On the Danger of Fossil Fascism*, London: Verso 2021.
Malthus, Thomas, *Das Bevölkerungsgesetz*, München: DTV 1977 [1798].
Mann, Michael E., *The New Climate War: The Fight to Take Back Our Planet*, New York: PublicAffairs 2021.
Martínez-Alier, Joan, *The Environmentalism of the Poor: A Study of Ecological Conflicts and Valuation*, Cheltenham: Edward Elgar Publishing 2003.
Marx, Karl, *Das Kapital. Kritik der politischen Ökonomie*, Band III: *Der Gesamtprozeß der kapitalistischen Produktion* (1894), in: *MEW* 25, Berlin: Dietz 1964.
Ders., »Ökonomisch-philosophische Manuskripte aus dem Jahr 1844 (1932)«, in: *MEW* 40, Ergänzungsband 1, Berlin: Dietz 1968, S. 465-588.
Ders., *Zur Kritik der politischen Ökonomie* (1859), in: *MEW* 13, Berlin: Dietz 1971, S. 3-160.
Ders., *Das Elend der Philosophie. Antwort auf Proudhons ›Philosophie des Elends‹* (1847), in: *MEW* 4, Berlin: Dietz 1972, S. 63-182.
Ders., *Das Kapital. Kritik der politischen Ökonomie*, Band I: *Der Produktionsprozeß des Kapitals* (1867), in: *MEW* 23, Berlin: Dietz 1977 [1962].
Ders., »Grundrisse der Kritik der politischen Ökonomie« (1903), in: *MEW* 42, Berlin: Dietz 1983.
Mathews, John A./Carol X. Huang, »Greening trends within China's energy system: A 2019 update«, in: *Asia-Pacific Journal* 18/17 (2020), S. 2-12.
Mau, Søren, *Stummer Zwang. Eine marxistische Analyse der ökonomischen Macht im Kapitalismus*, Berlin: Dietz 2022.
Mazzucato, Mariana, *Das Kapital des Staates. Eine andere Geschichte von Innovation und Wachstum*, München: Kunstmann 2015.
McCarthy, Michael, »A brief history of the World Health Organization«, in: *The Lancet* 360/9340 (2002), S. 1111-1112.

McKibben, Bill, *Das Ende der Natur*, München: Piper 1992 [1989].
McLuhan, Marshall, »At the moment of Sputnik the planet became a global theater in which there are no spectators but only actors«, in: *Journal of Communication* 24/1 (1974), S. 48-58.
McNeill, John, *Blue Planet. Die Geschichte der Umwelt im 20. Jahrhundert*, Frankfurt am Main: Campus Verlag 2003.
Ders., *Mosquito Empires, Ecology and War in the Greater Caribbean, 1620-1914*, New York: Cambridge University Press 2010.
McNeill, William H., *Plagues and Peoples*, New York: Anchor 1977.
Ders., *The Human Condition: An Ecological and Historical View*, Princeton: Princeton University Press 1980.
Meadows, Donella H./Jørgen Randers/William W. Behrens III, *The Limits to Growth: A Report to the Club of Rome (1972)*, Washington, D.C.: Potomac Associates 1972.
Meadows, Donella H./Jørgen Randers/Dennis L. Meadows, *Grenzen des Wachstums. Das 30-Jahre-Update. Signal zum Kurswechsel*, Stuttgart: S. Hirzel 2006.
Merchant, Carolyn, *The Death of Nature: Women, Ecology, and the Scientific Revolution*, New York: HarperOne 1990.
Dies., *American Environmental History: An Introduction*, New York: Columbia University Press 2007.
Dies., *Autonomous Nature: Problems of Prediction and Control from Ancient Times to the Scientific Revolution*, New York: Routledge 2015.
Merson, John, *The Genius that Was China: East and West in the Making of the Modern World*, New York: Overlook Press 1990.
Mitchell, Timothy, »Carbon democracy«, in: *Economy and Society* 38/3 (2009), S. 399-432.
Ders., *Carbon Democracy: Political Power in the Age of Oil*, London: Verso 2013.
Mohandesi, Salar/Emma Teitelman, »Without reserves«, in: Bhattacharya (Hg.), *Social Reproduction Theory*, S. 37-67.
Mommsen, Hans/Manfred Grieger, *Das Volkswagenwerk und seine Arbeiter im Dritten Reich*, Düsseldorf: Econ 1996.
Montrie, Chad, *Making a Living: Work and Environment in the United States*, Chapel Hill: University of North Carolina Press 2008.
Ders., *The Myth of Silent Spring: Rethinking the Origins of American Environmentalism*, Oakland: University of California Press 2018.
Moody, Kim, *Workers in a Lean World: Unions in the International Economy*, London/New York: Verso 1997.
Dies., *On New Terrain: How Capital is Reshaping the Battleground of Class War*, Chicago: Haymarket Books 2017.
Moor, Joost de et al., »New kids on the block: Taking stock of the recent cycle of climate activism«, in: *Social Movement Studies* 20/5 (2021), S. 619-625.
Moore, Jason W., *Kapitalismus im Lebensnetz. Ökologie und die Akkumulation des Kapitals*, Berlin: Matthes & Seitz Berlin 2019.

Morand, Serge/Claire Lajaunie, »Biodiversity and COVID-19: A report and a long road ahead to avoid another pandemic«, in: *One Earth* 4/7 (2021), S. 920-923.
Müller-Jentsch, Walther, »Gewerkschaften und Korporatismus. Vom Klassenkampf zur Konfliktpartnerschaft«, in: ders. (Hg.), *Wirtschaftsordnung und Sozialverfassung als mitbestimmte Institutionen. Studien zur sozialen und industriellen Demokratie II*, Wiesbaden: Springer Fachmedien 2021, S. 63-78.

Nässén, Jonas/Jörgen Larsson, »Would shorter working time reduce greenhouse gas emissions? An analysis of time use and consumption in Swedish households«, in: *Environment and Planning C: Government and Policy* 33/4 (2015), S. 726-745.
Neckel, Sighard, »Ökologische Distinktion. Soziale Grenzziehung im Zeichen der Nachhaltigkeit«, in: Sighard Neckel, Natalia Besedovsky et al. (Hg.), *Die Gesellschaft der Nachhaltigkeit. Umrisse eines Forschungsprogramms*, Bielefeld: transcript 2018, S. 59-76.
Negt, Oskar/Alexander Kluge, *Geschichte und Eigensinn*, Frankfurt am Main: Zweitausendeins 1981.
Neuber, Dirk, *Energie- und Umweltgeschichte des niedersächsischen Steinkohlenbergbaus von der Frühen Neuzeit bis zum Ersten Weltkrieg*, Hannover: Hahnsche Buchh. 2001.
Newman, Freya/Elizabeth Humphrys, »Construction workers in a climate precarious world«, in: *Critical Sociology* 46/4-5 (2020), S. 557-572.
Niethammer, Lutz, »Nachindustrielle Urbanität im Revier?«, in: Lutz Niethammer/Tilman Fichter et al. (Hg.), *Die Menschen machen ihre Geschichte nicht aus freien Stücken, aber sie machen sie selbst*, Berlin: Dietz 1984, S. 236-242.
Nowak, Jörg, »From Industrial Relations research to Global Labour Studies: Moving labour research beyond Eurocentrism«, in: *Globalizations* 18/8 (2021), S. 1335-1348.

O'Connor, James, *Natural Causes: Essays in Ecological Marxism*, New York: Guilford Publications 1997.
Oesch, Daniel, *Redrawing the Class Map: Stratification and Institutions in Britain, Germany, Sweden and Switzerland*, New York: Springer 2006.
Ohno, Taiichi, »How the Toyota production system was created«, in: *Japanese Economic Studies* 10/4 (1982), S. 83-101.
Oswald, Anne von, »Volkswagen, Wolfsburg und die italienischen ›Gastarbeiter‹ 1962-1975. Die gegenseitige Verstärkung des Provisoriums«, in: *Archiv für Sozialgeschichte* 42 (2002), S. 55-79.

Pacyga, Dominic A., *Slaughterhouse: Chicago's Union Stock Yard and the World It Made*, Chicago: University of Chicago Press 2015.
Parrique, Thimothée et al., »Decoupling debunked: Evidence and arguments

against green growth as a sole strategy for sustainability«, *European Environmental Bureau* (8. Juli 2019), online verfügbar unter: {https://eeb.org/library/decoupling-debunked/}.

Paterson, Matthew, *Automobile Politics: Ecology and Cultural Political Economy*, Cambridge: Cambridge University Press 2007.

Pepin, Jacques, *The Origins of AIDS*, Cambridge/New York: Cambridge University Press 2011.

Pfeiffer, Sabine, *Arbeitsvermögen. Ein Schlüssel zur Analyse (reflexiver) Informatisierung*, Wiesbaden: VS Verlag für Sozialwissenschaften 2004.

Pfister, Christian, »Das 1950er Syndrom. Die Epochenschwelle der Mensch-Umwelt-Beziehung zwischen Industriegesellschaft und Konsumgesellschaft«, in: *GAIA: Ecological Perspectives for Science and Society* 3/2 (1994), S. 71-90.

Pflücke, Virginia Kimey/Heike Jacobsen, »Keine Zukunft ohne Kohle? Industrialistische Orientierungen gefährden einen geschlechtergerechten Strukturwandel in der Lausitz«, in: *Prokla. Zeitschrift für kritische Sozialwissenschaft* 53/3 (2023), S. 515-535.

Phillips, Leigh/Michal Rozworski, *People's Republic of Wal-Mart: How the World's Biggest Corporations are Laying the Foundation for Socialism*, London: Verso 2019.

Pickering, Andrew, *The Cybernetic Brain: Sketches of Another Future*, Chicago: University of Chicago Press 2010.

Pimentel, David et al., »Food production and the energy crisis«, in: *Science* 182/4111 (1973), S. 443-449.

Pineault, Éric, *A Social Ecology of Capital*, London: Pluto 2023

Pirani, Simon, *Burning Up: A Global History of Fossil Fuel Consumption*, London: Pluto 2018.

Plowman, David, »Industrial legislation and the rise of employer associations, 1890-1906«, in: *Journal of Industrial Relations* 27/3 (1985), S. 283-309.

Pohl, Sigrid, *Entwicklung und Ursachen der Frauenlohndiskriminierung. Ein feministisch-marxistischer Erklärungsansatz*, Frankfurt am Main/New York: Peter Lang 1983.

Polanyi, Michael, *Implizites Wissen*, Frankfurt am Main: Suhrkamp 1985.

Porter, Theodore M., *Trust in Numbers: The Pursuit of Objectivity in Science and Public Life*, Princeton: Princeton University Press 1995.

Price, John, »Lean production at Suzuki and Toyota: A historical perspective«, in: *Studies in Political Economy* 45/1 (1994), S. 66-99.

Raphael, Lutz, *Jenseits von Kohle und Stahl. Eine Gesellschaftsgeschichte Westeuropas nach dem Boom. Frankfurter Adorno-Vorlesungen 2018*, Bonn: Bundeszentrale für politische Bildung 2019.

Räthzel, Nora/Dimitris Stevis/David Uzzell (Hg.), *The Palgrave Handbook of Environmental Labour Studies*, Cham: Springer International Publishing 2021.

Dies./David Uzzell, »Trade unions and climate change: The jobs versus environment dilemma«, in: *Global Environmental Change* 21/4 (2011), S. 1215-1223.

Redler, Lucy, *Politischer Streik in Deutschland nach 1945*, Köln: Neuer ISP Verlag 2007.

Richardson, Katherine et al., »Earth beyond six of nine planetary boundaries«, in: *Science Advances* 9/37 (2023) online verfügbar unter: {https://www.science.org/doi/10.1126/sciadv.adh2458}.

Richter, Hedwig/Ralf Richter, »Zum Streik der italienischen Arbeitsmigranten im Volkswagenwerk Wolfsburg 1962«, in: *Jahrbuch für Forschungen zur Geschichte der Arbeiterbewegung* 7 (2008), S. 72-88.

Riofrancos, Thea et al., *Achieving Zero Emissions with More Mobility and Less Mining*, Davis 2023.

Robertson, Morgan, »Measurement and alienation: Making a world of ecosystem services«, in: *Transactions of the Institute of British Geographers* 37/3 (2012), S. 386-401.

Robinson, Cedric J., *Black Marxism: The Making of the Black Radical Tradition*, London: Penguin Books 2020.

Rosa, Lorenzo et al., »Environmental consequences of oil production from oil sands«, in: *Earth's Future* 5/2 (2017), S. 158-170.

Roselli, Maria, *Die Asbestlüge. Geschichte und Gegenwart einer Industriekatastrophe*, Zürich: Rotpunktverlag 2007.

Roth, Karl Heinz, *Blinde Passagiere. Die Corona-Krise und die Folgen*, München: Verlag Antje Kunstmann 2022.

Saito, Kohei, *Marx in the Anthropocene: Towards the Idea of Degrowth Communism*, Cambridge: Cambridge University Press 2022.

Salleh, Ariel, »From metabolic rift to ›metabolic value‹: Reflections on environmental sociology and the alternative globalization movement«, in: *Organization & Environment* 23/2 (2010), S. 205-219.

Scaff, Lawrence A., *Max Weber in America*, Princeton: Princeton University Press 2011.

Schauer, Alexandra, *Mensch ohne Welt. Eine Soziologie spätmoderner Vergesellschaftung*, Berlin: Suhrkamp 2023.

Schaupp, Simon, »Vergessene Horizonte. Der kybernetische Kapitalismus und seine Alternativen«, in: Paul Buckermann/Anne Koppenburger et al. (Hg.), *Kybernetik, Kapitalismus, Revolutionen. Emanzipatorische Perspektiven im technologischen Wandel*, Münster: Unrast Verlag 2017, S. 51-73.

Ders., »Jenseits der Austeritäts-Ökologie. Einführung in eine Umweltpolitik von unten«, in: *Sozial.Geschichte Online* 28 (2020), S. 43-68.

Ders., »Das Ende des fossilen Klassenkompromisses. Die Gelbwestenbewegung als ökologischer Konflikt des ›Hinterlands‹«, in: *Prokla. Zeitschrift für kritische Sozialwissenschaft* 51/204 (2021), S. 435-453.

Ders., »De-centering the revolution: Class composition in the making and defeat

of the Bavarian council republic«, in: *International Labor and Working-Class History* 100 (2021), S. 1-21.
Ders., »Digitale Unterschichtung. Migrantische Arbeit bei Dienstleistungsplattformen«, in: Nicole Mayer-Ahuja/Oliver Nachtwey, *Verkannte Leistungsträger:innen. Berichte aus der Klassengesellschaft*, Berlin: Suhrkamp 2021, S. 305-324.
Ders., *Technopolitik von unten. Algorithmische Arbeitssteuerung und kybernetische Proletarisierung*, Berlin: Matthes & Seitz 2021.
Ders., »Algorithmische Arbeitssteuerung und marktorientiertes Migrationsregime. Eine verkannte Wahlverwandtschaft«, in: *WSI-Mitteilungen* 76/2 (2023), S. 103-111.
Ders., »Bewusstsein, Praxis, Konflikt. Herausforderungen für eine arbeitssoziologische Widerstandsforschung«, in: Heiner Heiland/Simon Schaupp (Hg.), *Widerstand im Arbeitsprozess. Eine arbeitssoziologische Einführung*, Bielefeld: transcript 2023, S. 185-206.
Ders., »Democratising the forces of re/production: Digital planning as sensing apparatus for a degrowth economy«, in: Jan Groos/Christoph Sorg (Hg.), *Creative Construction: Planned Economies in the 21st Century and Beyond*, Bristol: Bristol University Press (im Erscheinen).
Schaupp, Simon et al., *Woher kommt und wohin geht der Schweizer Klimastreik?*, Bern: Anny-Klawa-Morf-Stiftung 2022.
Schiller, Dan, *Digital Depression: Information Technology and Economic Crisis*, Illinois: University of Illinois Press 2014.
Schmalz, Stefan, *Machtverschiebungen im Weltsystem. Der Aufstieg Chinas und die große Krise*, Frankfurt am Main: Campus Verlag 2018.
Schmelzer, Matthias/Andrea Vetter, *Degrowth. Postwachstum zur Einführung*, Hamburg: Junius Verlag 2019.
Schmidt, Alfred, *Der Begriff der Natur in der Lehre von Marx*, Köln: Europäische Verlagsanstalt 1971.
Schor, Juliet B., *Wahrer Wohlstand. Mit weniger Arbeit besser leben*, München: oekom verlag 2016.
Schroer, Markus, *Geosoziologie. Die Erde als Raum des Lebens*, Berlin: Suhrkamp 2022.
Scott, James C., *Die Mühlen der Zivilisation. Eine Tiefengeschichte der frühesten Staaten*, Berlin: Suhrkamp Verlag 2019.
Sellers, Christopher C., *Hazards of the Job: From Industrial Disease to Environmental Health Science*, Chapel Hill: University of North Carolina Press 1997.
Semieniuk, Gregor et al., »Potential pension fund losses should not deter high-income countries from bold climate action«, in: *Joule* (2023).
Sender, Ron/Shai Fuchs/Ron Milo, »Are we really vastly outnumbered? Revisiting the ratio of bacterial to host cells in humans«, in: *Cell* 164/3 (2016), S. 337-340.
Settele, Veronika, *Deutsche Fleischarbeit. Geschichte der Massentierhaltung von den Anfängen bis heute*, München: C. H. Beck 2022.
Shiva, Vandana/Maria Mies, *Ecofeminism*, London: Zed Books 2014.

Silver, Beverly J., *Forces of Labor. Arbeiterbewegungen und Globalisierung seit 1870*, Berlin: Assoziation A 2005.
Sinclair, Upton, *Der Dschungel*, Zürich: Europa Verlag 2014.
Sloterdijk, Peter, *Kritik der zynischen Vernunft*, Band II, Frankfurt am Main: Suhrkamp 1983.
Smith, Adam, *Der Wohlstand der Nationen*, Frankfurt am Main: Zweitausendeins 2009 [1776].
Smith, Neil, »Nature as accumulation strategy«, in: *Socialist Register* 43 (2007), S. 16-36.
Ders., *Uneven Development: Nature, Capital, and the Production of Space*, Athens: University of Georgia Press 2008.
Smith, Tone, »Wie radikal ist der Green New Deal?«, in: *Prokla. Zeitschrift für kritische Sozialwissenschaft* 51/1 (2021), S. 9-30.
Sprenger, Florian/Christoph Engemann, *Internet der Dinge. Über smarte Objekte, intelligente Umgebungen und die technische Durchdringung der Welt*, Bielefeld: transcript 2015.
Staab, Philipp, *Anpassung. Leitmotiv der nächsten Gesellschaft*, Berlin: Suhrkamp Verlag 2022.
Stache, Christian, *Kapitalismus und Naturzerstörung. Zur kritischen Theorie des gesellschaftlichen Naturverhältnisses*, Opladen: Budrich UniPress 2017.
Steele, William, »Constructing the construction state: Cement and postwar Japan«, in: *Asia-Pacific Journal* 15/11 (2017), S. 1-11.
Steffens, Horst, »Arbeiterwohnverhältnisse und Arbeitskampf. Das Beispiel der Saarbergleute in der großen Streikzeit 1889-1893«, in: Klaus Tenfelde/Heinrich Volkmann (Hg.), *Streik. Zur Geschichte des Arbeitskampfes während der Industrialisierung*, München: C.H. Beck 1981, S. 124-142.
Sublette, Ned/Constance Sublette, *The American Slave Coast: A History of the Slave-Breeding Industry*, Chicago: Lawrence Hill Books 2016.
Swanson, Jennifer A., *The Fall of the Mongol Empire: Disintegration, Disease, and an Enduring Legacy*, New York: Rosen Young Adult 2016.

Tansley, Arthur George, »The use and abuse of vegetational concepts and terms«, in: *Ecology* 16/3 (1935), S. 284-307.
Taylor, Frederick W., *Die Grundsätze wissenschaftlicher Betriebsführung*, München: Oldenbourg 1922.
Thompson, Edward P., *Die Entstehung der englischen Arbeiterklasse*, Band I, Frankfurt am Main: Suhrkamp 1987 [1963].
Tocqueville, Alexis de, *Ueber die Demokratie in Nordamerika. Zweiter Theil*, Leipzig: Eduard Kummer 1836.
Traue, Boris, *Das Subjekt der Beratung. Zur Soziologie einer Psycho-Technik*, Bielefeld: transcript Verlag 2010.
Türk, Henning, *Treibstoff der Systeme*, Bonn: Bundeszentrale für politische Bildung 2022.

Tully, John, »A Victorian ecological disaster: Imperialism, the telegraph, and gutta-percha«, in: *Journal of World History* 20/4 (2009), S. 559-579.

Uekötter, Frank, *Im Strudel. Eine Umweltgeschichte der modernen Welt*, Bonn: Bundeszentrale für politische Bildung 2021.

Ullmann, Hans-Peter, »Unternehmerschaft, Arbeitgeberverbände und Streikbewegung 1890-1914«, in: Klaus Tenfelde/Heinrich Volkmann (Hg.), *Streik. Zur Geschichte des Arbeitskampfes während der Industrialisierung*, München: C.H. Beck 1981, S. 194-208.

Usmani, Adaner, »Democracy and the class struggle«, in: *American Journal of Sociology* 124/3 (2018), S. 664-704.

Van der Linden, Marcel, *Workers of the World. Eine Globalgeschichte der Arbeit*, Frankfurt am Main: Campus 2017.

Venn, Fiona, *The Oil Crisis*, London: Routledge 2013.

Voss, Jens, »Nach dem Ende der Steinkohle: Land unter im Ruhrgebiet?«, in: National Geographic (14. Dezember 2018), online verfügbar unter: {https://www.nationalgeographic.de/umwelt/2018/12/nach-dem-ende-der-steinkohle-land-unter-im-ruhrgebiet}.

Wallace, Rob, »COVID-19 and circuits of capital«, in: *Monthly Review* 72/1 (2020), S. 1-15.

Wallerstein, Immanuel, *World-Systems Analysis: An Introduction*, Durham: Duke University Press Books 2004.

Wehler, Hans-Ulrich, *Deutsche Gesellschaftsgeschichte*, Band III: *Von der Deutschen Doppelrevolution bis zum Beginn des Ersten Weltkrieges 1849-1914*, München: C.H. Beck 1995.

Weis, Tony, *The Global Food Economy: The Battle for the Future of Farming*, London: Zed Books 2007.

White, Richard, »›Are you an environmentalist or do you work for a living?‹ Work and nature«, in: William Cronon (Hg.), *Uncommon Ground: Rethinking the Human Place in Nature*, New York: W.W. Norton 1996, S. 171-185.

Wiener, Norbert, *Kybernetik. Regelung und Nachrichtenübertragung in Lebewesen und Maschine*, Reinbek: Rowohlt 1968.

Wimmer, Christopher, *Lumpenproletariat. Die Unterklassen zwischen Diffamierung und revolutionärer Handlungsmacht*, Stuttgart: Schmetterling 2021.

Winant, Gabriel, *The Next Shift: The Fall of Industry and the Rise of Health Care in Rust Belt America*, Cambridge: Harvard University Press 2021.

Winker, Gabriele, *Care Revolution. Schritte in eine solidarische Gesellschaft*, Bielefeld: transcript 2015.

Dies., *Solidarische Care-Ökonomie*, Bielefeld: transcript Verlag 2021.

Winkle, Stefan/Johann Friedrich Struensee, *Arzt, Aufklärer und Staatsmann. Bei-*

trag zur Kultur, Medizin- und Seuchengeschichte der Aufklärungszeit, Stuttgart: Gustav Fischer 1983.

Wissen, Markus, »Klimakrise und Klassenkampf. Zum Verhältnis von ökologischen und sozialen Konflikten«, in: *Prokla. Zeitschrift für kritische Sozialwissenschaft* 50/200 (2020), S. 441-464.

Wolf, Winfried, *Eisenbahn und Autowahn. Personen- und Gütertransport auf Schiene und Straße. Geschichte, Bilanz, Perspektiven*, Hamburg: Rasch und Röhring 1986.

Wood, Ellen Meiksins, *Der Ursprung des Kapitalismus. Eine Spurensuche*, Hamburg: LAIKA 2015.

Wright, Erik Olin, »Working-class power, capitalist-class interests, and class compromise«, in: *American Journal of Sociology* 105/4 (2000), S. 957-1002.

Dank

Kein Buch ist das Werk eines einzelnen Autors. Ohne meinen Lektor Heinrich Geiselberger wäre dieser Text nur halb so lesbar. Nicole Gisler führte einen Großteil der Interviews mit den Schweizer Bauarbeitern. Lucas Güetli leistete wichtige Arbeit bei der Formatierung des Textes. Aenne Glienke glaubte von Anfang an an das Projekt und trug wesentlich dazu bei, dass es in der vorliegenden Form realisiert werden konnte. Hanne Schaupp und Uli Pfeifer-Schaupp haben ein informelles Lektorat und viel alltägliche Unterstützung beigetragen. Oliver Nachtwey förderte mich als wissenschaftlicher Mentor und bestärkte mich in der Idee. Milo Probst, Matthias Becker, Alexandra Schauer, Robert John, Tobias Schopper, Felix Fink, Steffen Wasko und Thomas Barth haben mir wertvolle Rückmeldungen zum Text gegeben. Mit Janika und Ravi darf ich vom guten Leben kosten. Ohne all diese Personen wäre das Buch nicht möglich gewesen. Ich bin ihnen zu großem Dank verpflichtet.

Ausführliches Inhaltsverzeichnis

edition suhrkamp
Eine Auswahl

Bini Adamczak. Beziehungsweise Revolution. 1917, 1968 und kommende. es 2721. 313 Seiten

Scott Anderson. Zerbrochene Länder. Wie die arabische Welt aus den Fugen geriet. es-Sonderdruck. 263 Seiten

Juri Andruchowytsch. Der Preis unserer Freiheit. Essays. es 2845. 207 Seiten

Stanislaw Assejew. Heller Weg, Donezk. Bericht aus einem Foltergefängnis. es 2803. 255 Seiten

Wolfgang Bauer, Über das Meer. Mit Syrern auf der Flucht nach Europa. es-Sonderdruck. 133 Seiten

Zygmunt Bauman
- Die Angst vor den anderen. Ein Essay über Migration und Panikmache. es-Sonderdruck. 124 Seiten
- Retrotopia. es-Sonderdruck. 220 Seiten

Michael Butter. »Nichts ist, wie es scheint«. Über Verschwörungstheorien. es-Sonderdruck. 270 Seiten

Ann Cotten
- Die Anleitungen der Vorfahren. es-Sonderdruck. 157 Seiten
- Verbannt! Versepos. es-Sonderdruck. 168 Seiten

Colin Crouch
- Postdemokratie revisited. es 2761. 278 Seiten
- Gig Economy. Prekäre Arbeit im Zeitalter von Uber, Minijobs & Co. es 2742. 135 Seiten
- Postdemokratie. es 2540. 159 Seiten

NF 383/1/01.24

Adrian Daub
- Cancel Culture Transfer. Wie eine moralische Panik die Welt erfasst. es 2794. 371 Seiten
- Was das Valley denken nennt. Über die Ideologie der Techbranche. es 2750. 158 Seiten

Didier Eribon
- Gesellschaft als Urteil. Klassen, Identitäten, Wege. es-Sonderdruck. 264 Seiten
- Rückkehr nach Reims. es-Sonderdruck. 237 Seiten

Nancy Fraser. Der Allesfresser. Wie der Kapitalismus seine eigenen Grundlagen verschlingt. es-Sonderdruck. 282 Seiten

Heinrich Geiselberger (Hg.). Die große Regression. Eine internationale Debatte über die geistige Situation der Zeit. es-Sonderdruck. 318 Seiten

Kristen R. Ghodsee. Warum Frauen im Sozialismus besseren Sex haben. Und andere Argumente für ökonomische Unabhängigkeit. es-Sonderdruck. 275 Seiten

Marius Goldhorn. Park. Roman. es 2764. 179 Seiten

Jürgen Habermas. Im Sog der Technokratie. Kleine politische Schriften XII. es 2671. 193 Seiten

Lea Haller. Transithandel. Geld- und Warenströme im globalen Kapitalismus. es 2731. 512 Seiten

Sabine Hark. Gemeinschaft der Ungewählten. Umrisse eines politischen Ethos der Kohabitation. es 2774. 271 Seiten

David Harvey. Rebellische Städte. es 2657. 283 Seiten

NF 383/2/01.24

Wilhelm Heitmeyer. Autoritäre Versuchungen. Signaturen der Bedrohung 1. es 2717. 394 Seiten

Axel Honneth. Vivisektionen eines Zeitalters. Porträts zur Ideengeschichte des 20. Jahrhunderts. es 2678. 307 Seiten

Eva Illouz. Israel. Soziologische Essays. es 2683. 228 Seiten

Anton Jäger. Hyperpolitik. Extreme Politisierung ohne politische Folgen. es 2797. 136 Seiten

Susanne Kaiser. Politische Männlichkeit. Wie Incels, Fundamentalisten und Autoritäre für das Patriarchat mobilmachen. es 2765. 268 Seiten

Thomas Kapielski. Lebendmasse. Acht längere Unterredungen. es 2805. 464 Seiten

Artur Klinau. Acht Tage Revolution. Ein dokumentarisches Journal aus Minsk. es 2772. 264 Seiten

Natalja Kljutscharjowa. Tagebuch von Ende der Welt. es 2781. 167 Seiten

Ariane Koch. Die Aufdrängung. Roman. es 2784. 179 Seiten

Ivan Krastev. Europadämmerung. Ein Essay. es 2712. 143 Seiten

Jarosław Kuisz / Karolina Wigura. Posttraumatische Souveränität. Ein Essay. es 2783. 184 Seiten

Nils C. Kumkar. Alternative Fakten. Zur Praxis der kommunikativen Erkenntnisverweigerung. 336 Seiten

NF 383/3/01.24

Benjamin Kunkel. Utopie oder Untergang. Ein Wegweiser für die gegenwärtige Krise. es 2687. 245 Seiten

Bruno Latour
- Das terrestrische Manifest. es-Sonderdruck. 136 Seiten
- Wo bin ich? Lektionen aus dem Lockdown. es 2771. 199 Seiten

Bruno Latour / Nikolaj Schultz. Zur Entstehung einer ökologischen Klasse. Ein Memorandum. es-Sonderdruck. 93 Seiten

Philipp Lepenies. Die Macht der einen Zahl. Eine politische Geschichte des Bruttoinlandsprodukts. es 2673. 186 Seiten

Enis Maci. Eiscafé Europa. Essays. es 2726. 240 Seiten

Philip Manow
- (Ent-)Demokratisierung der Demokratie. es 2753. 160 Seiten
- Die Politische Ökonomie des Populismus. es 2728. 160 Seiten

Ilja Matusko. Verdunstung in der Randzone. es 2810. 238 Seiten

Steffen Mau. Das metrische Wir. Über die Quantifizierung des Sozialen. es-Sonderdruck. 307 Seiten

Steffen Mau / Thomas Lux / Linus Westheuser. Triggerpunkte. Konsens und Konflikt in der Gegenwartsgesellschaft. es-Sonderdruck. 540 Seiten

Ulrich Menzel. Wendepunkte. Am Übergang zum autoritären Jahrhundert. es 2795. 349 Seiten

NF 383/4/01.24

Robert Misik
- Das große Beginnergefühl. Moderne, Zeitgeist, Revolution. es 2788. 284 Seiten
- Die falschen Freunde der einfachen Leute. es 2741. 138 Seiten

Chantal Mouffe. Für einen linken Populismus. es 2729. 111 Seiten

Jan-Werner Müller
- Furcht und Freiheit. Für einen anderen Liberalismus. es-Sonderdruck. 170 Seiten
- Was ist Populismus? Ein Essay. es-Sonderdruck. 159 Seiten

Oliver Nachtwey. Die Abstiegsgesellschaft. Über das Aufbegehren in der regressiven Moderne. es 2682. 263 Seiten

Ole Nymoen/Wolfgang M. Schmitt. Influencer. Die Ideologie der Werbekörper. es-Sonderdruck. 191 Seiten

Paul B. Preciado. Ein Apartment auf dem Uranus. Chroniken eines Übergangs. es-Sonderdruck. 368 Seiten

Adam Przeworski. Krisen der Demokratie. es 2751. 256 Seiten

Jedediah Purdy. Die Welt und wir. Politik im Anthropozän. es-Sonderdruck. 186 Seiten

Katharina Raabe / Kateryna Mishchenko (Hg.). Aus dem Nebel des Krieges. Die Gegenwart der Ukraine. es-Sonderdruck. 288 Seiten

NF 383/5/01.24

Hanno Rauterberg
- Die Kunst der Zukunft. Über den Traum von der kreativen Maschine. es 2775. 195 Seiten
- Wie frei ist die Kunst? Der neue Kulturkampf und die Krise des Liberalismus. es 2725. 141 Seiten

Andreas Reckwitz. Das Ende der Illusionen. Politik, Ökonomie und Kultur in der Spätmoderne. es 2735. 305 Seiten

César Rendueles
- Gegen Chancengleichheit. Ein egalitaristisches Pamphlet. es-Sonderdruck. 329 Seiten
- Kanaillen-Kapitalismus. Eine literarische Reise durch die Geschichte der freien Marktwirtschaft. es 2737. 300 Seiten

Grégory Salle. Superyachten. Luxus und Stille im Kapitalozän. 170 Seiten

Ulrich Schmid. Technologien der Seele. Vom Verfertigen der Wahrheit in der russischen Gegenwartskultur. es 2702. 386 Seiten

Ulrich Schmid et al. (Hg.). Osteuropa zwischen Mauerfall und Ukrainekrieg. Besichtigung einer Epoche. es 2777. 254 Seiten

Michel Serres. Was genau war früher besser? Ein optimistischer Wutanfall. es-Sonderdruck. 80 Seiten

Olga Shparaga. Die Revolution hat ein weibliches Gesicht. Der Fall Belarus. es 2769. 231 Seiten

Peter Sloterdijk. Die Reue des Prometheus. Von der Gabe des Feuers zur globalen Brandstiftung. es-Sonderdruck. 80 Seiten

NF 383/6/01.24

Philipp Staab
- Anpassung. Leitmotiv der nächsten Gesellschaft. es 2779. 240 Seiten
- Digitaler Kapitalismus. Markt und Herrschaft in der Ökonomie der Unknappheit. es-Sonderdruck. 345 Seiten

Carlo Strenger
- Abenteuer Freiheit. Ein Wegweiser für unsichere Zeiten. es-Sonderdruck. 122 Seiten
- Diese verdammten liberalen Eliten. Wer sie sind und warum wir sie brauchen. es-Sonderdruck. 172 Seiten

Natascha Strobl. Radikalisierter Konservatismus. Eine Analyse. es 2782. 192 Seiten

Kae Tempest
- Brand New Ancients/Brandneue Klassiker. Lyrik. es 2733. 103 Seiten
- Let Them Eat Chaos. Sollen sie doch Chaos fressen. es 2754. 154 Seiten

Philipp Ther. Das andere Ende der Geschichte. Über die Große Transformation. es 2744. 199 Seiten

David Van Reybrouck. Zink. es-Sonderdruck. 86 Seiten

Raul Zelik. Wir Untoten des Kapitals. Über politische Monster und einen grünen Sozialismus. es 2746. 328 Seiten

Maxim Znak. Zekamerone. Geschichten aus dem Gefängnis. es 2804. 242 Seiten

Gabriel Zucman. Steueroasen. Wo der Wohlstand der Nationen versteckt wird. es-Sonderdruck. 118 Seiten

NF 383/7/01.24